रानी पद्मिनी

चित्तौड़ का प्रथम जौहर

[The Publication of this book has been financially supported by 'The Indian Council of Historical Research' vide its sanction letter No. f. No. 1-27/2014(Aca-VII) dated 27 November 2015]

रानी पद्मिनी

चित्तौड़ का प्रथम जौहर

ब्रजेन्द्रकुमार सिंहल

वाणी प्रकाशन

4695, 21-ए, दरियागंज, नयी दिल्ली 110 002

शाखा

अशोक राजपथ, पटना 800 004

फ़ोन : +91 11 23273167 फ़ैक्स : +91 11 23275710

www.vaniprakashan.in
vaniprakashan@gmail.com
sales@vaniprakashan.in

RANI PADMINI
Chittorh Ka Pratham Jauhar
by Brajendra Kumar Singhal

ISBN : 978-93-87409-65-1
History/Historical Science

प्रथम संस्करण

मूल्य : ₹ 295

सिटी प्रेस, दिल्ली-110 095 में मुद्रित

वाणी प्रकाशन का लोगो मक़बूल फ़िदा हुसेन की कूची से

मुखबंध

राजस्थान ही नहीं, भारतवर्ष के अन्यान्य देशी राजाओं के गढ़ों में सर्वप्रमुख चित्तौड़गढ़ (राजस्थान) को माना जाता रहा है। इसकी उत्कृष्टता इसकी सुन्दरता अथवा विशालता के कारण नहीं अपितु इसकी अजेयता तथा इसके एकछत्र शासक-कुल गुहिलोतों की शुद्धता व अपराजेयता के कारण मानी जाती रही है।

इस्लाम-धर्मियों के शासनकाल में इस गढ़ ने तीन ऐसे अवसर देखे जब इसके शासक हारे, अथवा एक बार नष्ट प्रायः होते हुए प्रतीत हुए किन्तु वास्तव में वे न कभी पूर्णतः हारे और न पूर्णतः नष्ट प्रायः हुए।

इन गुहिलोतों के सामने ऐसा अवसर पहली बार सन् 1303 अर्थात् सम्वत् 1360 में आया जब इनकी एक शाखा 'रावळ' समग्रतः निश्शेष हो गई ओर इसी की दूसरी शाखा 'शीशोदिया' ने इस गढ़ को 10 से 15 वर्षों के भीतर-भीतर पुनः हस्तगत कर लिया।

इस एक शाखा का नष्ट होना, यहाँ के शासक रावळ रत्नसिंह का निर्बल होना सिद्ध नहीं करता। वस्तुतः वह धोखे से हारा; निश्शेष हुआ; उसकी पत्नी पद्मिनी शीलव्रत की अग्नि में स्नान कर उससे स्वर्ग में पुनः जा मिली।

बर्बर आततायी, लम्पट, सुरा-सुन्दरी का अनन्य-उपासक अलाउद्दीन चित्तौड़ दुर्ग को एक बार तोड़ता हुआ तो प्रतीत हुआ किन्तु वह अपने अभीष्ट की पूर्ति बिल्कुल न कर सका। न वह पद्मिनी को पा सका और न चित्तौड़ का किला ही लम्बे समय तक

अपने अधीन रख सका।

अपने जिस पुत्र खिज्रखाँ को उसने इस किले का स्वामी बनाया, वह यहाँ अधिक न रह सका और अंततः अपने पिता अलाउद्दीन के मर जाने पर ग्वालियर के कैदखाने में सड़-सड़ कर मरा; खिलजी का नामोनिशान मिट गया।

अलाउद्दीन खिलजी के साथ रहने वाले, हिन्दवी में रचना लिखने वाले व हज़रत निमाजुद्दीन औलिया के प्रिय शिष्य अमीर खुसरो ने खजाइनुलफुतुह में सन् 1303 की उक्त घटना का वर्णन तो किया है किन्तु उसने न रत्नसिंह और न पद्मिनी का ही नाम स्पष्टतः लिखा है। उसके अस्पष्ट उल्लेखों को आधार बनाकर कुछ इतिहासकारों ने पद्मिनी के अस्तित्व पर प्रश्नचिह्न लगाया है किन्तु राजस्थानी-इतिहासकारों ने अब पर्याप्त अकाट्य प्रमाण ढूँढ निकाले हैं जिनके आधार पर पद्मिनी के पति रत्नसिंह की विद्यामानता सुनिश्चित् हो गई है।

राजस्थानी-भाषा में लिखे गये कुछ काव्य-ग्रंथ भी मिलते हैं जिनमें पद्मिनी का वर्णन विस्तार के साथ मिलता है। इनमें से कुछ ग्रंथों का प्रकाशन हो चुका है किन्तु अभी तक उनका सम्यक् अध्ययन नहीं हुआ है। ऐतिहासिक तथ्यों के आधार पर तो बिल्कुल ही नहीं हुआ है। इन ग्रंथों का परस्पर तुलनात्मक अध्ययन भी नहीं हुआ है।

इस ग्रन्थ में पहली बार एक नया ग्रंथ 'पद्मिनी-समिओ' का प्रकाशन हो रहा है जिसका पूर्वार्द्ध जटमल नाहर कृत 'गोरा-बादल-कथा' से अधिकांशतः मेल खाता है किन्तु लगभग 60% उत्तरार्ध भिन्न है। हाँ, तथात्मक भिन्नताएँ उतनी नहीं हैं जितनी अन्य रचनाओं से हैं।

हमने यहाँ दोनों ग्रंथों का पाठांतरों सहित मूल-पाठ का प्रस्तुतिकरण तो किया ही है, इन दोनों ग्रंथों की तथ्यात्मक एकता व भिन्नता विस्तार से भूमिका में लिखी है। साथ ही साथ, जायसी के 'पद्मावत', हेमरतन वाच्रक के 'गोरा-बादल-पद्मिनी-चउपई' व अज्ञात् कवि कृत 'गोरा-बादल कवित्त' के तथ्यों से समानता व भिन्नता का

वर्णन भी उक्त तुलनात्मक अध्ययन में प्रस्तुत किया है।

वास्तव में राजस्थानी-भाषा के इन काव्य ग्रंथों, राजस्थानी ऐतिहासिक तथ्यों और पद्मावत के विवरणों का तुलनात्मक अध्ययन विस्तार के साथ कर पद्मिनी के बारे में एक सर्वसम्मत राय कायम की जा सकती है।

मैंने भूमिका में पद्मिनी संबंधी उन सभी ऐतिहासिक बिन्दुओं को स्पर्श करने का प्रयत्न किया है जिनसे रत्नसिंह, पद्मिनी, गोरा व बादल तथा राघव-चेतन आदि की प्रामाणिकता स्थापित होती है। संभवतः यह पहली पुस्तक होगी जिसमें नवीन खोजों के आधार पर गोरा व बादल की ऐतिहासिकता स्थापित की गई है। पद्मिनी के पिता व पीहर वालों को उनकी जाति व स्थान के विवरणों सहित इस पुस्तक में दृढ़ता के साथ स्थापित किया गया है।

गोरा-बादल-कथा के रचयिता जटमल नाहर के संबंध में श्रीअक्षयकुमारजी देराश्री, बनेड़ा ने श्रीअगरचंदजी नाहटा का आलेख भेजा, एतदर्थ मैं उनके प्रति हार्दिक आभार व्यक्त करता हूँ।

अनुवाद करते समय कुछ स्थानों पर अत्यधिक पाठ-विकृतियों के कारण दिक्कतें आईं जिनका समाधान सुझाने में उदयपुर के डॉ॰ ब्रजमोहनजी जावलिया साहब ने आत्मीय सहयोग दिया है। मैं उनके प्रति आभार व्यक्त करता हूँ।

जोधपुर निवासी, प्रसिद्ध राजस्थानी-इतिहासकार डाक्टर हुकमसिंहजी भाटी साहब ने इतिहास सम्मत भूमिका लिखकर भेजी है। एतदर्थ, मैं उनके प्रति आभार व्यक्त करता हूँ।

जटमल नाहर कृत 'गोरा-बादल-कथा' की पाँच पाण्डुलिपियों की सी.डी. प्राप्त करते समय डॉ॰ कमलकिशोरजी साँखला, जोधपुर निवासी ने हार्दिक सहयोग दिया। यदि इनका सहयोग न मिला होता तो बहुत संभव है, राजस्थान-प्राच्य-विद्या-प्रतिष्ठान, जोधपुर से पाण्डुलिपियाँ प्राप्त कर पाना अत्यधिक मुश्किल होता।

भीलवाड़ा निवासी डॉ॰ गौरीशंकर असावा जिन्होंने 'पद्मिनी-समिओ' की पाण्डुलिपि प्रदान की एवं चित्तौड़गढ़ निवासी प्रो. सत्यनारायणजी

समदानी, जिनके प्रयासों से यह पाण्डुलिपि मेरे तक पहुँची, इन दोनों की महानुभावों के प्रति हृदय से आभार! यदि प्रो. समदानी की प्रेरणा न मिली होती तो बहुत संभव है, मैं चित्तौड़गढ़ की रानी पद्मिनी पर कभी लिखता ही नहीं। एतदर्थ, प्रो॰ एस॰एन॰ समदानी साहब का मैं सर्वाधिक आभार व्यक्त करता हूँ।

भवदीय

दिनाङ्क : 05-09-2014 ई॰

केम्प : साकेत, नईदिल्ली

–ब्रजेन्द्रकुमार सिंहल

सम्पादक : श्रीरामस्नेही-संदेश

60/60 रजतपथ, मानसरोवर, जयपुर-302020

फोन : 0141-2782609, 09351503555

e-mail : bks@mactool.com

bksinghal57@gmail.com

अनुक्रमणिका

पद्मिनी-समिओ : परिचय

1. उपोद्‌घात

प्रसिद्ध त्रैमासिक-पत्रिका 'मीरायन' के वर्ष 5, अंक 3, पूर्णांक 19 में 'चित्तौड़-रासौ' नामक कृति का सानुवाद प्रकाशन नवम्बर 2011 में हुआ। इस कृति को इस प्रकाशन में कविकुल-दिवाकर चन्द्र बरदाई के वंशज किशनदास 'रैनावत', निवासी कोठारिया (राजस्थान) द्वारा रचित बताया गया है। इसका पाठ-सम्पादन व अनुवाद चित्तौड़ निवासी प्रसिद्ध कवि श्रीशिव मृदुलजी व इसकी ऐतिहासिक भूमिका जोधपुर-निवासी, विख्यात राजस्थानी इतिहासकार डॉ॰ हुकमसिंहजी भाटी ने लिखी है।

'चित्तौड़-रासौ' एवम् 'पद्मिनी-समिओ' जिस हस्तलिखित ग्रंथ में लिखे मिले हैं, वह मूलतः कुम्भलगढ़ व वर्तमान में भीलवाड़ा (राजस्थान) निवासी डॉ॰ गौरीशंकर असावा के स्वामित्व का ग्रंथ है। चित्तौड़-रासौ के प्रकाशन में डॉ॰ असावा ने भी दो पृष्ठों का एक पूर्व-वक्तव्य लिखा है। अस्तु;

मीरायन में जब उक्त चित्तौड़-रासौ प्रकाशित हुआ, तब मैंने ग्रंथ के पाठ-सम्पादन, अनुवाद व छन्द-निर्वचन के संबंध में अपने विचार पाठक-दीर्घा में प्रकाशित कराये थे। अनेक विद्वान् पाठकों, लेखकों, विचारकों ने मेरे विचारों का समर्थन किया। मीरायन-सम्पादक प्रो॰ एस॰एन॰ समदानी साहब भी कम प्रभावित नहीं हुए। तत्काल उन्होंने मेरे से आग्रह किया कि मैं उक्त पाण्डुलिपि में उपलब्ध 'पद्मिनी-समिओ' का सुष्ठु सम्पादन करूँ।

यद्यपि इतिहास को मैंने कभी भी पाठ्यक्रम में नहीं पढ़ा तथापि संतों, भक्तों पर निरन्तर लिखते-पढ़ते रहने से मुझे इतिहास ग्रंथों को पढ़ना व गुनना पड़ता है। इतिहास विषय है ही ऐसा कि एक-बार इसको पढ़ने व समझने में प्रवृत्ति

किसी की हो जाये तो यह जीवन भर उसका सहचर बन जाता है।

मेरे साथ भी ऐसा ही हुआ है। मुख्य विषय संतों व भक्तों से संबद्ध होते हुए भी इतिहास मेरा विषय बन गया है।

प्रो॰ समदानी साहब का आग्रह टालना संभव नहीं था। अतः मैंने उनके आग्रह को आदेशवत् शिरोधार्य किया और उनसे निवेदन किया कि वे डॉ॰ असावा से मूल ग्रंथ मँगवाकर मुझे उपलब्ध करवा दें। मैं प्रयास करूँगा कि अपनी सामर्थ्यानुसार ग्रंथ का सुष्ठु सम्पादन करके दे सकूँ। अस्तु;

2. पद्मिनी-समिओ का ग्रंथाग्र

'पद्मिनी समिओ' जिस पाण्डुलिपि में लिखा मिला है उसमें कुल 540 पृष्ठ हैं। पृष्ठों का आकार 27"×17.5" इंच है। लिखित भाग का आकार 23"×13" इंच है। अधिकांश पृष्ठों में 12 पंक्तियाँ हैं। किसी में 13 तो किसी में 14 पंक्तियाँ भी हैं। प्रति पंक्ति 24-25 अक्षर हैं। अक्षरों का आकार पर्याप्त बड़ा है किन्तु अक्षरों की बनावट बनियों द्वारा लिखी जाने वाली जैसी है जिसको ''मुड़िया-लिपि'' कहा जाता है।

इस ग्रंथ में अनेक ऐतिहासिक गीत, छंद आदि तो हैं ही, ऐतिहासिक ग्रंथ भी हैं। समस्त सामग्री गुहिलोतों के इतिहास से संबंध रखती है। अस्तु!

'पद्मिनी-समिओ' उक्त पाण्डुलिपि के पृष्ठ 41 से प्रारम्भ होकर पृष्ठ 78 पर समाप्त होता है।

पाठकों को यह संसूचित करते हुए अत्यधिक दुःख हो रहा है कि इसके प्रारम्भ व अन्त के कुछ पृष्ठ अब अनुपलब्ध हैं। साथ ही, यह भी कम दुखी करने की बात नहीं है कि उपलब्ध पृष्ठों में से प्रारम्भिक 180 पृष्ठों का दाहिनी ओर का ऊपरी कोना, पृष्ठ की चौड़ाई के आधे भाग तक गलकर फट गया है। अतः न पृष्ठों की संख्या और न ग्रंथों के सांकेतिक नाम ही शेष बचे हैं क्योंकि ग्रंथ का सांकेतिक नाम व पृष्ठ-संख्या प्रायः पृष्ठ के पृष्ठ-भाग के बाँयी ओर के कोने के सिरे पर ही लिखे जाते थे। हाँ, यह सुखद है कि हाशियों के भीतरी भाग में लिखी हुई सामग्री पूर्णतः सुरक्षित है। जो अतिरिक्त सामग्री हाशियों में या ऊपर-नीचे लिखी हुई थी, वही नष्ट हुई है। चूँकि पद्मिनी-समिओ पृष्ठ 41-78 के मध्य लिखित है; अतः इसकी जो अतिरिक्त सामग्री बाहरी भाग में थी, वह आधी-अधूरी शेष बची है। बस, अब उससे ही संतोष करना पड़ रहा है। हमें संतोष है कि पद्मिनी-समिओ की मूल सामग्री पूर्णतः सुरक्षित व प्राप्त है जिसका

विवरण अग्रांकित है।

मूल-पाठ में कुल छन्द 158 हैं जिनकी जात्यानुसार संख्या इस-प्रकार है– दोहा 29; कवित्त 51; चौपाई 1; गाहा 13, भुजंगी 56; सोरठा 2; और कूँडल्या 6; कुल 158 छन्द।

यहाँ यह स्मरणीय है कि लिपिकार ने जहाँ ग्रंथ को पूर्ण किया है, वहाँ संख्या 158 न लिख कर मात्र 91 लिखी है। इस-प्रकार इन संख्याओं में 67 छन्द-संख्या का अन्तर है। इस अंतर को आगे के विवरण से सम्यक्रीत्या समझा जा सकता है।

2.(1). लिपिकारा द्वारा छंदांक 11 के पश्चात् 12वें छन्द को 12 संख्या न देकर, 11 ही संख्या दी गई है। अतः यहाँ तक एक की भूल रह गई है।

2.(2). छंदांक 51 के पश्चात् अगले दोहा छन्द 52 को लिपिकार ने 54 संख्या प्रदान की है जबकि 52 संख्या प्रदान करनी चाहिये थी। संयोग से लिपिकार ने इस 54वें छन्द के पश्चात्वर्ती छंद को 53 संख्या प्रदान की है। पूर्ववर्ती भूल सुधर गई है, अतः यहाँ संख्या की कोई भूल नहीं है।

2.(3). छंदांक 52 के पश्चात् 53वाँ छन्द भुजंगप्रयात है। यह पृष्ठ 54 से प्रारम्भ होकर 60 पर समाप्त होता है। छन्दशास्त्रानुसार गणना करने पर यह अकेला छंद 35 छन्दों के बराबर है। मैंने इस भुजंगी छन्द को उपलब्ध प्रतिलिपिस्थ पाठानुसार एक संख्या न देकर 53 से लेकर 87 तक संख्या दी है। अतः यहाँ 34 छन्दों का अंतर और बढ़ गया। इस-प्रकार यहाँ-तक कुल 35 छन्दों का अंतर हो गया है।

2.(4). 53 संख्यांक भुजंगी से आगे के क्रमांक, छंदांक 77 तक सही-सही लिखे मिलते हैं। 77वें छन्द के पश्चात्वर्ती छन्द को 78 संख्या प्रदान की जानी चाहिये थी किन्तु लिपिकारीय भूल से संख्या 75 प्रदान की गई है। इस-प्रकार पुनः यहाँ 3 छन्द-संख्या का अन्तर हो गया है। अतः यहाँ तक कुल अंतर 38 छंदों का हो गया है।

2.(5). तथाकथित 75वें छंद से 94वें छन्द तक क्रमांक सही मिलते हैं। 95 क्रमांक का छन्द पुनः भुजंगी है। छन्दशास्त्रानुसार मैंने इसको 21 छन्दों में परिवर्तित कर दिया है। अतः यहाँ आकर पुनः 20 छन्दों का अंतर और बढ़ गया है। अब तक कुल 38+20=58 छन्द-संख्या का अंतर हो गया है। उक्त भुजंगी छन्द पृष्ठ 72 से प्रारम्भ होकर 75 पर पूरा होता है।

2.(6). तथाकथित 95वें क्रमांक के भुजंगी छन्द से अगले 96, 97 व 98 क्रमांक के छन्दों को सही संख्या प्रदान की गई है। 99वें क्रमांक के छन्द को 90

व 100वें क्रमांक के छन्द को 91 क्रमांक प्रतिकार ने दे रखा है जिसके कारण यहाँ आकर 9 छन्द-संख्या की गलती और उत्पन्न हो गई है। अतः यहाँ तक कुल 67 छन्द-संख्या (58+9) की गलती हो गई है।

2.(7). जैसा ऊपर 2.(1) से 2.(6) तक के विवेचन से स्पष्ट होता है, लिपिकार ने कुल मिलाकर 58+9=67 छन्द-संख्या की गलती की है। यदि हम ग्रंथ में उपलब्ध अंतिम छन्द संख्या 91 में 67 संख्या को जोड़ दें तो ग्रंथ की कुल छन्द संख्या 158 आ जाती है। हमने ऊपर मूल ग्रंथ की छंद संख्या 158 ही बताई है जो उक्त विवरण से मेल खा जाती है। अतः हम निर्भ्रान्त रूप से कह सकते हैं कि ग्रंथकार के अनुसार ग्रंथ में कुल 104 छन्द (1+3+100) हैं जबकि सम्पादक की ओर से 158 हैं। यदि हम 158 की संख्या में से छन्द भुजंगी की (34+20) बढ़ाई हुई 54 संख्या कम कर दें तो स्वतः ही ग्रन्थकार को अभिप्रेत 104 छन्द-संख्या प्राप्त हो जाती है। लिपिकार ने 3 (78-75)+(100-91) 9+(12-11) 1; कुल 13 संख्याओं की गलती की है। यदि इस 13 की संख्या को 104 में से कम कर दें तो हमें स्वतः ही 91 की संख्या मिल जाती है। निष्कर्ष के तौर पर हमें ग्रंथ में कुल 158 छन्द ही मानने चाहिये।

2.(8). हाशियों में प्राप्त अतिरिक्त-पाठ वास्तव में अतिरिक्त ही है अथवा मूल-पाठ का हिस्सा है, इसका निर्णय हो जाने पर ही ग्रंथ का सही ग्रंथाग्र जानने में आ सकता है।

2.(9). आलोच्य-लिपिकार अमरविजय ने अतिरिक्त पाठ को जोड़ते समय एक विशिष्ट शैली को अपनाया है।

2.(9)1. जितना भी अतिरिक्त पाठ है, वह सारा का सारा हाशियों में लिखा मिला है।

2.(9)2. जहाँ-जहाँ अतिरिक्त पाठ जोड़ा जाना है, वहाँ-वहाँ प्रायः हंसपद* लगाकर स्थान का निर्देश कर दिया है।

2.(9)3. जिस छन्द के पश्चात् पाठ जोड़ा जाना है, अतिरिक्त छन्द को इस छन्द का उत्तरवर्ती क्रमाक दिया गया है। उदाहरणार्थ–पृष्ठ 48 पर छन्दांक 25 के पश्चात् एक अतिरिक्त छप्पय छन्द जोड़ना लिपिकार को अभीष्ट है; उसने 26वें क्रमांक पर हाशिए में यह छन्द लिखा है और इसको क्रमांक 26 दिया है। मूल-पाठ-विभाग में 25 से उत्तरवर्ती छन्द को 27वाँ क्रमांक न दिया जाकर 26वाँ

---

* $\overset{\wedge}{\wedge}$ अथवा $\overset{\vee}{\wedge}$ चिह्न को हंसपद कहते हैं।

क्रमांक ही दिया गया है। इसके दो तात्पर्य हैं। एक तो यह कि यह अतिरिक्त छन्द, लिखते समय लिपिकार से लिखने से छूटा नहीं है। यदि छूटा होता तो मूल-पाठ-विभाग के अगले छन्द का क्रमांक 26 न होकर 27 होता किन्तु यहाँ क्रमांक 26 ही है। अतः यह अतिरिक्त छन्द ही है। दूसरा तात्पर्य यह है कि लिपिकार द्वारा यह पाठ बाद में जोड़ा गया है जो या तो उसको किसी और ग्रंथ से मिला है अथवा उसने जिस प्रति से अपनी प्रति तैयार की है, उसमें भी यह अतिरिक्त पाठ इसी-प्रकार उपलब्ध था। पाठक ध्यान रखें, मूल-पाठ की लिपि, कलम, लेखन-शैली व हाशिए में प्राप्त पाठ की कलम, लेखन-शैली तथा अक्षरों की बनावट आदि सब कुछ समान है। हाँ, हाशिए के अक्षरों के आकार अवश्य अपेक्षाकृत छोटे हैं किन्तु दोनों का लिपिकार एक ही है। अतः अतिरिक्त पाठ भी उसी लिपिकार (अमरविजय) ने लिखा है जिसने मूल पाठ लिखा है किन्तु लिखा बाद में है।

2.(9)4. इस बात की प्रबल सम्भावना है कि यह अतिरिक्त-पाठ मूल रचनाकार का न होकर किसी अन्य रचनाकार का है जिसको लिपिकार ने विषय को अधिक स्पष्ट बनाने के उद्देश्य से जोड़ा है।

2.(9)5. लिपिकार ने कुल 8 स्थानों पर अतिरिक्त पाठ जोड़ा है जिसका विवरण क्रमशः निम्नानुसार है।

2.(10). पृष्ठ 47, छन्दांक 20 (सम्पादित पाठ का 21वाँ छंद) के पश्चात् दो छप्पय जोड़ा जाना मानकर लिपिकार ने हाशिए में दो छन्द लिखें हैं जिनको क्रमांक 21 व 22 न देकर 1 व 2 दिये गये हैं।

2.(11). पृष्ठ 48, छन्दांक 25 (सम्पादित पाठ का छंदांक 26) के बाद कुल 3 छन्द जोडे जाने हैं, दो छप्पय व एक दोहा। इनको संख्या क्रमशः 26, 27 व 28 दी गई है और हाशिए में लिखा गया है। मूल-पाठ-विभाग में 25 के पश्चात् क्रमाक 26 ही है।

2.(12). पृष्ठ 51, छन्दांक 39 (सम्पादित पाठ का छंदांक 40) के पश्चात् हाशिए में तीन दोहे जोड़े गये हैं जिनको 1, 2, 3 संख्या दी गई है।

2.(13). पृष्ठ 53, छन्दांक 46 (सम्पादित पाठ का छंदांक 47) के पश्चात् 47वें क्रमाक पर एक दोहा, 48 व 49वें क्रमांक पर दो छप्पय, पुनः 50 व 51वें क्रमांक पर दो दोहे व 52वें क्रमांक पर एक छप्पय जोड़ा गया है। अगले पृष्ठ 54 पर इसी की निरंतरता में 53वें क्रमांक का एक छप्पय और हाशिए में लिखा मिलता है।

2.(14). पृष्ठ 62, छंदांक 67 (सम्पादित पाठ का छंदांक 102) के पश्चात् 68वें क्रमांक पर एक कवित्त, 69वें क्रमांक से 72वें क्रमांक तक चार दोहे; पृष्ठ 62 व 63 पर 73 से 75 क्रमांक के तीन कवित्त, पृष्ठ 63 पर 76वें क्रमांक का एक दोहा हाशिए में लिखे गये हैं।

2.(15). पृष्ठ 66, 67 व 68 पर हाशियों में अतिरिक्त सामग्री निरन्तरता में लिखी गई है। छंदांक 76 (सम्पादित पाठ का छंदांक 114) के पश्चात् 77वें क्रमांक पर एक छप्पय, तत्पश्चात् 78 से 81 तक चार दोहे व 82 से 84 तक 3 कवित्त लिखे मिलते हैं।

जैसा पूर्व में लिखा गया है, लिपिकार से यहाँ तक क्रमांक लगाने की कई भूले हुई हैं जिनका उल्लेख पूर्ववर्ती परिच्छेद में हो चुका है। हमने यहाँ शुद्ध क्रमांक न लिखकर पाण्डुलिपि में उपलब्ध क्रमांकों को ही लिखा है क्योंकि प्रतिलिपिकार ने स्वयं के द्वारा लगाये क्रमांकों की निरंतरता में ही अतिरिक्त-पाठ के क्रमांक लगाये हैं।

पृष्ठ 68 पर छन्दांक 85 से 88 तक चार दोहे, तत्पश्चात् 89 व 90वें क्रमांक के दो कवित्त हाशिये मे लिखे मिले हैं। अगले पृष्ठ 69 व 70 पर इनकी निरन्तरता में 91-92 क्रमांक पर दो दोहे, पुनः 93 से लेकर 96 तक चार कवित्त और लिखे मिलते हैं।

2.(16). पृष्ठ 70 पर ही, चूँकि 69वें पृष्ठ पर जहाँ मूल का 83 वाँ छन्द पूरा होता है वहाँ न तो मूल छन्द लिखने को स्थान बचा हुआ है और न अतिरिक्त-पाठ को ही लिखने को। अतः लिपिकार ने पृष्ठ 70 के दाहिनी ओर के हाशिए में 83वें छन्द (सम्पादित पाठ का 121वाँ छंद) के पश्चात् 84वें क्रमांक पर एक छप्पय छन्द व 85वें क्रमांक पर एक दोहा जोड़ा है।

2.(17). पृष्ठ 76 पर छन्दांक 97 (सम्पादित पाठ का 155वाँ छंद) के पश्चात् एक त्रोटक छन्द जोड़ा है जिसमें कुल 30 अथवा 32 पंक्तियाँ होने की संभावना है और जिनको हो सकता है, लिपिकार ने दो छन्दों की संख्या प्रदान की हो क्योंकि अन्तिम पंक्ति पर छन्दांक संख्या 99 लिखी हुई है। संभवतः ये त्रोटक छन्द 98 व 99वें क्रमांक के हैं जिनको हमने 7 छंद मान लिये हैं। पृष्ठ 77 पर इसी की निरंतरता में 100 से 103 तक 4 दोहा छन्द व 104 वाँ कवित्त व 105वाँ दोहा छन्द हाशिए में लिखे हुए हैं।

पृष्ठ 77 पर मूल पाठ प्रारंभिक 6 पंक्तियों में ही है। इसके पश्चात् 10 पंक्तियों में बारीक कलम से तीन छप्पय छन्द और लिखे मिलते हैं। इनको हमने

मूल-पाठ के नीचे लिखा है। लिखा जाना चाहिए अंतिम त्रोटक छन्द के पूर्व व 110वें क्रमांक के छन्द के पश्चात्।

पृष्ठ 78 पर, पृष्ठ 77 की सामग्री की निरन्तरता में हाशिए में व बीच में 106 से 108 तक तीन दोहे, 109वाँ कवित्त, 110वाँ दोहा व 111वाँ त्रोटक छन्द लिखा मिलता है जिसको छन्द-शास्त्रानुसार मैंने 111से 114 तक चार क्रमाक दिये हैं।

2.(18). जैसा ऊपर लिखा गया है, ग्रंथकार ने ग्रंथ में कुल 158 छन्द ही रखे होंगे। अतः मूल ग्रंथ का ग्रंथाग्र 158 छन्द ही मानना चाहिए।

2.(19). अतिरिक्त पाठ के कुल 68 छन्द मिले हैं। इनको मूल छन्दों में जोड़ देने पर हमें उपलब्ध ग्रंथ का ग्रंथाग्र 226 छन्दों का ज्ञात होता है।

2.(20). छन्दनुसार 226 की संख्या का ब्यौरा निम्नप्रकार है—कवित्त 76; दोहा 61; चौपाई 1; गाहा 13; भुजंगी 56; सोरठा 2; कूँडल्या 6; त्रोटक 11; कुल छन्द संख्या 226।

3. पद्मिनी-समिओ की आधार-प्रति का लिपिकार, लिपिस्थान, लिपिकाल आदि का विवरण

जैसा पूर्व में लिखा गया है, जिस गुटके में 'पद्मिनी-समिओ' लिखा मिला है, उसका वेस्टन (जिल्द) तो फटा हुआ है ही, प्रारम्भ के कुछ पृष्ठ भी अनुपलब्ध हैं। अतः प्रारम्भ में कौन-कौन-सी रचनाएँ लिखी हुई थीं, ज्ञात नहीं होता। अंत की स्थिति भी इससे भिन्न नहीं है। दोनों ओर के कितने पृष्ठ गायब हो गये, कहना मुश्किल है। ग्रंथांत में लिपिकार ने कोई पुष्पिका लिखी थी अथवा नहीं, कहा नहीं जा सकता।

फिर भी लिपिकार ने ग्रंथ में तीन स्थानों पर अपना नाम, सम्वत् एवं लिपि-स्थान आदि लिखे हैं। इन विवरणों से स्थूलतः ज्ञात होता है कि यह पाण्डुलिपि उदयपुरनगर में श्रीअमरविजय ने सम्वत् 1806 में लिखी है। लिपिकार के उल्लेख अग्रांकित हैं।

3.(1). प्रथम उल्लेख, पृष्ठ 112; "सम्वत् 1806 चैत्र वदि 5, शुक्रे लिखतं अमरविजै श्रीउदयपुरनगरे।"

3.(2). द्वितीय उल्लेख, पृष्ठ 201; "लिखतं अमरविजै श्रीउदैपुरनगरे सं॰ 1806 मार्गशीर्ष वदि अमावस्या भोमवासरे।"

इसी पृष्ठ पर बाईं ओर 'मेतो मनजी' लिखा हुआ है। उक्त पुष्पिका का अंतिम शब्द 'भोमवासरे' व 'मेतो मनजी' का हस्तलेख एक जैसा है। शेष हस्तलेख

मूल ग्रन्थ के पाठ जैसा है। भोमवासरे व मेतो मनजी का हस्तलेख अमरविजै के हस्तलेख से भिन्न है।

3.(3). पृष्ठ 465 पर घसीट में भिन्न कलम से निम्न पंक्ति लिखी हुई है: "सीसोदा सरूपसीग रो बाचै जीसू जै चतुरभुजजी री बचेजो"

3.(4). पृष्ठ 516 पर लिखा है–"इति श्रीकवित आसीआ महेसदास रा कह्या संपूरणं लिखतं अमरविजै।"

3.(5). एक महत्वपूर्ण बात और: इस ग्रंथ के पृष्ठ 343 से ग्रन्थ 'राणाजी री वंसावली' प्रारम्भ होता है और पृष्ठ 367 पर समाप्त होता है; अंतिम पंक्ति है "राणौजी श्रीजैसिघजी : सं. 1737 राज बैठा बरस 18 राज कीधो" इसका तात्पर्य है, इस ग्रंथ में सम्वत् 1755 वि. तक का विवरण है व होना चाहिये किन्तु जब इस संपूर्ण ग्रंथ का सूक्ष्मतः पारायण किया तब संज्ञान में आया कि लिपिकार ने पृष्ठ 360 के हाशिए में लिख रखा है–"सम्वत् 1807 आषाढ़ वदि 6, भोमे राणोजी श्रीजगतसींघजी वैकुण्ठ पधार्‌या, सती 20; 3 राजलोक, 1 खवासण, 16 सहेल्या।"

इसका तात्पर्य यह निकलता है कि लिपिकार अमरविजय ने इस पाण्डुलिपि को लिखा तो सम्वत् 1806 में किन्तु वह आगामी समय तक इसमें यथोपलब्ध नयी सामाग्री को हाशिए में जोड़ता रहा। यही कारण है कि अमर विजय ने संवत् 1806 में लिखी पाण्डुलिपि में सं. 1807 की घटना भी हाशिए में लिख कर सुरक्षित कर ली है। लिपिकार की इस प्रवृत्ति को देखकर हमको पक्का विश्वास होने लगता है कि पद्मिनी-समियो में भी उपलब्ध अतिरिक्त पाठ लिपिकार का बढ़ाया हुआ है। मूल ग्रंथकार का बढ़ाया हुआ नहीं है।

मुख्यतः यह पाण्डुलिपि मेवाड़ से संबद्ध इतिहास की सामग्री से मंड़ित है जिसमें अनेक गीत व छन्दादि के साथ-साथ चारणों की मारवाड़ी-भाषा की ही रचनाएँ हैं।

4. पद्मिनी-समिओ का सार

जम्बूद्वीप का भारतवर्ष अन्य वर्षों की तुलना में महान् है। इसमें चित्तौड़ नामक नगर है जिसमें अनुपमेय चित्रंगगढ़ है।

इस गढ़ का गढ़पति रत्नसेन 'खुम्मान' है। एक दिन इसकी सभा में एक भाट आया। उसने गढ़पति के सुयशों का गायन किया। रत्नसेन ने प्रसन्न होकर उस भाट को मान-सम्मान देकर अपने पास बैठाया। पूछा, कहाँ से आये हो।

भाट ने कहा, मैं सिंघलद्वीप से आया हूँ जहाँ ऐरावत नामक हाथी और पद्मिनी जाति की नारियाँ पैदा होती हैं।

रावळ रत्नसेन के पूछने पर भाट ने स्त्रियों की चार जातियाँ (1) पद्मिनी (2) चित्रिणी (3) हस्तिनी और (4) शंखिनी बताकर उनके भिन्न-भिन्न लक्षण भी बताये।

पद्मिनी जाति की नारी के लक्षण सुनकर रावळ के मन में पद्मिनी जाति की पत्नी प्राप्त करने का भाव अत्यधिक बढ़ गया।

रावळ जब पद्मावती को पाने को व्याकुल था तभी वहाँ एक योगी आया। जैसे ही योगीराज दरबार में प्रविष्ट होने लगा, द्वार पर अग्निधूम (धुआँ) दीखा।

योगी ने योगबल से रावळ रत्नसेन को प्रभावित किया और मनोकामना बताने को कहा। रावळ ने पद्मिनी जाति की पत्नी-प्राप्ति की मनोकामना बताई। योगी ने बताया कि पद्मावती नारी सिंघलद्वीप में मिलेगी। अतः उसके प्राप्त्यर्थ राज-पाट छोड़कर सिंघलद्वीप चलना होगा। रत्नसेन तत्काल तैयार हो गया। योगी ने मृगछाला बिछाई। दोनों उस पर बैठे। योगी ने मंत्र पढ़ा। तत्काल दोनों सिंघलद्वीप पहुँच गये।

योगी ने राणा से कहा, पद्मावती को पाने के लिये योगी का वेश धारण करके भिक्षाटन हेतु जाइये।

योगी जैसा वेश बनाकर रावळ रत्नसेन राजद्वार तक पहुँच गया। राजकुमारी पद्मावती को देखकर रावळ संज्ञा-शून्य सा हो गया। रावळ रत्नसेन के रूप-स्वरूप को देखकर राजकुमारी पद्मावती भी प्रभावित हुई और उसने अपने गले का नवसर हार तोड़कर भिक्षा में योगी रूपी रावळ रत्नसेन को दिया। रत्नसेन ने आशीर्वाद दिया कि तुम्हारी मनोवांछित कामना उसी तरह सफल होगी जैसी उत्तम भिक्षा तुमने मुझको दी है। रावळ रत्नसेन ने कहा, जो जिस लायक होता है, उसको वैसी ही भिक्षा मिलती है। इसी दरमियान योगीन्द्र भी राजद्वार पर आ गया। राजा ने सपरिवार प्रसन्नतापूर्वक योगीराज का स्वागत-सत्कार किया। कोई योगीराज आये हैं,ऐसा सुनकर पद्मावती भी आई और योगीराज के चरणों में शीश झुकाया। योगीराज ने आशीर्वाद दिया कि पुत्री! तेरी मनोकामना पूर्ण होगी।

पद्मावती के पिता ने योगीराज से कहा, मेरी पुत्री सर्वसुखदायी है। 12 वर्ष की हो चुकी है किन्तु मुझे अभी तक इसके लिये कोई योग्य वर नहीं मिला है।

इतना सुनते ही योगीराज ने कहा, राजन! चिन्ता मत करो। तुम्हारी सौन्दर्यनिधि पुत्री के लिये, दुष्टों का संहार करने वाला, सर्वगुण सम्पन्न वर साथ में लाया

हूँ। यह वर चित्तौड़गढ़ाधीश रत्नसेन खुम्मान है जिसके जैसा दूसरा और कोई योग्य वर नहीं है। योगीराज के वचनों को मानकर सिंघलाधीश ने अपनी बेटी का नारियल जैसिंह-सुत रत्नसेन को थमाया। वेद-विधि से दोनों का पाणिग्रहण-संस्कार सम्पन्न हुआ। चाइल नरेन्द्र हमीर की पुत्री का पाणिग्रहण सम्पन्न होने पर चित्त उल्लास व आनन्द से भर गया।

रावळ रत्नसेन एक वर्ष तक सिंघलद्वीप में नवपरणीता पद्मिनी के साथ सुखपूर्वक रहता रहा। तत्पश्चात् उसने चित्तौड़ जाने की अनुमति चाही। चाहिल-नरेश ने पुत्री पद्मावती को अपार अमूल्य दहेज दिया व राघव-चेतन नामक ब्राह्मण को साथ भेजा।

सिद्ध योगी ने आसन बिछाकर मंत्र पढ़ा। सिद्ध, रत्नसेन, पद्मावती व राघव-चेतन दो प्रहर में सिंघलद्वीप से चित्तौड़ पहुँच गये। रत्नसेन ने पद्मावती को कैलाश समान उत्तम महल में रखा जिसके निकट अनेक वृक्षों युक्त बाग था। स्वर्ण के स्तम्भ थे। महल में लगे रत्नों की दीप्ति सूर्य के प्रकाश को भी लज्जित करती थी।

रावळ रत्नसेन पद्मावती से इस तरह अनुरक्त हुआ कि वह अन्य रानियों को भूल गया। उसने प्रण लिया कि बिना पद्मिनी का मुँह देखे, जल भी नहीं पियेगा।

एक दिन प्रातः काल शिकार पर जाने के नँगाड़े बजे। रावळ रत्नसेन राघव-चेतन के साथ शिकारार्थ जंगल में गया। शिकार खेलते-खेलते लम्बा समय व्यतीत हो गया। रावळ को भयंकर प्यास लगने लगी।

रावळ के आग्रह पर राघव-चेतन ने पद्मिनी का हूबहू चित्र बनाते हुए उसकी जंघा पर एक तिल का निशान भी बनाया। तिल को देखकर रावळ शंका से भर गया कि राघव-चेतन ने पद्मिनी की जंघा पर तिल कैसे जाना। जंघा सदैव कपड़ों से आवृत्त रहती है। अतः राघव-चेतन जंघा पर उभरे तिल को देख नहीं सकता।

आखेटानन्तर रावळ जब महल में आया तब उसने राघव-चेतन को देश निकाला दे दिया। राघव-चेतन उसी समय वैरागी का वेश धारण कर वहाँ से निकल गया और दिल्ली के एक उद्यान में जा जमा

यह उद्यान अलाउद्दीन का शिकारगाह था। जब वह शिकार खेलने आया तब उसको दो प्रहर तक एक भी शिकार न मिली। वह मीर-अमीरों पर नाराज़ भी हुआ। खोजने पर ज्ञात हुआ कि उद्यान में टिके वैरागी के गाने को सुनने में मृगादि इतने मस्त हैं कि वे अपने कान तक नहीं उठाते।

दिल्ली के सुलतान अलाउद्दीन खिलजी ने जब राघव-चेतन को वैरागी व

सिद्ध पुरुष के रूप में देखा तब उसने हाथ जोड़कर प्रणाम किया। राघव-चेतन ने आशीर्वाद दिया।

सुलतान ने राघव-चेतन का देश व निवास आदि पूछा जिसका उत्तर देते हुए राघव-चेतन से बताया कि वह सिंघल देश का निवासी है। राघव-चेतन को अनेक विद्याओं में निपुण जानकर सुलतान ने इसको महलों में आमंत्रित किया। सुलतान का विश्वास जीतने के लिये त्याग-वैराग्य-मयी बातें बघारते हुए राघव ने कहा, सिद्धों का सिंह की भाँति वन में रहना ही विधेय है, महलों में नहीं। सिद्ध को प्रारब्धानुसार यत्र-तत्र ही विचरण करना चाहिए।

अलाउद्दीन खिलजी ने राघव-चेतन से खूब अनुनय-विनय की। अंततः यह राजी हो गया। सुलतान ने इसके कम्बल को पालकी में रख कर इसको महलों में पधराया। राघव-चेतन दिन-प्रतिदिन सुलतान का मन जीतता ही चला गया।

इधर एक दिन कोई अधीनस्थ राजा सुलतान के लिये भेंट में खरगोस लाया। अपने हाथों में लेकर सुलतान ने उसको अपनी गोद में बैठाया। खरगोस की कोमलता को अनुभव कर सुलतान बार-बार उस पर हाथ फिराने लगा। सुलतान ने राघव-चेतन से पूछा, क्या इससे भी अधिक और कोई कोमल होता है। हाथ फिराकर राघव ने कहा, इससे भी सहस्रगुणा अधिक कोमल पद्मिनी जाति की नारी का शरीर होता है।

सुलतान ने कहा, मेरे हरम में 2000 स्त्रियाँ हैं। राघव! जाकर देखो, उनमें से कौन-कौन सी स्त्रियों में पद्मिनी के लक्षण घटते हैं। राघव-चेतन के सुझावानुसार सुलतान ने विशाल तैल का कड़ाह एक जगह रखवाकर वहाँ से हुरमाओं का इस प्रकार—निकलना व्यवस्थित किया कि उनकी परछाँही तैल के कड़ाह में पड़े। राघव-चेतन लगातार उन परछाइयों का निरीक्षण करता रहा। अंततः उसने कहा, इनमें कोई चित्रिणी, कोई हंसिनी और कोई शंखिनी है किन्तु कोई भी पद्मिनी नहीं है।

सुलतान ने पूछा, पद्मिनी कहाँ मिलेगी। राघव ने कहा, वह सिंघलद्वीप में मिलेगी, वहाँ का राजा चौहान जाति का है और उसका देश समुद्र पार है।

एक लाख चतुरंगी सेना को साथ लेकर सुलतान सिंघलद्वीप को रवाना हुआ।

समुद्र तट पर पहुँचने पर सुलतान को समझ में आया कि हजार कोस लम्बा समुद्र ससैन्य पार करना असंभव नहीं तो कठिन अवश्य है।

अतः उसने राघव-चेतन से पद्मिनी प्राप्त करने की दूसरी युक्ति पूछी। राघव-चेतन ने कहा, पद्मिनी चित्तौड़ में है। वहाँ के राजा को हराकर या मारकर

उसकी पद्मिनी स्त्री को सुलतान अपनी पत्नी बना सकता है।

इतना सुनते ही सुलतान ने समस्त पीर-मीरों को चित्तौड़ की ओर कूँच करने का आदेश दिया। सुलतान के साथ इतनी विशाल सेना थी कि वह उमड़ते-घुमड़ते, गरजते-तरजते बादलों के समान लगती थी। चलने से इतनी धूल उड़ती थी कि वह अंधेरा सा छा देती थी।

इधर चित्तौड़ाधिपति ने सुना कि उस पर आक्रमण करने को अलाउद्दीन खिलजी आ रहा है। उसने भी अपने अनेक खाँपों के राजपूतों को एकत्रित करना प्रारम्भ कर दिया। अस्सी हजार योद्धा एकत्रित हो गये, रावळ की ओर से लोहा लेने को; यह समय वि॰सं॰ 1219 था। (पद्मिनी-समियों में यही सम्वत् दे-रखा है। वास्तविक समय सम्वत् 1360, सन् 1303 है।)

इधर से रावळ रत्नसेन की क्षत्रियों की सेना, उधर से सुलतान अलाउद्दीन की सेना आपने-सामने होकर लड़ने लगी। चार घड़ी के युद्ध में 20 हजार मुसलमान योद्धा भूमि पर गिरे जिनकी लाशें तीन कोस तक फैली पड़ी दिखती थीं। इधर क्षत्रियों की सेना के छः हजार योद्धा काम आये। सुलतान योद्धाओं के मरने से ऐसा घबराया कि उसने 100 कोस दूरी पर जाकर डेरा डाला।

इधर दुर्ग में प्रसन्नता की नौबतें बज उठीं। इस-प्रकार युद्ध दिन-रात 12 वर्ष तक होता रहा। न सुलतान जीता और न रावळ हारा। 12 वर्ष तक लड़ने के उपरान्त भी जब सुलतान को कुछ भी हाँसिल नहीं हुआ तब उसने रावळ को हराने की दूसरी ही युक्ति निकाली।

सुलतान ने योगी का वेश बनाया और वह रावळ रत्नसेन के योद्धाओं के समूह के नायक से जाकर मिला। उसने उनके बीच में ही अपना आसन जमाया। नायक इस वेशधारी योगी के पैरों लगा। योगी ने उसको उपदेश दिया। नायक ने पूछा, योगीराज! आपका आसन कहाँ है? तब कथित योगी ने कहा, मेरा स्थायी आसन मणिकर्णिका घाट, काशी में है। योगी की कपट भरी बातों से नायक पूरी तरह मोहित हो गया।

नायक ने रावळ रत्नसेन को समाचार सुनाये। रावळ योगियों से पहले से ही प्रभावित होता रहा था। अतः वह भी योगी के दर्शन करने को आया। उसने उसको एक लाल भेंट किया।

योगी तीन मास तक लगातार रहता रहा। फिर अपने आसन पर वापिस जाने का निर्णय कहा। इन तीन मासों में उसने रावळ सहित सभी का मन मोह लिया था। दोपहर के वक्त जब रावळ योगी से मिलने आया तब उसने रावळ रत्नसेन से

अपने साथ में चलने को कहा। रावळ रत्नसेन योगी को पौल तक जैसे ही पहुँचाने आया सुलतान के सैनिकों ने रावळ को पकड़ लिया। गढ़ में शोर मच गया । सुलतान ने धोका कर डाला! सुलतान ने धोका कर डाला! राजेन्द्र को बंदी बनाकर सुलतान ले गया!!!

रावळ रत्नसिंह को शारीरिक और मानसिक दोनों तरह के कष्ट देने के उद्देश्य से सुलतान ने रावळ के हाथ-पैर और गले में कड़ियाँ, बेड़ियाँ डाल दीं। वह व उसके सैनिक जोर-जोर से नमाज़ पढ़ते समय कलमा पढ़ने लगे। पाँच गायें प्रतिदिन काटने लगे। इस-प्रकार रावळ रत्नसिंह असुरों के घेरे में उसी-प्रकार रहने लगा जैसे बिना जल के मछली व्याकुल हो उठती है।

इधर रावळ के छत्तीसों कुलों के क्षत्रियों ने रावळ को छुड़ाने की मंत्रणा प्रारंभ की। सर्वप्रथम अजमेर के गौर नरेन्द्र ने सुझाव दिया कि हम रात्रि में युद्ध करके शत्रु को समाप्त कर डालें। सुलतान को समाप्त कर खुम्मान रत्नसिंह के शिर पर छत्र रख कर गढ़ में ले आवें।

नये-नये सुझाव सभी की ओर से आने लगे। पन्ना अहाड़ा ने कहा, हमें सिंघल की पद्मिनी को सुलतान को देकर रावळ को छुड़ा लेना चाहिए।

पन्ना अहाड़ा की सलाह सभी को पसन्द आ गई। सभी ने कहा, सिंघलद्वीप अति दूर है; हमें पता नहीं, यह किस जाति की व किसकी पुत्री है; सिंघलद्वीप कहाँ है। अतः इस अज्ञात को सुलतान को देकर खुंमान को छुड़ा लाना चाहिए।

सभी ने पाटकुमार करण से अपनी मंत्रणा का सार निवेदन किया। पाटकुमार करण ने भी सभी राजपूतों की मंत्रणा को स्वीकार कर लिया।

इधर पद्मिनी ने उक्त बात सुनी। सुनते ही वह चकडोल में बैठकर बादल के घर की ओर दौड़ी। चौगान में खेलते हुए भोगल का स्वामी चौहान बादल मिल गया। पद्मिनी ने गढ़ में हुई मंत्रणा बादल को बताई। बादल ने पद्मिनी को आश्वस्त किया कि आप मेरी शरण में आई हैं। अतः आप चिंता न करें। मैं खुंमान को छुड़ाकर आपको आनन्दित करूँगा।

बादल की बातें सुनकर पद्मिनी आनंद से सराबोर हो गई; वह बादल को आशीर्वाद देकर अपने महल में आ गई।

इधर सुलतान ने रावळ पर इतना कोप किया कि उसको खाना-पीना भी अरुचिकर लगने लगा। रावळ पर पद्मिनी देने का दबाव बादशाह बनाने लगा।

इधर बादल ने प्रतिज्ञा की कि मैं रावळ रत्नसेन को बादशाह के चंगुल के हर हाल में छुड़ाकर पद्मिनी को सौंप दूँगा। बादल की माँ आशंका में डूबकर कहने

लगी, ''तू मेरा अकेला पुत्र है। तेरी नव-परणीता पत्नी है। बिना पुत्र व पति के हम कैसे रहेंगे? सुलतान बलवान है, तू कोमल है।'' इस पर बादल कहता है, ''चिंता मत करो। शरीर क्षणभंगुर है। रावळ रत्नसेन को यदि मैं नहीं छुड़ा सका तो यह कलंक कभी भी धुलने वाला नहीं है।''

इसके पश्चात् बादल व उसकी पत्नी का सम्वाद है जिसमें बादल कहता है कि आप लोग शंका मत करो। पद्मिनी को उसका पति अवश्य ही मिलेगा।

बादल की वीरता भरी बातें काका गोरल ने भी सुनी। वह भी अपने भतीजे बादल के समान ही राणा को छुड़ाने के अभियान में सम्मिलित हो गया।

दोनों काका-भतीजा, पाटकुँवर के पास आये और राणा को छुड़ाने का अपना संकल्प घोषित किया। पाटकुँवर ने चौहान बादल से छुड़ाने की योजना पूछी।

बादल ने कहा, ''पाँच सौ डोले सजाओ। प्रत्येक में दो वीर बैठाओ। चार-चार के कंधों पर एक-एक डोले को रखकर सभी को कतारबद्ध करके सुलतान तक जाने को तैयार करो। सुलतान को समाचार दिया जाये कि पद्मिनी को उसकी सहेलियों सहित आपकी सेवा में भेजा जा रहा है। जैसे ही रावळ रत्नसिंह एवं छद्म पद्मिनी मिलें, रावळ को पालकी में बैठाकर गढ़ की ओर रवाना कर देना। उधर डोलियों में बैठे वीर व डोलियों को उठाने वाले वीर अपने-अपने हथियार लेकर लड़ने को उद्यत हो जायें। रावळ सुरक्षित गढ़ में पहुँचे जायेंगे।''

सभी को बादल की मंत्रणा पसंद आई और तत्काल मंत्रणानुसार तैयारियाँ होने लगीं। युद्ध कैसे करना है, कौन-कौन से अस्त्र-शस्त्र चलाने हैं, आदि की योजना बताकर बादल अलाउद्दीन खिलजी सुलतान के पास मुजरा करने को पहुँचा। जैसे ही बादल ने मुजरा किया, सुलतान ने पूछा, क्या युद्ध करने का संदेश लेकर आये हो? बादल ने कहा, नहीं; जहाँपनाह! आपसे युद्ध करने की किसमें सामर्थ्य है! समुद्र रूपी सुलतान की थाह कौन ले सकता है, किम्वा सुमेरु रूपी सुलतान को कौन हाथों में उठा सकता है!!

गढ़वालों ने पद्मिनी सौंपने का निर्णय किया है। मैं रत्नसिंह खुम्मान का दूत हूँ। आपका मनोवांछित पूरा होने वाला है।

सुलतान ने बादल की पीठ थपथपाई और रत्नजटित तलवार तथा मोतियों की माला प्रदान की।

योजनानुसार बादल चौहान गढ़ में पहुँचा। पाँच सौ चकडोल पूर्व योजनानुसार गढ़ से सुलतान के खेमे की ओर चले।

बादल ने सुलतान से कहा, पद्मिनी आखिरी बार खुंमान रत्नसेन से एक क्षण

के लिये मिलना चाहती है। अतः रावळ रत्नसिंह को पद्मिनी से एक बार मिलने की इजाजत बक्षीश की जाये। सुलतान ने ऐसा ही किया। जैसे ही रावळ रत्नसेन ने छद्म पद्मिनी से मिलने का अभिनय किया, छद्म पद्मिनी ने रावळ के बंधन काट डाले और बादल रत्नसेन को लेकर गढ़ की ओर दौड़ चला। इधर पालकियों में बैठे व कहार का काम कर रहे योद्धा हथियार ले-लेकर लड़ने को संनद्ध हो गये, हिन्दुओं और मुसलमानों में भयंकर युद्ध हुआ।

पद्मिनी अपनी ठौर पर ही रही। शाह सुलतान के कटक पर सोर पड़ा। रत्नसिंह गढ़ में आ गया।

उक्त युद्ध में आठ हजार मुसलमान मीरादि योद्धा मारे गये। पाच कोस तक लाशें बिछ गईं। खुंमान रत्नसिंह की जीत हुई। सुलतान भाग गया। अनेक हिन्दू राजा व उनके योद्धा इस युद्ध में काम आये। भोगल का स्वामी गोरल (गोरा) भी मारा गया। मरने वाले कुल हिन्दुओं की संख्या 5000 गिनी गई। हिन्दू-योद्धाओं की लाशें आठ कोस के हेर-फेर में गिरीं।

चौहान बादल की भुजाओं के बल से खुम्मान रावळ रत्नसेन की जीत हुई। सुलतान रणक्षेत्र छोडकर भाग गया। 'साँभर-नरेश' का विरुद धारण करने वाले चौहान खाँप का गोरा छिन्न-भिन्न शरीर होकर भूमि पर गिर गया। चित्रकूट (चित्तौड़) के कोट का छत्र रत्नसेन के माथे पर रहा, उसकी पत्नी पद्मावती उसके साथ रही।

5. 'पद्मिनी-समिओ' व जटमल नाहर कृत 'गोरा-बादल की कथा' के रचनाकारों की भिन्नता

'पद्मिनी-समिओ' व जटमल नाहर कृत 'गोरा-बादल की कथा' की तुलना करने पर ऊपरी तौर पर संज्ञान में आता है कि दोनों ग्रंथों में कुछ छन्द सामान्य हेर-फेर के साथ समान हैं। समान छन्दों का विवरण आगे दृष्टव्य है।

ऊपरी तौर पर देखने से ऐसा भी लगता है कि पद्मिनी-समिओ में भी वही घटना-क्रम है जो गोरा-बादल की कथा है किन्तु वास्तव में ऐसा नहीं है। पद्मिनी-समिओकार ने कई स्थानों पर विषय-वर्णन में अपनी नई उद्भावनाएँ दी हैं। युद्ध के समय का सम्वत् वर्ष दिया है चाहे वह अशुद्ध ही है। रावळ रत्नसेन की ओर से लड़ने वाले मुख्य-मुख्य क्षत्रिय वीरों व उनके ठिकानों का विवरण दिया है। रावळ रत्नसेन को सुलतान द्वारा किस प्रकार बन्दी बनाया गया, का वर्णन संभवतः समिओकार का अपना निजी वर्णन है।

ये सभी अन्तर क्रमबद्ध रूप में आगे लिखे जा रहे हैं।

इन अंतरों को देखते हुए यह लिखना सर्वथा सही है कि पद्मिनी-समिओकार ने यद्यपि जटमल नाहर के ग्रंथ को ही आधार बनाया है, उसीके कुछ छन्दों में कुछ घटत-बढ़त करके अपनाया है, फिर भी पद्मिनी-समिओ, जटमल नाहर की रचना न होकर किसी अज्ञात चारण की रचना हो सकती है जो कवि-कर्म में ही कुशल नहीं था, मेवाड़ी इतिहास का भी अच्छा जानकार था जिसने जटमल की भाँति ऐतिहासिक तथ्यों के संबंध में वे भूलें नहीं की हैं जो जटमल नाहर ने की हैं।

जहाँ तक 'पद्मिनी-समिओकार' ने जटमल नाहर के छन्दों का उपयोग किया है, वहाँ उसकी भाषा 'गोरा-बादल की कथा' के समानान्तर चलती है। जहाँ समिओकार ने अपनी कविताएँ दी हैं वहाँ वह पूर्णतः चारणी शैली में उतर आता है; क्या शब्दों का चयन, क्या छंदों का चयन, क्या वाक्यों का गठन और क्या चारणी-साहित्य जैसा ओज; सभी दृष्टियों से वह चारणी-शैली के निकट लगता है। इसी-कारण मेरा अनुमान है, पद्मिनी-समिओ किसी चारण की रचना है जो जटमल की गोरा-बादल की कथा पर अंशतः आधारित है।

6. गोरा-बादल-कथा की हस्तलिखित प्रतियाँ

जटमल नाहर कृत 'गोरा-बादल की कथा' की कौन-कौन सी प्रतियाँ हमें उपलब्ध हैं, जिनको आधार बनाकर हम तुलनात्मक अध्ययन प्रस्तुत करना चाहते हैं, का विवरण भी दे-देना सर्वथा समीचीन है।

6.(1). पाठक जानते होंगे कि जटमल कृत 'गोरा-बादल की कथा' बीकानेर वास्तव्य स्वर्गीय श्रीभँवरलाल नाहटा के सम्पादन में 'सादूल-राजस्थानी-रिसर्च-इंस्टीट्यूट'; बीकानेर से सम्वत् 2018 में प्रकाशित हुई थी। इसमें कुल 153 छन्द हैं। नाहटाजी ने किन-किन अथवा किस-किस प्रति से वह पाठ प्रस्तुत किया, का कोई विवरण लब्धोदय कृत 'पद्मिनी-चरित्र-चौपई' ग्रंथ में नहीं दिया है। गोरा-बादल की कथा इसी ग्रंथ के अंत में प्रकाशित है।

जहाँ तक पाठ सम्पादन व प्रस्तुतिकरण का प्रश्न है, नाहटाजी का पाठ विषय-सामग्री की दृष्टि से मूल के नजदीक लगता है किन्तु भाषा मूल जैसी वियुक्तात्मक न होकर संयुक्तात्मक है; (उदाहरणार्थ कहइ के स्थान पर कहै) नाहटाजी का पाठ अधिकांशतः हमारे द्वारा प्रस्तुत पाठ की मूल प्रति के अधिक नजदीक है। पाठकों के लाभार्थ यहाँ यह बताना लाभकारी है कि वियुक्तात्मक-पाठ-लेखन शैली प्राचीन जबकि संयुक्तात्मक-पाठ-लेखन- शैली

अपेक्षाकृत अर्वाचीन है।

हमारे पास प्राच्यविद्या-प्रतिष्ठान, जोधपुर से प्राप्त की गई पाँच प्रतियों की श्वेत-स्याम छाया-प्रतियाँ हैं जिनमें से इस सम्पादन में केवल दो प्रतियाँ काम में ली गई हैं। तीसरी उक्त प्रकाशित श्रीभँवरलाल नाहटाजी की प्रति काम ली गई है। हस्तलिखित प्रतियों का विवरण अग्रांकित प्रकार से है।

6.(2). आधार-प्रति ग्रंथांक 21563; कुल पृष्ठ 14; पत्राकार-प्रति; प्रति-पृष्ठ 13 पंक्तियाँ; प्रति पंक्ति लगभग 30 अक्षर। अक्षरों की आकृति सुपाठ्य; लिपिकार कुशललाल वाचक, खरतरगच्छीय; लिपि-काल सम्वत् 1756।

लेखकीय भूलें इस प्रति में भी हैं। फिर भी एक तो यह प्राचीनतर है; दूसरे इसमें पाठ-लेखन 'अपभ्रंश-कालीन-पद्धति' 'वियोगात्माक-शब्द-लेखन-पद्धति' के अनुसार है। अतः इसको हमने आधार-प्रति स्वीकार की है। इस प्रति में छन्द संख्या भी अपेक्षाकृत कम है। अतः इसमें प्रक्षेप होने की संभावना कम है, फिर भी इसके पाठ को सर्वथा प्रक्षेप रहित भी नहीं कह सकते क्योंकि इसमें भी कई एक छन्द ऐसे मिले हैं, जो इससे परवर्ती-काल में लिखी प्रतियों में नहीं मिलते।

6.(3). मुख्य-पाठान्तर-प्रति ग्रंथांक 12580; इसमें कई ग्रंथ हैं जिनमें से एक आलोच्य भी है। इसमें कुल 34 पृष्ठ हैं; प्रति-पृष्ठ 9 पंक्तियाँ पृष्ठ 29 तक, तत्पश्चात् प्रति-पृष्ठ 11 पंक्तियाँ हैं; प्रति-पंक्ति 20 से 22 अक्षर हैं; आकार पर्याप्त बड़ा व सुपाठ्य है; लेखन-समय सम्वत् 1869 मिति अगहन (मार्गशीर्ष) शुक्ला 13 है; लिपिकार भगतराम है; इसमें कुल छंद 186 हैं। प्रतिकार ने अधिकांशतः पाठ को संयुक्तात्मक शब्दों में लिखा है जो युगानुकूल प्रवृत्ति का प्रभाव है।

लक्ष्य करने की बात यह है कि इसमें ग्रंथ-निर्माणकाल वि॰सं॰ 1680 मिलता है जबकि मूल अथवा आधार-प्रति में ग्रंथ-निर्माण से सम्बद्ध छन्द है ही नहीं।

6.(4). ग्रंथांक 22837; इसमें कुल 10 पृष्ठ हैं; प्रति-पृष्ठ 27 पंक्तियाँ, प्रति-पंक्ति 20 से 22 शब्द हैं। इसमें कुल 223 छन्द हैं; कुंजलाल नामक कवि ने इसको परिवर्द्धित किया है; कुंजलाल ने लिखा है कि उसने 80 दोहे नये बनाकर कथा-सूत्रों की जोड़ा है। पुराने छंदों में जहाँ-तहाँ कमियाँ थी; उनको भी सुधारी हैं। दोहों को इस-प्रकार मिलाया है कि वे मूल में एकमेक हो गये हैं।

इस प्रति में भी जटमल द्वारा ग्रंथ निर्माण का समय वि॰सं॰ 1680 ही दे रखा है। चूँकि यह प्रति अत्यधिक प्रक्षिप्त है। अतः हमने इससे पाठान्तर न देने का निश्चय किया।

6.(5). ग्रंथांक 24325; यह भी पत्राकार प्रति है; कुल पृष्ठ 15 हैं; प्रति-पृष्ठ

11 पंक्तियाँ व प्रति-पंक्ति लगभग 30 से 32 अक्षर हैं; लिखने का समय 1939, पोष शुक्ला 12, शनिवार है। लेखक पं॰ रघुनाथ ने भीलीड़ी में इसको लिखा है; इसमें कुल छन्दों की संख्या 153 दे-रखी है। अक्षरों की बनावट अस्पष्ट होने से हमने इसको पाठांतर देने में काम नहीं ली है। लगता यह है कि यह प्रति व श्रीभँवरलाल नाहटा की प्रति किसी एक परम्परा की प्रतिलिपियाँ हैं। इसमें जटमल नाहर कृत गोर-बादल-कथा का निर्माण-काल सम्वत् 1695, फाल्गुण शुक्ला पूर्णमासी दे रखा है। भँवरलाल नाहटा के पाठ में सम्वत् 1680 है।

6.(6). यह प्रति गुटकाकार है। अक्षर इतने बारीक हैं कि मैं इन्हें ढंग से पढ़ नहीं सका; इसमें पाठ पृष्ठ 76 से प्रारंभ 81 पर पूर्ण होता है। इसमें भी जटमल द्वारा ग्रंथ निर्माण-काल फाल्गुनी पूर्णमासी, 1680 सम्वत् दे रखा है; इसमें कुल छन्द संख्या 152 है; प्रति-पृष्ठ 27 पंक्तियाँ व प्रति पंक्ति औसतन 35 अक्षर हैं।

7. गोरा-बादल-कथाकार जटमल नाहर

गोरा-बादल की कथा ग्रंथ के निर्माता नाहर (ओसवाल जैन) जटमल का यत्किंचित् विवरण ग्रंथांत में निम्नप्रकार मिलता है।

ग्रंथकार ने अपने पिता का नाम 'धरमसी' अर्थात् धर्मसिंह व स्वयं का नाम जटमल नाहर बताया है। ग्रंथ-निर्माण-स्थान का नाम संबलाका बताया है जहाँ नासरखान का बेटा न्याजी अलीखान राज करता था; जिसके समस्त सरदार पठान थे। श्रीनाहटा ने गाँव का नाम संबला लिखा है किंतु मूल में पाठ 'संबलाकै गाम' या 'संबलाकइ गाँव' मिलता है। उन्होंने 'कई' या 'कै' को संबंधकारक मानकर 'संबला' के गाँव में रहने वाला' अर्थ माना है किंतु मुझे ऐसा लगता है कि कवि ने यह प्रयोग वैसे ही किया है जैसे हमसे कोई कहे, अमुक व्यक्ति कोटे से अमुक दिन आया था। यहाँ शहर का नाम तो 'कोटा' है किन्तु वाक्य को बोलते समय 'कोटे' बोला गया। ऐसे ही गाँव का नाम तो संबलाका ही था किन्तु कवि ने 'संबलाकै' का प्रयोग किया है। अतः जटमल ने 'गोरा-बादल कथा' 'संबलाका' नामक गाँव में निर्मित की।

जटमल, नाहर गोत्रीय ओसवाल वैश्य, जैन धर्मावलम्बी था। न यह जाति का मुसलमान था जैसा कि श्रीअयोध्याप्रसाद शर्मा ने लिखा और न यह जाति का जाट ही था जैसा कि डॉ॰ टीकमसिंह तोमर ने लिखा है।

श्रीअगरचन्दजी नाहटा ने लिखा है कि जटमल द्वारा लिखित 'गोरा-बादल की कथा' की सम्वत् 1752 में लिखित प्रति की प्रशस्ति में स्पष्टतः 'जटमल श्रावक

कृत' लिखा मिलता है। श्रावक 'जैन-धर्मावलम्बी' ही कहलाते हैं, यह स्थापित तथ्य है; इसी-प्रकार जटमल स्वयं ने अपने एक अन्य ग्रन्थ 'प्रेमविलास-कथा' में अपने आपको स्पष्टतः नाहर गोत्रीय श्रावक लिखा है, यथा "इति प्रेमविलास प्रेमलता की सब रस लता नाम कथा नाहर गोत्र श्रावक जटमल कृत समाप्ता"

जटमल नाहर कुशल कवि ही नहीं, कुशल लिपिकार भी था। उसने सम्वत् 1675 में जैन महाकवि समयसुन्दर कृत 'मृगावती-रास' की प्रति तैयार की थी जिसकी प्रशस्ति इस-प्रकार मिलती है–"सम्वत् 1675 वर्षे माघ सुदी 11 तिथौ शनिवारे पातीस्याह नूरदी आदिल जहाँगीर राज्ये लिख्यतं जटु नाहर नागउरी मोचग्रामे शा॰ कवरपाल सुत (शा॰ फेरू रत्नराण) शा॰ बाला देवीदास तोड़ा रंगा गंगा पुस्तिका बाफणागोत्रे। लिखितं जटु पठनार्थं।"

इस प्रशस्ति से ज्ञात होता है, इस-समय तक जटमल नाहर नागौरी कहलता था। नागौर से कई ओसवाल परिवार स्थानांतरित हुए और आज भी नागौरी कहलाते हैं। जयपुर में अब भी 'नागौरियों को चौक' इन 'नागौरियों' के कारण कहलाता है। स्वामी रामचरणजी महाराज (सम्वत् 1776-1855) के शिष्यों में भी नागौरी ओसवाल थे जो भीलवाड़ा में रहा करते थे। जब मंदिरमार्गी भदादा गोत्रीय माहेश्वरी वैश्यों ने निर्गुणी स्वामी रामचरणजी का उग्र विरोध किया तब स्वामीजी कुहाड़ा आदि मेवाड़ के अन्य गाँवों में रम गये और इन नागौरी ओसवालों ने भीलवाड़ा त्यागकर 'पुर' नामक गाँव में जाकर अपना धन्धा जमाया। जब उदयपुर महाराणा अरिसिंह ने स्वामीजी को पुनः भीलवाड़ा आदर व सत्कार के साथ बुला भेजा, तब इन नागौरी ओसवालों को पुनः भीलवाड़ा ससम्मान लाया गया–

नागौर्‌याँ कूँ पुर जाइ ल्याया।
अगला पिछला दोष मिटाया ॥

ग्रंथ गुरु-लीला-विलास।

इस प्रशस्ति से यह भी ज्ञात होता है कि सम्वत् 1675 में जटमल नाहर 'मोक्ष' नामक गाँव में रहता था। मोक्ष ग्राम का उल्लेख जटमल ने गोरा-बादल की कथा में इस-प्रकार किया है–

"बसइ मोछ अडोल अवचल सुखी रइयत लोक" छंदांक-142

श्रीअगरचंदजी नाहटा ने लिखा है कि सम्वत् 1693 में जब जटमल ने प्रेमलता ग्रंथ जलालपुर में लिखा, तब वह लाहौरी कहलाने लगा था। यथा 'तहाँ बसत जटमल लाहौरी' किन्तु मैं इस मत से सहमत नहीं हूँ। लगता यह है कि लिपिकार की असावधानी से नागौरी' शब्द ही 'लाहौरी' हो गया है।

वास्तव में जटमल नाहर के पूर्वज नागौर के रहने वाले ओसवाल जैन थे जो मोक्ष ग्राम में आ बसे थे। जटमल मोक्ष ग्राम का ही निवासी था, न कि संबलाका अथवा लाहौर का। जटमल नाहर ने स्पष्ट रूप से अपने आपको मोक्ष ग्राम का अडोल व अविचल निवासी बताया है। हाँ, उसने अपने ग्रंथ संबलाका, जलालपुर, लाहौर आदि में लिखे अवश्य किन्तु वह अडोल व अविचल रूप से मोक्ष ग्राम का ही निवासी था। छन्दांक 142 में जिस अलीखान नाज़ी का वर्णन है, वह संबलाका का न होकर मोक्ष ग्राम का ही है। जटमल ने लाहौर-गजल, प्रेम-विलास, बावनी, स्त्री-गजल व कुछ फुटकर रचनाएँ लिखी हैं।

जटमल नाहर का परिचय लिखते समय मुझको श्रीअगरचन्दजी नाहटा के लेख 'क्या कवि जटमल नाहर, मुसलमान या जाट थे?' से बडी सहायता मिली है। यह नागरी-प्रचारिणी-पत्रिका वर्ष 66 अंक 4 में प्रकाशित हुआ है। इस आलेख की छाया-प्रति बनेड़ा निवासी श्रीअक्षयकुमारजी देराश्री, रिटायर्ड कमीश्नर एक्साइज एंड कस्टम्स ने उपलब्ध कराई है। मैं श्रीदेराश्रीसाहब का अत्यधिक आभारी हूँ।

8. गोरा-बादल-कथा की हस्तलिखित प्रतियों के अंतिम पृष्ठीय विवरण

गोरा-बादल की कथा, लेखक-जटमल नाहर के अंत में विभिन्न प्रतियों में जो उल्लेख मिलते हैं, वे निम्न प्रकार हैं–

8.(1). ग्रंथांक 12580

छन्द सालूर

गौरै जु बादल की कथा, पूरन भई अब जाणि।
गुर सरस्वत्यै प्रसाद कविजन, करै गुन सब बखाणि ॥180॥
संमत सोल सै छिआसी, माघ उत्तम मास।
एकादसी तिथि वीर के दिन, करी धरि उलास ॥181॥
अब बसै मुहछ अडोल बिचल, सुखी रइयत लोक।
आनंद घर घर होय मंगल, देखियै नहीं सोक ॥182॥
राजा तिहाँ अलिखान न्याजी, खान नासर नंद।
सरदार सकल पठान भीतरि, ज्यूँ नखत महि चंद ॥183॥
तहाँ धरमसी को नंद नाहर, जाति जटमल नाउ।
तिन करी कथा बनाय कै, बिचि संबुलाकै गाँउ ॥184॥

दोहा

जटमल कीनी जु जुगति सूँ, हरष हिए उपजाइ।
श्रोता सुनहूँ श्रवन दे, चतुर पढ़ो चित लाइ ॥185॥
पढ़ताँ नव निधि पाइयै, सुणताँ सब सुख होय।
जटमल जम्पै गुनि जनो, विघन न उपजै कोय ॥186॥

8.(2). ग्रंथांक 21563

गोरा बादल की कथा, सूराँ अधिक सुहाय।
सुणताँ जागइ सूरमा, आणँद अंग न माय ॥141॥
गोरा बादल की कथा, पूरण भइ हइ जाम।
गुरु सरसती प्रसाद करि, कीयो धर परनाम ॥142॥

कलस छन्द सालूरा

वसइ मोछ अडोल अवचल, सुखी रइयत लोक।
आणँद उछब होति घर घर, देखी इतनी थोक ॥
राजा तिहाँ अल्ली खान नाजी, खान नीसर नंद।
सिरदार सकल पठाण महिहइ, ज्यूँ नक्षत्र मइ चंद॥
धर्म्मसी को नन्द नाहर, जाति जटमल नाम।
जिण ही कथा वणाइ कइ, बिच संबलाकइ गाम ॥143॥
जटमल कीनी जुगत सूँ, हरषु हियइ उपजाइ।
सुणताँ जागइ सूरमा, आणँद अंग न माइ ॥144॥
सुणताँ सुणियो कान दे, चतुर पढो चित लाय।
सुणताँ जागइ सूरमा, आणँद अंग न माय॥145॥
पढ़ताँ नव निधि पाइयइ, सुणताँ सब सुख होइ।
जटमल जंपइ गुणियणा, विघ्न न ब्यापइ कोइ ॥146॥
खारतरगछ उदीयोललो, जैसे प्रतपे इंदु।
कुसललाल वाचक सदा, प्राम्यूँ परमानंदु ॥॥

इतिश्री श्रीगोरा-बादल की कथा संपूर्ण ॥सं॰ 1756॥

8.(3). ग्रंथांक 24325

गोरा बादल की कथा, पूर्ण भई है जाम।
गुरु सरसती प्रसाद करि, कियो धर्म परनाम ॥151॥

संवत सोल पचाणवे, फागुण सुदि पूनम।
रची बात ए सरस भुष, साम काज सूधरम ॥152॥

कलस कवित्त बंध

बसे मोछ अडोल अविचल सुखी रयत लोग।
आणोछौ होत घर घर देखे चित नहीं सोग ॥
राजा तिहां अली खान न्याजी खान नरिंद।
सिरदार सकल पठाण माहिहै ज्यूँ नक्षत्र मांहे चंद ॥
धर्मसी को नंद नाहर जात जटमल नाम।
जिण कही कथा बनाय के बीच सुंबलाके गाम ॥
कहताँ तिय आनंद उपजै, सुणताँ सब सुख होय।
जटमल जंपै गुणीजणौ, विघन न लागै कोय ॥153॥

इति श्रीगोरा-बादल री बात दुहा कवित छंद बंध संपूर्णम ॥

8.(4). श्रीनाहटाजी के सम्पादन की प्रति का पाठ :

गोरा बादल की कथा, पूरण भई है जाम।
गुरु सरस्वती प्रसाद करि, कविजन करि मन ठाम ॥148॥
सोलै सै असियै समै, फागण पूनिम मास।
वीरा रस सिणगार रस, कहि जटमल सु प्रकास ॥149॥

छन्द रिसावला

बसै मोछ अडोल अविचल, सुखी रइयत लोक।
आणन्द घरि घरि होत उछव, देखियत नहिं सोक ॥150॥
राजा जिहाँ अलिखान न्याजी, खान नासिर नंद।
सिरदार सकल पठान बिच है, ज्यों नखत्रे चंद ॥151॥
धर्मसी को नंद नाहर, जात जटमल नाँउ।
जिण कही कथा बणाय कै, बिच संबलाके गाँउ ॥152॥
कहताँ तहाँ आनन्द उपजै, सुन्याँ सब सुख होय।
जटमल पयम्पै गुनिजनो, विघ्न न लागै कोय ॥153॥

8.(5). ग्रंथांक 22837

गोरा बादल की कथा, पूरी हुई ज ताम।
सुरसत के परसाद ते, कियो जगत में नाम ॥113॥

संमत सोला से असीय समै, फागुण पूणू मास।
वीरा रस सिंगार रस, कही जटमल तास ॥114॥

छप्पय

बसै ताहि अडोल अविचल सुखी सब लोय।
उछाह घर घर होत है दुखी नहीं जन कोय ॥
जहाँ राजा राजै अलीखान गाजी खान नासर नंद।
सिरदार सकल पवन माहीं ज्यूँ नक्षत्र में चंद ॥
धरमसी को नंद जटमल जात नाहर ताम।
जिन कही कथा बनाय करि बिच संबला गाम ॥115॥

दोहा

कहता आनंद ऊपजै, सुनता आनंद होय।
जो कोई कहै गुणीजनी, तो विघ्न न ब्यापै कोय ॥116॥
असी दोहा पाछै किया, बिच बिच देखी खाल।
कसर होती क्यों बात में, सो काढ दई कुंजलाल ॥117॥
चालीस सहस घोड़ा मर्‍या, दोय सहस सरदार।
येक लाख मूवा आदमी, हाथी आठ हजार ॥118॥

सोरठा

मार्‍या मुगल पठाण, दोढ लाख दफज चढ़्या।
और बहौत दीपाजणी, जाह तुणका मुख में लिया ॥119॥

दोहा

साको हुयो चितोड़ में, चोड़इ करै जंग।
दाद फुरमाई साह तब, रंग हूं तो रे पंग ॥120॥
असी दोहा नवा किया, सारी बात को मोल।
कसर होती क्यों बात में, धरा तोल के तोल ॥121॥
असी बणा कर कर दिया, करि दिया घाणमघाम।
जहाँ बात आगै सुणी, सो लेसी सब जाण ॥122॥
नया बणा कर कर दिया, बात में पाटल।
फूट तुक साबत करी, अर्थ सहित कुंजलाल ॥123॥

इति श्रीगौरो-बादल की बारता दोहा छप्पै छंद चौपाई सोरठा संपूरणम् ॥

8.(6). पद्मिनी-समिओकार ने ग्रंथ रचना-काल सम्वत् 1673 बताया है। सम्बंधित पाठ :

दे माही मुरतबो तोप नौबत हज्जारी।
करीमाल सिरपाव कुँदन में जड़ित कटारी ॥
रीझे साहि जिहान लेस आलोट नाद गिर।
सींध सूर सकस्स कीतऊत अरस किरंमर ॥
संमत सोल तीहोतरै अच्चड़ करन अरप्पिआ।
सरद निस चंद सँकताह रै पमंग पचास समप्पिआ ॥158॥

आगे दोनों ग्रंथों का तुलनात्मक अध्ययन प्रस्तुत है।

9. पद्मिनी-समिओ, गोरा-बादल-कथा, गोरा-बादल-पद्मिनी-चउपई, पद्मावत तथा गोरा-बादल-कवित्त का तुलनात्मक तथ्यपरक विवेचन

9.(1). पद्मिनी-समिओ : ग्रंथ का नाम 'पद्मिनी-समिओ' है। ग्रंथ में कहीं भी ग्रंथकार का नाम नहीं मिलता। ग्रंथ के अंत में ग्रंथ निर्माण-काल सम्वत् 1673 मिलता है। वैसे, यह निश्चयपूर्वक नहीं कहा जा सकता कि किसने किसकी सामग्री का उपयोग किया किन्तु समस्त परिस्थितियों पर विचार करने पर लगता है कि 'पद्मिनी-समिओकार' ने जटमल की सामग्री का उपयोग बड़ी सावधानी से किया और अपनी पुस्तक को प्राचीन बताने के लिये निर्माण-काल जटमल से पूर्व का सम्वत् 1673 लिख दिया।

9.(1). गोरा-बादल की कथा : ग्रंथ का नाम हमारे द्वारा निरीक्षित और परीक्षित समस्त हस्तलिखित प्रतियों में 'गोरा-बादल की कथा' ही मिलता है। किसी-किसी ने इसका नाम 'गोरा-बादल की बात' भी लिखा है किन्तु ग्रन्थ का वास्तविक नाम 'गोरा-बादल की कथा' ही है। ग्रंथकार ने अपना नाम स्पष्ट रूप से जटमल नाहर लिखा है। जब यह मोक्ष ग्राम में निवास कर रहा था तब इसने 'संबलाका' नामक ग्राम में इसको लिखा। ग्रंथांत में भिन्न-भिन्न प्रतियों में ग्रंथ-लेखन-काल भिन्न-भिन्न लिखा मिलता है। यथा सम्वत् 1680, 1686 व 1695 तीन समय मिलते हैं।

9.(2). ग्रंथारंभ में मंगलाचरण करना भारतीय रचनाकारों की एक सुनिश्चित् परिपाटी रही है। समिओकार ने मंगलाचरण न करके सीधे ही प्रथम दोहे में

जम्बूद्वीप में भारतवर्ष और भारतवर्ष में चित्तौड़गढ़ की स्थिति बताई है। इसके पश्चात् समिओकार चित्तौड़गढ़ाधीश रावळ रतनसी के दरबार में चतुर भाट की उपस्थिति बताता है। वस्तुतः यहाँ समिओकार काफी त्वरा में है। अतः उसने रतनसी का नाम, उसकी प्रकृति और चित्तौड़ में चतुर भाट के आने का ऐसा कोई कारण नहीं बताया है जिससे जाना जा सके के आखिर सिंघलद्वीप का चतुर भाट चित्तौड़गढ़ में आया ही क्यों?

गो॰वा॰ कथाकार जटमल तारतम्य बैठाता हुआ लिखता है कि भाट रतनसी की दानशीलता की कीर्ति सुनकर चित्तौड़ में आया है।

यहाँ लक्ष्य करने का तथ्य यह है कि राजस्थान के इन सभी रचनाकारों ने चित्तौड़ाधिपति का नाम रतनसी या रत्नसेन लिखा है जबकि सम्वत् 1359 के शिलालेख में नाम 'रतनसिंहदेव' लिखा मिलता है। जायसी ने पद्मावत में रत्नसेन नाम ही लिखा है। संभवतः पद्मावत का कथानक राजस्थान के इन रचनाकारों ने परम्परा में सुना हो और उसकी सूचनाओं को राजस्थानी-स्रोतीय सामग्री से मिलाकर अपने ग्रंथों में लिखा हो। फिर भी पद्मिनी-समिओकार ने व्यक्तिगत नाम व गाँव, शहरों के नाम किसी न किसी आधार पर ही लिखे हैं। इन नामों की प्रायः पुष्टि होती है चाहे अब वे अधिकांश नाम अप्रामाणिक हो गये हों **(छन्दांक-1)**

9.(2). गो॰बा॰ कथाकार जटमल जैन होते हुए भी सर्वप्रथम भगवती सरस्वती की वंदना करता है, तत्पश्चात् कथानक प्रारम्भ करता है। कथाकार भी समिओकर की भाँति दूसरे दोहे में जम्बूद्वीप में भारतवर्ष, भारतवर्ष में चित्तौड़ और चित्तौड़ में गढ़ होने का उल्लेख करता है। तीसरे और चौथे दोहे में कथाकार चितौड़गढ़ के राजा का नाम रत्नसेन बताता है तथा चौथे दोहे में राजा को चौहान जाति का क्षत्रिय बताता है।

रत्नसेन के यहाँ सुभटों का अपार समूह है। प्रकृति से रत्नसेन दान व मान देने वाला उदार राजा है जिसके यहाँ याचक आते ही रहते हैं। मांगने वाले आस-पास से ही नहीं, दूर-दूर से भी आते हैं। दानवीर के रूप में उसकी ख्याति देश-विदेशों में भी व्याप्त है।

यद्यपि जटमल मूलतः राजस्थान का निवासी था तथापि उसका कार्य-क्षेत्र सुदूरवर्ती पंजाब-देश रहा जिस-कारण वह चित्तौड़ के रावळ रतनसी को चौहान क्षत्रिय लिख गया। मुझे ऐसा लगता है कि जटमल ने गोरा-बादल के अदम्य साहस और उत्कृष्ट स्वामी-भक्ति की चर्चाएँ सुनी होंगी; पद्मिनी के पातिव्रत-धर्म-निर्वाह की कथा सुनी होगी और उसीके आधार पर उसने यह रचना रची होगी। इसीकारण

श्रवणानुमोदन में अंतर पड़ जाने से वह खुम्माण-वंशीय गुहिलोत रतनसी को चौहान क्षत्रिय लिख गया।

जटमल से पूर्व अज्ञात रचनाकार द्वारा रचित 'गोरा-बादल-कवित्त' तथा हेमरतन वाचक कृत 'गोरा-बादल-पद्मिनी-चउपई' में चित्तौड़ के स्वामी को गुहिलोत बताया गया है। ऐसी स्थिति में जटमल स्वयं ही इस भूल के लिये उत्तरदायी है। **(छन्दांक-1-4)**

9.(3). पद्मिनी-समिओकार का दूसरा छन्द और जटमल नाहर का पाँचवा छन्द लगभग समान है। मुख्य अंतर है, समिओकार रत्नसिंह को खुम्मान-वंशीय बताता है जबकि जटमल रतनसी को चौहान क्षत्रिय लिखता है। समिओकार इस छन्द में सूचित करता है कि जब भाट ने राजा की कीर्ति का बखान किया तब राजा ने चित्तौड़ में आने का कारण पूछा। उत्तर में भाट ने कहा कि मैं आपके कृत्यों की प्रशंसा सुनकर यहाँ आया हूँ। जटमल भी कीर्ति सुनकर आने की ही बात कहता है किन्तु यह नहीं बताता कि कौनसी कीर्ति सुनकर आया है।

पद्मिनी-समिओकार ने रतनसी को खुंमान कहा है। वस्तुतः गुहिलोत राजवंश 'शीशोदिया' कहलाने के पूर्व 'खुंमान-राजवंश' भी कहलाता था क्योंकि बप्पा रावळ की दूसरी पीढ़ी में खुंमान अत्यधिक प्रभावशाली हुआ था। अतः ये 'खुंमान' भी कहलाया करते थे। **देखें गौ॰ही॰ ओझा उदयपुर राज्य का इतिहास, पृष्ठ 105, प्रथमखंड।**

9.(3). राजस्थान के चारों रचनाकार हेमरतन, जटमल, अज्ञात कवित्तकार व अज्ञात समिओकार भाट का आगमन सिंघलद्वीप से बताते हैं। सिंघलद्वीप कहाँ है? के संबंध में विद्वानों ने अनेक प्रकार से चर्चाएँ की हैं। हम भी आगे चलकर इस विषय में विस्तार से चर्चा करेंगे।

गोरा-बादल-कवित्तकार मंगलाचरण के बाद गोरा और बादल की सामान्य जानकारी भी देता है। इन कवित्तों के अनुसार गोरा और गाजन दो चौहान क्षत्रिय थे। गाजन का पुत्र बादल था जो गोरा का भतीजा लगता था। जिस-समय पद्मिनी का किस्सा चित्तौड़ में हुआ, उस समय गाजन परलोकवासी हो चुका था।

पद्मिनी-समिओकार यहाँ तो नहीं, किन्तु युद्धांत में गोरा का विरुद वर्णन करते समय गोरा को राय का पुत्र बताता है। साथ ही, गोरा व बादल को 'संभरी' अर्थात् साँभर का चौहान क्षत्रिय बताता है। सभी 24 प्रकार के चौहान 'संभरी', 'साँभरनाथ' आदि कहलाते हैं। चौहान क्षत्रियों के 24 भेद हैं जिनकी चर्चा 'चाइल चौहान क्षत्रियों' के प्रसंग में आगे आयेगी। सभी रचनाकारों ने

बादल को शरणागतवत्सल अर्थात् पद्मिनी को शरण देने वाला बताया है।

9.(4). समिओकार छन्दांक 3 से 5 में रतनसी और भाट का सम्वाद लिखता है जिसके अनुसार रतनसी ने पूछा कि सिंघलद्वीप कैसा है, वहाँ क्या-क्या उत्पन्न होता है? इस पर भाट बताता है कि सिंघलद्वीप समुद्र पार है और वहाँ पद्मिनी जाति की नारियाँ तथा ऐरावत जाति के हाथी उत्पन्न होते हैं **(छंदांक-3)**। तब रतनसी ने पद्मिनी नारी की विशेषताएँ बताने का निवेदन भाट से किया। भाट ने नारियों की चार जातियाँ बताई **(छंदांक-4)**। पद्मिनी, चित्रिणी, हंसिनी और शंखिणी नामक चार प्रकार बताकर भाट पद्मिनी जाति को सर्वश्रेष्ठ बताता है **(छंदांक-5)**। इसके पश्चात् बिना किसी प्रश्न के भाट पद्मिनी जाति की नारि के लक्षण छन्दांक 6 में बताता है।

समिओकार पद्मिनी जाति की नारी के लक्षण मात्र एक छप्पय छन्द में कहता है; छन्द का पाठ भी आधा-अधूरा है। संभवतः लिपिकार से पूरा पाठ उतरने से रह गया हो। वैसे, सामान्य हेर-फेर के साथ यह छन्द गो॰बा॰ कथा के छन्दांक 10 से मिलता है **(छंदांक-6)**। छन्दांक 7 के अनुसार जैसे ही रतनसी ने पद्मिनी जाति की नारी के लक्षण सुने, उसके मन में पद्मिनी जाति की पत्नी प्राप्त करने की उद्दाम लालसा उत्पन्न हो गई **(छंदांक-7)**।

रतनसी के मन में पद्मिनी जाति की नारी बस गई। रात्रि में नींद आना व दिन में भोजन भाना बंद हो गया। संयोग से उन्हीं दिनों राजद्वार पर एक योगी आ गया। उसके धूणें की धूम (धुँआ) से राजा को योगी के आगमन की खबर लगी **(छंदांक-8)**।

राजेन्द्र रतनसी ने योगी की युक्तिपूर्वक व भक्तिपूर्वक सेवा-सुश्रुषा की। योगी प्रसन्न हो गया। राजेन्द्र से योगी ने कहा, यदि तुम्हारी कोई मनोकामना है तो मुझे बताओ; मैं तुम्हारी मनोकामना पूरी करूँगा। राजेन्द्र ने एक ही बात कही और वह थी 'मैं पद्मावती जाति की स्त्री से विवाहित होना चाहता हूँ' **(छंदांक-9)**।

योगी ने कहा, पद्मिनी नारी सिंघलद्वीप में मिलती हैं। तत्प्राप्त्यर्थ सिंघलद्वीप चलना होगा। योगी की बात सुनकर राजेन्द्र बिना कुछ सोचे-समझे सिंघलद्वीप जाने को तैयार हो गया। योगी ने मृगछाला बिछाई; उस पर दोनों बैठे; मंत्र पढ़ा और रावळ रतनसी व श्रेष्ठ योगीन्द्र सिंघलद्वीप में आकाशमार्ग से जा पहुँचे **(छंदांक-10)**।

दोनों ही रचनाकारों ने रतनसी की मनोदशा एक जैसी बताई है। दोनों के अनुसार रतनसी पद्मिनी को प्राप्त करने के लिये इतना व्यग्र, उतावला, दिवाना हो उठा कि उसको इस बात तक की चिंता नहीं रही कि उसकी अनुपस्थिति में

चित्तौड़ का शासन कौन सँभालेगा। उसके वर्तमान परिवार, राज्य, प्रजा, देश का क्या होगा। क्या वह योगी के माध्यम से पद्मिनी को प्राप्त करने में सफल हो भी जायेगा? उसने न लम्बे रास्ते का विचार किया, न सिंघलद्वीप के राजा की सामर्थ्य का आकलन किया। उसने यह भी नहीं सोचा कि मुझ अकेले से, बिना जाने-पहचाने सुदूरवर्ती राजा अपनी पुत्री को कैसे विवाहित कर देगा?

वास्तव में यहाँ ग्रंथकारों को रतनसी के मनोविकारों का कुछ वर्णन अवश्य करना चाहिये था जिससे कि काव्य में स्वाभाविकता व पूर्णता आ-पाती।

यदि हम साहित्यिक-रूढ़ि से हटकर, प्रेममार्गीय-रूढ़ि से सोचें तो हमें ऐसा लगता है कि इन रचनाकारों ने रतनसी को अत्यन्त कामलुब्ध, कामिनी-प्रेमी, लक्ष्यारूढ़-विरही व दीवाना मानकर ही वर्णन किया है। जो अत्यंत लुब्धी होता है, वह बिना सोचे-समझे लक्ष्य को पाने को अग्रसर हो जाता है। वह परिणाम की चिंता नहीं करता। यहाँ भी ऐसा ही हुआ है।

'पद्मिनी-समिओ' और 'गोरा-बादल कथा' के अनुसार रतनसी की पद्मिनी को पाने की उद्दाम लालसा भाट के वर्णन के उपरान्त उत्पन्न होती है जबकि जायसी इसके लिये भाट के स्थान पर हीरामन तोते को निमित्त बनाता है।

बनजारों के साथ चित्तौड़ के एक ब्राह्मण का सिंघलद्वीप जाना, वहाँ से ब्राह्मण द्वारा खरीदकर हीरामन तोते को चित्तौड़ लाना, रत्नसेन द्वारा एक लाख मूल्य देकर हीरामन को खरीद लेना, उससे नाना प्रकार की कथाएँ सुनना तथा अपने महलों में उसको रख लेना।

रानी नागमती द्वारा सुग्गे से अपने रूप-स्वरूप के सम्बन्ध में प्रश्न पूछना, सुग्गे द्वारा पद्मावती के रूप का वर्णन करना; फिर रत्नसेन के समक्ष भी पद्मावती के अनिंद्य रूप-यौवन का वर्णन करना, पद्मावती के नख-शिख का वर्णन करना; रत्नसेन का पद्मावती को पाने के लिये लालायित हो उठना, प्रेममार्ग की कठिनाइयों को जानकर भी पद्मावती को पाने की लालसा को उत्तरोत्तर तीव्र, तीव्रतर और तीव्रतम बढ़ाते रहना आदि-आदि विस्तृत, सुविन्यस्त, सुनियोजित, अर्थ-गर्भित वर्णन जायसी करता है।

वस्तुतः जायसी के पास न समय की कमी है और न ग्रंथ की दीर्घता की सीमा निर्धारित है। जायसी का उद्देश्य पद्मावत के द्वारा प्रेममार्ग का संदेश देना है। इसके विपरीत राजस्थानी ग्रंथकारों, जो प्रायः जैन हैं, का उद्देश्य पद्मिनी के सत् व शील का वर्णन करना तथा गोरा और बादल के अपूर्व शौर्य, स्वामी-भक्ति, बुद्धिमानी, वीरता आदि का वर्णन करना है। जायसी एक कवि-कर्म-कुशल ग्रंथकार है जबकि

हेमरतन, जटमल आदि जैन धर्मोपदेशक हैं जिनका उद्देश्य धर्म की संस्थापना है। अतः इनके ग्रंथों के वर्णनों में अंतर आना अथवा मिलना अस्वाभाविक नहीं है।

9.(4). गो॰बा॰ कथा का छंदांक-6 समिओ के छंदांक-3 के समान है। इसी-प्रकार कथा का 7वाँ छन्द समिओ के 4थे छंद के समान है। अगला 8वाँ छंद समिओ के 8वें के समान है।

कथाकार ने कथासूत्र को पूर्णता देने के उद्देश्य से 9वें छन्द की रचना और की है जिसके अनुसार नारी जाति की चार किस्म सुनकर रतनसी के मन में उत्तम नारी पद्मिनी के लक्षण सुनने की जिज्ञासा उत्पन्न हुई और भाट से पद्मिनी के लक्षण बताने की प्रार्थना की।

समिओकार ने 'जिज्ञासा उत्पन्न होने व लक्षण सुनाने की प्रार्थना करना' वर्णन नहीं किया है जिससे कथानक अति संक्षिप्त हो गया है और प्रवाह टूटता हुआ सा लगता है।

कथाकार ने पद्मिनी जाति की स्त्री के लक्षण छन्द 10 व 11 में कहे हैं। कथाकार का 11वाँ छन्द अतिरिक्त है जिसके अनुसार पद्मिनी नारी के द्वारा पान खाने पर उसका पीक उसके कंठ से नीचे उतरते हुए स्पष्टतः दिखता है। रात्रि-दिवस वह पति को प्रिय लगती है। उसके केश सरल व सुकोमल होते हैं। गो॰बा॰ कथा में समिओ का 7वाँ छन्द 12वें क्रमांक पर है। विषयवस्तु समान है **(छंदांक-12)**।

गो॰बा॰ कथा के छन्दांक 13 से 15, समिओ के छन्दांक 8, 9 व 10 के समान हैं किन्तु सूक्ष्म अंतर भी हैं। समिओकार रतनसी को रावळ कहता है जो ऐतिहासिक सत्य है जबकि कथाकार राजा कहता है। समिओ में मंत्र पढ़ने वाला रावळ है जबकि कथा में योगीन्द्र। वैसे समिओ का यह पाठ विकृत ही है। सही पाठ त्रिप के स्थान पर सिध ही रहा होगा जो लिपिकार की भूल से त्रिप (नृप) हो गया है **(छंदांक-13-15)**। पाठ हूबहू समान नहीं है। सामान्य अन्तर हैं; जिनको पाठक स्वयं पढ़कर समझ सकते हैं। अस्तुः!

जब हम हेमरतन के ग्रंथ 'गोरा-बादल-पद्मिनि-चउपई' और अज्ञात कवि कृत 'कवित्तों' को पढ़ते हैं, तब संज्ञान में आता है कि इन रचनाकारों ने रतनसी को सिंघलद्वीप में भाट के वर्णन के कारण न भेजकर अन्य कारण से भेजा है।

हेमरतन के अनुसार रतनसी की पटरानी प्रभावती व पुत्र वीरभानु हैं। प्रभावती रूपमती व शीलवती है। वह प्रतिदिन रावळ को 70 प्रकार के रसमय भोजन करवाती है।

एक दिन रतनसी को भोजन अच्छा नहीं लगा, तब प्रभावती ने अभिमान में भरकर कहा कि यदि आपको मेरा भोजन अच्छा नहीं लगता तो अच्छा है, आप दूसरी पत्नी ले आइये। अन्यत्र जाकर पद्मिनी से विवाह कर यहाँ पधारें। रतनसी भी पक्का क्षत्रिय था। तत्काल भोजन से उठ गया और कहा कि अब मैं तब ही भोजन करूँगा जब पद्मिनी स्त्री ले आऊँगा। रतनसी ने मूछें मरोड़ी और एक खवास (खास सेवक) व धन-माल ले घोड़े पर चढ़कर पद्मिनी की खोज में निकल पड़ा। कई दिनों तक चलते रहने पर भी रतनसी को यह ज्ञात नहीं हो सका कि पद्मिनी स्त्रियाँ कहाँ मिलती हैं।

एक दिन जब रतनसी व उसका खवास एक पेड़ के नीचे आराम कर रहे थे, तब वहाँ एक राहगीर आया। वह भूखा-प्यासा व थका-माँदा था। रतनसी ने उसको भोजन खिलाया, जल पिलाया व सेवा-सुश्रुषा के द्वारा संतुष्ट किया।

स्वस्थ चित्त होने पर पंथी ने पूछा, मैं आपकी क्या मदद कर सकता हूँ। इस पर रतनसी ने पद्मिनी के मिलने का स्थान का नाम बताने को कहा। राहगीर ने दक्षिणा दिशा के समुद्र पार सिंघलद्वीप को पद्मिनी के मिलने का स्थान बताया। **(छंदांक-18-59)**

राहगीर की बात सुनकर रतनसी चतुरंगिणी सेना सजाकर सिंघलद्वीप की ओर प्रस्थान कर गया। समुद्र के तीर पर पहुँच कर रतनसी किंकर्त्तव्य विमूढ़ सा हो गया क्योंकि उसको न समुद्र लंघन की युक्ति आती थी और न सिंघलद्वीप की ही उसको पूरी जानकारी थी।

वह सोच-विचार कर ही रहा था कि इतने ही में एक योगी का आगमन हुआ। उसने रतनसी को उसके नाम से पुकारा। सुनकर रतनसी आश्चर्य में डूब गया। रतनसी की मनोकामना पूर्ण करने के उद्देश्य से योगी ने आकाश में उड़ने की विद्या का स्मरण किया और रतनसी को सिंघलद्वीप पहुँचा दिया। **(छंदांक-60-67)**

कवित्तकार ने सिंघलद्वीप जाने का कारण तो वही बताया है जो हेमरतन ने बताया है किन्तु उसने उतना लम्बा-चौड़ा विवरण नहीं दिया है जितना हेमरतन ने दिया है। कवित्तकार ने समस्त कथानक को मात्र एक कवित्त में समेट दिया है। वह कहता है 70 प्रकार के भोजनों में से कई खारे व कई मीठे थे, फिर भी रतनसी को स्वाद नहीं आया। तब पटरानी ने कहा, जल्दी ही पद्मिनी पत्नी क्यों नहीं ले आते।

रतनसी मन में मत्सर धारण करके सिंघलद्वीप पहुँच गया और पद्मिनी से विवाह करके चित्तौड़ में आ गया।

एक दिवस गहलउत राय बइठउ भूंजाई।
सतर भख्य भोजन्न मूधि हँसकर लेइ आई ॥
के खारा के मीठ केइ कछु स्वाद न आवई।
तब पटराणी कह्यउ बेग पद्मनी क्यों न लावई ॥
धरि मच्छर संघलि संचूरयउ नेव जीत कन्या वरी।
पद्मनी ज आणि पयज करि राय रत्नसेन अइसी करी ॥9॥

9.(5). समिओकार के अनुसार योगी ने मृगछाला बिछाई। उस पर दोनों बैठे और मंत्र बल से दोनों सिंघलद्वीप में पहुँच गये। पहुँचने पर योगी ने रतनसी को भी योगी का वेश बनाकर सिंघलद्वीप से 'एकत्र दिन' अर्थात् एक दिन में एक स्थान से ही भिक्षा लाने को कहा **(छंदांक-11)**।

छन्दांक 12 में, योगी रूपी रतनसी के वेश का सुन्दर वर्णन करके कवि ने कहा है कि रतनसी अपने कर-कमल में अनुपमेय भिक्षा-पात्र लेकर राज द्वार पर पहुँच गया। भिक्षा देने पद्मावती आई। उसके रूप-लावण्य को देखकर रतनसी वहाँ का वहीं मुरझा गया, बेहोश हो गया **(छंदांक-12)**

दोनों के बीच सखी ने आकर योगी पर जल के छींटे दिये। पद्मावती ने गले का नौसरहार योगी को भेंट दिया। योगी ने आशीर्वाद दिया कि तेरी मनोकामना पूर्ण होगी। तूने जैसी भिक्षा दी है वैसी ही तेरी मनोभिलाषा भी पूर्ण होग़ी **(छंदांक-13)**।

इतनी ही देर में योगीन्द्र भी राजद्वार पर आ जाता है। सिंघलाधीश राजा, रानी, राजपुत्र आदि सभी ने योगीन्द्र का हार्दिक स्वागत किया। पद्मावती भी आ गई। उसने भी योगीन्द्र के चरणों में प्रणाम किया। योगीन्द्र ने मनोभिलाषा पूर्ण होने का आशीर्वाद दिया **(छंदांक-14)**।

सिंघलाधीश ने कहा, पुत्री 12 वर्ष की हो गई है, कोई योग्य वर बताइये। इस पर योगीन्द्र ने कहा, मैं इसके योग्य वर को साथ में लाया हूँ। यह चित्तौड़गढ़ का रावळ रतनसी है। मेरी आज्ञा का पालन करो **(छंदांक-15)**।

यह योग़ी और कोई नहीं, चित्तौड़गढ़ का स्वामी रत्नसिंह खुम्मान है, सुनकर सिंघल-नरेश ने विवाह करने की स्वीकृति दे दी। नारियल बधाकर शुभ मुहुर्त किया व रतनसी को महलों में पधराया **(छंदांक-16)**।

यद्यपि गो.बा. कथाकार रतनसी को महलों में पधराने का वर्णन नहीं करता किन्तु योगीन्द्र के आदेश को मानकर रतनसी के साथ विवाह करने को तत्काल तैयार होने का वर्णन अवश्य करता है।

वस्तुतः सिंघलद्वीप की उक्त घटना सम्बन्धी वर्णन दोनों ग्रंथों में एक जैसा है। यहाँ लक्ष्य करने की बात यह है कि दोनों ही कवि यहाँ अत्यधिक जल्दी में हैं। दोनों ही रतनसी व पद्मावती का मिलन राजद्वार पर करवाते हैं और तत्काल विवाह की स्वीकृति हो जाती है। रचनाकार न पूर्वराग का, न पूर्वराग-जन्य मिलनोत्सुकता और न विरह का वर्णन करते है। जायसी हीरामन सुग्गे के द्वारा दोनों के मनों में पूर्वरागजन्य मिलनोत्सुकता व विरह-वेदना उत्पन्न करता है। सुग्गा दोनों के समाचार दोनों को देता है। यहाँ ऐसी कोई योजना नहीं है। जैसे पुष्पवाटिका में राम ने सीता को व सीता ने राम को देखा। दोनों में पूर्वराग उत्पन्न हुआ। इसी-प्रकार कृष्ण-रुक्मिणी-विवाह प्रसंग में रुक्मिणी श्रीकृष्ण के गुणादि सुनकर श्रीकृष्ण के प्रति आकृष्ट होती है और पत्र लिखती है। गौरी-पूजन के समय पूर्व योजनानुसार श्रीकृष्ण रुक्मिणी का हरण करते हैं और द्वारका में आकर विधिवत् परिणय-बन्धन में बँधते हैं।

इन दोनों काव्यों में ऐसी कोई योजना नहीं है। न दोनों ही ग्रंथों को पढ़ने से यह तथ्य भी संज्ञान में आता है कि रतनसी को जो योगीन्द्र सिंघलद्वीप लाया, वह सिंघलाधीश से पूर्व से ही परिचित था तबही सिंघलाधीश ने प्रथम मिलन में ही योगी का हार्दिक स्वागत किया; पुत्री के लिये योग्य वर बताने की प्रार्थना की व योगी द्वारा बिना किसी भूमिका के तत्काल मेदपाटश्वेर रतनसी खुंमान की संस्तुति करते ही बिना किसी ननुनच के उसने पद्मावती का विवाह रत्नसिंह खुम्मान के साथ करने का निश्चय कर नारियल भी बधवा दिया।

9.(5). गो॰बा॰ कथा में भी समान ही छन्द हैं जिनके क्रंमाक 16 व 17 हैं। जहाँ समिओकार 'एकत्र-दिन' भिक्षा माँगने की बात लिखता है, वहाँ कथाकार 'इक-सबदी' भिक्षा माँगने का परामर्श रतनसी को योगी द्वारा दिलवाता है। 'इक-सबदी' भिक्षा का तात्पर्य है, योगी एक स्थान पर जाकर मात्र एक बार ही 'अलख-निरंजन' शब्द का उच्चारण करके भिक्षा प्राप्त करे। न बार-बार शब्दोच्चारण करे और न उस दिन अन्यत्र भिक्षार्थ जाये।

वैसे दोनों ही ग्रंथों में प्रयुक्त ये शब्द काफी महत्त्वपूर्ण हैं। 'इक-सबदी' शब्द से रतनसी पद्मावती को संदेश देता है कि मैं एक पत्नीव्रती हूँ। तू भी एक पतिव्रती रहना। मैं क्षत्रिय हूँ। अतः मैं एक बार दिये हुए वचन का आजीवन पालन करता हूँ। क्षत्रिय और सिंह की गति एक जैसी होती है जो स्वोपार्जित ही खाता व उपभोग करता है। मैं भी तुझे लेने को अकेला ही आया हूँ। **(छंदांक-17)**

समिओकार दोनों के बीच पद्मावती की सखी की उपस्थिति बिना किसी

पूर्वभूमिका के उपस्थित करता है जबकि कथाकर कहता है कि रतनसी के मनमोहक स्वरूप से पद्मावती भी मोहित हो गई और उसने अपनी सखी को बुलाकर कहा कि योगी पर जल के छींटे मार जिससे कि यह होश में आ जाये।

तब सखी ने जल के छींटे मारे। कथाकार का यह 18वाँ छन्द कथानक की टूटी कड़ी में कार्य-कारण की क्रमबद्धता स्थापित करता है। **(छंदांक-18)**

कथा के छन्दांक 19, 20 व 21 समिओ के छन्दांक 13, 14 व 15 के समान हैं। सामान्य पाठांतर मात्र हैं। खुंमान और चौहान शब्दों का प्रयोग पूर्वानुसार है। **(छंदांक-19-21)**

जैसा पूर्व में कहा जा चुका है, 'गोरा-बादल-कवित्त' नामक रचना में विवाह सम्बन्धी विवरण मात्र एक कवित्त में वर्णित है। अतः उसमें न योगी के आने का वर्णन है; न रतनसी का योगी बनकर सिंघलद्वीप में जाने का वर्णन है; रतनसी व पद्मावती के पूर्वराग, पूर्वराग जनित मिलनोत्कंठा व विरह-वेदना आदि कुछ का भी वर्णन नहीं है। मात्र 'पटरानी' के व्यंग्यवाणों से आहत होकर घर से निकलकर पद्मिनी को विवाहित कर ले आना का वर्णन है। **(छंदांक-9)**

इधर हेमरतन 'गोरा-बादल-पद्मिनी-चउपई' में कुछ भिन्नता से वर्णन करता है।

हेमरतन का कहना है कि योगी ने रत्नसिंह गुहिलोत को आकाशमार्गीय विद्या के द्वारा तत्काल सिंघलद्वीप में पहुँचा दिया और स्वयं तत्काल वहाँ से लौट आया। जैसे ही योगी व रतनसी सिंघलद्वीप के समीप पहुंचे, योगी अन्तर्धान हो गया। **(छंदांक-67)**

इधर रतनसी सिंघलद्वीप में यत्र-तत्र भ्रमण करने लगा। इसको ज्ञात हुआ कि पद्मिनी राजा की बहिन है और कहती है जो मेरे भाई को शतरंज के खेल में जीत लेगा, मैं उसके गले में ही माला पहनाऊँगी। सिंघलाधीश ने प्रचारित कर रखा था कि जो मुझे हरायेगा, उसको मैं आधा देश व आधे भंडार सहित अपनी बहिन विवाहित करूँगा। मेरा यह वचन अविचल है। **(छंदांक-68-75)**

रतनसी ने शतरंज खेलने की शर्त मान ली। दोनों खेलने लगे। पद्मिनी साक्षी के रूप में बैठी। जैसे-जैसे रतनसी ने चाल चली, वैसे-वैसे पद्मिनी रतनसी की ओर झुकती चली गई। रतनसी के अपूर्व सौंदर्य व कुशल खेल से सिंघलपति को विश्वास हो गया कि यह कोई साधारण व्यक्ति न होकर कोइ न कोई सबल नरेश है। खेलते-खेलते सिंघलपति हार गया। **(छंदांक-76-82)**

9.(6). समिओकार छन्दांक 17 से 21 तक विवाह व विवाहोपरांत एक वर्ष तक रतनसी का सिंघलद्वीप में ही रहकर हास-विलास-परिहास आदि का वर्णन

करता है। छन्दांक 17 में समिओकार रत्नसिंह के सौंदर्य का वर्णन कर कहता है कि रतनसी के रूप को देखकर सिंघल की कामनियाँ विभ्रमित हो उठीं। इतना ही नहीं, जैसिंह के पुत्र रतनसी की सुन्दता, उदारता, शूरवीरता, वेदानुगामिता, अरि-उर-गंजनता आदि को देख व सुनकर सिंघलद्वीप के सभी नागरिक प्रभावित हुए बिना नहीं रहे। **(छंदांक-17)**

उदयपुर राज्य का इतिहास, ले॰ गौ॰ही॰ ओझा 'रावळ समरसिंह के पीछे उसका पुत्र रत्नसिंह चित्तौड़ की गद्दी पर बैठा', पृष्ठ-179, भाग-1 ने रत्नसिंह को समरसिंह का ही पुत्र लिखा है जबकि समिओकार रतनसी को जयसिंह का पुत्र बताता है।

मुनि जिनविजयजी ने 'गोरा-बादल-पद्मिणी चउपई' के पृष्ठ-67 पर लिखा है कि रत्नसिंह, समरसिंह का औरस पुत्र न होकर, दत्तकपुत्र था। रत्नसिंह, जयसिंह का पुत्र तथा गढ़मंडलीक-विरुद-धारक लक्ष्मसिंह अथवा लक्ष्मणसिंह का छोटा भाई था। जयसिंह, भीमसिंह का पुत्र था। **(पृष्ठ-67)** पद्मिनी-समिओ में मिले अतिरिक्त छन्द क्रमांक-1 में भी रतनसी व लखमसी को भाई-भाई कहा गया है **'भई खबर लखमसी मिले आतुर दोउ भाई।'**

समिओकार छन्दांक 20 में लिखता है कि सिंघल के स्वामी चाइल ने पद्मावती को विदा करते समय सेवा करने को 'राघव-चेतन' नामक व्यक्ति को भी दहेज में दिया। **(छंदांक-20)** यदि हम पद्मावत के कड़वक 446 को सूक्ष्मतः पढें तो हमें ज्ञात होगा कि जायसी भी राघव-चेतन को अप्रत्यक्ष रूप से सिंघलद्वीप का ही मानता है। जायसी लिखता है, जब राघव-चेतन रत्नसिंह के दरबार में आया तब उसने सिंघलद्वीप सम्बन्धी एक काव्य सुनाया जिसमें उसने समस्त पिंगल को मथ डाला। सिंघलद्वीप सम्बन्धी काव्य सुनाया, से अनुमान होता है कि उसने अपने देश से सम्बन्धित सारी विशेषताएँ रतनसी से कहीं। चूँकि रतनसी स्वयं सिंघलद्वीप को देख चुका था; अतः उसको राघव-चेतन का वर्णन सत्य लगा और उसने उसको अपने दरबार में उचित मान-सम्मान के साथ रख लिया।

बरनी आइ राज कै कथा।
सिंघल कवि पिंगल सब मथा ॥446/3

डॉ॰ वासुदेवशरण अग्रवाल का पद्मावत का संस्करण।

जायसी ने स्पष्टतः राघव-चेतन को 'सिंघल-कवि' कहा है। गोरा-बादल-पद्मिणी-चउपईकार हेमरतन राघव-चेतन को चित्तौड़ का ही ब्राह्मण व्यास बताता है।

राजा रमलि करंतु रहइ। इम केताइक दिन निरवहइ ॥
सगला लोक वसइ सुखवास। आवासे लागा आवास ॥119॥
तिणि पुरि राघव-चेतन व्यास। विद्या सुं अधिकु अभ्यास ॥
राजा तिणि रीझवीउ घणुं। मुहत घणु हूयइ व्यासां तणुं ॥120॥

वस्तुतः राघव-चेतन ही वह व्यक्ति था जिसके कारण अलाउद्दीन खिलजी व रतनसी के बीच युद्ध हुआ; चित्तौड़गढ़ टूटा, रतनसी खेत रहा तथा पद्मिनी जौहर की ज्वालाओं में स्वाहा हो गई।

'पद्मावत' के कारण पहले, कुछ इतिहासकार पद्मिनी व रावळ रत्नसिंह को काल्पनिक पात्र समझते थे किन्तु अब नई सामग्री के आलोक में यह एक इतिहास-सम्मत पात्र सिद्ध हो चुका है। विस्तार के लिये देखें–**डॉ॰ दशरथ शर्मा द्वारा लिखित 'पद्मिनी-चरित्र-चौपाई' सम्पादक भँवरलाल नाहटा; प्रकाशक सादूल राजस्थानी रिसर्च इस्टीट्यूट, बीकानेर;** की भूमिका, **पृष्ठ 14-15**। साथ ही **डॉ॰ ब्रजमोहन जावलिया का शोधालेख 'कतिपय विवाद और समाधान; पृष्ठ 35; प्रताप-गौरव केन्द्र, उदयपुर की स्मारिका, सन् 2010, सम्पादक डॉ॰ के॰एस॰ गुप्ता, उदयपुर।**

छन्दांक 18 में पद्मावती को समिओकार ने चाइल नरेश हम्मीर की पुत्री बताया है। जेम्स टॉड भी पद्मिनी को हमीर सांक (चौहान) की पुत्री बताता है। देखें–**राजस्थान का पुरातत्व एवं इतिहास, भाग-1, पृष्ठ-276;** प्रकाशक राजस्थानी-ग्रंथागार, जोधपुर, अनुवादक डॉ॰ ध्रुव भट्टाचार्य। जायसी पद्मिनी के पिता का नाम गन्धर्वसेन लिखता है। देखें–**पद्मावत, पृष्ठ-229, डॉ॰ वासुदेवशरण अग्रवाल।**

ऐतिहासिक-ग्रंथों को खँगालने पर सिंघलद्वीप (लंका) के राजवंश की नामावली में न हम्मीर नाम मिलता है और न गंधर्वसेन नाम मिलता है। सिंघलद्वीप में कभी भी चौहान क्षत्रियों का शासन नहीं रहा। अतः टॉड सम्मत श्रीलंका नामक सिंघलद्वीप कभी भी पद्मिनी का पीहर नहीं हो सकता, ऐसा इतिहासकारों का मत है। यद्यपि अंतिम रूप से कुछ भी कहना संभव नहीं है फिर भी ऐसा लगता है कि यहाँ उल्लिखित हम्मीर चौहान और कोई नहीं, रणथम्भौर का ही शरणागत-वत्सल वीरवर हम्मीर है। रणथम्भौर में अब भी 'पदम-तालाब' है जो पद्मावती की स्मृति दिलाता है।

उदयपुर निवासी डॉ॰ देव कोठारी ने कई अन्य विद्वानों के मतों का उल्लेख करते हुए ''महारानी पद्मिनी की ऐतिहासिकता'' नामक आलेख में संभावना व्यक्त

की है कि पद्मावती रणथम्भौर की रही होगी। वैसे लेखांत में उन्होंने अपना कोई अन्तिम निर्णय नहीं दिया है।

सम्बद्ध अवतरण का पाठ इस-प्रकार है 'सिंघलद्वीप को लेकर एक और मान्यता भी प्रचलित है। इस मान्यता के अनुसार सवाईमाधोपुर (राज॰) से 8 किलोमीटर दूर रणथम्भौर का समीपवर्ती सिंहपुरी गाँव, जो शेरपुर के नाम से विख्यात रहा है तथा जो अब खिलजी शेरपुर के नाम भी जाना जाने लगा है, ही सिंघलद्वीप है; इसके प्रमाण में कँवलाजी[1] (कृतमालेश्वर) तीर्थस्थान के पास चातल नदी के किनारे स्थित ज्ञान-वापी कुण्ड की दीवार पर पश्चिम की ओर हम्मीर चौहान के राज्यारोहण के दो वर्ष बाद का वि॰सं॰ 1345 में उत्कीर्ण लेख को आधार बनाया जाता है।[2] इस शिलालेख में श्लोक संख्या 38 में रणथम्भौर के शासक हमीर द्वारा यज्ञ करने के बाद सिंहपुरी के ब्राह्मणों को एक हजार गायें दान देने का उल्लेख है।[3]

यह सिंहपुरी रणथम्भौर किले में प्रवेश करते समय प्रमुख द्वार मिश्रदरा के समीप स्थित है। यह गाँव अर्थात् रणथम्भौर के शासक हमीर की राजधानी का एक हिस्सा है। पद्मिनी को कुछ रचनाओं में हमीर चौहान की पुत्री बताया है और यह हमीर ही सिंहपुरी-रणथम्भौर का शासक है।

फिर मिश्रदरा स्थित प्रमुख द्वार से रणथम्भौर किले में प्रवेश करने पर किले में स्थित एक तालाब का नाम 'पदम-तालाब' है। एक महल का नाम 'बादल-महल' है। जिस जोगी के माध्यम से रावळ रत्नसिंह सिंघलद्वीप पहुँचता है उसके नाम से 'जोगीमहल' भी है। रणथम्भौर किला जिस पहाड़ी पर अवस्थित है, उसकी स्थिति एक द्वीप की तरह लगती है क्योंकि रणथम्भौर का किला चारों ओर पहाड़ियों से इस तरह से घिरा हुआ है कि इन पहाड़ियों के मध्य यह किला द्वीप सदृश लगता है। सिंहपुर पहुचँने के लिये वक्रतटनी (अपर नाम चातल व तिलजा) नदी, एक तालाब, गणेशगंगा, बनास, गंभीरी, खारी व चम्बल आदि नदियों को पार करके आना पड़ता है। संभव है, रत्नसिंह को चित्तौड़ से सिंहपुरी आने के लिये इनमें से किसी एक या अधिक नदियों को पार करना पड़ा हो और इन नदियों में पानी

---

1. यह तीर्थ बूंदी जिले के इन्द्रगढ़ रेलवे-स्टेशन से 10-12 किलोमीटर दूर उत्तरपूर्वस्थ है।
2. यह शिलालेख शोध-पत्रिका, वर्ष 37, अंक 1 में पृष्ठ 63-77 पर डॉ॰ शक्तिकुमार शर्मा द्वारा अनुवाद सहित प्रकाशित कराया गया है।
3. वही, दृष्टव्य श्लोक संख्या 38 यथा ''सिंहपूर्य्या ऋतुवक्ते गोदावव्यां क्रमेण यः....॥

की अधिकता से कवियों ने इन्हें समुद्र की उपमा से अलंकृत कर दिया हो।''[1]

पद्मिनी-समिओ में, पद्मिनी के पिता हम्मीर को चाइल खाँप का चौहान बताया गया है। बहुत संभव है कि चौहानों की चाइल खाँप का नाम इस चातल नदी के करण ही पड़ा हो या चाइलों के कारण ही नदी का नाम चातल पड़ा हो। पद्मिनी-समिओ के कवि ने जिसको चौहान हम्मीर, कहा है, वही प्रसिद्ध शरणागतवत्सल रणथम्भौर का नरेन्द्र हमीर ही है। नयचन्द्र सूरी कृत हम्मीर-महाकाव्य के अनुसार हम्मीर रणथम्भौर की राजगद्दी पर सम्वत् 1339, माघ शुक्ल पक्ष पूर्णिमा, पुष्यनक्षत्र, वृश्चिक लग्न में बैठा। **(हम्मीर महाकाव्य, 8/56, पृष्ठ86)** उसका सम्वत् 1345 का शिलालेख उपलब्ध है जिससे उसका समय लगभग 1305 से 1358 वि॰सं॰ का मानना उचित लगता है। वि॰सं॰ 1345 में यज्ञ करना, 1000 गायें दान में देना आदि विवरण इस-समय तक हमीर को परिपक्व उम्र वाला दर्शाते हैं। अनुमानतः यदि इसकी इस समय 40 वर्ष की उम्र भी मानें तो इसका जन्म-सम्वत् 1305 मानना युक्तियुक्त है। पद्मावती इसकी पुत्री हो सकती है, ये सम्वत् इस तथ्य को प्रमाणीकृत करते हैं।

राघव-चेतन के पौत्र शार्ङ्गधर ने रणथम्भौर के हम्मीर की राजसभा में रहने वाले अपने दादा राघव-चेतन का सादर स्मरण किया है। इससे भी सिद्ध होता है कि पद्मावती रणथम्भौर की ही थी जिसके विवाह के उपरान्त रावळ रत्नसेन की माँग पर, या पद्मिनी की माँग पर हम्मीर ने राघव-चेतन को चित्तौड़ भेजा।

इस सम्बन्ध में सर्वाधिक महत्वपूर्ण उल्लेख छिताई-चरित का माना जाना चाहिये। छिताई-चरित की हस्तलिखित प्रति वि॰सं॰ 1583, सन् 1526 की लिखी हुई उपलब्ध है। इसके सम्पादक श्रीहरिहरनाथ द्विवेदी, ग्वालियर निवासी ने इसका रचना-काल इस प्रतिलिपि-काल से लगभग 46 वर्ष पूर्व मानकर इसकी रचना का समय सम्वत् 1537 अर्थात सन् 1480 माना है जो उनकी दलीलों से सर्वथा उचित लगता है। देखें–**छिताई-चरित,** पृष्ठ-31, भूमिका भाग, प्रथम संस्करण, सन् 1960। छिताई-चरित में निम्न पंक्तियाँ बहुत ही महत्वपूर्ण हैं–

ढोवा करत होइ दिन हारि। राघौ चेतनि लए हंकारि॥
मेरो कहिउ न मानइ राऊं। बेटी देई न छांडइ ठाउं ॥423॥
सेवा करइ न कुतबा पढ़ई। अहि निसि जूझि बराबरि चढई ॥
धसि सौंरसी देसंतरु गयो। अति धोखउ मेरे जिय भयो ॥424॥

1. प्रताप-गौरव-केन्द्र, उदयपुर की सन् 2010 की स्मारिका में उदयपुर नगर वास्तव डॉ॰ देव कोठारी का ''महारानी पद्मिनी की ऐतिहासिकता'', नामक आलेख, पृष्ठ 19-20,

रनथम्भोर देवल लगि गयो। मेरो काज न एकौ भयो ॥
इउं बोलइ ढीली कउ धनी। मइ चीत्तौर सुनी पदुमिनी ॥425॥
बंध्यौ रतनसेन मइं जाई। लइगो बादिल ताहि छंडाई ॥
जो अबके न छिताई लेऊँ। तो यह सीसु देवगिरि देउँ ॥426॥

छिताई-चरित, पृष्ठ 50 मूल-पाठ।
सम्पादक व अनुवादक : पं॰ हरिहरनाथ द्विवेदी, ग्वालियर।

अलाउद्दीन ने कहा, 'मैं प्रतिदिन सेना एकत्रित करता हूँ फिर भी राजा हारता नहीं हैं। आगे किस-प्रकार काम करना चाहिए, मंत्रणा करने को अलाउद्दीन ने राघव-चेतन को बुलया और उससे कहा ''राजा (रामदेव) मेरा कहना नहीं मानता। वह न बेटी देता है और न स्थान हीं छोड़ता है। वह न सेवा करता है और न अधीनता सूचक खुतबा पढ़ता है। समरसिंह निकलकर देशांतर में चला गया है। इससे मेरे जी में अत्यन्त धोखा हुआ है। मैं देवलदेवी के लिए रणथम्भौर गया किन्तु मेरा एक काम भी सिद्ध न हुआ। फिर दिल्ली के स्वामी ने कहा, 'मैंने चित्तौड़ में पद्मिनी की सत्ता के बारे में सुना। मैंने जाकर रत्नसेन को बाँध लिया किन्तु बादल उसको छुड़ाकर ले गया। जो अबकी बार मैंने छिताई को न लिया तो यह सिर मैं देवगिरि में अर्पण करूँगा।''

छिताई-चरित के इस अवतरण से पूर्णतः स्पष्ट है कि अलाउद्दीन खिलजी भारतीय-राजपूतों को केवल लड़कर या जीतकर ही अधीन करना नहीं चाहता था, अपितु राजाओं की बेटियों से, पत्नियों से विवाह करके, रिश्तेदार बनाकर हमेशा-हमेशा के लिये अपने अधीन बना लेना चाहता था।

पहले हम्मीर की पुत्री देवलरानी को प्राप्त करने का प्रयत्न किया किन्तु यहाँ शाका व जौहर हुए। उसे रणथम्भौर तो मिला किन्तु देवलदेवी नहीं मिली। अगला आक्रमण करके उसने देवलदेवी की बड़ी बहिन चित्तौड़ की रानी पद्मिनी को प्राप्त करना चाहा। यहाँ भी जौहर की राख ही मिली, पद्मावती नहीं मिली। रणथम्भौर के सम्बन्ध में पूर्णतः जानकार राघव-चेतन अलाउद्दीन का परम-सहायक था। उसीने पहले रणथम्भौर को तुड़वाया। जब वहाँ कुछ नहीं मिला तब उसने पद्मिनी की प्राप्ति चित्तौड़ में संभव बताकर चित्तौड़ को तुड़वाया।

छिताई-चरित के उपर्युक्त उद्धरण के अनुसार राघव-चेतन देवगिरि के आक्रमण के समय भी अलाउद्दीन का निकटस्थ परामर्शकार था।

राघव-चेतन राजपूती प्रकृति से पूर्णतः परिचित व पक्का हिन्दुत्ववादी था।

परिस्थितियों ने उसको हिन्दू-राजाओं का तो विरोधी बनाया किन्तु हिन्दुत्त्व विरोधी नहीं; क्योंकि वह जानता था कि क्षत्रिय-रमणियाँ किसी भी स्थिति में तुर्कों के हरमों की शोभा नहीं बढ़ायेंगी। वे जौहर करके अपने पातिव्रत को सुरक्षित रखेंगी। ऐसी स्थिति में उसके शत्रु रणथम्भौर व चित्तौड़ नेस्तनाबूद तो हो जायेंगे किन्तु हिन्दुत्त्व नहीं होगा ओर इसी निमित्त उसने ये दोनों आक्रमण दो वर्षों के भीतर-भीतर करवाये। वह अपने अभियान में सफल भी रहा। शत्रु मरे किन्तु हिन्दुत्त्व जीवित रह गया। अस्तु!

छिताई-चरित के अवतरण से पूर्णतः स्पष्ट है कि रणथम्भौर व चित्तौड़ के बीच उस समय सम्बन्ध थे। राघव-चेतन रणथम्भौर की पद्मिनी से पूर्णतः परिचित था जिसने अलाउद्दीन को पद्मिनी को प्राप्त करने को उकसाया। अलाउद्दीन दोनों जगहों पर सही मायने में असफल ही रहा तबही उसने कहा कि यदि अबकी बार मैं छिताई को प्राप्त न कर सका तो अपना मस्तक देवगिरि में कटाकर परलोकगामी हो जाऊँगा। अस्तु!

अतः मुझको लगता है कि पद्मिनी-समिओकार द्वारा दिया गया विवरण उक्त प्रमाणों के आलोक में सत्य या सत्य के अत्यधिक निकट है।

इन तीनों ही छन्दों में रतनसी व पद्मावती के विवाह का संक्षिप्त वर्णन है। रतनसी के उत्तम नायक सदृश गुणों का भी उल्लेख है। यथा अति उदार, दातार, शूरवीर, काम-केलि-कुशल, वेदानुगामी, वचनपालक, दुर्दमनीय- शत्रु-शालकर्त्ता, इकहरा-वदन, रण में निश्शंक होकर लड़ने वाला आदि-आदि।

सिंघलपुर के सभी नर-नारी ऐसे गुण सम्पन्न जयसिंह-सुत को देखकर आनंदित व उत्साहित हुए। हंमीर-सुता पद्मावती, जयसिंह-सुत रत्नसिंह से विवाहित होकर परमोल्लसित हुई। बंदियों ने जय-जयकार किया। उनको एक लाख की बक्षीश दी गई।

छन्दांक 19 में समिओकार सूचना देता है कि रतनसी सिंघलपुरी में एक वर्ष तक रहकर खूब मौज-मस्ती करता रहा। उसने इन्द्र के समान भोगों को भोगा। छन्द 19 में ही समिओकार सूचना देता है कि रतनसी ने योगियों की भाँति समय सीमा का विचार कर चित्तौड़ जाने के लिये सिंघल नरेश से आज्ञा माँगी।

छन्द 20 में सूचना दी गई है कि सिंघल-नरेश ने मणि-माणिक्य, मोती-रत्न, लाल आदि सहित राघव-चेतन नामक ब्राह्मण को देकर अपनी पुत्री पद्मावती को विदा किया।

सिद्ध योगीश्वर ने पूर्व की भाँति मृगछाला बिछाई, उसको अभिमंत्रित किया

और उस पर स्वयं, रतनसी, पद्मावती व राघव-चेतन को बिठाकर दो प्रहरों में चारों ही चित्तौड़ पहुँचे गये।

छन्दांक 21 के अनुसार, चारों पहले प्रहर को छोड़कर दूसरे व तीसरे प्रहर में यात्रा कर चौथे प्रहर मे चित्तौड़ पहुँचे। रावळ एक वर्ष से चित्तौड़ में नहीं था जिससे उसके राज्य के सभी सुभट दुचित्ते हुए हुए थे। जैसे ही रावळ के आने के समाचार उन्होंने सुने, वे सभी प्रसन्न हो गये। नीशान बज उठे। सभी न्यौछावर करने लगे। रतनसी व पद्मिनी ने कुल-देवी की पूजा की।

छन्दांक 22 के अनुसार रतनसी ने पद्मावती के लिये गहरे जलाशय के बीच महल बनाकर उसको उसमें रखा। वहाँ अनेक प्रकार के सुगंधित फल-फूल युक्त वृक्ष लगे थे। यथा चन्दन, चंपा, आम, द्राक्षा, गुलाब, केला, कदंब, कनेर, जाय, मरुवा, नांरगी, आदि-आदि।

छन्दांक 23 के अनुसार पद्मावती का महल दूसरे कैलाश के समान था। स्तंभ कंचन के थे। रत्न जड़े हुए थे। उनकी दीप्ति ऐसी लगती थी, मानों करोड़ों सूर्य उदित हों। उस महल में एक सहस्र दास थे। एक लाख अलंकार थे।

छन्द 25 व 26 में पद्मिनी के अंजन-मंजन आदि में काम आने वाली सामग्री व उसकी मात्रा का विवरण है जो कवि का कल्पना ही है। इतनी मात्रा का एक दिन-रात्रि में उपयोग करना असंभव सा जान पड़ता है।

जैसा पूर्व में कहा गया है छन्दांक 26 के पश्चात् हाशिये में दो अतिरिक्त छन्द हैं।

इनके अनुसार रतनसी चित्तौड़ पहले आ गया। सिद्ध योगीश्वर 22 महीने व्यतीत होने पर मंत्र-शक्ति के बल से मृगछाला पर बैठकर आया। योगीश्वर के आने के समाचार सुन कर लखमसी व रतनसी दोनों भाई सिद्ध से आतुरतापूर्वक मिले व सिद्ध को महलों में पधराया। योगी के महल का भी वैसा ही मोहक वर्णन अगले छन्द में है किन्तु पाठ पूरा न होने से अर्थ-संगति नहीं बैठती।

26वें छन्द के पश्चात्‌वर्ती प्रथम छन्द में 25वें व 26वें छन्द की भाँति सामग्री का ही वर्णन है। द्वितीय छन्द में महत्वपूर्ण सूचना है कि रावळ रतनसी प्रतिदिन 10 ब्राह्मणों को भोजन कराकर भोजन करता है। अपने प्रण पर दोनों दृढ़ प्रतिज्ञ रहते हैं। डिगाने पर भी डिगते नहीं हैं।

समिओकार ने रतनसी-पद्मावती-विवाह सम्बन्धी 11+4=15 छन्द दिये हैं जबकि जटमल ने इस विवरण को मात्र दो छन्दों में समेट दिया है।

9.(6). 'गोरा-बादल-पद्मिनी-चउपईकार' ने लिखा है कि शर्तानुसार पद्मिनी

ने रतनसी के गले में वरमाला डाल दी। सिंघलपति ने आधा देश व आधा भंडार दहेज में दिया। **(छंदांक-83-84)**

यहाँ हेमरतन ने 'शतरंज की बाजी जीतकर पद्मिनी को जीत सकते हो', का एक ऐसा कारण प्रस्तुत किया जैसे प्रायः पुराणों के पात्रों के समक्ष उपस्थित होते रहे हैं। रामजी के सामने धनुष उठाने की शर्त है तो अर्जुन के सामने तैल की कड़ाही में पड़ने वाली परछाई को देखकर चक्र में घूमती मछली की आँख को बेधने की शर्त है।

वैसे, हेमरतन का वर्णन कार्य-कारण-शृंखला के अनुसार स्वाभाविक लगता है। यह ऐतिहासिक सत्य है, ऐसा हमारा मानना नहीं है। हेमरतन वरमाला के द्वारा ही विवाह सम्पन्न होना लिखता है; साथ ही लिखता है कि रतनसी 10-5 दिन सिंघलद्वीप में रहकर चित्तौड़ जाने की अनुमति माँगता है; सिंघलाधीश समुद्र पार करवाकर रतनसी को विदा करता है। **(छंदांक-85-93)** इधर, गोरा-बादल-कथाकर, जटमल नाहर, योगीन्द्र द्वारा रतनसी की संस्तुति करने पर पद्मावती व रतनसी का विवाह मात्र एक छन्द में सम्पन्न करा कर रतनसी को चित्तौड़ की जनता की चिंता में निमग्न बताते हुए वहाँ से विदा होने का भी वर्णन करता है जबकि समिओकार इसी वर्णन के लिये 17 से 21 कुल 5 छन्दों की रचना करता है।

जटमल कहता है कि सिंघलाधीश ने प्रभुत मात्रा में दहेज दिया जिसमें लाल, मोती, हीरे, रेशमी वस्त्र, अन्य वस्त्र, स्वर्ण थाल युक्त जवाहरात व वस्त्र आदि दिये। रावळ रत्नसिंह ने राजा से पद्मावती को विदा करने को कहा क्योंकि चित्तौड़ की जनता उसकी चिंता कर रही है। छन्दांक 22 में जटमल कहता है कि सिंघलाधीश ने दहेज में राघव-चेतन नामक ब्राह्मण भी दिया।

रत्नसिंह, पद्मावती, राघव-चेतन व योगीन्द्र उडनखटोले में बैठकर आकाशमार्ग से चित्तौड़ आ पहुँचे। रतनसी के आगमन पर नीशान बजाए गये; कामनियों ने मंगल गीत गाये। **(छंदांक-23)**

जटमल उस समय का निर्देश नहीं करता जो उक्त चारों को सिंघल से चित्तौड़ आने में लगा जबकि समिओकार कहता है कि सिंघलद्वीप से रतनसी आदि ने प्रथम प्रहर में प्रस्थान किया और चौथे प्रहर में चित्तौड़ पहुँच गये। आने में दो प्रहर (6 घन्टा) का समय लगा।

जटमल उडनखटोले (आकाशमार्ग में मनोगत्यानुसार चलने वाला विमान) में आना लिखता है जबकि समिओकार मृगछाला पर बैठकर मंत्र-बल से आकाश में उड़कर आना ही लिखता है। **(छंदांक-20 समिओ)**

जटमल छन्दांक 24 में रतनसी का पद्मावती के साथ रमण आदि का संकेत तो करता है किन्तु चित्तौड़ आने पर कुल देवी-आदि की पूजा करने का कोई उल्लेख नहीं करता।

हम सभी जानते है, प्रत्येक परिवार की एक कुल-देवी होती है और त्यौहार, विवाह व विशेष अवसरों पर उसकी विशेष पूजा की जाती है। समिओकार छन्दांक 21 में कुल-देवी की पूजा करने का उल्लेख करता है। साथ ही, रत्नसिंह के आगमन पर नीशानादि के घोष की चर्चा करके सामन्त वर्ग द्वारा जुहार करने की भी चर्चा करता है। राज-समाज में जुहार करने की परम्परा होती है अर्थात् जब भी कोई व्यक्ति राजा से मिलता है तब वह प्रणाम-निवेदन के साथ भेंट भी समर्पित करता है। जटमल जुहार करने की कोई चर्चा नहीं करता।

इन सभी अंतरों व सूचनाओं से संज्ञान में आता है कि समिओकार संभवतः कोई चारण था जिसके पास प्राचीन ग्रंथ अथवा वंशालियाँ थीं जिनके आधार पर उसने इतिहास, लोक व परम्परा सम्मत विवरण लिखे हैं।

विवाह-प्रसंग में ही हम पुनः हेमरतन की रचना 'गोरा-बादल-पद्मिणी- चउपई' की बात करते हैं। पद्मावत, गोरा-बादल-कवित्त, पद्मिनी-समिओ, गोरा-बादल-कथा व अन्यान्य सभी ग्रंथों में पद्मिनी को तत्कालीन सिंघल-नरेश की पुत्री बताया गया है। इसके विपरीत हेमरतन पद्मिनी को बहिन बताता है। हेमरतन ने विवाह-प्रंसग में पद्मिनी नारी की विशेषताएँ बताई हैं यथा पद्मिनी के चारों ओर भ्रमर मँडराते रहते हैं; वह अपनी सुगंधि से सभी को मोहित करती-फिरती है; पद्मिनी इंद्राणी से भी अधिक रूपवान होती है, आदि। आगे हेमरतन कहता है कि जब रतनसी चित्तौड़ में नहीं था तब समस्त सामन्तों ने रानी प्रभावती व पाटकुमार से पूछा कि रावळ रत्नसिंहदेव सभा में नहीं पधारते, क्या कारण है?

रानी ने जो वास्तविक कारण था, वह बता दिया। पूछने पर युवराज ने कपट भरा उत्तर दिया कि रावळ जपानुष्ठान करने के कारण बाहर नहीं आते। वे ऐसा जपानुष्ठान कर रहे हैं जिसके प्रभाव से रावळ का प्रभाव और प्रताप दोनों बढेंगे। ऐसा करते-करते ही कुछ काल व्यतीत होगया। **(छंदांक-90-98)** चित्तौड़ में, रतनसी की अनुपस्थिति में राजनीति ने क्या रूप धारण किया, का चित्रण अकेले हेमरतन वाचक ने किया है; यहाँ तक कि जायसी भी इस सम्बन्ध में मौन है।

9.(7). गो॰बा॰ कथा के छन्दांक 24 व 25 पद्मिनी-समिओ में 27 व 28वें क्रमांक पर हैं। दोनों में भाव भी लगभग समान है।

चित्तौड़ में पहुँचकर रावळ रत्नसिंह पद्मावती से ऐसा अनुरक्त हुआ कि वह

दीन-दुनिया, सब कुछ भूल गया। पद्मावती से उसका लगाव इस सीमा तक पहुँच गया कि वह बिना पद्मावती के मुख-दर्शन के जल तक नहीं पीता था।

एक रात्रि में जब दो घड़ी शेष रह गई, तब रतनसी शिकार खेलने को राघव-चेतन के साथ जंगल में गया। शिकर खेलते-खेलते उसको भयंकर प्यास लगी किन्तु बिना पद्मावती के मुँह देखे जल कैसे पिये? रतनसी के समक्ष समस्या उत्पन्न हो गई।

गो॰बा॰ कथा के छन्दांक 26 व 27 व पद्मिनी-समिओ के छन्दांक 29 व 30 समान हैं। सामान्य अंतरों के अलावा दोनों की भाव सम्पदा समान है। इन छन्दों के अनुसार जब राघव-चेतन ने रावळ को अत्यधिक तृषित देखा तब उसने भगवती त्रिपुरा की कृपा से पद्मावती का हूबहू चित्र बना दिया। राघव-चेतन ने पद्मावती की जंघा का तिल भी चित्र में बना दिया। तिल को देखकर रावळ ने सोचा, बिना पद्मावती से अंग-संग किये इस ब्राह्मण ने जांघ के तिल को कैसे जाना? इसका तात्पर्य यह है कि यह विप्र दुराचारी है और मेरी पत्नी पर बुरी नजर रखता है। तबही यह गुप्तांगों के सन्निकट अन्य अंगों की बारिकियों को जानता है।

रावळ ने जंगल में तो कुछ नहीं कहा किन्तु मन में संकल्प कर लिया कि चित्तौड़ पहुँचकर इस ब्राह्मण की आँखें निकाल लूँगा तथा मार डालूँगा। **(पद्मिनी-समिओ)** जटमल ने लिखा है कि चित्तौड़ पहुँचकर विप्र को नगर से बाहर निकाल दूँगा, मार डालूँगा। रावळ ने नगर में पहुँचकर विप्र को देश-निकाला दे दिया। विप्र वैरागी का वेश बनाकर तत्काल मेदपाट-देश से निकल गया और युक्तिपूर्वक यंत्र बजाता हुआ दिल्ली के उस उद्यान में आकर टिका जिसमें प्रायः अलाउद्दीन सैर करने को आया करता था।

उस समय दिल्ली में अलाउद्दीन खिलजी राज करता था।

9.(8). गो॰बा॰ कथा के आगे के एक छप्पय छंद व 3 दोहा छन्दों के स्थान पर पद्मिनी-समिओ में छन्दांक 31 से 43 तक आये हैं। ये छन्द आपस में मिलते नहीं हैं। ध्यान देने की एक बात और है कि पद्मिनी-समिओकार ने छन्दांक 40 के पश्चात् जो एक छन्द अधिक दिया है वह भी गो॰बा॰ कथा से मेल नहीं खाता। अतः कहना यही है कि गो॰बा॰ कथा के 2 छन्दों की जगह पद्मिनी-समिओ के कुल 13+1=14 छन्द भिन्न हैं।

गो॰बा॰ कथा के अनुसार अलाउद्दीन खिलजी एक दिन शिकार खेलने को उस ही उद्यान के निकट के जंगल में आया जिसमें राघव-चेतन टिका हुआ था। जिस-समय सुलतान आया उसही समय राघव-चेतन ने यंत्र को इस-प्रकार

बजाया कि उद्यान व जंगल के सभी मृग राघव-चेतन के पास आकर मधुर-रव सुनने लगे। शिकारार्थ आये सुलतान को एक भी मृग नहीं मिला। सुलतान ने ऐसा देखकर आश्चर्य व्यक्त किया और वह घोड़े से उतरकर राघव-चेतन के पास आया। **(छंदांक-28)**

इधर समिओकार ने इस घटना को छन्दांक 31 व 32 में इस-प्रकार कहा है। घोड़े पर चढ़कर शाह शिकार खेलने को जंगल में आया। वह दो प्रहर तक इधर-उधर भटकता रहा किन्तु उसको एक भी मृग न दिखा; इस पर उसने साथ वाले उमरावों पर क्रोध किया। सभी घोड़ों पर चढ़कर दौड़े। देखा, एक ही जगह पर हजारों जीव संगीत सुनने में इतने मस्त हैं कि वे कान तक नहीं हिलाते। सभी ने आश्चर्य व्यक्त किया कि यहाँ ऐसा कौन खुदा या खुदा का बंदा है जिसके यंत्र के स्वर को सुनकर सभी मृग यहाँ आकर एकत्रित हो गये हैं। देखा तो ज्ञात् हुआ कि दुनिया से विरक्त, सुरति-निरति को एक कर अलख-पुरुष के ध्यान में निमग्न एक वैरागी के यंत्र-स्वर ने सभी को विमोहित किया हुआ है। सुलतान ने दोनों हाथ जोड़कर प्रणाम किया, वैरागी ने आशीर्वाद दिया।

सुलतान ने पूछा, आप कहाँ से पधारे हैं; तब वैरागी ने बताया कि वह सिंघलद्वीप से यहाँ आया है। आगे बताया कि वह यंत्र-मंत्र-तंत्र, पुराण, कुरान सभी के रहस्यों को जानता है।

तब सुलतान ने कहा, पुर में प्रवेश कर महलों में निवास करिये। इस पर वैरागी ने कहा, राज-महलों में राजेन्द्र जबकि भक्ति की युक्ति जानने वाले वैरागी का वेश धारण करके जंगल में रहते हैं। साधु वन-वन में विचरण करता है। जहाँ मन करता है, वहाँ जाता है। इस पर सुलतान ने पैर पकड़कर अनेक बार विनती की और कहा, कृपा करके हे योगीराज! आप अपना आसन महलों में रखिए।

सुलतान ने खूब आजीजी की। पालकी में ऊनी कालीनादि बिछाकर वैरागी को महल में पधराया। वैरागी द्वारा यंत्र पर निकाली गई रागें सुलतान खूब सुनता जिससे देानों में दिनानुदिन राग-प्रेम बढ़ता चला गया। इस-प्रकार महलों में राघव-चेतन सुखपूर्वक रहने लगा। **(छन्दांक-43 तक)**

जैसा ऊपर कहा गया है, जटमल ने मात्र दो छन्द लिखे है 28 व 29। 28 का सार ऊपर आ गया है, 29 का आगे लिख रहे हैं।

सुलतान, राघव-चेतन की राग-तान-स्वर सुनकर अत्यंत प्रसन्न हुआ। उसने राघव को महलों में चलने को कहा किन्तु राघव-चेतन ने सुलतान का प्रस्ताव यह कहकर खारिज कर दिया कि मैं वैरागी हूँ। आप पृथिवी के स्वामी हैं।

हमारा-आपका मेल वैसा ही है जैसे चन्द्रमा व राहु का एक स्थान पर मेल नहीं होता। शाह ने अत्यधिक हठ किया। राघव-चेतन ने शाह का सुझाव मान लिया और महलों में आकर रहने लगा। दोनों में दिनानुदिन स्नेह बढ़ने लगा।

जो बात जटमल ने सूत्रात्मक रूप में चार छंदों में कही है, उसी को समिओकार ने 14 छन्दों में कही है। अंतर के नाम पर मात्र एक ही तथ्य लक्षित होता है कि जब सुलतान को दो प्रहर भटकने पर भी शिकार नहीं मिली तब वह अपने उमरावों पर क्रोधित होता है। उमराव घोड़ों पर इधर-उधर दौड़ते हैं और अंततः उनको राघव-चेतन का पता लगाता है।

समिओकार ने शिकारीय जानवरों की संख्या हजार बताई है जबकि जटमल इस संबंध में मौन हैं।

9.(9). गो॰बा॰ कथा का 32वाँ छन्द, पद्मिनी-समिओ में 44वाँ छन्द है; यही छन्द वह बीज है जिसमें कही गई बात को सुनकर अलाउद्दीन खिलजी पद्मिनी जाति की स्त्री के गुणों को सुनकर, इसको प्राप्त करने के लिये लालायित हो उठा।

राघव-चेतन भी यही चाहता था कि सुलतान पद्मिनी जाति की स्त्री को प्राप्त करने के लिये ललचाये और वह उसको उकसा कर चित्तौड़ादि पर हमला करने को सन्नद्ध करे।

एक दिन कोई अनजान व्यक्ति अथवा अधीनस्थ सामन्त सुलतान के पास एक खरगोस लाया, उसने उसकी कोमलता का वर्णन किया। सुलतान ने उस खरगोश को उठाकर अपनी गोद में बैठाया और उस पर हाथ फिराने लगा। जो हाथ सदैव लोहे के शस्त्रों से जूझते रहते थे, उनको खरगोश का शरीर अत्यधिक कोमल महसूस हुआ। सुलतान ने राघव-चेतन से पूछा, विप्रवर! क्या इससे भी कोमल कोई अन्य जीव-धारी का शरीर होता है।

9.(10). पद्मिनी-समिओ के छन्दांक 45 का प्रथम अर्द्धांश तथा गो॰बा॰ कथा के छन्दांक 49 का द्वितीय अर्द्धांश समान है जिनका तात्पर्य है कि पद्मिनी जाति की नारी के लक्षण सुनकर सुलतान ने राघव-चेतन से कहा, मेरे हरम (रणिवास) में 2000 हुर्माएँ (रानियाँ) हैं। हे राघव! परीक्षा करके बताओ कि उनमें कौन-कौन किस-किस जाति की हैं।

वस्तुतः राघव-चेतन पद्मावती का हूबहू चित्र बना देने के कारण ही चित्तौड़ से निर्वासित हुआ था; अतः वह पुनः पूर्व जैसी गलती दुहराना नहीं चाहता था। उसने सीधे-सीधे हरम में जाकर अथवा हुर्माओं को सामने बुलाकर परीक्षा करना अस्वीकार कर दिया। दूसरे, 'मात्र परछाँही देख-कर ही राघव-चेतन परीक्षा करने

में सक्षम है', ऐसी अपनी विशिष्टता प्रकट करने के उद्देश्य से भी राघव-चेतन ने सुलतान के हरम की हुर्माओं की परीक्षा करना स्वीकार कर लिया। छन्दांक 49 में सुलतान द्वारा 2000 हुर्माओं का परीक्षण करने का आदेश है। छन्दांक 50 में राघव-चेतन का ऐसा न करके तैल में पड़ने वाले प्रतिबिम्ब से ही परीक्षा कर लेने का उत्तर है। गो॰बा॰ कथा में ही राघव-चेतन स्पष्टतः कहता है कि मैं गैर के महल में नहीं घुसता। अतः मैं उन सभी की परीक्षा तैल में उनकी परछाँही देखकर ही कर दूँगा।

गैर के महल में जाने अथवा न जाने का समिओकार ने कोई उल्लेख नहीं किया हैं, वह सीधे ही तैल-कुंड में प्रतिच्छाया देखकर निर्णय करने की सूचना देता है। पद्मिनी-समिओकार ने 45वें छन्द के पश्चात् इस सम्बन्ध में दो छप्पय 46 व 47वें क्रमांक के लिखे हैं। छप्पय 46 की दूसरी पंक्ति व छप्पय 47 की अंतिम पंक्ति गो.बा. कथा के छन्दांक 51 की दूसरी व छठी पंक्तियाँ हैं। शेष पंक्तियाँ दोनों की भिन्न हैं किन्तु भाव व कथा में कोई अन्तर नहीं है।

इन छन्दों का भाव इतना ही है कि राघव-चेतन ने प्रतिबिम्ब देखकर व सुलतान के पुनः पूछने पर बताया कि शाह के हरम में चित्रिणी, हस्तिनी व शंखिनी नारियाँ तो हैं किन्तु उनमें से एक भी पद्मिनी नहीं हैं।

यहाँ तक के छन्दों में तो अधिकांशतः समानता मिलती रही है किन्तु आगे प्रायः भिन्नता ही लक्षित होगी। यहाँ से आगे कथानक में आई भिन्नता ही तुलनात्मक अध्ययन का मुख्य केन्द्र बिन्दु होगा। चूँकि पूर्व में अधिकाशतः छन्दों में लगभग समानता है; अतः कहीं-कहीं ही कथा भाग में भिन्नता आ पाई है।

छन्दांक 47 के पश्चात् पद्मिनी-समिओ में कथानक टूटता सा लगता है क्योंकि छन्द 47 में राघव-चेतन निर्णय देता है कि हे सुलतान! तेरे हरम में एक भी पद्मिनी नारी नहीं है। इतना सुनते ही सुलतान की ओर से प्रयाण का धौंसा (नक्कारा) बज उठता है। गज, हस्ती, सुभट सजते हैं। सिंघलद्वीप की ओर कूँच की तैयारियाँ होती हैं।

आखिर प्रश्न होता है कि शाह को कैसे पता चला कि पद्मिनी जाति की स्त्री सिंघलद्वीप में मिलती है। हाँ, इसकी पूर्ति समिओकार अगले छन्द में करता है। हो सकता है, लिपिकार से पहला छन्द बाद में व बाद का छन्द पहले लिखने में आ गया। इस कारण यह कथानक में टूटत महसूस होती है।

यहाँ लक्ष्य करने की एक बात और है। छन्द 49 में समिओकार सिंघलद्वीप के स्वामी को भी चौहान क्षत्रिय लिखता है। एक लाख सैनिकों की चतुरंगिणी सेना को

साथ लेकर सुलतान मंजिल दर मंदिर कूँच करता हुआ समुद्र-तट पर पहुँचता है।

वहाँ एक हजार कोस लम्बे समुद्र को देखकर सुलतान राघव-चेतन से पद्मिनी-प्राप्ति की दूसरी युक्ति पूछता है।

यहाँ फिर कथानक में क्रमभंगता मालूम देती है जिसकी पूर्ति अतिरिक्त छन्दों द्वारा 47 से 53 तक से होती है किन्तु इन छन्दों को मूल के साथ मिलाया भी नहीं जा सकता क्योंकि यहाँ कुछ कथानकों में पुनरावृत्ति भी है। यथा मंजिल दर मंजिल कूच का विवरण अतिरिक्त छन्दों के अनुसार, समुद्र में होने वाली लूटपाट, सिंघलद्वीप पहुँचने में लगने वाले 1 वर्ष के समय की दीर्घकालीनता आदि ऐसे कारण हैं जिन्होंने सुलतान के धैर्य को ठंडा कर दिया और उसको मजबूर किया कि वह राघव-चेतन से पूछे कि क्या पद्मिनी सिंघल के अतिरिक्त अन्यत्र से भी प्राप्त हो सकती है? राघव ने मूल छन्दांक 53 में कहा कि पद्मिनी रत्नसेन खुम्मान, जो चित्तौड़ का स्वामी है की पत्नी है; उससे उसको छीना जा सकता है।

9.(10). इसके पश्चात् गो॰बा॰ कथा में छन्दांक 33 से लेकर 48 तक ऐसे हैं जो पद्मिनी-समिओ में नहीं हैं।

इन 16 छन्दों में कथाकार ने 4 प्रकार की स्त्रियों के लक्षणों का सुष्ठु वर्णन किया है। ये 16 छन्द हमारे द्वारा प्रयुक्त सम्वत् 1756 की आधार-प्रति के अनुसार हैं। यदि हम पाठान्तर-प्रतियों में मिले अधिक छन्दों को और जोड़ लें तो इन छन्दों की संख्या 24 हो जाती है।

वस्तुतः पाठांतर-प्रति 12580 व भ॰ नाहटा में 4 छन्द ज्यादा तो 4 छन्द कम भी हैं। इस-प्रकार मीज़ान एक बैठता है। हाँ, भ॰न॰ में जिस-प्रकार चार भाँति की स्त्रियों के लक्षण वर्णित किये गये हैं, वैसे ही 4 प्रकार के पुरुषों के लक्षण भी वर्णित किये गये हैं जिनके लिये 4 छन्द अतिरिक्त हैं और ये ही चारों उक्त 16 की संख्या में इज़ाफा करके इनको 20 करते हैं।

यहाँ पाठकों के लाभार्थ यह बताना भी जरूरी है कि पद्मिनी-समिओकार ने शुरू-शुरू में ही रावळ रत्नसेन के पूछने पर पद्मिनी जाति की नारियों के लक्षण भाट के मुँह से छन्दांक 4 से 6 तक में कहलवा दिये हैं। 4 व 5 क्रमांक के दोहे कुछ आंशिक परिवर्तन के साथ गो॰बा॰ कथा में छन्दांक 33 व 34 के रूप में हैं जिनमें सुलतान की जिज्ञासा व राघव-चेतन का उत्तर है कि स्त्रियाँ चार प्रकार की होती हैं। छन्दांक 6ठा कुछ हेर-फेर के साथ गो॰बा॰ कथा में 37वें क्रमांक पर है। यहाँ यह बताना भी जरूरी है कि पद्मिनी-समिओकार नारी-जाति के प्रकार तो 4 ही बताता है किन्तु लक्षण केवल पद्मिनी के लिखता है, वह भी एक छन्द में।

गोरा-बादल-कथा के इस वर्णन को यदि हम काव्यशास्त्रीय दृष्टि से देखें तो इतने छोटे खण्डकाव्य में अन्यान्य जाति की रमणियों का इतना विस्तृत वर्णन करना रस-भंग की सृष्टि करता है। कथा-प्रवाह को रोककर पाठक अथवा श्रोता को मुख्य विषय से हटाकर उपकथाओं में उलझाता है जो रस की जगह विरस-सृष्टि कही जा सकती है। इस सम्बन्ध में पद्मिनी-समिओकार की योजना ठीक लगती है किन्तु पद्मिनी जाति की नारी का वर्णन करने का स्थान पद्मिनी-समिओकार का अनुचित है। यदि समिओकार को लक्षण बताना प्रारम्भ में ही अभीष्ट था तो उसे छन्दांक 44 के पश्चात् कोई न कोई ऐसा कारण अवश्य बताना चाहिए था जिसके कारण सुलतान पद्मिनी जाति की नारी को प्राप्त करने को व्यग्र हो उठता।

उसकी आँखों की नींद व पेट की भूख उड़ जाती किन्तु समिओकार ने यहाँ कोई कारण उपस्थित नहीं किया है जिससे छन्दांक 44 के पश्चात् घटनाक्रम एक दम टूट जाता है। 44वें व 45वें छन्द के बीच में कड़ी टूटी हुई मालूम देती है।

जायसी रत्नसेन को हीरामन तोते के माध्यम से पद्मावती की ओर आकृष्ट होता हुआ तो वर्णित करता ही है साथ ही कड़वक 95 व 96 में पद्मिनी की चर्चा भी इस-प्रकार करता है कि वह उस वर्णन से पद्मावती की ओर पूर्णतः आकृष्ट हो जाये किन्तु 4 प्रकार की नारियों की चर्चा वह यहाँ नहीं करता। जायसी चार प्रकार की नारियों का चर्चा सुलतान द्वारा राघव-चेतन से पूछने पर ही कड़वक 463 से 466 तक में करता है। (कड़वकों के क्रमांक डॉ॰ वासुदेवशरण अग्रवाल द्वारा व्याख्यायित पदमावत के आधार पर लिखे गये हैं।)

गोरा-बादल-पद्मिनी-चउपई का रचनाकार हेमरतन इसको दूसरे प्रकार से व्याख्यायित करता है। रत्नसेन अपनी पटरानी प्रभावती के व्यंग्य-वाणों से आहत होकर पद्मिनी जाति की पत्नी के प्राप्त्यर्थ घर से योगी बन कर निकल पड़ता है। उसको पता लगता है कि पद्मिनी नारी सिंघलद्वीप में मिलती हैं और वह उस ओर चल पड़ता है। (**छन्द 20 से 34 तक, मुनि जिन-विजयजी** के सम्पादन में प्रकाशित **ग्रंथांक 40;** राजस्थान-प्राच्यविद्या- प्रतिष्ठान, जोधपुर' पृष्ठ-2 व 3, तृतीय संस्करण। मूल पाठ भाग) हेमरतन यहाँ पद्मिनी के लक्षणों का वर्णन नहीं करता।

आगे छन्दांक 149 से लेकर 174 तक कवि उस सारी घटना का वर्णन करता है कि कैसे राघव-चेतन ने रावळ रत्नसेन से बदला लेने की मन में भावना रखकर सुलतान को अपना सहायक बनाया। हेमरतन के अनुसार राघव-चेतन ने अपने मंतव्य को पूरा करने के लिये एक खोजा को सहायक बनाया। खोजा कलहंस पक्षी की पंख सुलतान की सभा में ले गया और सुलतान के सामने उसकी प्रशंसा में छन्द

कहा। सुलतान प्रसन्न हुआ। उसको मान-सम्मान भी दिया। सुलतान ने पूछा, तेरे हाथ में क्या है? खोजा ने कहा, मानसरोवर निवासी कलहंस की पंख है और अत्यंत कोमल है। इस पर सुलतान ने पूछा, क्या इससे भी और कोई चीज़ कोमल होती है?

तब खोजा ने कहा, इससे भी पतली व सुकोमल पद्मिनी नारी होती है।

सुलतान ने कहा, मेरे हरम में हजार नारियाँ हैं। क्या उनमें कोई पद्मिनी है? तब उसने कहा, सुलतान तुम्हारे हरम में शंखिनी ही शंखिनी नारियाँ हैं, पद्मिनी एक भी नहीं है।

तब राघव-चेतन ने पद्मिनी नारी के लक्षण विस्तार से कहे। कवि ने पद्मिनी के लक्षण छन्दांक 163 से 174 तक कहे हैं जिनमें से गोरा-बादिल-पद्मिनी चउपई के छन्दांक 167 व 174 गो.बा. कथा के 48वें व 47वें क्रमांक पर सामान्य पाठांतरों के साथ मिलते हैं। गो.बा.प.च. के पद्मिनी लक्षण विषयक छप्पय और गो.बा. कथा के पद्मिनी विषयक छप्पयों की भाषा व भाव में काफी समानता है। वैसे हेमरतन ने भी गो.बा.प.च. में अन्य तीनों नारियों का हिन्दी-छन्दों में वर्णन नहीं किया है।

गोरा-बादल कथाकार ने चारों प्रकार की नारियों का बड़ा ही मन-मोहक वर्णन किया है। पद्मिनी नारी का 3 छन्दों में, चित्रिणी का 2 में, हस्तिनी का 2 में व शंखिनी का भी 2 छन्दों में वर्णन किया है।

एक छन्द में पुरुषों के चार प्रकार शश, मृग, वृषभ व अश्व बताकर, शश से पद्मावती, मृग से चित्रिणी, वृषभ से हस्तिनी व अश्व से शंखिनी संभोग करती है, का वर्णन किया है।

इसके पश्चात् तीन श्लोक हैं जिनकी भाषा भ्रष्ट है किन्तु भाव स्पष्ट है। एक पद्म नारियों में से एक पद्मिनी, एक करोड़ में से एक चित्रिणी, एक सहस्र में से एक हस्तिनी नारी होती है। शंखिनी तो सर्वत्र वर्तमान रहती ही हैं।

पद्मिनी एक प्रहर, हस्तिनी दो प्रहर, चित्रिणी तीन प्रहर सोती है जबकि शंखिनी को नींद ही नींद आती रहती है।

पद्मिनी में पद्म की गंध, हस्तिनी में मद की गंध, चित्रिणी में पुष्प की गंध आती है जबकि शंखिनी में मछली की गंध आती है।

सुलतान ने जब चारों जाति की नरियों के लक्षण विस्तार से सुने तब उसका मन भी पद्मिनी नारी को पाने को लालायित हो उठा है।

जो वर्णन समिओकार ने छन्दांक 48 से लेकर 53 तक किया है, वही वर्णन गो.बा. कथाकार जटमल नाहर ने छन्दांक 52 से लेकर 54 तक किया है।

जो कारण 'समिओ' के अतिरिक्त छन्दों में गिनाये गये हैं, वे जटमल ने गोरा-बादल-कथा में भी नहीं गिनाये हैं। मात्र एक शब्द है 'नइठी' और इसका पाठांतर है 'नेड़ी'।

नइठी=नीठी=नीठ गई, समाप्त हो गई, चली गई का अर्थ द्योतित करता है और यहाँ प्रसंगानुसार "यहाँ से जा चुकी है और अब वह रत्नसेन के यहाँ है", अर्थ ही सही है। यही वह कारण है जिसको सुनकर सुलतान सिंघल को त्याग कर चित्तौड़ जाने को उद्यत होता है। यदि हम गंभीरता से सोचें तो जो कारण जटमल ने बताया है वह अपेक्षाकृत अधिक उचित लगता है बजाय अतिरिक्त पाठ में दिये गये कारणों के क्योंकि जो सुलतान मय फौज दिल्ली से सिंघल-द्वीप के द्वार=समुद्र तक पहुँच सकता है वह न चोरों से डरेगा और न शत्रु से डरेगा। वह 1 वर्ष के समय की दीर्घकालीनता से भी घबराने वाला नहीं था क्योंकि सिंघलद्वीप से चित्तौड़ तक पहुँचने में भी कम समय लगने वाला नहीं था।

अतः कारण अपेक्षाकृत यही तार्किक लगता है कि पद्मिनी पहले सिंघल में थी किन्तु अब वह वहाँ न होकर रत्नसेन के पास है। अतः पद्मिनी को प्राप्त करने के लिये सुलतान को चित्तौड़ जाना ही होगा।

इस सम्बन्ध में यदि हम हेमरतन के ग्रंथ गोरा-बादल-पद्मिनी-चउपई को पढ़ते हैं तो हमें ज्ञात होता है कि सुलतान के सुभटों ने पहले तो समुद्र पार करने में नौकाओं की कमी होने की बात कही; तब सुलतान ने सैनिकों को नाना प्रकार के लालच दिये जिनमें सबसे महत्वपूर्ण लालच था कि जो पद्मिनी को लाकर मुझे सौंप देगा उसको मैं बहुत सी धरती अर्थात् बहुत से जगहों का राज दूँगा। जब सैनिकों ने देखा कि हमारा मरना दोनों ही तरह से सुनिश्चित् है कि यदि समुद्र पार जाने से मना करते हैं तो सुलतान मरवाता है और यदि जाते हैं तो समुद्र की भयानता हमारे सामने है जिससे बच कर आना असभंव है।

मन में ऐसा सोच कर सारे सैनिक सुलतान के सामने पेश हुए। रात्रि में सारे सैनिकों ने राघव-चेतन से कहा 'तूने ही हमें मरवाने का काम किया है। अब तू ही हमारे बचने का रास्ता निकाल'; व्यास राघव-चेतन ने कहा, 'तुम सिंघलपति की ओर से एक हजार घोड़े, पाखर सहित पाच सौ हाथी सोने के शृंगार से सजे हुए और एक करोड़ दीनार सुलतान को भेंट करा दो। सुलतान दण्ड लेकर दिल्ली लौट जायेगा। तुम्हारे प्राण बच जायेंगे।

सैनिकों ने रातों रात यह व्यवस्था कर दी। प्रातः काल सुलतान इस दण्ड को लेकर प्रसन्न हुआ और यह कहते हुए दिल्ली को लौट गया कि जो मेरी

अधीनता स्वीकार चुका है, उससे मैं युद्ध नहीं करूँगा। सुलतान ने राजा को शिरोपाव भेजा। जो बनावटी सामंत थे उनको सुलतान ने पहरावनी बक्षीश की। **(छन्द 192 से 227 तक)**

जब सुलतान खाली हाथ दिल्ली लौट आया तब सर्वत्र प्रबाद फैल गया कि सुलतान खाली हाथ लौट आया है। सुलतान की पत्नी ने भी पद्मिनी दिखाने का आग्रह किया। पद्मिनी को न ला पाने का ताना सुनते ही सुलतान का पौरुष पुनः जागा और उसने राघव-चेतन से अन्यत्र और कहीं भी पद्मिनी के होने का समाचार पूछा। राघव-चेतन ने पद्मिनी का होना चित्तौड़ में बताया। **(छन्दांक 228-336)**

जायसी के पद्मावत में सुलतान का सिंघलद्वीप जाने का कोई वर्णन नहीं है। पद्मावत में, राघव-चेतन से पद्मिनी के नख-सिख का वर्णन सुनकर, सुलतान अपने दूत सरजा को चित्तौड़ भेजता है, आदि वर्णन है।

ऐसी स्थिति यह तथ्य भी संज्ञान में लाना जरूरी है कि राजस्थानी लेखकों ने जायसी का अनुगमन नहीं करके राजस्थान में प्रचलित कथानकों के आधार पर ही अपनी कृतियाँ लिखी हैं।

अतः चित्तौड़ की रानी पद्मावती जायसी की काल्पनिक नायिका न होकर सर्वथा ऐतिहासिक पात्र है जिसके जीवन की यह विशेष घटना पूरे राजस्थान में बड़े चाव से मुँह दर मुँह कही व सुनी जाती थी। जायसी ने भी यह कथानक तब सुना होगा, जब वह कभी अजमेर सरीफ अपने सिलसिले के प्रथम हिन्दुस्तानी चिश्ती खलीफा ख्वाजा मुइनुद्दीन चिश्ती की दरगाह की जियारत करने आया होगा; चूँकि वह कुशल कवि व काव्य में कल्पनाओं को समाविष्ट करने का धनी था; अतः उसने अपनी कुशल कल्पनाओं को इतिहास में घुसा कर उसको काव्य रूप में ढाल दिया। वैसे भी छिताई-चरित आदि के उल्लेख पद्मिनी की ऐतिहासिकता को सिद्ध करने के लिए पर्याप्त हैं जिसकी रचना का समय पद्मावत से पूर्ववर्ती है।

9.(11). छन्दांक 54 से 88 तक छन्द भुजंगी में समिओकार ने अलाउद्दीन द्वारा चित्तौड़ प्रयाण, उसकी सेना का वर्णन, रावळ रत्नसेन द्वारा युद्ध की तैयारी करना, अपने सामन्तों को पत्रादि देकर बुलाना, सामन्तों की सेनाओं की संख्याओं का वर्णन, कौन सा सामान्त कौन-सी जगह पर खड़ा होकर युद्ध करेगा का निर्णय, सम्वत् 1219 में सुलतान से युद्ध जिसमें रत्नसेन की ओर से 80 हजार योद्धा लड़े का विवरण लिखा है।

दोनों ओर से घमासान युद्ध हुआ। रक्त की नदियाँ बह निकलीं। चार घड़ी तक युद्ध हुआ जिसमें शाह की ओर के बीस हजार योद्धा मारे गये जिनकी लाशें

तीन कोस तक देखी गई।

रावळ रत्नसेन की सेना के छः हजार सुभट मारे गये।

अलाउद्दीन खिलजी बुरी तरह हारा। वह चित्तौड़ से 100 कोस दूर जाकर रुका व वहीं उसने अपने डेरे डाले। इधर चित्तौड़ दुर्ग में नौबतें बजने लगीं।

समिओकार के अनुसार यह युद्ध लगातार बारह वर्ष तक चलता रहा। न रावळ रत्नसेन हारा और न अलाउद्दीन जीता। अलाउद्दीन के लिये यह युद्ध जीने-मरने के बराबर प्रतिष्ठा का प्रश्न बन गया। वह कैसे भी करके गढ़ को तोड़कर पद्मिनी हाँसिल कर लेना चाहता था। अतः जब वह बल से रावळ रत्नसेन को जीत न सका तब उसने छल से जीतने का प्रयत्न किया।

सुलतान ने जटाजूटधारी योगी का वेश बनाया व अपने शिष्यों के साथ गढ़ के सेना-नायक के पास आया। सेना-नायक उसे पहचान नहीं सका। उसको वास्तविक योगी समझ कर उसने योगी को प्रणाम कर पूछा, योगीराज! आप कहाँ से पधारे हैं; तब वेशधारी योगी ने कहा, काशी नगर के मणिकर्णिका घाट से हम आये हैं।

योगी बात बनाने में चतुर था। अतः नायक उसकी बातों से प्रभावित हो गया। रात्रि हो गई। नायक अपने घर आया और उसने दुर्ग में जाकर खुम्मान रत्नसेन से कहा कि एक बहुत ही पहुँचा हुआ योगी आया है। रत्नसेन ने तुरन्त योगी के आसन पर प्रकाश की व्यवस्था कराई व स्वयं भी योगी के समक्ष उपस्थित हुआ।

रावळ ने एक लाल भेंट किया व योगी को गोरखनाथ, दत्तात्रेय, भर्तृहरि के समान जाना।

इस-प्रकार वह योगी तीन मास तक रहता रहा व सभी का मन मोहता रहा। अंततः कपटी योगी ने अपने ठिकाने पर जाने के लिये कहा। रावळ रत्नसेन ने सिद्ध को पाच ल्हसुनिया (गोमेद), पाच किस्म के नक्षत्रानुसार रत्न और दस माणिक्य, इस-प्रकार कुल बीस रत्न भेंट किये और द्वार के बाहर तक पहुँचाने को आया। जैसे ही रावळ रत्नसेन द्वार से बाहर निकला; वेशधारी सुलतान ने उसका हाथ पकड़ लिया। सुलतान के हजारों सहायक वहाँ आ गए। पौली में शोर मच गया। जनता एकत्रित हो गई। कहने लगी, सुलतान ने धोका किया है। राजा को पकड़-कर ले गया है।

समिओकार ने यहाँ तक कुल 36 छन्दों में वर्णन किया है।

इसके विपरीत गो.बा. कथा ही नहीं अन्य सभी ग्रंथों में उक्त कथानक भिन्न प्रकार से वर्णित हुआ है। हाँ, अंतिम तथ्य रावळ रत्नसेन को सुलतान द्वारा बन्दी

बनाना सभी में समान है जबकि बन्दी बनाने का तरीका भिन्न है। समिओकार संभवतः पहला व्यक्ति है जिसने लिखा है कि सुलतान ने योगी बनकर रावळ रत्नसेन का अपहरण किया।

गो.बा. कथाकार ने छन्दांक 55 से 57 तक 'अलाउद्दीन का चित्तौड़ प्रयाण का वर्णन किया है, साथ ही चित्तौड़ में आकर डेरा डालने का वर्णन है।

छन्दांक 68 तक में आगे का वर्णन जटमल ने वही किया है जिसका वर्णन समिओकार ने छन्दांक 89 तक में किया है। दोनों के छन्द सर्वथा भिन्न हैं। वस्तुगत भिन्नता आगे दी जा रही है। कथा का मात्र 68वाँ दोहा पद्मिनी समिओ में 89वाँ छंद है; दोनों समान हैं।

समिओकार के अनुसार सुलतान चित्तौड़ में आता है और युद्ध करके हार जाता हैं। फिर भी वह 12 वर्ष तक युद्ध को जारी रखता है।

गो.बा. कथाकार कहता है कि सुलतान जब चित्तौड़ पहुँचा तब उसने देखा कि इस दुर्ग को लड़कर तोड़ना मुश्किल ही नहीं, असंभव सा जान पड़ता है। अतः सुलतान ने राघव-चेतन से कहा कि हम युद्ध नहीं करेंगे। चित्तौड़गढ़ अत्यन्त विषम-विकट है। अतः हम इस गढ़ को बल से नहीं, छल से जीतेगे।

गो.बा. कथाकार के अनुसार सुलतान व रावळ रत्नसेन का प्रथम युद्ध हुआ ही नहीं। यहाँ रेखांकित करने योग्य तथ्य यह भी है कि जटमल का अलाउद्दीन खिलजी एक बहादुर व जिंदादिल सुलतान न होकर कायर व डरपोक है जो चाहता तो अपनी कामना को पूरी करना है किन्तु उसमें आत्मबल नहीं है। वह कामनाओं को तलवार के बल पर पूरा करना नहीं जानता अपितु छल-कपट से अपना काम पूरा करना चाहता है।

गो.बा. कथाकार सुलतान को मात्र यहीं कायर नहीं बताता, वह सुलतान को उस सयम भी कायर कहता है जब वह सिंघलद्वीप के द्वार समुद्र-तट पर पहुँचता और कहता है–

पदमनि संघलदीप उदधि पय पार पयंपइ।
देख समुद्र सुलतान हिया कायर का कंपइ ॥ (छन्दांक 52)

चित्तौड़ में आकर भी सुलतान स्पष्टतः कहता है–

''गढ़ चितौड़ हइ विषम, जोर करि किमहि न लिज्जइ''॥ (छन्दांक 53॥)

चित्तौड़गढ़ की विकटता व अजेयत्व भाँपकर सुलतान दूत भेजने का निर्णय करता है। गो.बा. कथाकार भारतीय आर्ष-ग्रंथ-निर्माण-परम्परा के अनुसार सुलतान, रावळ रत्नसेन के पास दूत भेजता है जैसे श्रीरामजी ने लंका के समुद्र-तट पर आने

के पश्चात् अपना दूत अंगद रावण के पास भेजा। इधर रावण ने चुपके-चुपके विभीषण के साथ शुक व सारण को दौत्य-कर्म करने को नहीं, अपितु मुखबिरी करने को भेजा। यहाँ भी कथाकार सुलतान के मुख से अपने विश्वस्त सलाहकार राघव-चेतन के सामने कपटमयी बातें कहलवाता है व दूत भेजता है। दूत भेजने का उद्देश्य भी साधु न होकर पूर्णतः असाधु अर्थात् पराई सती-साध्वी स्त्री का बलात् हरण करना है। भारतीय राजनीति दूत भेजने की वकालत करती है जिसके उदहारण पदे-पदे हमें देखने को मिलते हैं यथा श्रीकृष्ण का दौत्य-कर्म–पाण्डवों का संदेश लेकर कौरवों की सभी में जाना, आदि।

सुलतान ने रावळ रत्नसेन से कहलवाया कि मैं केवल पद्मिनी का मुँह देखकर चला जाऊँगा। उसे बहिन करके मानूँगा। तुझे भेंट में चित्तौड़ के साथ और भी देश दूँगा। तुझे शत्रु नहीं, भाई मानकर तुझसे बर्ताव करूँगा। एक प्रहर गढ़ पर रहकर नाक नीची करके गढ़ से नीचे उतर जाऊँगा।

रावळ रत्नसेन के मन में कोई कपट नहीं था। उसने अपने राजपूतों की मोर्चाबंदी को हटा ली और सुलतान की बात मानली। उसे मेहमानी करने को गढ़ पर बुलाया। सुलतान दस-बीस महाशूर उमरावों को लेकर गढ़ में आया।

रावळ रत्नसेन ने पद्मिनी से कहा कि सुलतान हमें बहुत मान-सम्मान देगा। अतः आप उसको अपना मुखचन्द्र दिखा दो। परमसती व क्षत्रियत्त्व की प्रतिमूर्ति रानी पद्मिनी ने अपना जैसा शृंगार अपनी एक दासी के शरीर पर सजवाकर उसको सुलतान के पास मुँह दिखाने को भेजा। राघव-चेतन ने देखते ही कहा कि सुलतान! यह पद्मिनी नहीं है। तुम तो इस दासी को देख कर ही मूर्च्छित हो गये। अरे! आपको पता है, पद्मिनी किस पर्यंक पर सोती है? उसका पर्यंक केशर, अगुर, कर्पूरादि से सुवासित रहता है। पद्मावती के शरीर से पद्म की सुगंधि आती है किन्तु इसके शरीर से नहीं आती; इसका तात्पर्य यही है कि यह पद्मावती न होकर उसकी कोई परिचारिका है।

तब अलाउद्दीन ने रावळ रत्नसेन का हाथ पकड़कर कहा, आप मेरे साथ कपट कर रहे हो। पद्मावती को न दिखाकर किसी अन्य नारी को मुझे दिखा रहे हो!

तब रावळ रत्नसेन ने पद्मावती से क्रोधित होकर कहा, आपने कपट किया है, यह अच्छा नहीं है। आप मुँह दिखा दीजिये। तब पद्मावती ने खिड़की से अपना मुँह दिखाया। देखते ही सुलतान पुनः चुँधियाकर गिर पड़ा। अपने आपको सँभालकर सुलतान डेरे पर जाने को उद्यत हुआ।

रत्नसेन सुलतान को पहुँचाने के लिये साथ-साथ पहली पौली तक आया।

सुलतान ने रत्नसेन को एक लाख की बक्षीश प्रदान की।

दूसरी पौली तक पहुँचने पर सुलतान ने पाँच गाँवों की जागीर दी। इस प्रकार बक्षीशों के कारण रावळ रत्नसेन लोभ में फँस गया। वह किले के आखिरी दरवाजे के बाहर तक आ गया।

जैसे ही रावळ बाहर आया, अलाउद्दीन के लोगों ने रावळ रत्नसेन का अपहरण कर लिया।

जनता जड़वत् देखती रही। कुछ भी कर नहीं सकी। बस, 'धोखा हो गया'; 'सुलतान ने धोखा कर डाला' ही चारों ओर से स्वर सुनने में आने लगे।

ये छन्द पद्मिनी-समिओ में नहीं हैं। जैसा पूर्व में हमने कहा है, पद्मिनी समिओकार ने रावळ रत्नसेन के उदात्त चरित्र को उभारा है जबकि जटमल नाहर ने रत्नसेन का चरित्र पद्मिनी व गोरा-बादल के सामने डरपोक, लालची व समझौतावादी सिद्ध किया है।

जहाँ समिओकार के अनुसार रावळ रत्नसेन शिष्टाचार निभाने के कारण योगी वेशधारी कपटी अलाउद्दीन की गिरफ्त में आता है वहाँ गो॰बा॰ कथा का रत्नसेन अपनी लालची, डरपोक व समझौतावादी प्रकृति के कारण पकड़ में आता है। जटमल के रत्नसेन में जरा भी क्षत्रियत्व नहीं है, पुरुषत्व नहीं है बल्कि वह एक अति कामुक, चालाक, धूर्त व बलशाली अनजान सुलतान को अपनी पत्नी का मुँह दिखाने को तैयार हो जाता है।

पूर्वापर सभी प्रसंगों की संगति बैठाने पर यह पूर्णतः सिद्ध हो जाता है कि जटमल का उद्देश्य या तो पद्मावती के सत् की उत्कृष्टता स्थापित करना है, या गोरा-बादल की शूरवीरता, स्वामीभक्ति, वचन-पालन-प्रतिज्ञा, कूटनीतिज्ञता आदि को महत्वपूर्ण या रेखांकित कर जनता में भी वैसे ही गुण उत्पन्न करना है। वह रतनसी में यदि वे कमियाँ न बताता जो उसने अब बताई हैं तब भी रतनसी का चरित्र न प्रेरणादायी बन सकता है, न अनुकरणीय बन सकता है। इसलिये उसने काव्य की नायिका पद्मावती को चुना तथा गोरा व बादल को नायक चुना है जिनमें सर्वत्र उदात्त व उज्जवल गुणों का आधान किया है।

इस सम्बन्ध में गोरा-बादल-पद्मिनी-चउपई के कर्ता हेमरतन ने क्या कहा है, का भी अध्ययन यहाँ कम महत्वपूर्ण नहीं है। जैसा पूर्व में लिखा गया है, दिल्ली से चलने के पूर्व तक सुलतान बड़ा ही उत्साहित है और कहता है, मैं चित्तौड़-नरेश से उसकी पत्नी खड़े-खड़े ही ले लूँगा; गढ़ के धणी को जीवित ही पकड़ लूँगा। **(छंदांक 241)**

सुलतान 27 लाख का लश्कर लेकर चित्तौड़ किले की तलहटी में पहुँचा। इधर रत्नसेन ने भी पूरी तैयारी कर रखी थी। दोनों ओर से भयंकर युद्ध होने लगा। युद्ध प्रातःकाल से सायंकाल तक होता रहा किन्तु सुलतान रत्नसेन व उसकी सेना का कुछ भी नहीं बिगाड़ सका। **(छन्दांक 267)**

रात्रि में राघव-चेतन ने सुलतान से कहा, कोई कपट-चाल चलिये। राजपूतों से पार पाना मुश्किल है। गो॰बा॰ कथाकार कपट करने की बात बादशाह से कहलवाता है जबकि हेमरतन यह सुझाव राघव-चेतन की ओर से प्रस्तुत कराता है।

राघव-चेतन सुझाता है कि रत्नसेन से, उमरावों के माध्यम से समाचार कहलवाया जाये कि सुलतान आपकी बहादुरी देखकर प्रसन्न हुआ है। वह आपको मान देना चाहता है। अतः उसको गढ़ में भोजन पर आमंत्रित करो। पद्मिनी के हाथों भोजन पुरुषवावो। सुलतान एक बार पद्मिनी को देखकर दिल्ली चला जायेगा **(छन्द 268-272)** रत्नसेन सुलतान के उमरावों की बातों में आ गया। उसने गढ़ के द्वार खुलवा दिये। राघव की सलाहानुसार सुलतान 30000 सैनिकों के साथ गढ़ में इस-प्रकार दाखिल हुआ कि इसको कोई जान तक नहीं सका कि सुलतान ससैन्य गढ़ में घुसा है। **(छन्दांक 273 से 286)** फिर भी रत्नसेन को ज्ञात हो गया और उसने भी अपने सुभटों को तैयार हो जाने को कहा। **(छन्द 288-289)** गोरा-बादल-पद्मिणि-चउपई की इन पंक्तियों को पढ़कर जटमल के रत्नसेन से इन पंक्तियों का रत्नसेन सर्वथा भिन्न व राजपूती आन-बान व शान के अनूकुल आचरण करता है।

सुलतान कहता है, मैं लड़ने नहीं, गढ़ देखने व पद्मिनी के हाथ का भोजन खाने आया हूँ। सुलतान के इन वचनों पर रत्नसेन को विश्वास नहीं होता। वह कहता है कि 30000का विशाल कटक गढ़ में लाने की क्या जरूरत थी। सुलतान ने कहा, इस समय सुकाल है। अंन की कमी नहीं है। इन पाहुणों का, भोजन करा कर स्वागत करो। ये सभी चले जायेंगे। हम युद्ध करने नहीं, भोजन करने आये हैं। हे राजन! यदि धन की कमी के कारण इनको भोजन जिमाना संभव नहीं है तो मैं इन्हें लौटा देता हूँ, आशंका मत करो।

यहाँ संज्ञान में लाने की एक महत्वपूर्ण बात और है कि हेमरतन ने रत्नसेन का बड़ा ही भव्य व्यक्तित्व यहाँ उकेरा है। पहले तो उसे वीर-धीर स्थापित किया है, फिर राजपूती परंपरानुसार आगत मेहमानों का स्वागत-सत्कार हर-एक परिस्थिति में करने वाला बताया है। जटमल की भाँति सुतलान को गढ़ पर, लोभ-लालच व कायरता के कारण बुलाने वाला नहीं बताया है।

हेमरतन, रत्नसेन के चरित्र को यहीं तक उदात्त बनाकर नहीं छोड़ता वह आगे भी रत्नसेन से कहलवाता है कि मेरे यहाँ खूब धान है, पानी भी खूब है तो खाने को पक्वान्न भी खूब हैं। जितना चाहो, उतना खावो किन्तु मुझे 'बोल'–'हल्का वचन सुनना' बिल्कुल भी पंसद नहीं है। **(छन्दांक 297 तक)**

रत्नसेन के मन के सारे संशय निकल गये। पद्मिनी ने भोजन बनाना तो स्वीकार किया किन्तु पुरुषना स्वीकार नहीं किया। पुरुषने के लिये दासी को ही नियत करने का निश्चय किया पद्मिनी व रत्नसेन ने। **(छन्दांक 305 तक)**

सुलतान महल में आया; कोई दासी आसन बिछा जाती है, दूसरी थाल रख जाती है, तीसरी हाथ धुला जाती है, चौथी चमर ढुलाती हैं; सुलतान को सभी पद्मिनी लगती हैं क्योंकि उसने ऐसी रंभा जैसी नारियाँ कभी देखी ही नहीं। राघव-चेतन से पूछा, तब उसने कहा, ये सब पद्मिनी की दासियाँ हैं। सुलतान ने कहा कि जब दासियाँ ही इतनी सुंदर हैं तब पद्मिनी कितनी सुंदर होगी!

यहाँ हेमरतन भी राघव-चेतन से पुनः पद्मिनी की विशेषताएँ कहलवाता है। **(छन्दांक 316 तक)** हेमरतन का 317वाँ छन्द (कवित्त) व जटमल का 64वाँ छन्द पद्मिनी के पलंग, गद्दे, तकिये आदि के मूल्य का वर्णन समान रूप में ही करते हैं किन्तु भाषा में अन्तर है। प्रभाव अन्यान्योश्रित है। राघव आगे और कहता है, जिसके भाग्य में होता है, उसको ही पद्मिनी का दर्शन होता है। बिना पुण्य-प्रताप के पद्मिनी का दर्शन दुर्लभ है। जिसको उसका दीदार हो जाता है वह पगला जाता है। **(छन्दांक 318 तक)**

जिस-समय सुलतान व राघव-चेतन उक्त वार्तालाप कर रहे थे तबही पद्मिनी रत्नजड़ित जाली के गोखे में आकर बैठ गई। इधर राघव-चेतन ने पद्मिनी को देखकर सुलतान से देखने को कहा। सुलतान पद्मिनी को देखकर दंग रह गया। वह अनेक प्रकार से उसके रूप-लावण्य का वर्णन करने लगा। वह मूर्च्छित होकर भूमि पर गिर गया और उसने जोर से धाँह मारी।

राघव ने कहा, हे सुलतान! अपनी लज्जा मत गुमावो। धैर्य धारण करो। पद्मिनी प्राप्ति का कोई और उपाय करो। सुलतान ने धीरज धारण कर भोजन किया। **(छन्दांक 330 तक)**

हेमरतन का यह रत्नसेन जटमल जैसा रत्नसेन नहीं है जो पद्मिनी पर गुस्सा करता है और सुलतान को मुँह दिखाने के लिये मजबूर करता है।

यहाँ रत्नसेन व पद्मिनी दोनों क्षत्रियोचित व्यवहार करते हैं जबकि सुलतान वही कपटपूर्ण व्यवहार करता है जिसके अलावा उससे और अच्छे व्यवहार की

आशा नहीं की जा सकती। **(छन्दांक 330 तक)** अब सुलतान ने कहा, हमने भोजन कर लिया है। हमें गढ़ दिखा दो ताकि हम जाएँ। रत्नसेन ने गढ़ ही नहीं दिखाया, गढ़ के वे रहस्यमय स्थान भी बताये जिनको देखकर सुलतान कहने लगा कि मैंने ऐसा कहीं नहीं देखा। सुलतान ने कहा, आपने हमारी बहुत अच्छी आवभगत की है। अब हम जाते हैं। तब शिष्टाचारवश रत्नसेन ने कहा, मैं बाहर तक छोड़ने चलता हूँ। **(छन्दांक 336)**

रावळ रत्नसेन के मन में कोई छल-कपट अथवा धोखा-धड़ी नहीं थी; उसका मन सर्वथा निष्पाप था। इधर राघव-चेतन ने सुलतान से कहा, अवसर अच्छा है, रत्नसेन को बंदी बना लो। **(छन्दांक 337)** सुलतान की 30 हजार सेना तत्काल तैयार हो गई और रत्नसेन को बंदी बना लिया गया। **(छन्दांक 338)**

हेमरतन ने जो वर्णन किया है उसमें स्वाभाविकता लगती है और पाठक को लगने लगता है कि घटना इस ही प्रकार घटी होगी। इसके विपरीत जटमल की कथा में न स्वाभाविकता है और न वह राजपूती ओज, शौर्य, तेज व आन-बान पर मर मिटने की भावना है जो एक क्षत्रिय में होती है।

पद्मावत में जायसी ने इस प्रकरण को बहुत ही विस्तार से लिखा है। उस विस्तार को यहाँ लिखना अभीष्ट नहीं। भयंकर युद्ध के पश्चात् भी जब गढ़ नहीं टूटा तब सुलतान ने गढ़ में घुसने को गरगच (ढलवाँ रास्ता जिस पर चलकर आसानी से हाथी-घोड़ों सहित योद्धा गढ़ में प्रवेश पा जाएँ) बनवाया। सरजा को भेजकर रत्नसेन से कहलवाया कि वह समुद्र में मिले पाँचों लाल सुलतान को सौप दे तथा सुलतान की अधीनता स्वीकार कर ले।

रत्नसेन ने अधीनता स्वीकार करना अस्वीकार कर दिया। हाँ, राड़ मिटाने के लिये उसने पाँचों लाल देना स्वीकार कर लिया।

सरजा के सुझाव पर सुलतान को लाल भेंट करने के लिये गढ़ पर आमंत्रित करना निश्चित् हुआ।

अलाउद्दीन ने सरजा को रत्नसेन के पास क्यों भेजा, का कारण जायसी ने बड़ा ही सटीक और ऐतिहासिक दिया है।

अलाउद्दीन रणथम्भौर के हम्मीर की बेटी देवलदेवी को प्राप्त करना चाहता था किन्तु जौहर हो जाने के कारण वह प्राप्त नहीं हो सकी। सुलतान को यहाँ भी अंदेशा था कि यदि मैं जोर-जबरदस्ती करूँगा तो पद्मिनी जौहर करके खाक हो जायेगी, हाथ में कुछ नहीं आएगा; अतः उसने रत्नसेन को समर्पण करने को कहा किन्तु रत्नसेन पक्का क्षत्रिय था, उसने समर्पण करने से इंकार कर दिया, तब 5

लाल समर्पण करने की बात उठी। यहाँ लक्ष्य करने की बात यह है कि जायसी का रत्नसेन क्रमशः जटमल ही नहीं, हेमरतन के रत्नसेन से भी ज्यादा दृढ़वती, स्वाभीमानी व बलशाली क्षत्रिय है। वह अपने आपको मात्र शकबंधी (शाका करने वाला) ही न मानकर भोज व विक्रम से भी बड़ा मानता है। **(कड़वक 535)**

दूसरे दिन सुलतान के लिये विविध व्यंजन बनाये गये। जायसी ने इस सामिष न निरामिष भोजनों का 541 से 550 कड़वक तक विस्तृत वर्णन किया है। ऐसा वर्णन दोनों ही जैन रचनाकार जटमल नाहर और हेमरतन नहीं कर सकते थे क्योंकि वे निरामिष भोजी व निरामिषाहार के प्रचारक थे। अतः उन्होंने भोजन की विविधता को अपना वर्ण्य विषय नहीं बनाया।

वैसे भी भोजन के विविध प्रकारों का वर्णन करके ग्रंथ की रससृष्टि में बाधा उत्पन्न करना जैसा ही है। हाँ, समाज-शास्त्रीय अध्ययन के लिये यह एक महत्त्वपूर्ण जानकारी है और इस वर्णन से जानने में आता है कि आज के लगभग 450-475 वर्ष पूर्व किस-प्रकार का खान-पान शासक वर्ग में प्रचलित था।

प्रातः काल होने पर सुलतान गढ़ पर आया। गढ़ की साज-सज्जा को देखकर शाह के मुँह से निकला कि 'उसी का राज्य करना अच्छा है, जो स्वर्ग पर राज्य करे। **(553/9)**

सुलतान जब पद्मिनी-महल में आया तब गोरा-बादल नामक दोनों सामन्तों ने रत्नसेन से कान में कहा कि यह सुलतान कपट से भरा हुआ है। ऊपर से मीठी बातें करता है किन्तु अंदर से यह कुछ और ही चाहता है। राजेन्द्र को सावधान रहना चाहिए।

राजस्थानी-काव्यों में गोरा-बादल की उपस्थिति रत्नसेन के हरण के पश्चात् दिखती है जबकि जायसी इनको पहले ही उपयुक्त तरीके से यहाँ प्रस्तुत करता है। जहाँ राजस्थानी-लेखक यह लिखते हैं कि गोरा व बादल इन दिनों रावळ से नाराज चल रहे थे तथा अपना घर का खा रहे थे वहाँ जायसी इन दोनों को रावळ रत्नसेन की भुजाएँ बताता है, महत्त्वपूर्ण सामन्त बताता है।

रत्नसेन ने कहा, हम सुलतान को अपने अच्छे व्यवहार से नमक की भाँति गला देंगे। यदि उसका मंसूबा गलत भी होगा, तब भी वह सही हो जायेगा।

जायसी ने वैसा ही विस्तृत वर्णन किया है, दासियों की सेवा-सुश्रुषा व भोजन खिलाने का जैसा हेमरतन ने किया है।

भोजन के उपरान्त चौपड़ का खेल खेला गया जिसका जिक्र दोनों राजस्थानी ग्रंथों में नहीं है।

पद्मावती को देखने का वर्णन जायसी इस-प्रकार करता है, शतरंज खेलते समय दासियों ने पद्मिनी से कहा कि तू भी शाह को देख ले; वह फिर चित्तौड़ में क्यों व कब आयेगा?

पद्मिनी ने झरोखे से शाह को चौपड़ खेलते हुए देखा। दर्पण में सुलतान ने पद्मिनी का मुखचन्द्र देखा और वह तत्काल निढाल हो गया। शतरंज रूपी खेल में शह से मात हो गई।

दूसरे दिन शाह अपने डेरे पर जाने को उद्यत हुआ। रत्नसेन साथ में था। सुलतान का हाथ रत्नसेन के कंधे पर था। जैसे ही रत्नसेन गढ़ के द्वार पर आया, सुलतान ने उसे बंदी बना लिया।

जायसी के उक्त विवरण को पढ़कर एक महत्वपूर्ण बात सामने आती है कि जहाँ राजस्थानी-काव्यों में यह कहा गया है कि सुलतान ने पद्मिनी का मुँह दिखाने की शर्त रखी अथवा उसके हाथ से भोजन पुरुषवाने की शर्त रखी; जबकि पद्मावत में ऐसी कोई शर्त रखा जाना वर्णित नहीं है। पाँच लाल देने की बात अवश्य है। कड़वक 488 में सुलतान ने पत्र लिखकर रत्नसेन से कहलवाया है कि वह पद्मिनी सुलतान को दे दे किन्तु रत्नसेन पत्र पढ़ते ही क्रोध के मारे लाल हो गया। उसने बहुत ही सटीक व क्षत्रियोचित उत्तर कड़वक 491 से 493 तक दिया है।

पद्मावत को पढ़ने से यह समझ में आता है कि सुलतान का मुख्य उद्देश्य पद्मिनी को प्राप्त करना था किन्तु फिर भी वह रावळ रत्नसेन से प्रत्यक्ष में वैसे पद्मिनी नहीं माँगता जैसे वह राजस्थानी-काव्यों में माँगता है। इससे यह भी समझ में आता है कि पद्मावत का सुलतान प्रत्यक्षतः उतना लम्पट अथवा पर-स्त्री-गामी नहीं है जितना राजस्थानी-काव्यों का है। पद्मावत को पढ़ने से यह भी संज्ञान में आता है कि जायसी ने अपने काव्य के सभी पात्रों का संतुलित चित्रण किया है; किसी के प्रति भी उसका आग्रह अथवा दुराग्रह नहीं है।

9.(11). गो॰बा॰ कथा के अनुसार छन्दांक 55 से 57 तक अलाउद्दीन चित्तौड़ जाने को उद्यत होता है। वह पद्मिनी पाने को इतना उतावला था कि उसने न शकुन देखा और न मुहूर्त (शायत) का ही शोधन करवाया। तीन लाख घोड़े सवार, पचपन हाथी व विशाल सेना जिसके डेरे दस कोस में लगा करते थे को लेकर सुलतान चित्तौड़ की ओर चला। सेना बिना मुकाम किये चलती ही रही जिसने चित्तौड़ में ही जाकर विश्राम लिया।

ये तीनों छन्द पद्मिनी-समिओ में नहीं हैं। अलाउद्दीन के प्रयाण का वर्णन

समिओकार ने छन्द भुंजगी में किया जो गो॰बा॰ कथा में नहीं हैं। दोनों के वर्ण्य विषय में व्यापक अंतर है।

9.(12). गो॰बा॰ कथाकार जटमल छन्दांक 69 से लेकर 71 तक में वर्णन करता है कि सुलतान प्रतिदिन रावळ रत्नसेन की कोड़ों से ऐसी मरम्मत कराता कि रावळ उस मार से धीरे-धीरे कायर-भावना-ग्रस्त हो गया। उसमें न क्षत्रियत्त्व शेष रहा और न उसमें पौरुषत्त्व शेष रहा। वह सामान्य पुरुषों से भी गया-गुजरा हो गया। वह पद्मावती को सुलतान को देने को तैयार हो गया। उसकी बुद्धि ने भारतीय उस विवेक को भी छोड़ दिया जिसके अनुसार देह को अनित्य माना जाता है। देश को माता माना जाता है तथा पुरुष अपनी पत्नी को किसी भी स्थिति में पराई होते देखना पंसद नहीं करता।

श्रीरामचन्द्र ने सीता के लिये रावण को मारा। द्रोपदी के कारण महाभारत जैसा समर हुआ, 18 अक्षोहिणी सेना का नाश हुआ।

सुलतान रावळ रत्नसेन की कोड़ों से मरम्मत कराता। उल्टा लकटवाता। रावळ की ऐसी स्थिति देखकर सारी जनता अतीव दुखी होती किन्तु वह कुछ भी करने में असमर्थ थी।

मार खाते-खाते रावळ कायर हो गया। उसने सुलतान से कहा, मुझे मारो मत। मैं मेरा ख़वास गढ़ पर भेजकर कहलवाता हूँ कि वे पद्मावती को तुझे सौंप दें, तब तक मुझे मत मारो।

रावळ ने गढ़ पर संदेश खवास के हाथों भेजा कि यदि आपको मुझे जिंदा रखना है तो बिना विलम्ब किये पद्मावती को सुलतान को सौंप दो।

पद्मावती ने जब यह समाचार सुना तब उसने रावळ रत्नसेन को धिक्कारते हुए कहा कि हे रावळ! अपनी पत्नी को किसी को भी मत सौंप। कराल-काल से कोई नहीं बचता। सिर कटाकर जगत् में यश-भागी बन। अपने नाम के साथ कायर का कलंक मत लगा। मेरे सत को भी मत खो।

जटमल के उक्त वर्णन को कई प्रकार से व्याख्यायित किया जा सकता है। एक व्याख्या तो सीधी-सीधी है, जो ऊपर लिखी गई है और जिसकी ही चर्चा साहित्यिक-क्षेत्र में जटमल के सम्बंध में होती रही है। विद्वानों ने लिखा है कि जटमल ने रत्नसेन का चरित्र इतना घटिया किस्म का उभारा है जिसकी आशा किसी भी क्षत्रिय से नहीं की जा सकती क्योंकि अजेय चित्तौड़ जैसे दुर्ग का स्वामी, भड़ लक्षमणसी जैसे अप्रतिम वीर का भाई कभी भी ऐसा कायर नहीं हो सकता।

इसकी दूसरी व्याख्या वर्तमानकालीन छल-छद्म, कपट व देहात्मवादी सोच

के अनुसार हो सकती है।

सुलतान ने कहा, "रावळ! जिस पद्मिनी के लिये तू प्रतिदिन इतने कोड़ों की मार खा रहा है वह तो तेरी है नहीं। जैसे ही तू मरेगा, वह मेरे सामने समर्पण कर देगी। मात्र वही मेरी नहीं होगी, तेरी राजधानी व तेरा गढ़ भी मेरा हो जाएगा। पद्मावती मेरे धन-वैभव व ऐशो-आराम पर मुग्ध हो गई है और नित्यप्रति मेरे पास तुझको मारने के संदेश भिजवाती है। क्यों उसके ऊपर इतना मुग्ध होकर मार खा रहा है। पद्मावती को मेरे को दे दे। अपना गढ़ व राज्य सुरक्षित रख। उस जैसी न जाने कितनी ही स्त्रियाँ तुझको मिल जायेंगीं। बहुत संभव है, अलाउद्दीन ने या उसके सहायकों ने रत्नसेन का इसीप्रकार की बातें कह-कहकर मन कायर कर दिया हो और वह पद्मावती सुलतान को देने को तैयार हो गया हो।

आजकल जितने भी धारावाहिक बनाकर दिखाए जा रहे हैं, उनमें ऐसे ही छल-कपट भरे चरित्र दिखाये जाते हैं। अस्तु!

जटमल के इन तीनों छन्दों से एक विशेष बात और ऊभर कर सामने आती है कि क्या चित्तौड़ में ऐसा कोई एक भी क्षत्रिय शूरवीर शेष नहीं था जिसने रत्नसेन को छुड़ाने का साहस किया हो। साहस नहीं किया, कोई बात नहीं, क्या क्षत्रिय शूरवीर लोग इतने निर्बल-सत्वहीन हो गये थे कि उन्होंने रावळ रत्नसेन को छुड़ाने की मंत्रणा, चर्चा नहीं की, योजना तक नहीं बनाई! इन प्रश्नों को जटमल को अवश्य उठाना चाहिये था तथा इनका समाधान अपने काव्य में देना चाहिए था तबही उसका काव्य निर्दोष बन पाता। इन ज्वलन्त प्रश्नों का समाधान जटमल ने नहीं दिया। इसीकारण इसकी खूब आलोचनाएँ हुई हैं।

जटमल के इन छन्दों से ऐसा भी आभास होता है कि रावळ रत्नसेन को सुलतान दिल्ली लेकर नहीं गया। उसने रावळ को गढ़ की तलहटी में ही रखा जहाँ चित्तौड़ की जनता उसकी दुर्दशा को देखा करती थी किन्तु कर कुछ नहीं पाती थी।

पद्मिनी-समिओ में रावळ रत्नसेन के बंधन का वर्णन छन्दांक 90 से 101 तक में है।

छन्दांक 90 के अनुसार सुलतान ने रावळ के हाथों में हथकड़ी, पैरों में बेड़ी व गले में फंदा डाल दिया। वह प्रतिदिन उसके सामने पाँच गायें कटवाने लगा। सदा इस्लाम-इस्लाम की ध्वनि सुनाई जाती। कलमा पढ़े जाते। नमाज़ गुजारी जाती।

इस-प्रकार खुम्मान असुरों से घिरा हुआ उसी-प्रकार रहने लगा जैसे बिना जल के मीन व्याकुल रहती है।

छत्तीस-वंश के राजपूत व छः वर्ण की जनता सभी खुम्मान रत्नसेन को छुड़ाने की चर्चा करते रहते।

अजमेर के गौर नरेश ने कहा कि रात्रि में युद्ध करके रावळ को छुड़ा लेना चाहिए। सभी बार-बार कहने लगे कि हमें कोई न कोई उपाय करके रावळ को छुड़ा लेना चाहिए। अंत में पन्ना अहाड़ा ने कहा कि इस फसाद की जड़ पद्मिनी है। हमें पता नहीं है कि पद्मिनी का कुल, गोत्र, गाँव, देश, क्या है? उसके माता-पिता की जाति-पाति का भी हमें पूरा पता नहीं है। अतः हमें अविलम्ब पद्मिनी को ही सुलतान को देकर इस खेल का पटाक्षेप कर देना चाहिए।

सभी ने पट्ट-राजकुमार करण से मंत्रणा का सारांश कहा। राजकुमार ने कहा, वही करना चाहिए जिससे रावळ छूट सके। देने व लेने से ही समस्या का हल होगा। टेक छोड़ देनी चाहिए।

बात फूट गई। पद्मावती तक यह बात पहुँच गई कि प्रातःकाल होते ही मुझे सुलतान को दे दिया जायेगा।

पद्मिनी-समिओकार जायसी की भाँति पद्मिनी को सौंपने के कारण प्रभावती का सौतिया डाह व राजकुमार का अपनी माता के दुख से दुखी होना न बताकर पद्मिनी की जाति-कुल, माता-पिता देश-गाँव का कुछ भी ज्ञात न होना बताता है। उस जमाने में कोई भी शुद्ध राजपूत अनजान स्त्री को भोग तो सकता था किन्तु उसको समस्त राज्य को गँवाने का कारण बनाना पसंद नहीं कर सकता था। पद्मावती अनजान जगह की थी। अतः राजपूतों ने इस-प्रकार की शंकाएँ उठाकर उसे सौंपने का मन बनाया था।

पद्मिनी-समिओकार यह स्पष्ट नहीं करता कि रावळ रत्नसेन को चित्तौड़ में ही रखा गया या दिल्ली ले जाया गया किन्तु घटनाक्रम को देखने से यही समझना समीचीन लगता है कि रावळ को चित्तौड़ दुर्ग की तलहटी में ही रखा गया था। कारण, रावळ का अपहरण होते ही सभी ने एकत्रित होकर मंत्रणा की और तय किया कि प्रातःकाल होते ही पद्मिनी को सौंप कर रावळ रत्नसेन को गढ़ पर ले आया जायगा। अतः इस घटनाक्रम के अनुसार रावळ रत्नसिंह दिल्ली नहीं ले जाया गया था।

रावळ रत्नसेन को दिल्ली नहीं ले जाया गया बल्कि चित्तौड़ के आस-पास ही रखा गया, ऐसा स्पष्ट वर्णन जैन मुनि कक्कसूरी ने अपने सम्वत् 1393 के ग्रंथ 'नाभिनन्दनोद्धार-प्रबन्ध' में किया है। सम्बद्ध श्लोक है–

श्रीचित्रकुट दुर्गेशं बद्ध्वा लात्वा च तद्धनम्।
कण्ठबद्धं कपिमिवा भ्रामयत पुरे पुरे ॥

अर्थात् चित्रकूट (चित्तौड़) के स्वामी को बाँधकर लाया गया। उसके धन का अपहरण किया गया व बंदर की भाँति उसके गले में बंधन बाँधकर उसको गाँव-गाँव घुमाया गया।

इस सम्बन्ध में मुनि जिनविजयजी ने गोरा-बादल-पद्मिनी-चउपई के पृष्ठ 23 से 26 तक बहुत ही सटीक कहा है। वह यहाँ उद्धृत करने योग्य है। "चित्तौड़ के इस आक्रमण के बारे में हमारे पास अन्य कोई प्राचीन उल्लेख नहीं है। अलाउद्दीन की फौज ने गुजरात पर आक्रमण किया तो वह मेवाड़ होकर गुजरी। उस समय समरसिंह मेवाड़ का स्वामी था। वि॰सं॰ 1356 में यह घटना घटी। समरसिंह ने कुछ दण्ड देकर अपने देश की रक्षा की यह उल्लेख जिनप्रभसूरी ने 'विविध-कल्प-तीर्थ' नामक ग्रंथ में किया है जो समकालीन ऐतिहासिक प्रमाण है। समरसिंह की गद्दी पर रत्नसिंह बैठा जिसका लेख वि॰सं॰ 1359 का मिलता है, बाद का कुछ भी उल्लेख उसके बारे में नहीं मिला। उक्त जिनप्रभसूरी के समान ही एक विद्वान् कक्कसूरी नामक हुए जो अलाउद्दीन के समकालीन और उसके शासनकाल में पाटण के प्रसिद्ध धनाढ्य और देश-प्रतिष्ठित समराशाह के निजी धर्मगुरु थे। समराशाह, उलुगखान और अलाउद्दीन के निकट सम्पर्क में आया था, इससे कक्कसूरी अलाउद्दीन के सब कारनामों से सुपरिचित थे। उलुगखान ने पाटण पर चढ़ाई कर उसको जब नष्ट किया तब समराशाह वहाँ एक विशेष प्रतिष्ठित महाजन के रूप में विद्यमान था। वह अलाउद्दीन के देवगिरि-आक्रमण का भी प्रत्यक्षदर्शी था। कक्कसूरी उसके निजी धर्मगुरु होने के नाते तथा पाटण में उनका विशेष निवास रहने के नाते उस समय की देश की सारी घटनाओं के पूर्ण ज्ञाता थे। उन्होंने अपनी उत्तरावस्था में संवत् 1393 में 'नाभिनन्दनोद्धार-प्रबन्ध' नामक एक संस्कृत ग्रंथ की रचना राजस्थान के कांजरकोट नामक स्थान पर की, जिसमें समराशाह के प्रभाव और धर्म-कार्यों का विस्तृत वर्णन किया है। इस प्रबन्ध में इन्होंने प्रसंगवश अलाउद्दीन के आक्रमणों और विषयों का वर्णन करते हुए नीचे का श्लोक लिखा है–

श्रीचित्रकूटदुर्गेशं बद्ध्वा लात्वा च तद्धनम्।
कण्ठबद्धं कपिमिवा भ्रामयत पुरे पुरे ॥

अर्थात् इस अलाउद्दीन ने चित्रकूट के राजा का धन लूट कर और उसे बंदी बनाकर बंदर की तरह गाँव-गाँव घुमाया।

कक्कसूरी के उपर्युक्त कथनानुसार अलाउद्दीन का समकालीन और उसके

द्वारा की गई सारे देश की दुर्दशा का प्रत्यक्षदर्शी ज्ञाता है। देवगिरि, रणथम्भौर, पाटण, मांडव, जालोर आदि-आदि स्थानों पर उस समय जो क्रूर आक्रमण हुए उन सबका उसको ठीक-ठीक ज्ञान है। अतः चित्तौड़ के राजा के बारे में जो बात उसने लिखी है उसके सही होने में कोई संदेह नहीं है। राजा रत्नसेन को पकड़कर अलाउद्दीन ने कैद में डाल दिया था यह तो सभी कथाकार स्वीकार करते हैं परन्तु उसको कैदी की हालत में नगर-नगर बंदर की तरह घुमाया गया था; ऐसा जो कक्कसूरी का कथन है, उसकी संगति कैसे हो सकती है? यह प्रश्न विचारणीय हो जाता है। हेमरतन के अनुसार तो राजा को कैद करके अलाउद्दीन ने चित्तौड़ में ही अपने सैन्य के कब्जे में रखा था और वहाँ से गोरा-बादल ने अपनी बुद्धि-चातुरी के प्रयोग से उसको छुड़ा कर वापिस चित्तौड़ के किले में पहुँचा दिया था। ऐसी स्थिति में उस राजा को गाँव-गाँव में बन्दर की तरह घुमाने वाली बात की संगति नहीं बैठती है। हो सकता है कि बादशाह ने राजा को बहुत परेशान करने के लिये और उसके प्रजाजनों को त्रस्त करने के लिये कैदी के रूप में उसे चित्तौड़ और उसके आसपास के गाँवों में घुमाया-फिराया हो।

जायसी ने अपने पद्मावत में लिखा है कि बादशाह राजा को कैदकर अपने साथ दिल्ली ले गया था और गोरा-बादल दिल्ली जाकर उसे कैद से छुड़ा लाये। यदि यह बात ठीक हो तो उक्त कक्कसूरी वाला कथन और भी अधिक वास्तविक ठहर सकता है।

उस जमाने में विजेता..मिलते हैं।

कवि हेमरतन और जायसी के कथनों में से हमको हेमरतन का कथन अधिक संगत लगता है। रत्नसेन को बादशाह कैद कर दिल्ली ले गया और फिर उसे वहाँ से गोरा-बादल अपनी चातुरी द्वारा कैद से छुड़ाकर चित्तौड़ ले आये, यह बात तो असंभव सी लगती है। अतः कक्कसूरी के उक्त कथन का तात्पर्य यही हो सकता है कि बादशाह ने रत्नसिंह को कैदी के रूप में चित्तौड़ और उसके आस-पास के गाँवों में घुमाया-फिराया होगा। रत्नसिंह का आखिर क्या हुआ, यह बात बताने का कक्कसूरी का उद्देश्य नहीं है। वह तो सिर्फ, अलाउद्दीन ने उस समय इस देश में अपना क्रूर आतंक फैलाने के लिये क्या-क्या दुष्कृत्य किये और किन-किन बड़े-बड़े हिन्दू राज्यों को उसने नष्ट किया, यही बात सूचित करना चाहते हैं।''
पृष्ठ-22 से 25, मुनि जिनविजयजी, गोरा-बादल-पद्मिनी-चउपई, तीसरा संस्करण।

ऊपर यद्यपि हेमरतन के कथन का सारांश मुनिजी के उद्धरण में आ गया है, फिर भी कुछ विस्तार से पाठकों के लाभार्थ यहाँ लिखना उचित है।

सबल रत्नसेन बंधन में पड़कर निर्बल हो गया। गढ़ में हो-हल्ला हो गया। सभी सामन्त एकत्रित हो गये। गढ़ के दरवाजे बन्द करवा दिये गये। सभी सामन्तों ने अपनी-अपनी बात कही कि रावळ को किस युक्ति से छुड़ाया जाये। इतने ही में सुलतान की तरफ से समाचार आया कि रावळ को तबही छोड़ा जायेगा जब पद्मिनी सुलतान को सौंप दी जायेगी। यदि पद्मिनी को नहीं दोगे तो सुलतान गढ़ पर आक्रमण करेगा। फलतः पद्मिनी भी सुलतान के हाथ लगेगी, गढ़ तो लगेगा ही। समान्तों ने कहा, हम विचार करके उत्तर भेजेंगे।

राजकुमार वीरभानु (पद्मावत व हेमरतन वाचक के अनुसार; पद्मिनी-समियोकार व म॰म॰ श्यामलदास कविराजा के वीर-विनोद के अनुसार 'करण') ने कहा, हमें पद्मिनी को दे देना चाहिए क्योंकि इसने मेरी माँ का सारा सुख-चैन समाप्त कर दिया है। वह सौभाग्यवती होते हुए भी दुर्भाग्यवती हो गयी है। अतः हमारी भलाई पद्मिनी को दे-देने में ही है। जैसे ही पद्मिनी ने इस मंत्रणा को सुना, उस पर वज्रपात हो गया; कहा, मैं देह को समाप्त कर दूँगी किन्तु असुर के घर में नहीं जाऊँगी **(छन्दांक 338 से 359 तक)**

हेमरतन ने भी उक्त कारण जायसी की भाँति ही बताया है। पट्ट राजकुमार का नाम भी दोनों ने समान ही लिखा है।

जायसी ने रावळ रत्नसेन को दिये गये वीभत्स कष्टों का अच्छा चित्र खींचा है और अंत में सुलतान से कहलवाया है कि कष्ट सहन मत कर; पद्मिनी दे-दे किन्तु रावळ रत्नसेन ने कोई उत्तर नहीं दिया; प्रत्युत दुःख सहने को तैयार हो गया। **(कड़वक 580 व 581)**

9.(13). पद्मिनी-समिओकार छन्दांक 102 से 104 में बताता है कि जब पद्मिनी ने सुना कि उसे सुलतान को दे दिया जायगा, तब वह किंकर्त्तव्यविमूढ़ सी हो गई। एक बार तो उसको लगा कि चित्तौड़ में उसका अपना कोई नहीं है। यकायक उसको याद आया कि मेरे पीहर के दो चौहान सामन्त गोरा व बादल चित्तौड़गढ़ में रहते हैं। अतः वह चकडोल में बैठकर महल से निकल पड़ी और चौहान जाति के क्षत्रिय जो उसके पीहर वालों की जाति के हैं, उनमें से एक बादल का घर पूछने लगी। हाथ में कंकर लिये चौगान में खेलते हुए बादल को देखा और उसको पान का बीड़ा थमाया तथा गढ़ के सुभटों का निर्णय सुनाया कि अन्य सामंतों सहित राजकुमार ने मुझ पद्मिनी को सुलतान को सुपुर्द करने का निर्णय लिया है। खुम्मान रत्नसेन को छुड़ाने का इसके अतिरिक्त और कोई उपाय उनके पास नहीं है।

पद्मिनी ने आगे कहा, मैंने तुमको शरणागतवत्सल सुना है। तुम मेरे मुँहबोले भाई हो। तुम्हारा विड़द ही शत्रुओं का संहार करने वाला है। यही मन में सोचकर मैं तुम्हारे यहाँ आई हूँ। भोगल के स्वामी बादल ने अपनी मूछों पर मरोड़ मारकर कहा, खुंमान को छुड़ाकर तेरे को आनंद प्रदान करूँगा।

बादल के वचनों को सुनकर पद्मिनी को अपार आनंद हुआ। बादल को आशीर्वाद दिया और महलों में लौट आई।

पद्मिनी-समिओकार ने यहाँ केवल बादल की ही चर्चा की है। गोरल या गोरा का कोई उल्लेख नहीं किया है। समिओकार गोरा की उपस्थिति उस समय दर्ज करता है जब बादल का अपनी माँ व पत्नी के संवाद हो चुका होता है और इस सम्वाद की भनक गोरा को लगती है।

ये तीनों ही छन्द जटमल के गो॰बा॰ कथा में नहीं हैं।

समिओ के उक्त छन्दों के स्थान पर, कथा में छंदांक 72 से 74 तक दो दोहे व एक कवित्त छंद आये हैं। इन छन्दों का तात्पर्य है कि पद्मावती हाथ में पान का बीड़ा लेकर बादल के पास गई। कहा, हे बादल! तेरे अलावा मुझे बचाने वाला और कोई नहीं सूझता। वस्तुतः बादल का विवाह हुए अभी सात ही दिन हुए थे। वह चौगान (खुले मैदान) में खेल रहा था, इतने ही में पद्मावती पान का बीड़ा लेकर बादल के समक्ष प्रकट हुई।

बादल बोला, हे माता! आप मेरा साहस सुनिये। मैं शाह के साथ लड़कर उसका अपार सैन्यबल क्षीण कर दूँगा। तुर्कों को मारकर खुंमान रत्नसेन के बंधनों को काटकर गढ पर ले आऊँगा। मेरा मस्तक कटता है तो कटे, जगत में यश का भागी बनूँगा। हाथियों को मार दूँगा। मुकुट को तोड़ डालूँगा व शाह को तलवार से काटकर ठिकाने लगा दूँगा। हाँ, एक काम अवश्य करो। आप गोरा के पास अवश्य जाइये। वैसे, पान का बीड़ा मैंने माथे पर चढ़ा लिया है; आप अपने मन में विश्वास रखिए।

'समिओ' में गोरल हो-हल्ला सुनकर बादल से मिलता है जबकि 'कथा' में स्वयं बादल पद्मिनी को गोरा से मिलने को कहता है।

गोरा-बादल-पद्मिनी-चउपई में हेमरतन कुछ भिन्न प्रकार से वर्णन करता है।

पद्मिनी बादल के पास न जाकर गोरा के पास जाती है। वह पद्मिनी को बैठा हुआ मिलता है। कहता है, घर बैठे गंगा आ गई है। समिओ में जो बातें पद्मिनी बादल से कहती है, लगभग वे ही बातें 'चउपई' में गोरा से कहती है। हेमरतन पद्मिनी से कहलवाता है–सारे सुभट सत्वहीन हो गए है। भूमि क्षत्रियत्त्व

से हीन हो गई है। सारे सुभटों ने दाव लगाया है कि पद्मिनी को देकर रावळ रत्नसेन को वापिस ले आयेंगे।

गोरा कहता है, हमें रावळ से खर्चा नहीं मिलता, हमसे कोई मंत्रणा भी नहीं करता। हम तो यहाँ सर्वथा उपेक्षित हैं। फिर भी हे माता! मन में शोक मत कर। सारी बातें अच्छी ही होंगी। आप मेरे घर आ गई हैं, निश्चय जानिये; अब आप असुरों के घर नहीं जाओगी। वे सुभट नहीं होते जो पत्नी देकर जीवित रहते हैं। चित्तौड़ राजपरिवार तथा यहाँ के सामंतों को, तुमको देकर रत्नसेन को नहीं लेना चाहिए। सच्चे शूरवीर ऐसे कार्य की प्रशंसा नहीं करते।

पद्मिनी गोरा की बड़ी भारी प्रंशसा करती है। अंत में पुनः कहती है, सारे ही सुभट सत्त्वहीन हो गए हैं। अब आप अकेले ही यश के भागी बनिये। अलाउद्दीन पर खड़ग चलाकर रत्नसेन का छुड़ा लाइये।

यही कवित्त 'गोरा-बादल-कवित्त' नामक रचना में भी 52वें क्रमांक पर आया है। इन कवित्तों में भी पद्मिनी पहले गोरा से मिलती है, फिर गोरा के कहने पर ही बादल के पास जाती है। गोरा पद्मिनी से कहता है कि आप गाजन के घर जाइए। उसके घर में अवतारी पुरुष बादल अवतरित हुआ है। उसीको आप बीड़ा थमाइये।

इन कवित्तों का 54वाँ छन्द कुछ हेर-फेर के साथ जटमल कृत गोरा-बादल-कथा में भी है।

"गोरा-बादल कवित्तों" में एक छूटा हुआ सूत्र और मिलता है। पद्मिनी ने जब देखा कि अब मेरा जगदीश के अतिरिक्त और कोई सहारा नहीं है, तब उसकी सहेलियों ने उसको परामर्श दिया कि घबराओ मत। तुम गोरा नामक रावत के पास जाओ और अपना दुख उसको कहो। वैसे वह स्वयं 5 वर्ष से विपदा की मार से त्रस्त है फिर भी उसमें वीरता कूट-कूट कर भरी है। **(कवित्त-50)**

पद्मावत का कवि जायसी भी पद्मावती को सखियों द्वारा परामर्श दिला कर ही गोरा-बादल के पास भेजना लिखता है। **(607/1)** पद्मावत के अनुसार गोरा और बादल एक ही घर में रहते थे। पद्मावती के आगमन को सुनकर दोनों बाहर आ गये और 'घर बैठे गंगा आई' जैसे सौभाग्य सूचक शब्द दोनों ने कहे। **(कड़वक-607)**

हेमरतन कृत गोरा-बादल-पद्मिनी-चउपई में भी गोरा कहता है, गाजन मेरा भाई था। उसका पुत्र बादल है उससे भी मंत्रणा करनी चाहिए। गोरा व पद्मिनी बादल के पास जाकर सारी बात बताते हैं। 'गोरा-बादल-पद्मिनी- चउपई' में बादल के पिता का नाम 'गाजन' बताया गया है।

हेमरतन ने गोरा व बादल का सम्वाद बड़ा ही प्रभावकारी प्रस्तुत किया है। वह कहता है, हम दो हैं। सुलतान के पास विशाल वाहिनी है। अकेले से भला होना संदिग्ध हैं। इसलिये मैं तुमसे पूछने को स्वयं पद्मिनी को भी साथ लेकर आया हूँ। इतने ही में पद्मिनी ने कहा, मैं तुम्हारी शरण में आई हूँ। तुम शरणागत की लज्जा रख सकते हो तो रखो, अन्यथा मैं जाती हूँ। मैं अपना शरीर त्याग दूँगी किन्तु असुर के घर नहीं जाऊँगी।

इतना सुनते ही बादल ने कहा, बाबा! (बड़े पिता को बाबा कहा जाता है) सुभटों से क्या काम है? वे सोते हैं तो उन्हें सोने दो। मैं अकेला ही काम कर दूँगा।

पद्मिनी मेरे घर में पधारी हैं जिससे मेरा घर पवित्र हो गया है। हे माता! आप निश्चिंत होकर घर जाइये। ऐसा कहकर बादल ने बीड़ा झेल लिया। बादल की वीरता भरी बातें सुनकर गोरा के शरीर में भी शूरवीरता जाग उठी।

बादल ने पद्मिनी से पुनः कहा, मेरे कहे हुए वचन कभी भी झूठे नहीं होंगे। **(छन्दांक 359से 409 तक का वर्णन बड़ा ही सरस, प्रभावकारी व स्वाभाविक है। इस वर्णन में कायरों को भी शूरवीर बनाने की क्षमता है)**

जटमल कृत गोरा-बादल-कथा में एक और सर्वाधिक नई बात आई है। अन्य सभी रचनाकारों ने पान का बीड़ा बादल द्वारा झेलना लिखा है जबकि जटमल छन्दांक 76 में गोरा से भी पान का बीड़ा झिलवाता है। इसका तात्पर्य यह है कि हेमरतन व जटमल के गोरा में रात-दिन का अंतर है। जहाँ हेमरतन का गोरा सुलतान के बल का बखान कर अपने अकेलेपन की चर्चा करता है और बादल के जोशीले शब्दों को सुनकर ही जोश में भरता है, वहाँ जटमल का गोरा भी बादल की ही भाँति सिंहवीर व बीड़ा उठाने वाला अग्रगामी सुभट है। जायसी भी बीड़ा दोनों से ही झिलवाता है। **(कड़वक 612)**

जटमल, बादल की माता व पत्नी का सम्वाद बादल से तब करवाता है जब बादल सभी सामंतों को अपनी योजना सुनाकर योजनानुसार रावळ रत्नसेन को छुड़ाने को जाने को प्रस्तुत होता है। **(छन्द 85 से 99 तक सम्वाद के छन्द)** जबकि पद्मिनी-समिओकार यह सम्वाद तबही करा देता है जब बादल आश्वासन देकर पद्मिनी को वापिस महलों में भेजता है।

'गोरा-बादल-कवित्त' नामक रचना में भी सम्वाद तब ही हो जाता है जब पद्मिनी महलों में जाती है और बादल की माता को बादल की प्रतिज्ञा रावळ रत्नसेन को छुड़ाने की मालूम होती है। **(57 से 68 तक छन्द, पृष्ठ 122 से 125 तक)**

इधर हेमरतन भी

पद्मिणी घरे पधारी जिसइ। बादिल माता आवी तिसइ॥ (409)

कहकर सम्वाद पहले ही नियोजित करता है।

जायसी, पद्मावत में बादल की माता यशोदा व पत्नी का सम्वाद अन्य रचनाकारों की भाँति पहले ही कराता है। संवाद के अनंतर ही बादल अपनी योजना बताता है तथा अन्यान्य सामन्तों को अपने अभियान में शामिल करता है। जायसी ने यह सम्वाद 613 से 620वें कड़वक तक वर्णन किया है।

यदि हम औचित्य की दृष्टि से विचार करें तो यहाँ समिओकार सही ठहरता है। अन्यान्य राजस्थानी-काव्यों में जहाँ कोई वीर युद्धार्थ जाता है तब ही उसकी पत्नी या माँ मोह के व्यामोह में उलझकर इस-प्रकार की बातें करती हैं, अन्यथा युद्ध के सम्बन्ध में चर्चा करते समय इस-प्रकार के सम्वाद नहीं होते हैं।

हमें अधिक दूर न जाकर अर्जुन का उदाहरण सामने रखना चाहिए। युद्ध के पूर्व युद्ध का पूरा दामोमदार अर्जुन पर था। अर्जुन की योजना के अनुसार ही सारा काम आगे बढ़ा किन्तु युद्धक्षेत्र में परिवारवालों को देखकर उसका मन मोह में आकण्ठ डूब गया।

यहाँ होना यही चाहिए कि बादल पहले रावळ रत्नसेन को छुड़ाने की योजना बनाये। जब वह युद्ध में जाने लगे, तब सम्वाद हो।

यहाँ एक विशेष बात, विशेष रूप से राजस्थान के राजपूत वीरों के बारे में कहनी है। जब युद्ध का अवसर आता था तब राजपूत वीर सामने रखी खाने की थाली को भी छोड़ कर चल दिया करते थे। वे पहले अपने कर्त्तव्य को पूरा करते थे। ऐसे अनेक उदाहरण राजस्थानी-इतिहास-ग्रंथों में मिलते हैं।

ऐसे उदाहरण भी मिलते है, जब राजपूत विवाह करके घर में घुसा भी नहीं कि उसे युद्ध में जाना पड़ा और नव-विवाहिता ने बिना किसी ननुनच के पति को तिलक लगाकर युद्धार्थ भेजा।

यहाँ भी बादल की पत्नी पहले बादल को इस अप्रत्याशित आपदा से दूर रहने का परामर्श देती है किन्तु जब बादल क्षत्राणी माँ के दूध व स्वामी-धर्म की दुहाई देता है तब उसकी पत्नी उससे कहती है, हे कंत! रण में जाकर कायरता धारण मत कर लेना। कायरता वरण करने से तुझको लज्जित होना पड़ेगा व मुझे व्यंग सुनने पड़ेंगे। कोई भी तुमको अच्छा नहीं कहेगा **(छंदांक-94)** गिद्ध भी कायर के माँस को नहीं खाते। मैं तो दुर्गति प्राप्त करूँगी ही **(छंदांक-95)**

इस पर बादल बहुत ही सटीक उत्तर देता है। अचल सुमेरु और ध्रुव सचल

हो जाएँ, सूर्य पश्चिम में उगना प्रारम्भ हो जाये, सज्जन पुरुष वचन भंग कर दे, पंगु गिरिवर को लाँघना प्रारम्भ कर दे, भूमि-पर्वत को निगलना प्रारम्भ कर दे, समुद्र अपनी मर्यादा त्याग दे, अर्जुन निशाना लगाना चूक जाए, विधाता की लिखावट उल्टी हो जाये, किन्तु बादल के वचन नहीं टल सकते। मैं पीठ देकर वापिस कभी नहीं आऊँगा **(छंदांक-96)**

हे सती! मैं तुझे क्या दूँ। यदि मैं मर जाता हूँ तो तू मेरे साथ सती हेा जाना। इतना कह कर बादल ने अपने बाल काटकर पत्नी के हाथ में रख दिये **(छंदांक-97)**

यदि मैं वापिस आ जाता तो बहुत अच्छा होता किन्तु सुलतान की विशाल सेना को देखते हुए मेरा आना संभव नहीं है कदाचित् मैं जीवित आ गया तो हमको कहीं न कहीं का राज मिलेगा ही। हमें दोनों प्रकार से लाभ ही लाभ है। आज युद्ध के नगाड़े बज रहे हैं **(छंदांक-98)**

उक्त प्रकार की उच्च भावनाएँ मात्र और मात्र भारतीय सैनिकों, राजपूतों व राजाओं में ही नहीं अन्यान्य राजन्यवर्ग में भी रही है जो दोनों ही स्थितियों को मंगलमय मानते रहे हैं। अब ये भावनाएँ धीरे-धीरे लुप्त होती जा रही हैं।

प्रतिदिन स्विस बैंक से धन वापिस लाने की बातें होती है, धन आता नहीं है क्योंकि हमारे लोगों में हमारे देश के प्रति वह बलवती, ममतामयी संवदेनाएँ नहीं हैं जो ऊपर भारतीय राजपूतों में होना वर्णित है।

ये सम्वाद काफी लम्बे हैं। अतः इन्हें मूल में ही पढ़ा जाना समीचीन है। जो छन्द समिओ में हैं, वे कथा में नहीं हैं। जो कथा में हैं, वे समिओ में नहीं हैं। दोनों ही कवियों का नज़रिया भिन्न है। हाँ, प्रारम्भिक वर्णन व छन्दों में कुछ दूरी तक समानता है। इसीलिए ऐसा महसूस होता है कि दोनों ग्रंथों का रचनाकार एक है, ही रहा होगा किन्तु वास्तव में दोनों के रचयिता भिन्न हैं।

हमने तुलनात्मक अध्ययन भी इसीलिये प्रस्तुत किया है जिससे कि दोनों के रचनाकारों का एकत्व अथवा द्वैत सरलतापूर्वक जाना जा सके।

गोरा-बादल-कवित्त नामक रचना में बादल का अपनी माता व पत्नी से सम्वाद छन्दांक 57 से 68 तक वर्णित है।

हेमरतन कृत गोरा-बादल-पद्मिनी-चउपई में यह वर्णन छन्दांक 409 से प्रारम्भ होकर छन्दांक 476 तक चलता है। यह वर्णन अधिक सूत्रबद्ध, व्यवस्थित और स्वाभाविक है। पद्मावत में जायसी ने यह वर्णन कड़वक 607 से 612 तक किया है।

9.(14). गोरा-बादल कौन थे? इस सम्बन्ध में अभी तक कोई भी पूरी ठोस ऐतिहासिक सामग्री सामने नहीं आई है। जायसी गोरा-बादल की उपस्थिति

तब बताता है, जब सुलतान गढ़ पर भोजन करने आता है। इसके विपरीत राजस्थानी-काव्यों में गोरा व बादल की उपस्थिति उस समय होती है जब चित्तौड़ के सामन्त व राजकुमार पद्मिनी को सुलतान को सौंपने को तैयार होते हैं किन्तु पद्मिनी जाने को तैयार नहीं। वह सामंतों व पाट-राजकुमार की मंत्रणा को सुनते ही गोरा व बादल के पास जाती है।

राजस्थानी-काव्य यह भी कहते हैं कि दोनों सरदार घर में बैठे हैं। रावळ की नौकरी में नहीं है। घर का खा रहे हैं। अप्रत्यक्ष रूप से यह भी संज्ञान में आता है कि गोरा व बादल से पद्मिनी पहले से ही परिचित है। अतः जैसे ही उसके सुनने में आता है कि उसको सुलतान के हरम में भेजा जायेगा, वह पालकी में बैठ कर गोरा-बादल के यहाँ जाती है। यदि दोनों अपरिचित होते तो पद्मिनी कभी भी उनसे सहायता माँगने न जाती।

राजस्थानी-काव्यों में दोनों को काका-भतीजा कहा गया है। गोरा काका व बादल भतीजा है।

म॰म॰ गौरीशंकर हीराचन्द ओझा का अनुमान है कि गोरा-बादल दो व्यक्ति न होकर एक बादल नाम का व्यक्ति ही था। 'गोर' उसकी जाति का नाम है जो कालान्तर में गोरा हो गया। उन्होंने उदाहरण दिया है जैसे राठौड़ दुर्गादास, मेड़तिया जैमल, शीशोदिया पत्ता आदि।

ओझाजी को छोटी सादड़ी से दो मील की दूरी पर एक पहाड़ी पर के भमर-माता के मंदिर में 17 पंक्तियों का एक शिलालेख मिला था जिसमें गोर राजपूतों की वंशावली दे रखी है। यह राजवंश कम से कम ई॰ सन् 491 से राजस्थान में वर्तमान था जो महाराणा रायमल के समय (वि॰सं॰ 1530 से 1566) तक तो निश्चित् रूप से विद्यमान था।

रत्नसिंह के समय का बादल भी गोर जाति का राजपूत था। गोर और गौड़ दोनों अलग-अलग जातियाँ हैं, ऐसा ओझाजी ने लिखा है।

महाराणा रायमल के समय में भी एक गोर राजपूत ने अनेक शक (मुसलमानों) को मारा था जिसकी स्मृति में रायमल ने उस बुर्ज का नाम ही गोरा-शृंग रख दिया जिस पर चढ़कर वह वीर शकों को मारता था। यह प्रमाण एकलिंग-मंदिर के दक्षिणी द्वार की प्रशस्ति में मिलता है। इस दलील के विपरीत अन्य दलील दी जाती है कि चित्तौड़ में गोरा व बादल के नाम पर अब भी दो महल बताये जाते है। वे दो व्यक्ति थे, तबही उनके दो महल हैं। पुनः यह संभव है, दोनों महल गोर जाति के बादल नामक एक ही राजपूत के रहे हों, किन्तु दो महल होने से

आगे वालों ने एक राजपूत को दो मान कर वर्णन करना प्रारम्भ कर दिया हो जो आज तक भ्रम चल रहा है।

छिताई-चरित में भी कवि स्पष्टतः कहलवाता है कि चित्तौड़ के रावळ रत्नसेन को बादल छुड़ाकर ले गया। वहाँ केवल बादल का नाम है, गोरा का कोई नाम नहीं है।

पद्मावत सहित सभी राजस्थानी-काव्यों में जो महत्त्व बादल को दिया गया है, वह गोरा को नहीं।

इस स्थिति में ओझाजी का मत विस्तार से पढ़ने के लिये **'उदयपुर राज्य का इतिहास, भाग-2, पृष्ठ 1131 से 1138** तक देखा जा सकता है।

पूर्व में कहा गया है, रणथम्भौर में जोगी-महल, पदम-तालाब, आदि कई चिह्न ऐसे हैं जो पद्मिनी को वहाँ से सम्बद्ध करते हैं। रणथम्भौर दुर्ग में एक 'बादल-महल' भी है जो उक्त बादल की स्मृति कराता है; देखें डॉ॰ शक्तिकुमार शर्मा का आलेख **''जायसी कृत पद्मावत के निहितार्थ, पृष्ठ 74 से 80 तक।** प्रताप-गौरव-केन्द्र की सन् 2010 की स्मारिका।

बादल के पिता का नाम 'गजन' अथवा 'गाजन' बताया गया है। इसकी जाति चौहान राजपूत कई छन्दों में बताई गई है। गोरल को राय सुत बताया गया है। 'गोरा-बादल-कवित्त' के प्रथम छन्द में ही इसको चौहान राजपूत बताया गया है। गोरा व गाजन दो भाई बताये गये हैं और बादल को गाजन का पुत्र बताया गया है। **(पृष्ठ 209)** ये सूचनाएँ महत्वपूर्ण हैं और इनको आधार बनाकर आगे अनुसंधान को गति प्रदान की जा सकती है। वैसे राजस्थानी-भाषा की जितनी भी रचनाएँ हैं, वे सभी एक स्वर से गोरा व बादल को भिन्न-भिन्न व्यक्ति तथा चौहान जाति का राजपूत बताती हैं। चूँकि रणथम्भौर के शासक चौहान ही थे तथा रणथम्भौर का किला लगभग दो वर्ष पहले ही सन् 1301 टूटा था। शरणागतवत्सल हठी हमीर का एक पुत्र रणथम्भौर का किला टूटने के पूर्व ही रणथम्भौर से चित्तौड़ चला गया था। वह चित्तौड़ तब ही गया होगा, जब वहाँ उसका कोई न कोई रहता था। मेरा अनुमान है, वह कोई न कोई, और कोई नहीं, बहिन पद्मिनी व बहनोई रावळ रतनसी थे। गोरा और बादल भी उक्त हमीर के पुत्र के साथ ही या उससे कुछ पूर्व चित्तौड़ आये, ऐसा घटनाक्रम से लगता है। अतः बहुत सम्भव है, ये दोनों राजपूत उस शाके के पूर्व ही वहाँ से निकलकर चित्तौड़ में आकर उन्होंने शरण ली हो। चूँकि उनका पद्मिनी से सम्बन्ध था। अतः विपदा पड़ने पर पद्मिनी निःसकोच गोरा व बादल के यहाँ पहुँची। कोई भी राजमहिषी

किसी भी अनजान व्यक्ति के यहाँ रात्रि में नहीं जाती।

पद्मिनी गयी, इसका तात्पर्य यही है कि वह इनसे परिचित थी और वह इन पर विश्वास भी करती थी। विपदा के समय स्त्रियाँ पीहर वालों पर सर्वाधिक विश्वास करती हैं।

दूसरा महत्वपूर्ण पक्ष यह भी है कि राजस्थानी-काव्य यह भी कहते हैं कि गोरा व बादल रावळ की दी हुई जागीर नहीं खाते थे। वे अपना गुजारा स्वयं चलाते थे तथा इस समय ये रावळ रत्नसेन से नाराज़ भी चल रहे थे। नाराज़ चलने का कारण जायसी पद्मावत के कड़वक 610/2 में देते हुए कहता है कि

'हम राजा सौं इहै कोहाने। तुम्ह न मिलहु धरियेहु तुरुकाने ॥'

हम राजा से इसीलिये तो कुपित हो गये थे कि तुम सुलतान से मेल मत करो। प्रत्युत इस तुर्क को पकड़ लो ॥2॥ राजा के जिस विचार को सुनकर हम कुपित होकर चले आये थे, अन्त में उसका फल हमारे ही मत्थे पड़ा।

नैणसी री ख्यात में पाटण (गुजरात) के स्वामी सोलंकी बीसलदेव बाघेला (सं॰ 1300 से 1318-19) और इसके प्रधान संगमराव राठौड़ की बात के संदर्भ में गोरा और बादल नामक वीरपुंगवों का कई बार नाम और इनके कारनामों का उल्लेख हुआ है। नैणसी द्वारा लिखित इस बात में यद्यपि न तो इनकी जाति, न इनका वतन और न ही इनकी कुल परम्परा का ही उल्लेख है तथापि राजस्थानी रजवाड़ों पर प्रामाणिकता से अनेक ऐतिहासिक ग्रंथ लिखने वाले डॉ॰ हुकमसिंहजी भाटी ने माना है कि ये गोरा और बादल वे ही हैं, जो चित्तौड़ की रानी पद्मिनी के सहायक बनकर रावळ रत्नसिंह को अलाउद्दीन की कैद से छुड़ा लाये और इतिहास में अपना नाम अमर कर गये।

संगमराव राठौड़ उक्त बीसलदेव बाघेले का प्रधान था। इसने राज्य का धन बेहिसाब हड़पा जिससे गोरा व बादल ने इसको लड़ाई करके पाटण से भगा दिया। यह अपने मूल वतन 'रेतला' में आ रहा। संगमराव का विवाह कुंडल में हुआ था जहाँ का स्वामी इसका साला बिसनदास था। बिसनदास उक्त बीसलदेव के अधीनस्थ था।

संगमराव व बिसनदास के बीच एक घोड़ी के कारण गंभीर विवाद हो गया। बीसलदेव की सेना की सहायता से बिसनदास ने जीजा संगमराव को अपने यहाँ कुंडल में ही धर दबोचा। संगमराव ने झगड़े की जड़ घोड़ी को काटकर बिसनदास से युद्ध किया और रणखेत रहा।

संगमराव का बेटा मूलू जो बड़ा ही पराक्रमी, चतुर, साहसी और बुद्धिमान

था, अपने पिता का बैर लेने को उद्यत हुआ। उसने बीसल के राज्य में उपद्रव करना प्रारम्भ कर दिया। मूलू, बीसलदेव के कैसे भी हाथ न आया। एक दिन बीसोढ़ा चारण बीसल के पास आया। दोनों ने चौपड़ खेली। बीसोढ़ा हार गया। शर्तानुसार बीसोढ़ा चारण को मूलू को बीसल के समक्ष प्रस्तुत करना था। चारण की बात मानकर मूलू बीसल के यहाँ पहुँचा किन्तु बड़ी चतुराई से जीवित निकल गया। बीसल मूलू का कुछ न बिगाड़ सका।

बीसोढ़ा व बीसल ने पुनः चौपड़ खेली और पुनः बीसोढ़ा चारण हारा। इस बार भी बीसोढ़ा को मूलू को पाटण लाकर बीसल के समक्ष उसके ही गढ़ में मुजरा कराना तय था। चारण बीसोढ़ा ने मूलू से शर्त की बात कही। मूलू ने कहा कि मुझे गढ़ में कौन जाने देगा? यदि जा सका तो अवश्य आऊँगा।

इधर जब गोरा व बादल ने मूलू का उक्त उत्तर सुना तो इन्होंने व्यंग्य किया "यदि वह अच्छा राजपूत होता तो अवश्य आता।" मूलू इस व्यंग्य को सहन नहीं कर सका। वह पाटण आया और एक माली के घर में रुका। प्रातःकाल मालिन के फूलों की टोकरी में कटार रखकर स्त्री वेश में गढ़ में पहुँच गया। रास्ते में मालिन व इस छद्म वेशधारी स्त्री को देखकर गोरा ने बादल से कहा कि "यह कहीं संगमराव राठौड़ का बीज तो नहीं है।" इस पर बादल ने कहा, "हो सकता है क्योंकि मूलू मालिन के घर में रात में रहा है।"

मूलू मालिन के साथ माथे पर फूलों की टोकरी रखकर गढ़ में प्रवेश पा गया। मालिन ने छाब उतारी। मूलू ने चारण से राम-राम की। बीसोढ़ा चारण ने बीसल से कहा, मूलू मुजरा कर रहा है। इतने में ही मूलू कटार पकड़ कर बीसल की बगल में जा बैठा और बोला, हिला तो मार दूँगा। बीसल ने अनुनय-विनय की किन्तु मूलू न माना। मूलू ने कहा, अपनी कन्या से मेरा विवाह करो तो छोडूँ। बीसलदेव ने वहीं ठाकुरद्वारे में बेटी का विवाह कर दिया। मूलू पत्नी के साथ रात्रि में सुखपूर्वक सो रहा था कि गोरा और बादल ने संगमराव से अपना पुराना बैर याद करके मूलू पर आक्रमण कर दिया। मूलू ने पत्नी बाघेली से कहा, 'तू मेरी पत्नी है, हमने अंग-संग भी किया है। अतः मेरे प्राण अब तेरे बचाये ही बच सकते हैं।' इस पर बाघेली ने अपने कपड़े मूलू को पहनाये और बाहर निकाल दिया। जब गोरा-बादल अंदर घुसे तो उनको केवल बाघेली मिली, मूलू नहीं मिला।

गोरा और बादल प्रतिशोध लेकर यहीं तक नहीं रुके, इन्होंने प्रयत्न करके उक्त बाघेली का विवाह जालोर के स्वामी सामंतसिंह सोनगिरे से करा दिया। बाघेली के पेट से मूलू के अंश का एक बेटा पैदा हुआ जिसका नाम कांधल

हुआ और जिसको जालोर का स्वामी सामंतसिंह बहुत मानता था, उसको शामिल बैठाकर भोजन करता था। अपने बेटे के प्रति सामंतसिंह के ऐसे अच्छे व्यवहार से मूलू के मन में सामंतसिंह के प्रति तो शत्रुता का भाव समाप्त हो गया किन्तु गोरा व बादल के प्रति नहीं।

जैसा पूर्व में कहा गया है, मूलू अतीव बलशाली, साहसी, बुद्धिमान, चतुर व प्रतिशोध की अग्नि में जलने वाला क्षत्रिय था। अतः इसने बाघेलों से (क्योंकि बीसलदेव बाघेला ने अपनी बेटी का विवाह इसके साथ कर दिया) तथा सोनगिरों से (क्योंकि सामंतसिंह सोनगिरा इसके पुत्र कांधल को अपना पुत्र ही मानता था) तो बैर छोड़ दिया किन्तु गोरा व बादल से बैर नहीं छोड़ा जिनके कारण इसका पिता पाटण से बेदखल हुआ व स्वयं की बाघेली पत्नी छिन गई। इसलिये इसने गोरा व बादल को पाटण से निकालने का दृढ़ संकल्प किया और उन पर धावे करने लगा। अंततः गोरा व बादल ने पाटण से भी अधिक शक्तिशाली चित्तौड़ के रावळ के यहाँ आकर शरण ली। चित्तौड़ आ जाने से मूलू का आतंक इनके सिर से समाप्त हो गया और ये निष्कंटक रहने लगे।

यदि हम नैणसी द्वारा वर्णित उक्त चौहान सरदार गोरा और बादल को वे ही गोरा व बादल मान लेते हैं जो पद्मिनी के मामले में काम आये तो हमें दोनों को लगभग 60-70 वर्ष की उम्र वाले चौहान राजपूत मानने होंगे क्योंकि पाटण के बीसलदेव का समय सं॰ 1300 से 1318-19 के बीच का है। ये दोनों उस समय भी पर्याप्त उम्र वाले थे। तबही इन्होंने संगमराव को पाटण से निकाल फेंका व संगम राव के पुत्र मूलू पर धावा बोलकर पाटण से भागने को मजबूर किया। संभव है दोनों काका भतीजे हम उम्र रहे हों। राजस्थानी-काव्यों की मान्यताओं के अनुसार बादल को नवविवाहित युवक नहीं मान सकते। सच बात है भी यही कि ये दोनों ही सम्वत् 1360 में जब चित्तौड़ का प्रथम जौहर व शाका हुआ, तब पर्याप्त उम्र वाले साहसी, वीर, बुद्धिमान, राजपूत थे। इसीलिये राजस्थानी काव्यों में इनको चाइल खाँप का चौहान कहा गया है। 24 प्रकार के चौहानों में से एक खाँप चाइल भी है। पद्मिनी-समिओ के अनुसार ये चाइल चौहान थे। संदर्भ **नैणसी री ख्यात भाग-2, पृष्ठ 133 से 137 तक।** अनुवादक : बाबू रामनारायण दूगड़; **सम्पादक : गौ॰ही॰ ओझा,** द्वितीय संस्करण सन् 2010; प्रथम संस्करण : नागरी-प्रचारिणी-सभा, सन् 1934; **सोनगरा साँचोरा चौहानों का वृहत् इतिहास,** लेखक डॉ॰ हुकमसिंह भाटी, प्रथम संस्करण, सन् 2013, पृष्ठ 631-634।

9.(15). गोरा व बादल द्वारा कपट का उत्तर कपट से, युक्ति का उत्तर

युक्ति से, युद्ध का उत्तर युद्ध से दिया गया। इन सभी का वर्णन जायसी व राजस्थानी-काव्यों में कुछ न कुछ भिन्नता लिये हुए है। चकडोलों की संख्या, योद्धाओं की संख्या, रत्नसेन को कहाँ से अर्थात् चित्तौड़ से या दिल्ली से छुड़ाया गया, आदि के वर्णनों में भी पर्याप्त अन्तर हैं, इस बिन्दु में इन सभी भिन्नताओं का वर्णन करना अपेक्षित है।

पद्मिनी-समिओ में बादल द्वारा रतनसी को बंधन-मुक्त करने के लिये बनाई गई योजना का वर्णन 120वें छन्द से प्रारम्भ होकर 132वें छन्द तक है। यहाँ-तक बादल अपनी योजनानुसार रावळ रत्नसेन को बंधन-मुक्त कराके गढ़ तक पहुँचा देता है। रावत गोरा का खेत रहना, युद्ध का होना, गढ़ पर बादल का सम्मान व पद्मिनी-रत्नसेन का मिलन इसके आगे के छन्दों में वर्णित है।

दूसरी ओर जटमल कृत गोरा-बादल कथा में बादल की योजना, योजना सभी के द्वारा स्वीकार करना, तरखानों को बुलाकर डोले बनवाना, वकील को सुलतान के पास भेजना कि रावळ रत्नसेन पद्मिनी देने को तैयार हो गया है, सुलतान द्वारा कहना कि पद्मिनी को तुरन्त ले आवो तथा युद्ध करने की रणनीति आदि का वर्णन छन्दांक 78 से 84 तक में है। छन्द 85 से 99 तक बादल का माता व पत्नी से सम्वाद है। तत्पश्चात् रत्नसेन को छुड़ाने का वर्णन 100 से 116 तक है। ये छन्द दोनों ग्रंथों में स्वतंत्र हैं। हाँ, तथ्यों में अन्तर कम है। सार इस-प्रकार है।

पद्मिनी-समिओ का गोरल बादल से कहता है, अरे! अभी तक तो तेरे दाँत दूध के हैं। तू निरा बालक है। सुलतान को हराकर रावल को कैसे छुड़ा कर ला सकेगा! तब बादल के दिल को भारी धक्का लगा। उसने तुरंत हाथी को तैयार किया और राजकुमार की सभा में पहुँच गया। प्रणामानन्तर बादल ने कहा, आप मेरी योजना सुनिये। पद्मिनी दुर्ग पर रहेगी। रावळ रत्नसेन को छुड़ा लिया जायेगा।

बादल की बात सुनकर राजकुमार ने कहा, तुम्हें धन्य है। हमारी लाज अब तू ही रखने वाला है। तेरे बिना अब ऐसा कौन है जो सुलतान रूपी अपार समुद्र को मुट्ठी में कर ले अर्थात् जीत सके। जिस-प्रकार श्रीहरि ने गज की सहायता की वैसे ही अब तू हिन्दुओं के सुयश को रख।

बादल ने अपनी योजना बताई। पाँच सौ डोले बनवाओ। एक-एक डोले में दो-दो सुभट मय हथियारों के बैठाओ। प्रत्येक डोले को चार सुभट उठायेंगे। इस-प्रकार कुल तीन हजार सुभट जायेंगे। सुलतान से कहेंगे, हम पद्मिनी दे रहे हैं। डोलों की कतार गढ़ से सुलतान तक एक से एक को सटाते हुए तैयार की जायेगी। वहाँ खुंमान रत्नसेन को पद्मिनी से मिलाने को लाया जायेगा, तत्काल

उसके बंधन काट दिये जायेंगे। रावळ को एक से दूसरी, दूसरी से तीसरी इस-प्रकार डोली से डोली में आगे बढ़ाकर गढ़ तक पहुँचा दिया जायेगा। पहुँचने पर दमामा बजेगा। इधर शूरवीर युद्ध करने लगेंगे। **(छन्दांक 122)**

बादल की योजना सभी को पसंद आई। लड़ाई करने की योजना इस-प्रकार तय की गई। चकडोलों से निकलकर सभी घोड़ों पर चढ़ेंगे। पहले भालों से प्रहार करेंगे। फिर तलवारों से लड़ेंगे। फिर गुर्जों से लड़ेंगे। फिर कटारियों से लड़ेंगे। इस-प्रकार लड़कर स्वामी का कार्य करेंगे।

बादल अपनी योजना बताकर सुलतान के पास पहुँच गया। जा-कर पैर लगकर प्रणाम किया। देखते ही सुलतान खुशी हुआ और पूछा कि क्या योजना है? युद्ध करने को कौन तैयार हुआ है। बादल ने कहा, सुलतान रूपी समुद्र की थाह कौन ले सकता है। सुमेरु रूपी सुलतान को कौन हाथ में उठा सकता है। हे सुलतान! आप से युद्ध कौन कर सकता है? सभी ने मंत्रणा करके निश्चित् किया है कि हम पद्मिनी को दे देंगे। मैं खुम्मान का दूत बनकर आया हूँ।

बादशाह ने बादल की प्रशंसा की। पीठ थपथपाई। रत्न जटित कटार व मुक्ताओं की माला बक्षीश की, सात हजारी मन्सब प्रदान किया। हिसार का कोट प्रदान किया। मुख पर खुशी किन्तु मन में कपटी भाव रखते हुए बादल ने कहा कि पद्मावती को सौंपने के समय अग्रांकित प्रक्रिया अपनाई जायेगी। 500 डोले आयेंगे। उनमें पद्मिनी के रूप रंग जैसी ही उसकी सखियाँ भी होंगी। वे भी पद्मिनी के साथ ही रहेंगी और सुलतान को पद्मिनी सौंप दी जायेगी।

सुलतान को अत्यंत प्रसन्नता हुई कि मुझे अकेली पद्मिनी ही नहीं मिलेगी, अनेक सुंदरियाँ और मिलेंगी। उसने बादल का प्रस्ताव स्वीकार कर लिया।

शाह का आदेश लेकर चौहान बादल दुर्ग पर आया। खातियों को बुलाकर डोले बनवाए; बीच के डोले में पद्मिनी के रूप में बावनपति चंदेल मान को बिठाया। दोनों ओर के किनारों को बाँधकर डोलों की कतार सुलतान तक पहुँचाने का प्रबन्ध किया। तेजल का पुत्र जैता डोडिया व गोरा चौहान ने योद्धाओं की टुकड़ी को तैयार किया। दोनों ने नेतृत्व सँभाला। एक सीधी कतार बाँधकर गढ़ से उतरे। शाह ने देखा कि गढ़ से पद्मिनी उतर रही है। चकडोलों को देखकर सभी मीर गर्जना करते हैं। कहते हैं, सुलतान ने अच्छा काम किया है।

इतने ही में बादल ने आकार प्रणाम किया और कहा, पद्मिनी हरम में आने के पूर्व एक बार खुंमान से मिलना चाहती है। इजाज़त दी जाये।

बादल की अर्ज़ मान ली गई, जैसे ही मिलने का अवसर दिया गया; खुंमान

के बन्धन काट डाले गये। हाथों-हाथ खुंमान दुर्ग में पहुँच गये। सभी सुभटों ने प्रणाम किया, नीशान बज उठा, सभी सुभट एकत्रित होकर युद्धार्थ सन्नद्ध हो गए।

पद्मिनी अपनी जगह पर ही अपने पति से मिल गई। हिन्दुओं और मुसलमानों में भयंकर युद्ध हुआ।

पद्मिनी अपनी जगह पर ही रही। सोचा गया कुछ, हुआ कुछ। सुलतान के कटक पर बत्ती पड़ गई। इधर रत्नसिंह राजपूत अपने ठिकाने पर पहुँच गया।

जटमल कृत गोरा-बादल-कथा में कुछ तथ्य भिन्न हैं–

पद्मिनी-समिओ में बादल को गोरा की बात सुनकर धक्का लगा और वह असहज हो गया। कथा में दोनों बैठकर विचार करते हैं। अतः यहाँ दोनों एक राय हैं; मत भिन्नता नहीं है।

समिओ में बादल राजकुमार के पास जाकर अपनी योजना बताता है जबकि कथा में गोरा को योजना बताता है। अगले छन्द में स्वीकृति सभी की मिलती है। इसका तात्पर्य यह है कि योजना सभी को बताई गई व सभी की स्वीकृति मिली किन्तु राजकुमार का प्रत्यक्षाप्रत्यक्ष कोई उल्लेख नहीं है।

समिओ में सुलतान के पास संदेश लेकर बादल स्वयं जाता है लेकिन कथा में एक रावत वकील के रूप में भेज जाता है। वही सुलतान को पद्मिनी देने का संदेश देता है।

समिओ में बक्षीशों की निश्चित जानकारी दी गई है जबकि कथा में बहुत सी बक्षीश दी गई, कहा गया है।

समिओ में डोले चलने के पश्चात् सुलतान से बादल अकेला मिलता है जबकि कथा में गोरा व बादल दोनों मिलते हैं। समिओ में डोलों को देखकर सुलतान खुश होता है। कोई आदेश प्रसारित नहीं करता जबकि कथा में कहता है कि कोई भी उठकर डोलों को मत देखो। नाफरमानी करोगे तो मैं गर्दन काट डालूँगा तथा डेरे लूट लूँगा।

तबलवाल=सुभट जैसे ही डोलियों से निकले, भाट मारू राग गाने लगे। जंगी ढोल बजने लगे। सरस सहनाई बजने लगी। ढाढ़ी सिंधु राग गाने लगे। सारे राजपूत एकत्रित हो गये। भूतों की भाँति लड़ने को उत्साहित हो उठे। समिओ में ऐसा अवसरोचित सरस वर्णन नहीं है।

'गोरा-बादल-कवित्त' में भी पाच सौ डोलों की ही सूचना है फिर भी इनमें व इनके साथ के सुभटों की संख्या 3000 न होकर 4000 है। **(छन्दांक 69)**

'कथा' की भाँति ही 'कवित्त' में भी संदेश लेकर दूत ही जाता है, बादल

नहीं जाता (**छन्दांक 70**)। 'कवित्त' में संदेश पद्मिनी की ओर से भेजा जात है न कि चित्तौड़ के सुभटों की ओर से या राजकुमार की ओर से। यह तर्क-पुष्ट बात लगती है। कवित्त में, पद्मिनी एक विशेष बात सुलतान से कहलवाती है कि मैं यहाँ एक क्षण भी रहना नहीं चाहती, जैसे ही रत्नसेन छूट जायेगा, मैं सेवा में हाजिर हो जाऊँगी। (**छन्दांक 70**)

सुलतान गोरा-बादल से कहता है, जैसे ही मुझे तुम पद्मिनी लाकर दे-दोगे, मैं यहाँ का एक घूँट पानी भी नहीं पीऊँगा, पद्मिनी लेकर चला जाऊँगा।

सुलतान ने कहा, हे बादल! यदि तू पद्मिनी को ला देगा तो मैं तुझे सारी दुनिया बक्षीश कर दूँगा। (**छन्दांक 71**) इधर बादल रावळ रत्नसेन के पास जाकर डोले लाने का सारा वृतांत संक्षेप में कहता हैं। रत्नसेन सुनते ही बादल पर बरस पड़ता है और कहता है, तूने मेरे से पुराना बैर निकाला है, तू मेरी पत्नी को देने को ला रहा है। तूने यह बड़ा बुरा काम किया है। तब बादल ने कहा, कृपया धीरज रखिये, मैंने एक बालक को पद्मिनी बनाया है और सुलतान को पद्मिनी के नाम पर धोखा देकर आपको गढ़ में ले जाने की योजना बनाई है। अतः आप हमारा विरोध मत करिये, प्रत्युत् सहयोग करिये जिससे सारा काम सहज में ही सम्पन्न हो जाये। तब रावळ रत्नसेन शांत हुआ व गढ़ में जाने को राजी हुआ (**छन्दांक 73**)। यह सूचना उक्त दोनों ग्रंथों में नहीं है।

रत्लेसन को गढ़ में लेकर बादल गया, ऐसा स्पष्ट उल्लेख कवित्त नामक रचना के छन्द 74 में है। गोरा ने सुलतान के दल से युद्ध किया व बादल रत्नसेन को लेकर गढ़ में गया, ऐसा स्पष्ट उल्लेख छन्दांक 75 में है।

बादल की माता ने जब बादल की वीरता के पवाड़े (प्रशंसा) सुने तब वह आनंद से उल्लसित हो उठी। उसने सुना कि बादल ने रावळ रत्नसेन का छल-बल से उद्धार किया है। सुलतान के मन में शंकाएँ भर दीं कि बादल बहुत बड़ा वीर योद्धा है। सुलतान का मान मार डाला। अपने स्वामी का उद्धार किया। हाथी-घोड़ों के समूहों का नाश किया। मुगलों को समाप्त किया। बादल की प्रतिज्ञा रही। पद्मिनी का उद्धार किया। पुत्र ने पर-दल का भंजन किया। ये समाचार सुनकर बादल की माता आनंदित हुई। (**छन्दांक 76**)

जायसी का विवरण भिन्न है जिसमें कहा गया कि गोरा व बादल दोनों ने पान का बीड़ा थामकर आपस में सलाह की कि रावळ को कैसे छुड़ाया जाये। दोनों ने तय किया कि हम रावळ रत्नसेन को छल के द्वारा छुड़ायेंगे।

जहाँ कथा, कवित्त व समिओ में पाच सौ डोलों की सूचना है, वहाँ जायसी

सोला सौ डोलों की बात लिखता है। पद्मिनी-समिओकार जहाँ पद्मिनी के डोले में बावनपति मान चंदेल को बैठाने की बात करता है, वहाँ जायसी लुहार को बैठाने की बात करता है। जटमल व समिओकार जहाँ कुल 3000 सुभटों को भेजने का विवरण देते हैं वहाँ कवित्तकार 4000 सुभटों व जायसी 16000 सहेली रूपी योद्धाओं को भेजने का वर्णन करते हैं। कथा, कवित्त व समिओकार घोड़ों को भेजने की तो बात करते हैं किन्तु उनकी संख्या का ब्यौरा नहीं देते। इधर जायसी 1600 सौ डोलों को खींचने के लिये 32000 घोड़ों का विवरण देता है अर्थात् एक डोले को 20 घोड़ों द्वारा खैंचा जाना। यहाँ विचारणीय बात यह है कि जिनमें घोड़े लगते हैं, वे डोले और डोलियाँ न होकर रथ हो सकते हैं। डोले प्रायः कहारों के द्वारा उठाये जाते हैं जिनमें दो कहार आगे व दो पीछे लगते हैं। ऐसी स्थिति में हमें देखना होगा कि जायसी के चंडोल का सही अर्थ चकडोल है, रथ है, पालकी है अथवा कुछ और है। डॉ॰ वासुदेवशरण अग्रवाल ने चंडोल को पालकी के सदृश माना है। आगे जायसी स्वयं चंडोल को विमान भी कहता है। डॉ॰ माताप्रसाद गुप्त ने भी चंडोल को विमान या पालकी के अर्थ में ही व्याख्यायित किया है। मुझे ऐसा लगता है कि समिओकार व कथाकार का वर्णन तर्क-संगत है। पालकी को कहार उठाते हैं। वस्तुतः चकडोलों के सुभटों को सुलतान के यहाँ पहुँचकर जितनी जरूरत योद्धाओं की थी उतनी घोड़ों की नहीं। फिर चित्तौड़ से दिल्ली तक मात्र 1600 योद्धाओं का जाना व रत्नसेन के वापिस आते समय मात्र इन्हीं 1600 सौ योद्धाओं द्वारा सुलतान की सेना को रोकने में समर्थ हो जाना भी असंभव लगता है।

कक्कसूरी के कथन के साथ-साथ समस्त राजस्थानी-काव्यों के अनुसार यही सही लगता है कि सुलतान ने रावळ रत्नसेन को चित्तौड़ किले की तलहटी में या किसी आसपास के गाँव में ही बंदी बनाकर रखा, जहाँ-तक गोरा व बादल ने डोलियों को एक कतार में एक छोर से दूसरे छोर तक नियोजित किया। डोलियों का यह नियोजन चित्तौड़ के आस-पास तक ही संभव है, दूर दिल्ली तक नहीं। फिर सुलतान की विशाल वाहनी को रोकने को एक न्यूनतम संख्या चाहिए जो 3000-4000 तक उचित भी है। ज्यादा ले जाने से सुलतान को बहम होने का डर था। इधर 3000-4000 से ज्यादा रणकुशल शूरवीरों का चित्तौड़ दुर्ग में होना भी संदिग्ध लगता है।

पूर्वापर तथ्यों को देखने पर राजस्थानी-काव्यों की सूचना ही सही होने की पूरी-पूरी संभावना है। जायसी की सूचना पर विश्वास कर पाना संभव नहीं।

'गोरा-बादल-कवित्तकार' ने भी यह सूचना दी है कि बंदी रावळ रत्नसेन से बादल जाकर मिला और उसने अपनी सारी योजना उसको बताई।

जायसी सूचना देता है कि बंदी रत्नसेन से गोरा जाकर मिला। उसने दरवान को दस लाख टका घूँस में दिये तथा उससे ही सुलतान तक सिफारिश पहुँचवाई कि पद्मिनी को कुछ क्षणों तक रत्नसेन से मिलने दिया जाये ताकि वह चित्तौड़ दुर्ग की चाबियाँ रत्नसेन को दे सके।

राजस्थानी काव्यकार–जटमल, समियोकार सहित कवित्तकार पद्मिनी से रत्नसेन के मिलने का हुक्म दिलाने की प्रार्थना बादल से करवाते हैं।

उक्त राजस्थानी-काव्यों में गोरा तो लड़ता ही है, बादल भी लड़ता है। सुलतान हारता है। गोरा रणखेत रहता है। बादल जीवित रहकर, गढ़ पर पहुँच कर पद्मिनी तथा रत्नसेन से इनाम-इकरार पाता है।

ऊपर के विवरण के सम्बन्ध में गोरा-बादल-पद्मिनी-चउपई हेमरतन कृत की भी कुछ चर्चा कर लेते हैं।

'पद्मिनी-समिओकार' का बादल सीधा जाकर सुलतान से सम्वाद करता है जबकि चउपई का बादल पहले जाकर दूत से मिलता है और सुलतान से मिलकर पद्मिनी को देने का समाचार कहता है। हेमरतन का बादल पद्मिनी को देने का जो कारण शाह को बताता है, वह बडा ही स्वाभाविक व वास्तविक लगने वाला है। ऐसा कारण जायसी ने भी नहीं बताया है। हेमरतन का बादल कहता है–

सुलतान! आपको भोजन करते हुए जाली से पद्मिनी ने जबसे देखा है तबसे वह आपको कामदेव का रूप मानती है। कहती है, उन नारियों का जन्मना धन्य है, जिनको सुलतान जैसा पति मिलता है। वह विरहाग्नि में दग्ध हुई बैठी रहती है। दिन-रात आपके ही स्वप्न देखती रहती है। मुख पर हाथ रख कर बैठी रहती है। आखों से अश्रु बहाती रहती है। वह लम्बे-लम्बे श्वास छोड़ती है। सदैव उदास ही उदास दिखती है। वह हमेशा सुलतान-सुलतान ही कहती रहती है। राजकुमार व गढ़ के सभी सामंत पद्मिनी को देना नहीं चाहते किन्तु पद्मिनी एक क्षण भी गढ़ में रहना नहीं चाहती। इसीलिए उसने मुझको अपना गुप्त दूत बनाकर भेजा है। मैंने सभी को समझाकर राजी कर लिया है कि हमें पद्मिनी को सुलतान को दे-देना चाहिए क्योंकि वह बिना सुलतान के जियेगी नहीं। जब-तक पद्मिनी नहीं दी जायेगी तब तक रावळ भी छूटेगा नहीं। अतः पद्मिनी को दे-देने में ही हमारा हित है।

बादल की बातों का असर सुलतान के मन पर ऐसा हुआ कि वह काम-दग्ध

होकर निश्वास छोड़ने लगा और पद्मिनी को हर हाल में पाने को व्यग्र हो उठा।

सुलतान ने बादल को हाथी, घोड़े, वस्त्र व एक लाख सुनइया दिये। बादल गढ़ पर आया और आगे की तैयारी करने लगा। हेमरतन ने दो हजार पालकी सजाने की बात लिखी हैं। **(छन्दांक 512)** प्रत्येक पालकी में दो-दो सुभटों को बैठाया है। इन पालकियों में सभी हथियार रखे गये। बीच की पालकी में पद्मिनी के रूप में गोरा को बिठाया गया। उसका श्रृंगार पद्मिनी जैसा किया गया। सुलतान को धोखा देने को बादल बार-बार इस पालकी के पास जाता और बातें करने का अभिनय करता।

बादल जब रावळ रत्नसेन से पद्मिनी से मिलने को कहता है तब रावळ बादल पर नाराज़ होता है और "पुराना बैरी बैर का बदला ले रहा है" जैसे वाक्य कहता है। बादल समझाता है। रावळ मिलने आता है। रावळ को कहा जाता है कि आप एक डोली से दूसरी डोली में जाते जाइये। जैसे ही गढ़ में पहुँचो, दमामा बजवा देना, हम युद्ध करना प्रारम्भ कर देंगे। रावळ ने ऐसा ही किया।

हेमरतन ने डोली उठाने वाले कहार रूपी शूरवीरों तथा घोड़ों की कोई संख्याएँ नहीं बताई है। उसका कहना है कि जहाँ सुलतान था तथा रावळ रत्नसेन बंदीगृह में था, वहाँ तक की इतनी ही दूरी थी कि उसको 2000 डोलियों की कतार ने पूरी कर ली। रत्नसेन डोली से डोली में होता हुआ गढ़ में पहुँच गया। अतः उसको घोड़ों की जरूरत नहीं थी। दमामा बजने पर किले से अन्य शूरवीर भी आ गये। अतः उनको भी पदाति रहकर लड़ना नहीं पड़ा।

हेमरतन भी योद्धाओं की संख्या 4000 ही बताता है। हेमरतन के अनुसार बादल की बातों में आकर सुलतान ने रत्नसेन को बंधन काट कर ही मिलने का अवसर दिया था। अतः हेमरतन को लोहार भेजने की भी जरूरत नहीं पड़ी।

हेमरतन एक विशेष बात और कहता है, बादल ने सुलतान को सहमत करवा लिया था कि वह अतिरिक्त सेना को वहाँ से हटा दे, जहाँ आकर रावळ रत्नसेन से पद्मिनी मिलेगी। वहाँ वह आवश्यक सेना 2-4 हजार ही रखे। सुलतान ने ऐसा ही किया।

9.(16). आगे की घटना समिओकार छन्दांक 133 से 158 तक में वर्णित करता है। समिओकार ने जैसे पूर्व में हुए युद्ध का वर्णन छन्द भुजंगी में किया है, वैसे ही यहाँ भी दूसरे युद्ध का वर्णन छन्द भुजंगी में ही किया है। ये छन्द जटमल कृत गोरा-बादल-कथा में नहीं मिलते।

इन छन्दों का संक्षिप्त सार इस-प्रकार है—चारों ओर घोर आवाज होने

लगी–'मारो', 'मारो', 'काटो', 'काटो'। दोनों ओर मार-काट मच गई। खङ्ग से खङ्ग, तलवार से तलवार, सेल से सेल टकराने लगे। योद्धा कट-कटकर गिरने लगे। रक्त की मानों पिचकारियाँ चलने लगी हों।

रणक्षेत्र में रुण्ड-मुण्ड पड़ने लगे। इन गिरने वाले योद्धाओं के हय व गज खेतों में वैसे ही भागने लगे जैसे वन में आग लगने पर पशु इधर से उधर भागते हैं। इस-प्रकार आठ हजार मीर भूमि पर गिरे। जो सुलतान के बड़े-बड़े शूरवीर मीर थे, उनके भी रणभूमि में एक पल के लिये भी पाँव नहीं टिकते थे। सुलतान भी भाग छूटा। कितने ही कलगीधारी घोडों सहित मीरों ने हार मानकर युद्ध से मुँह मोड़ लिया। खुम्मान रत्नसिंह की जीत हो गई। जीत का नीशान वैसे ही बजा जैसे आषाढ़ी वर्षा होती है।

हिन्दू और मुसलमानों की लाशें पाच कोस की दूरी तक में पड़ी मिलीं। युद्ध जीतकर बादल वापिस आया। वह जीत का स्तंभ बनकर प्रकट हुआ। समिओकार ने प्रमुख-प्रमुख सामन्तों के नाम देकर मरने वाले हिन्दुओं की संख्या 5 हजार बताई है।

वीरों का रक्त पीकर चंडी परितृप्त हुई। योगिनियाँ जीत का वर्णन करती हैं। खेचर, भूचर, क्षेत्रपाल सभी प्रसन्न हुए। ताल बजाकर नारद, शारदा नाचने लगे। अप्सराओं ने वीरों का वरण किया। श्रीहर ने गले में मुंडमाला बनाकर धारणा की। बावन वीरों और चौसठ योगिनियों ने खुंमान रत्नसिंह की जीत का बखान किया। पशु-पक्षी भी तृप्त हुए। चित्तौड़ में जीत के बाजे बजे।

जिस-प्रकार शिव-पार्वती, विष्णु-लक्ष्मी विराजते हैं, वैसे ही चित्तौड़ में रत्नसेन-पद्मिनी विराजने लगे।

खुंमान की जीत हुई। सुलतान भाग गया। बादल चौहान की बदौलत हिन्दू-राज्य बच गया। युद्ध दो दिन व दो प्रहर तक हुआ। राय का पुत्र, भोगल का स्वामी गोरा रणभूमि में गिरा। चित्तौड़नाथ रत्नसेन के माथे पर छत्र व चँवर सुरक्षित रहे।

महाराणा प्रताप के भाई शक्तिसिंह के वंशजों के कहने पर कवि ने पद्मिनी-समिओ बनाया। शक्तिसिंह के वंशजों ने शिरोपाव व कुन्दन जड़ित कटारी कवि को प्रदान की। सम्वत् 1673 में कवि के अर्चनार्थ, शक्तावतों ने 50 अच्छी नस्ल के घोड़े दिये। अर्थात् कवि ने पद्मिनी-समिओ सं॰ 1673 में बनाकर प्रकाशित किया।

जटमल नाहर कृत गोरा-बादल की कथा के छन्दांक 117 से 139 तक

में अंतिम युद्ध का वर्णन लगभग वैसा ही है जैसा ऊपर समिओकार का है। समिओकार ने कई क्षत्रिय सामन्तों व शूरों के नामोल्लेख किये हैं किन्तु जटमल ने नहीं किये हैं। दोनों रचनाओं में सुलतान हार कर भागा है। जीत रत्नसेन की हुई है। दोनों में ही गोरा का मरना व बादल का जीवित रहकर रावळ रत्नसेन से इनाम प्राप्त करना बताया गया है।

समिओकार ने गोरा की महिमा का वर्णन तो किया है किन्तु उसकी पत्नी का सती होना वर्णित नहीं किया है। जटमल गोरा की पत्नी को सती होते हुए चित्रित करता है।

समिओकार रत्नसेन से बादल को शिरोपाव, कटारी, तलवार आदि तो दिलवाता है किन्तु पद्मिनी से आभार तक व्यक्त नहीं करवाता किन्तु जटमल पद्मिनी के द्वारा बादल की आरती उतरवाता है।

समिओकार बादल द्वारा युद्ध लड़ा गया अथवा नहीं, का कोई स्पष्ट संकेत नहीं देता जबकि जटमल लिखता है कि बादल ने सुलतान के हाथी की सूंड को पकड़कर व दाँतों पर चढ़कर अंबाड़ी में बैठे सुलतान पर भी हमला किया। सुलतान की जगह उसका खवास (खास सेवक) मारा गया। सुलतान बच गया।

घर आने पर बादल की माँ व पत्नी बादल को वचन निभाने वाला, स्वामी-भक्त, शूरवीर कहती हैं जबकि समिओकार ने ऐसा कोई सम्वाद तीनों का आपस में नहीं कराया है। जटमल व समिओकार ने गोरा का अंत इसप्रकार वर्णन किया है।

जैसे ही गोरा का शीश कटकर गिरने लगा उसको गिद्ध ने उठा लिया। गिद्ध के मुख से वह शीश छूट गया जिसको देवांगनाओं ने झेल लिया, गिरने नहीं दिया। वह शीश देवांगनाओं से भी छूट गया और गंगा में गिर गया। गंगा में से शंकर भगवान् उस शीश को निकाल लाये और उसको उन्होंने अपनी मुंडमाला में पो लिया। इसप्रकार परार्थ लड़ने व मरने वाले गोरा को शिवपुरी का वास मिला।

गोरा की पत्नी, गोरा को पगड़ी के साथ सती हो गई।

जटमल की कथा में जीतकर वापिस आने पर पद्मिनी बादल की आरती तो उतारती है किन्तु रावळ उसको कोई पुरस्कार नहीं देता।

'गोरा-बादल-कवित्त' नामक रचना में उक्त वर्णन किञ्चित् भिन्न है। छन्दांक 74 के अनुसार जब बादल रावळ रत्नसेन से पालकी में बैठी पद्मिनी से मिलने की प्रार्थना करता है तब पहले तो रत्नसेन कुपित होता है फिर वास्तविकता बताने पर मिलने व जाने को तैयार हो जाता है और जाता भी है। चकडोल के आस-पास खड्गधारी सुलतान के समान बलशाली पहरेदार, शूरवीर भी थे। वहाँ

से रत्नसेन को लेकर बादल निकल गया। तब संकेत में तुर्कों ने कहा, बादल ने कपट किया है। सुलतान स्वयं तलवार लेकर लड़ने आया। तब तक तो बादल रत्नसेन को लेकर निकल गया। जैसे ही बादल निकला, मारो-मारो की आवाज़ें होने लगीं। जब तक लड़ाकू दल तैयार हुआ तब तक गोरा ने मोर्चा सँभाला। घोड़े पर पाखर डाली। दल में आवाज पड़ गई। जोर-जोर से युद्ध का आह्वान होने लगा। कोई हाथी पर चढ़ता है, कोई घोड़े पर चढ़ता है, कोई कवच धारण करता है; किसी का सिर टूटता है, कोई भूमि पर गिरता है। रावळ रत्नसेन गढ़ पर चढ़ गया। बादशाह पश्चाताप करता हुआ रह गया। गोरा ने शाह के दल को कुचल डाला। बादल रत्नसेन को लेकर चला गया। **(छंदांक 75)**

76वें छन्दांक में बादल की माता अपने पुत्र के पवाड़े सुनकर आनन्दित होती है।

77वें छन्दांक में गोरा की पत्नी गोरा के पराक्रम की कहानी पूछती है जिसका संजीव वर्णन बादल करता है। गोरा की पत्नी सती होने को जाती है तब उसके सत को देखने के लिये सूर्य ने भी एक क्षण के लिय अपनी गति रोक दी। **(कवित्त 79)**

छन्द 80 में गोरा का सिर भगवान शिव के गले तक कैसे पहुँचा, का वर्णन लगभग वैसा ही है जैसा पद्मिनी-समिओ व गो॰बा॰ कथा में है किन्तु इस कवि का वर्णन कुछ विशिष्ट भाँति का है।

कवित्तकार कहता है, गोरल का सिर भूमि पर गिरा। भूमि ने इन्द्र को दिया। इन्द्र के हाथ से गिरा तो उसको गिद्ध ने उठा लिया। गिद्ध की चौंच से गिरा तो वह गंगा में गिरा। वहाँ पवित्र होने के लिए सिर ने स्नान किया। गंगा-जल से वह अमृत स्वरूप हो गया। शिवजी ने इस पवित्र हुए सिर को अपनी रुंडों की माला में गूँथ लिया। **(छंदांक-80)**

गढ़ पर बादल के आने पर पद्मावती ने बादल के प्रति कृतज्ञता ज्ञापित की और कहा, बादल के कारण ही मेरा सौभाग्य बच सका। अब तेरा विड़द 'अरि-गंजण' हो गया है। तूने सुलतान से युद्ध करके मदमस्त हाथियों को मारा। कवच पहनकर बैरियों को युद्ध में मार गिराया। हे बादल! तेरा जन्म धन्य हो गया है; मैं तेरी आरती उतारती हूँ। **(छंदांक-81)**

अंतिम कवित्त फलश्रुति रूप है जिसमें कहा गया है कि जिस-प्रकार रामजी की, पवनपुत्र हनुमान की, हरिश्चन्द्र की, पाण्डवों की, विक्रम की, भोज की अचल कीर्ति इस संसार में है व रहेगी, वैसे ही बादल व गोरा की अचल-अखंड कीर्ति

इस संसार में रहेगी।

कवित्तकार का अंतिम वर्णन जैसा महत्वपूर्ण व चारणी शैली का फलश्रुत्यात्मक अंत किसी भी कृति में नहीं है। यह एक संकेत है जो इन कवित्तों को किसी भाट या चारण की कृति सिद्ध करते हैं।

हेमरतन, जटमल व पद्मिनी-समिओकार अज्ञात रचनाकार इन कवित्तों के ऋणी हैं क्योंकि हेमरतन ने तो कुछ कवित्तों को भाट-वाक्य के नाम से यथारूप ही उद्धरित किये हैं जबकि जटमल व पद्मिनी-समिओकार ने इन कवित्तों की छाया पर अपने नये छन्द बनाए हैं।

आश्चर्य नहीं कि ये कवित्त पद्मावत से भी पूर्व की रचना हों जिन्होंने राजस्थान के सभी आख्यानकारों हेमरतन, जटमल, लब्धोदय व अन्यान्य अनेक को प्रत्यक्षाप्रत्यक्ष रूप में प्रभावित किया।

छिताई-चरित तो निसंदेह पद्मावत से पूर्व की रचना है ही।

हेमरतन के अनुसार सुलतान रत्नसेन से कहता है, मैंने तुमको बंधन-मुक्त कर दिया है, जाओ और पत्नी से मिलकर जल्दी लौट आओ। योजनानुसार रत्नसेन डोली दर डोली में कूच करता हुआ किले में पहुँचा और गोरा व बादल को नगारे पर सूचना दी। सुनते ही सभी 4000 सुभट लड़ने को तैयार हो गए।

युद्ध का जीवंत वर्णन छन्दांक 564 से प्रारम्भ होकर 578 तक चलता है। सूर्य का रथ रोकना, मिट्टी का इतना उड़ना कि संपूर्ण आकाश का आच्छादित हो जाना, योगिनियों का रक्त-पान जैसे परंपरागत वर्णन हेमरतन ने किये हैं। हेमरतन एक नई जानकारी देता है। गढ़ से रत्नसेन व पद्मिनी दोनों युद्ध देखते हैं। बादल की अनेकशः प्रशंसा करते हैं। गोरा रणभूमि में गिरता है। सुलतान की समस्त सेना समाप्त हो जाती है। वह अकेला रह जाता है। सुलतान बादल से कहता है–''मुझे जीवनदान दे। अब मैं तेरी अपार महिमा का वर्णन किस-प्रकार करूँ। गोरा और बादल ने चित्तौड़ का किला जीता।''

जीवीतदान दीउ मुझ भणी। किसी करां अब कीरति घणी ॥
आलिम साहि गयू एकलू। गोरइ बादलि जीतू किलू॥585॥

बादल किले पर आया। रत्नसेन ने उसको आधा देश दिया। **(छंदांक-588)** राणी पद्मिनी ने बधावणा (स्वागत) किया। सारे शहर में बादल ही बादल हो गया। सभी ने उसको बधाया। माता ने पुत्र का स्वागत किया। पत्नी ने पति की मोतियों भरे थाल से आरती उतारी व न्यौछावर की। गोरा की पत्नी का अग्नि-स्नान आदि समान वर्णन है।

जैसा पूर्व में कहा गया है, जायसी का वर्णन भी लगभग समान है। जायसी के अनुसार अंतिम या दूसरा युद्ध दिल्ली में हुआ। बादल रत्नसेन को घोड़े पर चढ़ाकर चित्तौड़ की ओर दौड़ पड़ा। इधर गोरा ने अपने साथियों के साथ सुलतान के अनेक वीरों को मारा किन्तु अंततः सरजा की खड्ग से उसका काम तमाम हो गया। फिर भी गोरा ने अपना मस्तक रणक्षेत्र में नहीं गिरने दिया। स्वयं ने अपना मस्तक काटकर अपने स्वामी रत्नसेन की ओर फेंका।

गोरा परा खेत महँ, सिर पहुँचावा बान।
बादिल लै गा राजहिं, लै चितउर नियरान ॥(637/9)

राजस्थानी-काव्यों में गोरा का सिर शिवजी तक पहुँचता है, यहाँ रत्नसेन तक पहुँचता है। गढ़ मे पहुँचने पर रावळ रत्नसेन का स्वागत, बादल की आरती उतारा जाना आदि विवरण समान हैं।

राजस्थानी-काव्यों का अंत सुखांत है, वे यहीं अपनी-अपनी रचनाएँ पूरी कर देते हैं।

जायसी कुंभलगढ के देवपाल से रत्नसेन का युद्ध वर्णन करता है जिसमें रत्नसेन स्वर्ग सिधारता है; यह दुःखान्त वर्णन जायसी का ही है।

ऐतिहासिक स्रोतों के अनुसार कुभंलगढ़ में इस समय देवपाल नाम का कोई राजा नहीं था।

राजस्थान के साहित्यकारों ने भी इस सम्बंध में मौन ही रखा है वैसे वर्तमान-कालीन राजस्थानी-इतिहास ग्रंथों से तो यही ज्ञात होता है कि रत्नसिंह युद्ध करते हुए चित्तौड़ में ही मारा गया। पद्मिनी ने जौहर किया। चित्तौड़ की रावळ शाखा निश्शेष हुई।

—ब्रजेन्द्रकुमार सिंहल
60/60 रजतपथ, मानसरोवर,
जयपुर-302020
फोन : 0141-2782609,
चलभाष : 09351503555
क्षिप्रसंदेश : bks@mactool.com
bksinghal57@gmail.com

पद्मिनी-समिओ : सानुवाद पाठ

श्रीगणपति प्रसादातु
अथ पद्मिणीजी रौ समिऔ लिख्यते

दोहा

जंबूदीप मँझार, भरथखंड खंडन सिरै।
नगर भलौ तहाँ सार, गढ़ चित्रंग अनूप गढ़ ॥1॥

जम्बूद्वीप के नौ खण्डों में भारतवर्ष सिरमौर खण्ड है। भारतवर्ष में एक अच्छा व सार युक्त चित्तौड़गढ़ नाम का नगर है। इस नगर में एक अनुपम गढ़ है ॥1॥

कवित्त

इक्क दिवस न्रिप पास आस करि मंगन आयौ।
च्यार चतुर बेताल दिस्स भूपति दरसायौ ॥
दे आसिका असीस विरद्द सु विरद सुनायौ।
नरपति पूछत भाट कवन देसन्तर आयौ ॥
हूँ आयौ सिंघलदीप तैं कीरति सुनि तुम करत नी।
राना रतनसेन खुंमान तव गढ चित्रकोट केरा धनी ॥2॥

कुछ प्राप्त होगा, ऐसी आशा लेकर एक दिन राजा के पास चार चतुर भाट माँगने को आये। वे चारों राजा को दृष्टिगोचर हुए। उन्होंने राजा को विभूति और आशीर्वाद दिया। उन्होंने राजा के विरुद दर विरुद सुनाये। राजा ने पूछा, आप कौन से देश से आये हैं? भाट ने कहा, चित्तौड़ जैसे कोट के स्वामी, हे राणा रत्नसेन खुंमान! तेरे कृत्यों का सुयश सुनकर मैं सिंघलद्वीप से आया हूँ ॥2॥

रान दयौ बहु मान पासि अपनैं बैठाए।
कहौ दीप की बात तहाँ तैं तुम चलि आए॥
काहा उपजत एह दीप सिंघल है कैसा।
कहैं भट्ट सुनि रान कहौं देख्या होइ अैसा॥
उदधि पार अदभुत नगर सोभा कहा बरणौं घनी।
अैरापति उपजत इहाँ और नारि है पदमिनी ॥3॥

भाट की बातें सुनकर राणा ने उसको प्रभूत मान-सम्मान दिया और अपने निकट बैठाया। उससे कहा, आप उस द्वीप की विशिष्ट बातें बताइये जहाँ से चलकर आप यहाँ आये हैं उदाहरणार्थ वहाँ क्या-क्या उत्पन्न होता है तथा सिंघलद्वीप कैसा है? भाट ने कहा, हे राणा! सुनिये, मैंने जैसा देखा है, वैस ही मैं बताता हूँ। सिंघलद्वीप समुद्र के उस पार, अद्‌भुत नगर है। उसकी अत्यधिक शोभा वर्णनानीत है। वहाँ इन्द्र के ऐरावत जैसे हाथी और पद्मिनी जाति की नारी उत्पन्न होती हैं ॥3॥

दोहा

पदमावति नारी किसी, कहौ भट्ट गुझ बात।
भट्ट कहै राजिन्द्र सुनि, च्यार रवनि की जात ॥4॥

हे भाट महोदय! पद्मिनी जाति की नारी के लक्षण कौन-कौन से होते हैं? इस गुप्त रहस्य से मुझको अवगत कराओ। नारियों की चार जातियाँ होती हैं; भाट ने राजेन्द्र को बताया ॥4॥

पदमनि चित्रनि हस्तनी, और संखनी नारि।
उत्तम त्रिय पदमावती, तस गुन अपरम्पार ॥5॥

पद्मिनी, चित्रिनी, हस्तिनी और शंखिनी ये चार प्रकार नारियों के होते हैं। इनमें में पद्मिनी सर्वोत्तम होती है, जिसमें अपरम्पार गुण होते हैं ॥5॥

कवित्त

पान हुँतैं पातरी [1]प्रेम पून्यौ सो झल्लैं।
भुज म्रिनाल सुविसाल चालि हंस गति चल्लै॥
[2]अंगुल कसठ अठुवास नारि[2]।

6.1. संभावित पाठ 'मुक्ख'

6.2. संभावित पाठ 'अंगुल इक सत आठ ऊँच सा सुन्दर नारी।'

पींजलि सत्ताबीस ईस चित लाय सवारी ॥
म्रिघ नैन बैन कोकिल सरस केहरिलंकी कामिनी।
अधर लाल हीरा रतन भौंह धनक गहि[3] गामिनी ॥6॥

पद्मिनी जाति की नारी पत्ते से भी पतली होती है। उसका मुख पूर्णमासी के पूर्ण चन्द्रमा की भाँति चमकता है। उसकी भुजाएँ कमल-नाल की तरह पतली व सुविशाल होती हैं। उसकी गति हंस के समान होती है। उसकी लम्बाई 108 अंगुल प्रमान होती है जिससे वह सुन्दर नारी लगती है। पिंडलियाँ सत्ताईस अंगुल प्रमान होती हैं जिनको विधाता पूर्ण मनोयोग से बनाता है। उसके नेत्र मृग जैसे, वचन कोयल जैसे मीठे व उस कामिनी की कमर शेर जैसी पतली होती है। ओष्ठ लाल, दाँत मोती और उसकी भौंह धनुष जैसी होती हैं। वह गज के समान मंद-गति से चलने वाली नारी होती है ॥6॥[1]

दोहा

पदमावति के गुन सुने, चढ्यौ चौंप चित राय।
बिन देखै पदमावती, जनम अक्यारथ जाय ॥7॥

पद्मिनी के गुण-लक्षण सुनते ही राणा के मन में उसको प्राप्त करने की लगन लग गयी। वह सोचने लगा, बिना पद्मिनी को देखे, मेरा जन्म व्यर्थ ही व्यतीत हुआ जा रहा है ॥7॥

चौपई

बसी चित्त अन्तर पदमावति। निसा नींद दिन अंन न भावति ॥
यौं करते इक जोगी आया। राजदुवार पै धूँहा पाया ॥8॥

राणा के चित्त में दृढ़ता के साथ पद्मिनी बस गई। उसको न रात्रि में नींद आती थी और न दिन में भोजन भाता था। राणा की जब ऐसी स्थिति चल रही थी तबही राजद्वार पर एक योगी आया। द्वार पर योगी के आने से धूम-धुँआ हो गया ॥8॥

6.3. संभावित पाठ 'गय'

6.1. कवि ने पद्मिनी की अनेक विशेषताएँ तो बताईं किन्तु सर्वप्रमुख विशेषता 'उसके शरीर से पद्म जैसी गंध आती है तथा जब चलती है तब उसके चारों ओर भ्रमर मँडराते रहते हैं' नहीं बताई।

कवित्त

तब हि आय राजिंद जुगति करि जोगि सँतोषे।
भगति भाव बहु करिय अप्प पंचाम्रित पोखे ॥
वीर पत्र करि धरिव वीर उच्चार सबद्दं।
वीर वीर खुम्मान हद्द देख्यौ अनहद्दं ॥
तब तुष्ट होइ रावळ कहै मंगि न्रपत तुम चाहिऐ।
रावळ सुनौं खुमान कहै पदमावति मुहि ब्याहिऐ ॥9॥

द्वार पर धूम देखकर राजेन्द्र द्वार पर आया और तरकीब से योगीन्द्र को संतुष्ट किया। राणा ने योगी के प्रति अनेक विधि श्रद्धा व भक्ति प्रदर्शित की। उसका पंचामृत से अर्घ्य, पाद्यादि सहित स्वागत-सत्कार कर उसको संतुष्ट किया। हाथ में वीरपत्र धारण कराकर वीर शब्द का उच्चारण किया। वीर खुम्मान ने हद-मानवीय शरीर में अनहद-योगी को अतिमानवीय वीर[1] रूप में देखा। राणा की अपनी ओर अत्यधिक श्रद्धा-भक्ति को देखकर योगी सन्तुष्ट हो गया और बोला, हे राजन! बताओ, तुमको क्या चाहिये? तब राणा ने कहा, हे रावळ—योगीराज! मुझे पद्मिनी जाति की पत्नी चाहिये ॥9॥

कहै राज जोगिन्द दीप सिंघल पदमावति।
राज पाट तजि चलौ भूप जो तो मन भावति ॥
कहै राइ करि क्रिपा बेगि इह कारिज कीजे।
जो कुछ कहै सु नाथ साथ सामगरी लीजे ॥
मीरघ तुचा विछाइ कै न्रिप[1] मंत्र पढ्यौ तहाँ बैठि करि।
उठि गए सींघल दीप में रावळ रतन जोगिन्द वरि ॥10॥

योगीन्द्र ने राणा से कहा, हे राजन! पद्मिनी सिंघलद्वीप में है। अतः हे राजन! यदि तेरा मन पद्मिनी पाने को लुभा गया है तो राजपाट को छोड़कर सिंघलद्वीप को चल पड़। राणा ने कहा, कृपा करके यह कार्य शीघ्र ही कर डालिये। हे नाथ! आप साथ में ले चलने योग्य जो सामग्री हो, वह भी ले लीजिये। योगीन्द्र ने

9.1. वीर=भूत, प्रेत, भैरव आदि को भी कहते हैं। यहाँ वर्णित योगी अति मानवीय कृत्य करता है यथा मंत्र पढ़कर सिंघल पहुँचना, वहाँ से चित्तौड़ आना आदि। अतः यहाँ वीर का अर्थ शूरवीर न होकर भूत, प्रेम भैरव के समान अति मानवीय शक्ति सम्पन्न व्यक्तित्व है। अनहद=अतिमानवीय।

10.1. सभावित पाठ 'सिध'

मृगछाला बिछाकर उस पर राणा को बिठाया और मंत्र पढा। मंत्र-बल से योगीराज और रावळ रत्नसेन उड़कर सिंघलद्वीप में पहुँच गये ॥10॥

दोहा

सुनि जोगी[1] जोगिंद कहै, करि रावळ को भेस।
एकत्र दिन भिख्या करौ, इह मेरा उपदेस ॥11॥

सिंघलद्वीप में पहुँचकर योगीन्द्र ने कहा, राजन! आप योगी का वेश धारण कर लो। मेरा एक ही आदेश है कि आप एक दिन भिक्षार्थ जाइये या दिन में एक बार एक जगह ही भिक्षार्थ जाइये ॥11॥

कवित्त

मानि वचन राजिन्द्र अंग भभ्भूत चढ़ाई।
कपिल जटा करि मूँड कान मुदरा पहिराई ॥
कंथा सींगी गरै मोरपँख बीजन खोलै।
बज्र कछोटा पहरि अलख गोरख मुख बोलै ॥
करि पंकज पत्र अनूप लिअ राजदुवार तहाँ आइऔ।
राज सुता निरखि पदमावती तबहि राज मुरझाइओ ॥12॥

राजेन्द्र ने योगीराज की आज्ञा शिरोधार्य कर सारे शरीर पर विभूति रमाई। मस्तक पर भूरे रंग की जटा धारण की और कानों में मुद्राएँ पहन लीं। गले में कंथा और सिंगी, गोद में मयूरपिच्छी का बिजना तथा वज्र के समान सुदृढ़ लंगोट धारण करके राजेन्द्र मुँह से 'अलख' 'गोरख' शब्दों का उच्चारण करने लगा। राजेन्द्र ने अनुपम कमलपत्र (पुष्प) हाथ में धारण किया और अलख-अलख गोरख-गोरख कहता हुआ जहाँ राजद्वार था, वहाँ आ गया। राजा, वहाँ के राजा की पुत्री पद्मावती को देखते ही बेहोश हो गया ॥12॥

छंटि उठायौ जोग आय तहाँ सखी बीच इन।
रावळ रूप सरूप अंग बत्तीसौं लख्यन ॥
तब पदमावति हार तोरि नवसर दिय भिख्या।
मुकताफल भरि थाल नाथ पैं ल्याय सरिख्या ॥
तब तुष्ट होइ रावळ निरखि प्रीत बचन अैसै कहैं।
ते तस माफक होइ सो ते तैसी भिख्या लहै ॥13॥

11.1. संभावित पाठ 'राजन'

पद्मावती की सखी ने इनके बीच में आकर राजेन्द्र को छीटें छिड़कर जागृत किया। योगी रूपी रत्नसेन के अंग का स्वरूप आकर्षक था तथा उसमें पूर्ण पुरुष के 32 लक्षण विद्यमान थे। तब पद्मावती ने भिक्षा में अपने गले का नवसर-हार खोलकर योगी को दिया। मोतियों से भरा थाल भी नाथयोगी के सन्मुख लाकर प्रस्तुत किया। तब भेंट पर दृष्टि निक्षेप करके व उससे सन्तुष्ट होकर योगी रूपी रत्नसेन ने प्रेम से अंग्राकित वचन कहे, जो जिस लायक होता है, वह वैसी ही भिक्षा प्राप्त करता है[1] ॥13॥

तबहि आप जोगिंद्र राजद्वारह चलि आए।
सुनत राज आनन्द चरन द्रिग सीस लगाए ॥
आय सबै रनिवास अंक भरि पाय परस्से।
पुत्र मित्र परिवार दास दासन्नि दरस्से ॥
एम सुनवि आय पदमावती गुरू चरन ले सिर धरै।
रावळ निरखि तब ऊचरिव पुत्री तुम कारिज सरै ॥14॥

इसी समय योगीन्द्र भी राजद्वार पर आ पहुँचा। सिंघलद्वीप के राजा ने योगीराज का जैसे ही आगमन सुना, वह आनन्द निमग्न हो गया और उसने आकर योगीन्द्र के चरणों में मस्तक झुकाया व चक्षु स्पर्श कराये; सारा रणिवास आया और उसने भी अंक भर कर योगीराज की चरण वंदना की। पुत्र, मित्र, परिवार, दास, दासी, सभी ने दर्शन किये। जब पद्मिनी ने यह सारा हाल सुना तब वह भी आ गई और उसने भी गुरुवर्य योगीन्द्र के चरणों में शीश झुकाया। योगीन्द्र ने प्रणाम करती हुई पद्मावती को देखकर कहा, हे पुत्री! तेरी मनोकामना पूर्ण होगी ॥14॥

राय कहै सुनि राज पदम पुत्री सुखदायक।
बरस दुवादस भई नहीं कोई बर लायक ॥
हुँ ले आयौ वर राज तोहि पुत्री के कारन।
गढ़ चित्रंग नरेस दुष्ट दानव संहारन ॥
रतनसेन खुम्मान है तास मान नहिं अवर वर।
परनाय देह पदमावती मान वचन अति प्रीत कर ॥15॥

13.1. अप्रत्यक्ष रूप से रत्नसेन ने कहा, मैं राजा हूँ; इसलिये मुझे राजा जैसी भेंट मिली है। मैं वास्तविक योगी होता तो मुझे आटा, वस्त्र आदि ही मिलते। अतः हे पद्मावती! तुझको भी तेरे ही अनुकूल फल मिलेगा।

सिंघलद्वीप के राजा ने निवेदन किया, हे योगीराज! यह मेरी पद्मिनी पुत्री सभी को सुख देने वाली है। यह 12 वर्ष की हो गई है किन्तु अभी तक इसके योग्य वर मुझको मिला नहीं है। तब योगीन्द्र ने कहा, राजन! मैं तेरी पुत्री के लिये योग्य वर ले आया हूँ। यह वर चित्तौड़गढ़ का नरेश तथा दुष्ट दानवों का संहार करने वाला है। इसका नाम रत्नसेन खुंमान है जिसके समान और कोई दूसरा राजा नहीं है। मेरे वचनों को मानकर पद्मावती का विवाह प्रेमपूर्वक इससे कर दे ॥15॥

मानि वचन राजिंद्र सबै अप सीस चढ़ाऔ।
सुनि खुमान चित्रंग भए आनँद मन भाऔ॥
कहै राइ करि क्रिपा बेगि कारिज्ज सु करिऔ।
लगन महूरत पुच्छि सु-दिन साधन संभरिऔ ॥
बाजंत्र बाजि हय गय सघन राग रंग त्रिय गान घन।
श्रीफल बदाय खुम्मान को निज अमास पधराइ तन ॥16॥

सिंघलद्वीप के राजेन्द्र ने योगीन्द्र की समस्त आज्ञाएँ अपने मस्तक पर चढ़ाईं। मनोऽभिलषित हुआ जानकर चित्तौड़ के खुंमान रत्नसेन को आनन्द प्राप्त हुआ। सिंघलद्वीप के राजा ने कहा, योगीन्द्र! कृपा करके विवाह रूपी कार्य जितना जल्दी हो सके उसको उतना ही जल्दी सम्पन्न कराइये। लगन का मुहूर्त पूछकर अच्छे दिन को विवाह की सारी सामग्रियों के संग्रहण की व्यवस्था की गई। बाजे बजने लगे। बड़ी संख्या में हाथी व घोड़ों की व्यवस्था की गई। राग-रंग और महिलाओं द्वारा मंगल गीत गाये जाने लगे। खुंमान रत्नसेन को निजी भवन में पधराकर उसको श्रीफल भेंट किया ॥16॥

देखि रूप राजिन्द्र चंद्र कै इंद्र काम रवि।
भामिनि सबै ब्रिभल्ल नर हि नर सबै तेज दबि ॥
अति उदार दातार सूर जूझार काम रत।
वेद चाल वचनंन विसाल अरि साल उंनमत ॥
अेकंग अंग लखि जंग लखि रिन निसंक मुँह वंक भुव।
सारा हि सबै सींघल पुरह निरखि रान जैसीह सुव ॥17॥

राजेन्द्र खुम्मान रत्नसेन के रूप को देखकर सभी कल्पना करने लगे कि कहीं यह चन्द्र अथवा इन्द्र अथवा कामदेव अथवा सूर्य तो नहीं है? ऐसे अनुपमेय रूप को

देखकर सभी नारियाँ विह्वल हो उठीं। सभी पुरुषों का तेज दब सा गया। राजेन्द्र रत्नसेन अतीव उदार, दानशील, शूरवीर, योद्धा और काम-कला में प्रवीण था। वह वेदानुकूल चाल चलने वाला, विशाल=उच्च विचारों वाला, शत्रुओं को शाल-दण्ड देने में तत्पर रहने वाला था। दिखने में उसकी देह इकहरी थी तथापि रण में जाने का अवसर देखते ही उसकी भौंहे तन जातीं, ललाट की रेखाएँ वक्र हो जाती हैं तथा वह रणक्षेत्र में निश्शंकभाव से जाता है। ऐसे जयसिंह के सुत खुम्मान रत्नसेन को, सिंहलपुर के सारे के सारे देखते हैं, देख-देखकर प्रसन्न होते हैं ॥17॥

चँवरी मंड सुचारि हरिव[1] मंडप तोरन हद।
वेद कलस आरतिय गीत गानहि वेदहि वद ॥
अगनि कर नव ग्रह पूजि साखि रवि वाय तेज दिय।
पानि ग्रहन किय ताम वेद विधि विवर सबहि किय ॥
चाइल नरिंद पुत्रिय परनि सुत हमीर चित उल्लसिय।
जै जया सब्द बंदिन जपै अेक लक्ख जदि विल्हसिय ॥18॥

पाणिग्रहण-संस्कार सम्पन्न करने के लिये सुन्दर वेदी बनाई गई। हरे-हरे पत्तों से मंडप के द्वारादि सजाये गये। मंडप के चारों कोनों पर वेद=चार कलश लगाये गये। वर के मंडप में आने पर ब्राह्मणों ने वेद-मंत्रोच्चारण किये व कामनियों ने गीत गाये। उसकी आरती उतारी गई; अग्नि प्रज्ज्वलित की गई, नवग्रहों का पूजन किया गया और रवि, वायु, अग्नि की साक्षी में विस्तार सहित समस्त वेद की विधियों को सम्पन्न करते हुए दोनों का पाणिग्रहण संस्कार सम्पन्न हुआ। चाइल नरेन्द्र की पुत्री का पाणिग्रहण करके हमीर=शूरवीर पिता जैसिंह के पुत्र रत्नसेन का चित्त आनन्द से भर गया। चारण-भाटों ने जय-जयकार शब्दों का उच्चारण किया। राणा ने तब एक लाख पसाव[1] उनको बक्षीश किया ॥18॥

रंगमहिल राजिन्द्र करिव आनंद इन्द्र सम।
हास विलास हुलास प्रगास गोबे रह दबि तम ॥
अेक बरस खुम्मान मान सुख सींघल पूरं।
महिल महिल मिलि प्रेम जेम बादल मिल सूरं ॥

18.1. संभावित पाठ 'हरित'।

18.1. एक लाख पसाव का तात्पर्य एक लाख के सम तुल्य मूल्य के गहने, हाथी, नकदी आदि का इनाम है। क्षत्रिय राजा लोग चारण-भाटों को 'लाख पसाव', 'कोड़ पसाव' विवाह आदि अवसरों पर देते थे।

जोगिन्द्र बत्त जंपे ज दिन चत्रकोट की काम वर।
मांगिय सीख सींघल नरिंद बेग बेग चाँपर सुकर ॥19॥

राजेन्द्र रत्नसेन रंगमहल में इन्द्र के समान आनंदोपभोग करने लगा। दिन और रात हँसी-मजाक, खुशी-आनन्द में ही डूबा रहने लगा। इस-प्रकार खुंमान रत्नसेन ने सिंघलद्वीप में पूरे एक वर्ष तक आनन्दोपभोग किया। उसने महलों में महिल-पद्मिनी से इस-प्रकार प्रेम-प्रसंग किया जैसे बादल सूर्य से मिल कर करते हैं। योगीराज ने जिस दिन चित्तौड़ के काम-काज की स्मृति रत्नसेन को कराई,उसी दिन उसने सिंघल नरेश से शीघ्रातिशीघ्र विदा होने की पक्की अनुमति माँगी ॥19॥

जबहि राइ चाहील सीख पदमावति कीनी।
मनि मानिक मोती रतन लाल इक लाइक दीनी ॥
करि मनुहारि विसेष रान सनमान विसेष किय।
सेवक सेव सुकज्ज साथ राघव-चेतन दिय ॥
मीरग तुचा बिछाय सिध मंत्र उचरि आसंन द्रिढ।
सीध रतन दुज दोय पौहर पहौंचे स चित्रगढ़ ॥20॥

तबही चाइल-नरेश ने रत्नसेन-पद्मिनी को विदा होने की अनुमति प्रदान की। रत्नसेन के कदानुपात से मणि, माणिक्य, मोती आदि रत्न व एक लाल प्रदान किया। विशेष मनुहार की। राणा का सम्मान भी विशिष्ट प्रकार से किया। साथ में सेवा करने के लिये सेवक और राघव-चेतन नामक ब्राह्मण भी दिया। योगीराज ने मृगछाला बिछाई। दृढ़ आसान लगाया और मंत्रोच्चारण किया। उस पर बैठकर सिद्ध योगी, रत्नसेन, राघव-चेतन ब्राह्मण और पद्मिनी चित्तौड़ के लिये उड़ चले और दो प्रहर में वहाँ पहुँच गये ॥20॥

प्रथम पहर तजि दीप पहर चौथे गढ आओ।
सुभट सबै हैं दुचित ताम रानह दरसाओ ॥
बजी निसान न्रिघोष किन्न निच्छावरि तब्बं।
कुलदेवी लगि पाय विगत कारज किय सब्बं ॥
सब निरखि महिल चित चलन गति रूप तेज राका उदधि।
पदमगंध पध रचि प्रिथी रवनि रयनि उडगनि प्रिथी ॥21॥*1

उक्त चारों ने सिंघलद्वीप प्रथम प्रहर में छोड़ा और चतुर्थ प्रहर में चित्तौड़गढ़ पहुँच

*1. इसके पश्चात् हाशिये में 2 छप्पय छंद और हैं जिनको परिशिष्ट में दिया गया है।

गये। राणा रत्नसेन को चित्तौड़ छोड़े हुए एक वर्ष बीत गया था। अतः यहाँ के सभी शूरवीर दुचित्ते=संशय की स्थिति में थे कि राणा कहाँ व किस स्थिति में है? इतने ही में उनको राणा के दर्शन प्राप्त हो गये। तत्काल तुमुल-ध्वनि में नीशान बजने लगे। सभी ने राणा के समक्ष न्यौछावर करते हुए जुहार की, राणा व रानी ने कुलदेवी की पगवन्दना=पूजा-अर्चना की और परम्परानुसार करणीय सारे कृत्य सम्पन्न किये। समस्त राजमहिषियों ने पृथिवी पर पद्मगंधा पद्मिनी की मनः गत्यानुसार चलने की गति व तेजस्वी रूप को पृथिवी की अन्यान्य रमणियों रूपी जुगनुओं के बीच पूर्णिमा के चन्द्रमा के समान देखा ॥21॥

गहिर उदधि बिच महल फुली परवनि चिहुँ पासं।
चंदन चम्पै अंब दाख गूलाब प्रगासं ॥
केल कदंब कनेर जाय मरुवौ नारंगी।
बेल अखय बीजोर सेव अंनार सुरंगी ॥
सरिस कदंम सेवंतरी श्रीफल माधवी सरस।
पुंगी सहितूत जंबूरयनि बौंलसिरी बीदाम रस ॥22॥

पद्मिनी का महल गहरे समुद्र में है जिसके चारों ओर विविध प्रकार के फल युक्त सघन वृक्षों का समूह है। वृक्षों के नाम हैं—चंदन, चंपा आम, द्राक्षा, गुलाब, केला, कदम्ब, कनेर, चमेली, मरुवा, नारंगी, बिल्व, अखय विजोरा, सेव, सुरंगा अनार, सरस कदम्ब, सेवंतरी, श्रीफल और सरस माधवी-लता, सुपारी, शहतूत, जामुन, मौलश्री, और रस युक्त बादाम के वृक्ष चारों ओर छाये हुए हैं ॥22॥

अति अनूप आवास दुतिय कयलास विलासं।
कंचन थम्भ जटित्त चित्र नौ खेचिहुँ पासं ॥
लक्खि महिल्ल बिछात लक्ख दोइ पालिख लागे।
रतन जोति परगास जानि रवि कोटिक ऊगे ॥
इस सहस दासि सुख रासि रस अलंकार इक लाख लख।
फुलेल तेल मन बीसही एक निसा सारीक रख ॥23॥

पद्मिनी का महल अनुपमेय है। ऐसा लगता है, मानों वह दूसरे कैलाश का ही विलास है। उसके स्तम्भ स्वर्ण निर्मित हैं जिन पर विविध चित्र खँचित हैं। महल की बिछायत (फर्श पर कालीन आदि) का मूल्य एक लाख व पलंग का मूल्य दो लाख था। वहाँ के रत्नों की ज्योति का प्रकाश इतना तेज था कि लगता था मानों

करोड़ों सूर्य उदय हो रहे हों। रस पूर्ण सुख देने वाले एक हजार दास-दासियाँ थीं। पद्मिनी के अंलकार-गहनों का मूल्य एक लाख था। एक संपूर्ण रात्रि के लिये सुगंधि युक्त बीस मण तैल काम आया करता था ॥23॥

दोहा

मृगमद तोल पचीस है, तोल घनसार पचीस।
नख केहरि बिचपंन अर, अगर अतर चकीस ॥24॥
मंजन उजल गुलाब जल, धूप अगर बासंत।
निति मंजन पदमनि करै, पंच सहस लासंत ॥25॥

पचीस तोला कस्तूरी, पचीस तोला कपूर, बीस तोला केशर, और आवश्यकतानुसार इनमें मिलाने का चन्दन व इत्र; इन सबको स्वच्छ गुलाबजल में मिलाकर धूप व अगर से पुनः सुवासित कर पाँच हजार घड़ों के जल में इनको मिलाकर पद्मिनी के लिये स्नानार्थ जल तैयार किया जाता जिससे प्रतिदिन वह स्नान करती थी ॥24-25॥

कवित्त

वसन मोल दह सहस लक्ख दस जवहर अग्गह।
[1]इक तोलौ अहि इक सहस तोले दस अतर सु लग्गह ॥[1]
मुकताहल लख हार लसहिं कंचुकि एक लक्खं।
लक्ख लक्ख त्राटंक सीस फुल्लहि बी लक्खं ॥
मघवान पान कंचन तबक मौहर नित तंबोल ही।
राचंति धरनि पैं धरत रत हंस गती जुति सकति सही ॥26॥*2

पद्मिनी के वस्त्रों का मूल्य दस हजार एवं जवाहरात का मूल्य दस लाख था। शृंगारार्थ काम में आने वाले शीशे का मूल्य एक सहस्र था। वस्त्रादि पर दस तोला इत्र का प्रयोग होता था। मोतियों के हार का मूल्य एक लाख एवं कंचुकी का मूल्य भी एक ही लाख था। दोनों कानों के दोनों कर्णाभूषण एक-एक लाख के थे जबकि शीशफूल दो लाख मूल्य का था। प्रतिदिन के लिये मगही पान पर कंचन का तबक लगता था जिसका मूल्य एक मोहर था। हंस की गति से चलने वाली शक्ति स्वरूपा, पृथिवी पर रति (कामदेव की पत्नी) के रूप में पद्मिनी विराजती है ॥26॥

26.1. संभावित पाठ "इक तोलौ अहि सहस तोल दस अतर सु लग्गह।
*2. यहाँ हाशिये में 3 अतिरिक्त छंद 2 छप्पय व 1 दोहा मिले हैं।

तजी रवनि सब और राज पदमावति रंतौ।
महा मोह बसि भयौ रहै निसदिन मैं मंतौ॥
जल पीवन को नैम बिना देखै पदमावति।
तेज इंद कुसमहि सुवास रहै ऐसी विधि रावति॥
एक दिवस प्रातहि भए सिकार दमामा बग्गिऔ।
खुम्मान चढ़त चतुरान सजि दुज राघव-चेतन सथह गऔ ॥27॥

रावळ रत्नसेन ने और सब पत्नियों को छोड़ दिया और वह केवल पद्मिनी में ही अनुरक्त हो गया। वह उसके मोह में मोहित हो गया। रात और दिन उसी के मद में मस्त रहने लगा। रावळ रत्नसेन ने नियम ले लिया कि वह बिना पद्मिनी का मुख देखे जल नहीं पियेगा। वह पद्मिनी के साथ ऐसे रहने लगा जैसे भौंरा पुष्प की गंध में मस्त होकर उसीमें बंद हो जाता है। ऐसी रहनी रहते-रहते एक दिन प्रातः काल शिकार खेलने जाने का सूचक नगाड़ा बजा। खुम्मान रत्नसेन घोड़े पर सवार हो चतुर राघव-चेतन ब्राह्मण को साथ लेकर शिकारार्थ गया ॥27॥

दोहा

बनसी तीरहि खेलतैं, त्रिखा बियापी तेम।
बिन देखैं पदमावती, जल पीवन को नेम ॥28॥

शिकारार्थ बरछी व तीरादि लिये इधर से उधर भ्रमण करते-करते रावळ रत्नसेन को अत्यधिक प्यास लगी किन्तु वह जल पी नहीं सकता था क्योंकि उसने पद्मिनी का मुख देखकर ही जल पीने का नियम ले रखा था ॥28॥

कवित्त

तब राघव चित लाय चित्र पुतरी सँवारी।
त्रिपुरा की करि क्रिपा रूप पदमावति नारी॥
भेस भाव सब किया जंघ परि तिलवा भाया।
देख राय भयौ रोस देख मन मंझै आया॥
बिन रमैं समै पदमावती तिलवा क्यों करि जानिअै।
मारूँ हिं विप्र काढ़ूँ नयर एह कुभाव चित आनिअै ॥29॥

तब राघव-चेतन ने मन को एकाग्र कर भगवती त्रिपुर-सुन्दरी की कृपा से रूपवती पद्मिनी नारी की मूर्ति चित्र के रूप में हूबहू बनाई। चित्रित नारी का वही वेश, वैसे ही भाव आदि बनाकर राघव-चेतन ने उसके जंघा पर तिल भी बनाया।

तिल को देखकर रावळ रत्नसेन मन ही मन में अत्यन्त क्रोधित हुआ। उसने मन में विचारा, पद्मिनी से अंग-संग किये बिना इस ब्राह्मण ने उसके जंघा के तिल को कैसे जान लिया? यदि जाना है तो कुछ न कुछ गड़बड़ है। अतः या तो मैं इसको मार डालूँ किन्तु यह विप्र होने से अबध्य है। अतः इसको नगर से=देश से निकाल दूँ, यही उचित है, ऐसा दंड रावळ ने मन में निश्चित किया ॥29॥

राय पधारे दुरग विप्र कौं दिआ निकारा।
राघव तिसही समै बेस वैरागी धारा ॥
भगवा वस्त्र सरीर नीर भरि लिआ कमंडल।
जंत्र बजावै जुगति जोग तत रहै अखंडल ॥
दिलिहि आय प्रापति भयौ बसै उद्यान वनखंड सिर।
अलावदीन सुलतान तहाँ करहिं राज नरनाह नर ॥30॥

रावळ रत्नसेन दुर्ग पर आया और उसने राघव-चेतन को देश निकाला दे दिया। राघव ने उस ही समय वैरागी का वेश धारण किया, भगवे वस्त्र पहन लिये, कमण्डलु में जल भर लिया व युक्तिपूर्वक योगियों का वाद्य-यंत्र-सितार युक्तिपूर्वक बजाने लगा। वह योगियों के तत्व= सिद्धान्तानुसार अखण्डित रूप में रहने लगा। उसने चित्तौड़ को त्यागकर दिल्ली का रास्ता लिया और वह दिल्ली के जंगल में स्थित एक उद्यान में आकर रहने लगा। उस समय दिल्ली में अलाउद्दीन खिलजी नामक सुलतान राज करता था ॥30॥

साहि चढवि सीकार चढ़ी तोषार सगज्जं।
वागुरि खेद के दत्त स्वान चीते जुरवज्जं ॥
सिकरा लगर सिंचान सीह गोसं फँद पावर।
मूल धराधर बंध मूल तरु मग्गह उप्पर॥
द्वै पुहर सात कहि अलावदी मृग नयनन न दिक्खए।
सुलतान रोस उमरान मझि खान सबै मुह बिलखए ॥31॥

अलाउद्दीन खिलजी एक दिन घोड़े पर चढ़कर गर्जना करता हुआ शिकारार्थ जंगल जाने को उद्यत हुआ। उसने अपने साथ फंदा, तेज दौड़ने वाले कुत्ते, चीते और जर्राह लिये। बाज, लग्गड़बग्घा, बाज से छोटे कद का शिकारी पक्षी सिंचान, सिंहघोष और सहायतार्थ फंदे भी लिये। जलाशय के किनारे जहाँ शिकार योग्य जानवरों का आवागमन संभाव्य था, वहाँ के वृक्ष के ऊपर बादशाह ने मचान

बाँधा। दो प्रहर तक प्रतिक्षा करने पर भी अलाउद्दीन को एक भी मृग आता-जाता न दिखा। तब सुलतान ने सभी उमरावों के प्रति रोस=क्रोध व्यक्त किया जिससे सभी खानों के मुख लटक गये=बिलखने लगे ॥31॥

तक्कू तके हिरंन खबरि दिन्हीं तहाँ पावर।
सुनत सही हय हक्कि आइ तिहिं ठाम सितावर ॥
सहस जीव इक जीव हलैं नहिं करहिं हलाए।
निकट आइ अधिरज्ज कज्ज इहि कौंन खुदाए ॥
धरि जंत्र जिंद धारनि धरन सारंग रंग रत्तौ सरस।
सहसा बिहरत साहिब चित परम पुंनि पूरन पुरस ॥32॥

दूर-दूर देखकर खबर देने वाले तक्कू ने देखकर सुलतान को खबर दी कि मृग यहाँ नहीं, अन्यत्र हैं। सुनते ही घोड़े को दौड़ाकर तत्काल बादशाह वहाँ आया जहाँ मृग थे। उसने देखा, हजारों जीव वहाँ इस-प्रकार एकजीव=तन्मय हो रहे हैं कि उनको हाथ से हिलाने पर भी वे हिलते-डुलते तक नहीं हैं। सुलतान ने निकट आकर देखा और आश्चर्य किया कि खुदा का यह कौन सा चमत्कार है? एक जीव के सरस स्वर मय संगीत से सारे जीव निश्चेष्ट हो रहे हैं अथवा एक जीव यंत्र बजा कर कितने ही जीवों को धरती पर रोककर रखने व अपने संगीत को सुनाने में सफल हो रहा है। खुदा के इस चमत्कार को समझकर अचानक साहब (अलाउद्दीन) का चित्त शिकार से उचटकर परम पुण्य स्वरूप पूर्ण-पुरुष की ओर उन्मुख हो गया ॥32॥

दोहा

निरिख साह चित चित्तयौ, यह कोउ रूप अलेख।
विरत दुनी वैराग रत, सुरति निरति ही एक ॥33॥

सुलतान ने देखकर चित्त में विचार किया कि यह कोई अवश्य ही मानवाकृति में अतिमानव है। दुनिया से विरत है। वैराग्य में रत है और इसकी सुरति=चित्त-वृत्ति व निरति=नेत्रों की दृष्टि एक लक्ष्य में समाविष्ट है ॥33॥

पानी जोरि सुलतान तब, पाय थंभि द्रिढ प्रान।
भए निजरि परनाम किय, दीय असीस निधान ॥34॥

तब सुलतान दृढ़ साहसी होकर दोनों पैरों को एक जगह रोपते हुए दोनों हाथों को जोड़कर राघव-चेतन की नजरों के समक्ष हुआ और प्रणाम किया। राघव-चेतन ने उत्तर में आशीर्वाद दिया ॥34॥

गाहा

पुछै असुर नरेसो, इस तर कवन आएसं।
उचरि सिध आदेसं, सिंघल दीप आमतं ममं ॥35॥

असुरनरेश=इस्लाम-धर्मानुयायी सुलतान ने पूछा, इस ओर आपका आगमन कहाँ से हुआ है? तब सिद्ध रूपी राघव-चेतन ने आदेश शब्द का उच्चारण करते हुए कहा, मैं सिंघलद्वीप से आया हूँ ॥35॥

दोहा

जंत्र मंत्र तंत्र राग जुत, चित्र विचत्र पुरान।
हिय रख कुरान रहसि, सुचित्त मित्र सुरतान ॥36॥

राघव-चेतन ने कहा, जिसप्रकार यंत्र, मंत्र, तंत्र, राग-रागिनी और तरह-तरह के पौराणिक आख्यान हैं वैसे ही कुरान भी रहस्यों का खजाना है। अतः हे मित्र सुलतान! उसको सुचिंतित रूप में अपने हृदय में धारण कर ॥36॥

कहै दिलीपति जोरि करि, पुर कीजिअै प्रवेस।
राज महल राजिन्द्र रहि, भगति जुगति सब भेस ॥37॥

दिल्लीपति ने हाथ जोड़कर कहा, उद्यान को त्यागकर शहर में चलकर रहिये। वहाँ राजमहलों में राजेन्द्र रहता है तथा आप जैसे वेशधारी सभी संत-महात्मा भक्ति की युक्ति के साथ रहते हैं ॥37॥

गाहा

इहि सुनि सिध उचरीयं, सम सींघ पंथ ए नाहीं।
वन वन मन विचरीयं, संचरीअै भावीअै तेहं ॥38॥

सुलतान की बात सुनकर सिद्ध ने कहा, सिंहों के समान सिद्धों का मार्ग यह नहीं है। सिद्धों का मार्ग है—मनः संकल्पानुसार वन-वन में वहाँ-वहाँ विचरण करना जहाँ-जहाँ के लिये मन चाहे ॥38॥

पाय लगि पतिसाहं, करह वार विनवीयं।
करि जोगेन्द्र क्रिपाह, आसनं तथ आसनं रखि ॥39॥

सिद्ध के आसन के नीचे अपना आसन बिछाकर सुलतान सिद्ध के पाँवों में झुका और बार-बार विनती करने लगा कि सिद्धराज! मुझ पर कृपा करिये ॥39॥

एम जोगेन्द्र उचरीयं, सु संज केम सुरितान।
करकरं पवंन सुसकरीयं, स्वयं भावयं जथं ॥40॥*3

सिद्ध योगीन्द्र ने कहा, हे सुलतान! आपके साथ का इतना बड़ा सरंजाम क्या कर रहा है? जो आप स्वयं अपनी भावनानुसार अपने हाथ से मेरी हवा कर रहे हैं? ॥40॥

दोहा

आजीजी अल्लावदी, किय सुलतान कवल्ल।
सोफी धर सुखपाल मझि, पधरायस्स महल्ल ॥41॥

अलाउद्दीन ने अतीव दीनतायुक्त प्रार्थना करके सिद्ध के कम्बल को स्वर्ण निर्मित पालकी में बिछाया, उस पर उसको बैठाया और अपने महलों में पधराया॥41॥

गाहा

निज ग्रिह असुर नरिदं, अंतेवर अंतरं निधं।
जुगति भुगति जोगिन्दं, चितय चाहीऔ जथं ॥42॥

म्लेच्छ-नरेश के निजी महल सहित अन्तःपुर के अंतरंग तक में युक्ति से योगीराज राघव-चेतन, उसका जहाँ जाने को तथा जैसा करने को चित्त करता था, वहीं जाता व वैसा ही करता था ॥42॥

दोहा

दिन दिन प्रेम बढंत दिन, तिम तिम राग सुनंत।
सिध आसन सुलतान सम, रैयन दिंन रहंत ॥43॥

सुलतान, राघव-चेतन से जैसे-जैसे राग सुनता, वैसे-वैसे ही उसका दिनानुदिन प्रेम बढ़ता जाता। सुलतान व सिद्ध का आसन दिन और रात एक ही स्थान पर रहता ॥43॥

कवित्त

इक्क दिवस न्रिप कोय सुसा जीवत ग्रिह लाया।
आप करह सुरतान गोद उप्पर बैठाया ॥

---

*3. इसके पश्चात् 3 दोहा छंद हाशिये में अतिरिक्त हैं।

ता पर फेरै हत्थ अथं कोमल रोमावल।
अथ कोमल कछु कहौ [1]राघव विध रावळ[1] ॥
हत्थ फेरि राघव कहै यातैं कोमल सहस गुण।
पदमिनी देह विप्र उचरैं पातिसाहि धरि कान सुण ॥44॥

एक दिन कोई अधीनस्थ राजा एक जीवित खरगोश को महल में ले आया। सुलतान ने उस खरगोश को अपने हाथों में लेकर अपनी गोद में बैठाया। सुलतान उसके ऊपर हाथ फेरने लगा और इसकी रोमावली अतीव कोमल है, कहने लगा। सुलतान ने राघव से पूछा, कोई यदि इससे भी अधिक और कोई कोमल है तो वह बताओ; तब राघव ने भी खरगोश के ऊपर सुलतान की तरह ही हाथ फेरकर कहा, इससे भी सहस्र गुणा कोमल पद्मिनी का शरीर है। मैं विप्र ऐसा कहता हूँ, हे सुलतान! कान खोलकर सुनो ॥44॥

दोहा

दोय सहस मुझ हरम है, महलौं देखौ जाय।
पदमावति के रूप रँग, राघव निरखि बताय ॥45॥

राघव-चेतन का उत्तर सुनकर सुलतान ने कहा, मेरे हरम में दो हजार स्त्रियाँ हैं। जाइये और महलों में जाकर उनकी परीक्षा करिये; बताओ कि उनमें से कौन-कौन सी स्त्री में पद्मिनी नारी के रूप रंग घटित हुए हैं ॥45॥

कवित्त

तब राघव उचरीय सही बैठै इक ठावहि।
तेल कुंड भरि धरहि आय दीदार दिखावहि ॥
चलत निरख ही पाय धरनि रच्चैं गुन सच्चैं।
भमर भमत गुंजंत बास तन पदमहि अच्चैं ॥
गति हंस चंद वदनी चतुर सुगंध आहार उदार मन।
आधीन राग सिंगार रस भोग अलप प्रीतम जतन ॥46॥

तब राघव-चेतन ने कहा, हम दोनों एक स्थान पर बैठेंगे। पास ही तैल से भरा एक कुंड होगा। सभी हुर्माएँ बारी-बारी से आकर तैल-कुंड में अपना मुख दिखायेंगी। वे जब चलेंगी, तब धरती पर उनके पैर के चिह्न उनके गुणों का प्रकटीकरण

44.1. संभावित पाठ "किन्न राघव विध रावळ"

करेंगे। हम उनका निरीक्षण करेंगे। पद्मिनी को पहिचानने की कुछ युक्तियाँ हैं, उसके आस-पास भँवरे गुंजन करते हुए भ्रमण करते हैं। उसके शरीर से कमल की गंध आती है। उसकी चाल हंस जैसी तथा उसका मुख पूर्ण-चन्द्रमा के समान होता है। वह चतुर होती है। उसका आहार सुंगधमय होता है। उसका मन उदार होता है। वह श्रृंगार-रसमयी राग-रागनियों को सुनने के आश्रित रहने वाली, अल्प भोगवती तथा प्रियतम को सुख प्राप्त हो, ऐसा यत्न करने वाली होती है ॥46॥

पातसाहि साहाबदीन सिर हौद तखत किअ।
गौख हरम झंखहि उझकि बैठि राघव ढिग देखिअ ॥
प्रात हुतै तिय पहर चित्त धरि सब प्रतिबिम्बं।
सीस धुन्नि सुलतान फेर पुच्छैं दुज ही तब ॥
कर जोरि ताम बिप्र ऊचरै हिक हिय बात भगीत मनी।
चित्रनी हस्तनि संखनि सब नहीं साह घर पदमिनी ॥47॥*4

बादशाह ने प्रातः काल होते ही एक तैल के हौद के सन्निकट अपना सिंहासन लगवाया। उसके निकट ही राघव बैठकर देखने लगा। गवाक्ष (गोखे) से हरम (हुर्माओं) को ऊँचा हो-होकर देखता रहा। प्रातः काल से तीसरे प्रहर तक सभी प्रतिबिंबों को देखा और उनका आकलन चित्त में सुरक्षित रखा। राघव ने तीसरे प्रहर तक सबको देखकर सिर धुना। सुलतान ने ब्राह्मण से पूछा कि क्या माज़रा है। तब ब्राह्मण ने हाथ जोड़कर कहा कि मेरे मन में एक ही बात जँचती है कि हे शाह! आपके घर में चित्रिणी, हस्तिनी तथा शंखिणी नारियाँ ही हैं। एक भी पद्मिनी नारी नहीं है ॥47॥

गाहा

सै पूछै सुलतानं, बे राघव पदमनि कथं।
दरिया पार दीपानं, चहुवान सींघलं रायं ॥48॥

सुलतान ने तब ब्राह्मण से पूछा, हे राघव! पद्मिनी नारी कहाँ है? ब्राह्मण ने उत्तर दिया, समुद्र पार सिंघलद्वीप के चौहान राजा के घर में पद्मिनी है ॥48॥

दीय तैवार दमामं, तमाम सज्जि गज तुरी सुभटं।
ऊठि चन्द्र अमामं, हल कुंच सींघल ऊपरं ॥49॥

---

*4. इसके पश्चात् हाशिये में 3 दोहा व 4 कवित्त छप्पय छंद अतिरिक्त हैं।

उसी-समय सुलतान ने कूँच के नँगाड़े बजवा दिये। तमाम गज, घोड़े और योद्धाओं को सुसज्जित कर शुभ चन्द्रमा का शोधन कराकर तत्काल सिंघलद्वीप की ओर कूँच किया ॥49॥

लिय चतुरंग सुलक्ख, दर दर कुंच कुंभय दख्यं।
पौहते सताब स सबं, उदधी तीर अलावदी ॥50॥

एक लाख चतुरंगी=हाथी, घोड़ा, रथ व पदाति सेना दरानुदर कूँच करती हुई शीघ्र ही, सभी अलाउद्दीन के साथ समुद्र के तीर पर पहुँच गये ॥50॥

अखौ उदधि अपारं, दखो मीर सुख अरु दुखं।
दुखं जनारदारं, पुकारं का जललं ॥51॥

अक्षय और निस्सीम समुद्र को देखकर सुलतान ने मीरों से सुख और दुख की बात पूछी। वस्तुतः दुःख जनारदार[1] होना है। समुद्र के अगाध और निस्सीम जल को पुकारना व्यर्थ है ॥51॥

सहसर कोस समंदं, लगं अग बीच जल मधं।
जल जेहाज सबंधं, पीरान दोजिग जितं ॥52॥

समुद्र का पाट सहस्र कोस का है। कभी-कभी जल के मध्य आग=ज्चार-भाटा भी आता रहता है। जल को जहाज के माध्यम से ही पार किया जा सकता है। अतः समुद्र को पार करना पीरों द्वारा नरक को जीतने जैसा दुष्कर है ॥52॥

दोहा

फिरि पूछय सुलतान दुज, बुधी करौ कछु और।
रतनसेन खुम्मान कै, पदमनि गढ़ चीतौर ॥53॥

मीरों की बात सुनकर सुलतान ने ब्राह्मण राघव-चेतन से पुनः कहा कि पद्मिनी-प्राप्ति की कुछ और ही युक्ति बताओ। तब राघव-चेतन ने कहा, चित्तौड़गढ़ के स्वामी रत्नसेन खुम्मान के यहाँ पद्मिनी है ॥53॥

भुंजगी

सुनत विप्र के बैन उर सही रज्जे। सबै पीर मीरं करं मुच्छ सज्जे ॥
किते उज्जबक्कं करं हक्क गज्जं। भई घैर घोरं स नीसान बज्जं ॥54॥

51.1. 'जन', फारसी का स्त्रीवाचक शब्द है जनां बहुवचन है। जो 'जनां' स्त्रियों का लम्पट है, वही दुःख है। समुद्र का जल, उसकी अगाधता व निस्सीमता नहीं।

ब्राह्मण राघव-चेतन के वचन सुनते ही सुलतान ने उनको सही मानकर हृदय में धारण कर लिये। सारे पीर और मीर अपने-अपने हाथ मूछों पर फेरने लगे। कितने ही उजबेक=मुसलमान योद्धा बुलन्द गर्जना करने लगे। नँगाड़े बजने से गहरी ध्वनि होने लगी ॥54॥

किऐ कुंच पीछौ तिही बेर साहं। भयौ हुक्म गोहौ सु चीतोर राहं ॥
तबै ही बहीरं लगी पंथ तत्ती। मनौं सीह नद्दं चली हैं उमत्ती ॥55॥

उसी-समय बादशाह ने आदेश दिया कि चित्तौड़ का रास्ता पकड़ो। सिंघलद्वीप से उलट कर सेना ने तबही कूँच कर दिया। जाती हुई सेना का ताँता रास्ते में ऐसा लग रहा था, मानों कोई उन्मत्त हुई उमड़ती-घुमड़ती स्याह काली नदी बह रही हो ॥55॥

गुराबं चले गुंजते गुग्घ घट्टं। उपाडंत भारं पहाडंत पीठं ॥
चल्यौ अति हिं आराबा जूह चोजं। चले बान जंबूर हथनाल होजं ॥56॥

अरड़ाटा (ऊँट की आवाज) करते हुए ऊँटों का समूह पीठ पर तोपों को लादकर वृक्षों को उखाड़ते हुए व पहाड़ों को रोंदते हुए चला। युद्ध करने की चाह मन में सँजोकर योद्धाओं की टुकड़ियाँ चलने लगीं। बाण, ऊँट पर लादी जाने वाली तोपें व हाथी पर बैठकर काम में ली जाने वाली तोपें भी चल पड़ी ॥56॥

करी च्यार हज्जार चले मेघ कंती। घटा कज्जलं उज्जलं बुग्ग दंती ॥
झरे डाण तल डाण मचे जोर कादौ। गजै घोर गहरी रजैं मास भादौं ॥57॥

बगुले जैसे सफेद दाँत वाले, मेघों की काली घटाओं के समान चार हजार हाथी चले। उनका मद पर मद टपकता जाता था जिससे भयंकर कीचड़ मच गया। हाथियों की चिग्घाड़ इतनी ऊँची थी मानों भाद्रपद में बादल गरज रहे हों ॥57॥

चमक्कै गजं बाग बीजू चरित्तं। सदं बीर घंटा सदा दुर्निसत्तं ॥
मुगल्लं ममोलं दिपै लाल मोहं। चले बंध गजगाह करै दीन सोहं ॥58॥

हाथियों को वश में करने वाले अंकुश बिजली की भाँति चमकते थे। हाथियों के मद-स्थल पर लटके गज-घंटों की तुमुल ध्वनि सदा बजने लगी। बरसाती लाल रंग के कीड़े (ममोल-वीरबहूटी) मुगलों को लाल रत्न की भाँति मोहित करते थे। चलते हुए योद्धाओं के समूह कायरों को भी सिंह जैसे योद्धा बनाते थे ॥58॥

पठानं पनीं गख्खरं रोह सेखं। रुमी रोहिलं खोखरं बिलोच रेखं ॥
धोरी काकसी सिंध उजबक बिलोचं। सज्जे तुरान कुरान सच्चं ॥59॥

कुरान की पवित्रता व सचाई में विश्वास रखने वाले पठान, पंनीगर, गक्खर, रोह, शेख, रूमी, रोहिल, खोखर, बलोच, धोरी काकसी, सिंधी, उजबेक, बलोच, तूरानी आदि सज-सजकर चले जा रहे थे ॥59॥

हयं पक्खरं सुद्ध ऐराक जाती। प्रबं जेत रंगं बरंनै प्रभाती ॥
करैं टोप संनाह जमराह कंधं। सँकै नाहिं जुद्धं रचे रार बंधं ॥60॥

शुद्ध ईराकी जाति के घोड़ों पर झूलें डाली गईं। चलते समय वे जीत की आशा में रंगे हुए प्रभाती राग गाते हुए से मालूम देते थे। वीर योद्धाओं ने सिरों पर टोप एवं शरीर पर कवच धारण कर रखे थे। उन्होंने जमराह=तलवारों को कंधों पर लटका रखी थीं। वे युद्ध जन्य भय से शंकित नहीं थे अपितु युद्ध के लिये पूर्णतया समुत्सुक थे अर्थात् वे युद्ध की रचना करने वाले थे ॥60॥

बनी पंच फोजं हयं गज्ज थट्टं। खरे कुंच दर कुंच सिरं मेदपट्टं ॥
अनी बंध लक्खं बनी मीर बंकं। परं सीस बेधं तबल्लं निसंकं ॥61॥

योद्धाओं के सिरों पर अर्थात् लक्ष्य पर मेदपाट-चित्तौड़ था। अतः हाथी व घोड़ों को पाँच वाहिनियों में विभक्त कर वे कूँच-दर-कूँच करते हुए चले। रण-बाँकुरे मीरों ने एक लाख प्रमाण की फौज को अपने साथ लिया। दूसरों के शिरोच्छेदन करने के लिये वे निश्शंसय कुल्हाड़ी रूप ही थे ॥61॥

तबैहू सुनी बात चीतौर नाथं। जुधं काज सुल्तान सज्जाय साथं ॥
तबै ऊचर्‌चौ बैन रत्नं खुमानं। सुनंतं हमीरं करं मुच्छ पानं ॥62॥

तब ही चित्तौड़नाथ रत्नसेन ने सुना कि युद्ध करने को सेना सजाकर दिल्ली का सुलतान चित्तौड़ आ रहा है। तब ही खुंमान रत्नसेन ने अपनी वाणी उच्चारी। सुनते ही हम्मीर=शूरवीरों ने अपनी मूछों पर हाथ फेरकर उनको मरोड़ा अर्थात् युद्ध के लिये हम भी तैयार हैं, ऐसा संकेत दिया ॥62॥

करौ जुद्ध सुलतान सौ चाकबंधं। अवैधूत रायं विरद्दं सकंधं ॥
हुकम्मं कियौ दूत बेगै पठावौ। हयं पख्खरं सज्जि उम्मराव आवौ ॥63॥

रावळ रत्नसेन ने कहा, मेरे कंधों पर अवधूतराय (एकलिंगनाथ का दीवान) होने का विरुद है। अतः हे वीरो! सुलतान से चाक-चौबंद होकर युद्ध करो। रत्नसेन ने

तत्काल आदेश प्रसारित करवाया कि दूतों को उमरावों के पास भेजकर कहलाओ कि वे घोड़ों पर झूलें डाल-डालकर युद्ध करने को तैयार होकर आवें ॥63॥

फटी ठाम ठामं चिढी देस देसं। सकोटा सोइ सोपरं चंद चंदरेसं ॥
रिनंथंभ नरवर नागौर खोहं। नागरचाल अजमेर मुरधर मिलाहं ॥64॥

देश-देश व स्थान-स्थान के लिये चिठ्ठियाँ लिखी गईं। देशों व स्थानों के नाम हैं–सकोटा, शिवपुर, चन्देरी, रणथम्भौर, नरवर, नागौर खोह, नागरचाल, अजमेर व मारवाड़ ॥64॥

दुरंगं स जालौर आबू दुरग्गं। लोहाना गढं सुध ईडर अभंगं ॥
पुर वीर पावा चंपानेर पट्टी। धरा धार आवं प बावंन बिकटी ॥65॥

जालौर दुर्ग, आबू दुर्ग, लोहानागढ के साथ-साथ अभंग ईडर, शूरवीरों की नगरी पावा, चाँपानेर, धार, अवन्तिका एवं विकट बावन ॥65॥

मडि मांडिलं बधनोरं मदारं। बासौट गोढाण सेरौ नलारं ॥
बागड्ड छप्पन मेवल्ल मुडं। मेवार पठ्ठार झुंझार थडं ॥66॥

मंडी, मांडल, बदनोर, मदार्‌या (देवगढ़), बासोट, गोढाण (गोड़वाड़) सेरानला, वागड़, छप्पन (मेवाड़ का दक्षिणी-पश्चिमी पठारी प्रदेश) मेवल और मुड़ तथा मेवाड़ के पठारी प्रदेशों के योद्धाओं को पत्र लिखे गये ॥66॥

इते नरपती गजपती असी सहसं। मिले आनि चित्तौर रावळ परस्सं ॥
लगे पाय खुंमान के थंभ लाजं। जिन्‌के भुजा भारं हिंदवान साजं ॥67॥

उक्त देशों के नृपति, अस्सी हजार, गजपतियों सहित चित्तौड़ के रावळ से आकर मिले और उन्होंने जुहार की। जिनकी भुजाओं पर हिन्दुओं के सूर्य रूप चित्तौड़-किले की रक्षा का भार था वे स्तम्भ रूप लाज निभाने वाले शूरवीर आकर खुंमान के सामने नत-मस्तक हुए ॥67॥

जबै ऊचर्‌यौ बंकटं बधनोरं। बँटौ कोट बुर्जं सजौ सब्ब ठौरं ॥
रुप्यौ रामपौळं बद्धनोर रावं। वंकट्ट बीरम्म कनक्कं सजावं ॥68॥

जब सब सामन्त, नृपति आदि एकत्रित हो गये तब बदनौर के विकट शूरवीर स्वामी ने कहा कि किले के कोट व बुर्जों को हिस्सों में बाँट लो और सब सभी जगहों पर मोर्चा संभाल लो। स्वयं बदनौर राव रामपोल पर तैनात हो गया। उसने विकट वीरों सहित घोड़ों को सही जगहों पर सजाया-तैनात किया ॥68॥

हयं द्वै सहस्सं पायकं दस्स एकं। रिनं भंजनं संकरं बद्दनेकं ॥
बुर्ज बाहु मोरी समंडिल्ल रायं। हयं सहस्स मेकं सचो पण्णि छायं ॥69॥

बदनौराधीश ने दो हजार घोड़ों एवं ग्यारह हजार पदाति बहादुरों को रामपोल पर जमाया जो शिवंशकर के अनेक आकृति वाले गणों के समान रणक्षेत्र को भंजनकर विजयश्री प्राप्त करने वाले थे। बाईं ओर की बुर्ज पर मांडल के मोरी राय ने एक हजार घोड़ों को सजाकर मोर्चा सँभाला ॥69॥

बुर्ज दहनी मानं आवध संध्या। भटं पंच सहसं गज गाह बंध्या ॥
लखोटा थट्यौ हुड मउनाथ मोलं। भड़ं बीस हज्जार भुजा भार झालं ॥70॥

दाहिनी ओर की बुर्ज पर मानसिंह नामक राजा ने आयुधों से सुसज्जित पाच हजार सुभटों और हाथियों का झुंड तैनात किया। लाखोटा बारी पर हुड़=लोहस्तंभ सदृश मऊ का राजा बीस हजार सुभटों, जो समस्त रणक्षेत्र का भार वहन करने में सक्षम थे के साथ तैनात हुआ ॥70॥

मंड्यौ आमलीचोर चंदेल माधू। बावन पतिसाह स बीस आधू ॥
वरं बीर बारोरिया बक्र घट्टी। धनी बागरं द्वादसं सैस कट्टी ॥71॥

बावन क्षेत्र का चंदेल माधव दस हजार योद्धाओं के साथ आमलीचोर स्थान पर तैनात हुआ। वागड़ का स्वामी श्रेष्ठवीर 12 हजार योद्धाओं के साथ वारोरिया नामक बिकट घाटी में तैनात हुआ ॥71॥

चितौरी मंड्यौ चावरा राव चंदं। इकतीस हजारं सजे सुरिन्दं ॥
बुरज्जं बुरज्जं सजे बीर सब्बं। इकं लक्ख धानंख गढं वीटिं तब्बं ॥72॥

चित्तौड़ी नामक पहाड़ी पर 31 हजार सुसज्जित योद्धाओं के साथ चन्द्र नामक चावड़ा राव तैनात हुआ। बुर्ज-बुर्ज पर सभी वीर तैनात हो गए। उस समय में एक लाख धनुर्धारी-योद्धाओं ने समस्त गढ़ को वींटि-चारों ओर से घेर लिया ॥72॥

अनी बंध च्यारं रती दीय दिन्नं। उतरि गढ जुरि मीर करी छिन्न भिन्नं ॥
सहसं असी एक चित्तं सवाहं। भयं प्रात स्यामं अधं रैन माहं ॥73॥

तीक्ष्ण-धार युक्त भालों से युक्त चार शूरवीर दिन को टाल कर रात्रि में गढ़ से नीचे उतरे और उन्होंने सुलतान के मीर-उमरावों पर धावा बोलकर उनको तितर-बितर कर दिया। गढ़ में स्थित सभी अस्सी हजार योद्धा एकमत थे। वे सभी प्रातः सायं, आधी-रात अर्थात् दिन-रात गढ़ में तैनात रहते थे ॥73॥

मंडे मंत औसौ करे गढ ढोआ। सुर्तान तरहटि मूकाम हूआ ॥
संमतं बारसैं उग्नीसा बरस्सं।...॥74॥

इधर सुलतान ने गढ़ के नीचे आकर मुकाम किया और मंत्रणा करने लगा कि ऐसा उपाय करो जिससे यह गढ ढह जाए अर्थात् फतेह हो जाये। यह समय सम्वत् 1219 का था (जब दोनों ओर से भयंकर युद्ध होना प्रारम्भ हुआ) ॥74॥

बिरद्दं धरै कंध हिंदवान बंकं। करं सूर संनाह नरं नाह हक्कं ॥
रतै[1] आनि सुल्तान हयं छंडि ठढ्ढौ। उतरि द्रुग्ग आभंग भयं जागि गड्ढौ ॥75॥

हिन्दुआ-शूरवीरों का अपने कंधों पर विरुद धारण करने वाले बाँके क्षत्रिय वीरों ने कवचादि धारण कर सुलतान को ललकारा। इधर सुलतान घोड़े को छोड़कर खड़ा हो गया। क्षत्रिय शूरवीरों में गाढा भय व्याप्त हो गया। अतः आभंग=क्षत्रिय शूरवीर दुर्ग से उतरकर नीचे आ गये ॥75॥

भई मूँह मूहं मची मार मारं। हिचे मीर वीरं बजी खग्ग धारं ॥
टुटै कंध संधं छुटै डाडरारं। कटै मुंड जुंडं फुटै सेल पारं ॥76॥

आमने-सामने युद्ध होने लगा। मारो-मारो की ध्वनि चारों ओर गूँजने लगी। मुस्लिम और हिन्दू वीर दोनों हिचे=युद्ध करने लगे और उनकी तलवारों से तलवार बजने लगीं। अनेक के कंधों की संधियाँ टूट गईं। कइयों के डाडर-वक्षस्थल विदीर्ण हो गये। अनेक के मस्तक कट-कटकर गिर गये। कइयों की छातियों से सेल आर-पार हो गये ॥76॥

झड़ैं औझड़ैं त्रिझ्ड़ैं मारि झट्टं। खरंडं खंजरं पंजरं बूड कट्टं ॥
कटारी निनारी दुसारी निकस्सै। तिवारी उटारी उजारी बकस्सै ॥77॥

खड्गधारी योद्धाओं के द्वारा झटक कर प्रहार करने से औझड़ा=पेट= आमाशय कट पड़ते हैं। पदाति सैनिकों के छुरों से शरीर कट-कटकर गिरते हैं। कटारियाँ आर-पार निकल जाती हैं ॥77॥

रतै रैण रच्चं पलं कीच मच्चं। नदी सोन पूरं चली कैं विरच्चं ॥
भसुंडं तिरं बाज गजं मच्छ कच्छं। तिरै खोपरी केस सेवाल अच्छं ॥78॥

रक्त व मांस के मिट्टी में मिलने से कीचड़ ही कीचड़ हो गया। रक्त इतना गिरा कि उसकी नदी ही बनकर वह निकली। उसमें हाथी और घोड़ों के शव उसी-प्रकार

75.1. संभावित पाठ 'इतै'।

तैर रहे थे जिस-प्रकार जल में मच्छ और कच्छ तैरते हैं। मनुष्यों की केश-युक्त खोपड़ियाँ ऐसे तैर रही थीं मानों शैवाल जल पर छा गई हो ॥78॥

घरी च्यार लौं धार झरी मीर सीसं। मुरं कोस लोथं परी सैस बीसं ॥
सुभट्टं छ सैसं कटै चीतौरनाथं। मुच्यौ सेन सुर्तान तूरान साथं ॥79॥

मुसलमानों पर, मीरों पर चार घड़ी तक तलवारों की झड़ी लगी रही जिससे तीन कोस में 20 हजार लासें गिरी। इधर चित्तौड़नाथ के 6000 सुभट भी कटकर मारे गये। सुलतान सेना की छोड़ घोड़े पर बैठकर युद्ध से विरत हो गया ॥79॥

असुरे चदर दीन अल्लावदीनं। सतं कोस गढ छंडि मूकाम कीनं ॥
बजी द्रुंग में नौबती घोर नद्दं। गजी गैंन रैनं मनौ मेघ भद्दं ॥80॥

म्लेच्छ अलाउद्दीन उसी-प्रकार दीन-हीन हो गया जैसे राहु द्वारा ग्रस लेने पर चदिर=चन्द्रमा हो जाता है। उसने भागकर चित्तौड़गढ़ से 100 कोस की दूरी पर अपना डेरा डाला। चित्तौड़गढ़ में जीत की प्रसन्नता का भयंकर शोर करती हुई नौबतें बजनें लगीं। इनकी भीषण-ध्वनि ऐसी लगती थी कि मानों भादों मास के बादलों की गर्जना धरती और आसमान को गर्जनामय कर रहे हों ॥80॥

इहिं भाँति दिन रात भए जुद्ध जाई। वर्ष द्वादसं साहि परिग्धै तुराई ॥
लगै नाहिं जोरं कहूँ द्रुग्ग ठौरं। तबै की मतं साहि कीन्हीं सु औरं ॥81॥

उक्त प्रकार दिन और रात युद्ध होता रहा। शाह अलाउद्दीन बारह वर्ष तक गढ़ को घेरे रहा। दुर्ग की किसी भी ठौर पर सुलतान का कोई जोर नहीं चला। तब शाह ने कुछ और ही उपाय करने का मत स्थिर किया ॥81॥

चली सीध ह्वै गुप्त लै साथि चेला। थप्यौ मंत मीरं अहं द्रुग्ग भेला ॥
जटा बंधि मुग्टं महा रिद्ध धारी। मिल्यौ नाइकं जाई पोठं मँझारी ॥82॥

सुलतान ने अपने मीरों से मंत्रणा कि मैं सिद्ध का रूप धारण करके साथ में चेलों को लेकर गुप्त रास्ते से दुर्ग के द्वार पर जाऊँगा और मैं दुर्ग को भेला-जीत लूँगा। मंत्रणानुसार उसने मुकुट के स्थान पर जटा बाँधी जिसमें कुछ रिद्ध=धन भी रखा। दुर्ग की पोल पर रहने वाले अधिकारी से जाकर मिला ॥82॥

कियं आसनं बीच ठग बंध भेसं। लग्यौ पाइ नाइक दियं उप्पदेसं ॥
कहै नाइकं आगता सीध कत्थं। आसन मनिक्रन्न कासीस तत्थं ॥83॥

साधु वेशधारी ठग सुलतान ने द्वार के निकट बीच में ही आसन जमा लिया।

साधु समझ कर नायक ने पग-वन्दना की। सुलतान उपदेश देने लगा। नायक ने पूछा, सिद्धराज आप कहाँ से आये हैं? तब योगी ने कहा, मेरा आसन काशी के मणिकर्णिका घाट पर है ॥83॥

भयौ पूर मोहत्त नाइक्क नेहं। निसा अंध दुर्ग चढ़े निज्ज ग्रेहं ॥
रह्यौ सीध आश्रम्म किए भीम लत्तं। कही नाइकं रावळं आग बत्तं ॥84॥

नायक सिद्ध की (कपटमयी) प्रेम भरी बातों से पूरी तरह मोहित हो गया। आधी रात्रि में स्वयं के घर जाने के लिये गढ़ पर चढ़ा। सिद्ध वहीं भीमलत आश्रम में ही रहा। उधर नायक ने रावळ के समक्ष सारी बात कही ॥84॥

सुनी बात खुम्मान तुर्तं स आए। भई दीप जोती लगी सींध पाए ॥
निर्ख रूप गोरक्ख दत्तं भरत्थं। भयौ मोह खुम्मान सिद्धान कत्थं ॥85॥

नायक की बात सुनकर खुंमान रत्नसेन तत्काल आया। दीपक जलाकर प्रकाश किया गया। रावळ सिद्ध के पैरों लगा। रावळ को सिद्ध गोरख, दत्तात्रेय और भर्तृहरि के रूप में दीखने लगा। सिद्ध के उपदेश सुनकर रावळ रत्नसेन भी मोहित हो गया ॥85॥

दई एक लालं अमोलं अवल्लं। सबै पासवानं चितं मंन चल्लं ॥
रह्यौ मास तीनी भयौ हेत सब्बै। कह्यौ मद्धि दोपैर चले हम्म अब्बै ॥86॥

अमूल्य व प्रथम श्रेणीय एक लाल (माणिक्य) रावळ रत्नसेन ने नज़र किया। लाल इतना उत्तम और अमूल्य था कि सिद्ध के सेवकों का मन भी ऐसे लाल को प्राप्त करने को ललचाने लगा। सिद्ध तीन मास तक वहाँ रहा। सभी का हेत-प्रेम इससे हो गया। एक दिन दोपहर के समय सिद्ध ने कहा कि अब हम अपने आसन पर जायेंगे ॥86॥

सुनंतं पर्‌यौ पाइ नरइंद्र पालं। मिल्यौ आइ सीताब चित्तं विचालं ॥
दए पंच ल्हास[6] नखित्री पंच उच्चं। दसं मानिकं नंग बीसं समच्चं ॥87॥

सिद्ध जायेगा, ऐसे सुनते ही नरेन्द्र रत्नसेन तत्काल आकर मिला और सिद्ध के पैरों में पड़ गया। उसका चित्त विचलित हो गया। जब सिद्ध रुकने को राजी नहीं हुआ तब बिदा स्वरूप राजेन्द्र ने सिद्ध को पाँच लहसुनिया (गोमेद), पाँच उत्तम किस्म के नक्षत्रानुसार रत्न और दस माणिक्य इस-प्रकार कुल बीस रत्न भेंट किये ॥87॥

करी बात ललचात लिए पौरि वारं। गही बाँह खैरात आए हजारं ॥
भयौ सोर सारा ब कूहं पुकारं। कपट साहि कीन्हौं गह्यौ छत्रधारं ॥88॥

शुद्ध हृदय वाला रत्नसेन ललचाता हुआ, बात करता-करता सिद्ध के साथ चलने लगा। कपटी सिद्ध रावळ को बातों में लगाकर द्वार के बाहर तक ले आया। सुलतान का इशारा पाते ही उसके हजारों सैनिक आ पहुँचे। उन्होंने रावळ रत्नसेन के हाथ पकड़ लिये और उसको बंदी बना लिया। सर्वत्र शोर मच गया, कोहराम मच गया, कहने लगे, शाह ने कपट करके छत्रधारी को बंदी बना लिया है ॥88॥

सोरठा

गह्यौ पौरि जरि लोक, सोर सकल गढ में भयौ।
राजा ले गए रोक, कपट कियौ सुलतान नैं ॥89॥

जनता ने पौल के कपाटों को तत्काल बंद कर दिया, समस्त गढ़ में शोर मच गया कि सुलतान ने कपट किया है, वह धोखा कर राजा को बंदी बनाकर ले गया है ॥89॥

कवित्त

तबहि आप सुरतान गरबि असुरान गरज्जिअ।
दीन दीन उचरब्बि अफरि नीसान सु बज्जिअ ॥
पय संकर गर तोष हत्थ करींय हत्थ जरि।
कलमा करै निवाज बंग धारीय पास धरि ॥
सुरहीय पंच आगैं निजरि प्रात कसाई बद्ध करि।
हैमर गुराब कट्टै[1]अगैं उजबक्क रषि हज्जार चर ॥90॥

तब स्वयं सुलतान गर्व से प्रपूरित होकर मुसलमान सैनिकों से गरजता हुआ कहने लगा, आप लोग पहले दीन-दीन चिल्लाया करते थे; अब आप शहनाई और नँगाड़े बजाइये। इस राणा के पैरों में साँकल, गलें में फंदा और हाथों में हथकड़ी जड़ दो। बाँग देने वाले, कलमा पढ़ने वाले व कलमा पढ़कर नमाज़ गुज़ारने वाले इसके सन्निकट रहो। प्रतिदिन पाच गाय इसकी नजरों के आगे काटो। हैमर=हयवर=श्रेष्ठ घोड़ों और तोपों का थट्ट=समूह चार हजार उजबक-मुसलमान सैनिकों को इसके निकट रखो ॥90॥

90.1. संभावित पाठ 'थट्टै'

गाहा

इहिं बिधि रहैं खुमानं, घेरानं आसुरं जुथं।
जल मीन अकुलानं, जका न वासरं निसा तथि ॥91॥

इस-प्रकार असुरों के यूथों से घिरा हुआ खुमान राजा रत्नसेन रह रहा है। जैसे बिना जल के मछली व्याकुल रहती है, ऐसे ही रावळ रत्नसेन को वहाँ न रात्रि में और न दिन में ही जक-शांति थी ॥91॥

रत्न कुमार करंनं, मतानं मतानं मंडीयं सुभटं।
बंस छतीस पुछि षट ब्रनं, अंग बयन आप उचरीयं ॥92॥

रत्नसेन के कुँवर कर्ण[1] ने भिन्न-भिन्न मत के सुभटों की एक सभा आहूत की। उसने 36 वंशों के क्षत्रियों और छओं दर्शनों की जनता से पूछा; आप सभी अपनी-अपनी राय बताइये कि आगे हमें क्या व कैसे क्या करना है? ॥92॥

92.1. ग्रंथकार ने रावळ रत्नसेन के एक पुत्र का नाम कर्ण बताया है। डूंगरपुर राज्य के गजेटियर की टेबिल संख्या 21 व वीरविनोद पृष्ठ 1005 पर रत्नसेन के पुत्र का नाम कर्ण बता रखा है, जो कुछ समीक्षा की अपेक्षा रखता है। जायसी व गोरा-बादल-पद्मिनी-चउपई का कर्त्ता हेमरतन रत्नसेन के पाटकुमार का उल्लेख करते हुए उसका नाम वीरभान बताते हैं।

निश्चित् ही राजस्थान के कुछ प्राचीन ख्यात-स्रोत इस पुत्र का नाम कर्ण बताते हैं। इन्हीं स्रोतों के आधार पर आलोच्य पद्मिनी-समिओकार ने इस पुत्र का नाम कर्ण लिखा है। इस नाम के आधार पर इतना अवश्य समझ में आता है कि आलोच्य ग्रन्थकार ने पद्मिनी-समिओ सुनी-सुनाई बातों के आधार न लिखकर किसी न किसी चारण-भाट की पोथी के आधार पर लिखा है जिसमें अनेक राजाओं, वीरों, सामन्तों के नाम, उनके राज्यों के गाँवों के नाम आदि लिखे हैं। हो सकता है, इनमें से कुछ सही व कुछ गलत भी हों किन्तु इन पर चर्चा अवश्य ही होना चाहिए। हम रत्नसेन-सुत कर्ण की चर्चा इसी उद्देश्य से यहाँ कर रहे हैं। ओझाजी के अनुसार वह वंशक्रम सर्वथा कल्पित व झूठा है जिसके अनुसार 'कर्ण' रत्नसेन का पुत्र ठहरता है। इस सम्बन्ध में ओझाजी का कथन ही यहाँ प्रस्तुत है।

"वीरविनोद (भाग 2, पृष्ठ 1005) और डूंगरपुर राज्य के गैजेटियर (टेबल संख्या 21) में डूंगरपुर (वागड़) के राजाओं का वंशक्रम इस-तरह दिया है (1) मेवाड़ का गवळ करण (2) माहप (3) नर्वद या नरवर्मन (4) भीला या भील (5) केसरीसिंह(6) सामंतसिंह (7) सीहड़देव या सेहड़ी (8) दूदा, देदा या देदू (देवपाल) (9) वरसिंह या वीरसिंह आदि।

यह निर्विवाद है कि मेवाड़ का रावळ रत्नसिंह वि.सं. 1360 (ई.स. 1303) में अलाउद्दीन खिलजी के साथ लड़ाई में मारा गया; अतएव उसके पुत्र (ऊपर लिखे हुए राजक्रमानुसार) करण (करणसिंह) के राज्य का प्रारंभ भी उसी वर्ष से मानना होगा। यदि प्रत्येक राजा का राजत्व काल औसत हिसाब से 20 वर्ष माना जाये तो सामंतसिंह का वि.सं. 1460 से 1480 तक, सीहड़ का वि.सं. 1480 से 1500 तक, दूदा का वि.सं. 1500 से 1520 तक और वीरसिंह का वि.सं. 1520 से

जंग करं चौगानं, खुम्मानं बंध सुरतानं।
छल बल मंत छिपानं, घन्त एकौं न हाथ पिल चंपं ॥93॥

सुलतान ने खुम्मान को बंदी बना रखा है। अतः हम सबको खुले में उससे युद्ध करके खुंमान को छुड़ा लेना है। सुलतान ने छल-बल से अपने मन्तव्य को छिपाकर रावळ रत्नसेन को बंदी बनाया। कोई भी एक ऐसा नहीं है जो जानबूझकर साँप के बिल में हाथ डाले ॥93॥

कवित्त

गोरवे गौर ऊचर्‌यौ द्रुग्ग अजमेर नरिन्दं।
निसा जुद्ध कीजिऐ सघन अरि करै निकन्दं ॥
रुंड मुंड तुठि तुंड विहंडि भसुंड भभक्कै।
छुटि डार ढढर विहार घट्ट घुम्मै धर धुक्कै ॥
खुम्मान आनि सुलतान भंजि साम काम सिधह करै।
चित्रंगनाथ हत्थह अपँच चमर छत्र सिर ऊधरै ॥94॥

1540 तक मानना पड़ेगा, जो असंभव है; क्योंकि सामंतसिंह के वि.सं. 1228 और 1236 के दो शिलालेख मिले हैं जैसा ऊपर बतलाया जा चुका है। सीहड़ के दो शिलालेख वि.सं. 1277 और 1291 के मिल चुके हैं। वीरसिंहदेव का कोई शिलालेख अब तक नहीं मिला। उसके उत्तराधिकारी दूदा (देवपाल) का वि.सं. 1343 वैशाख सुदि 15 का दानपत्र जिसमें उसके पिता देवपालदेव के श्रेय के निमित्त भूमिदान करने का उल्लेख है और एक शिलालेख वि.सं. 1346 का मिला है। ऐसा दशा में यह कहना अनुचित न होगा कि डूंगरपुर के राजाओं के उल्लिखित वंशक्रम में केसरीसिंह तक के 5 नाम कल्पित है, जिनका कोई संबंध वागड़ (डूंगरपुर) के राज्य से न था। उसका संस्थापक वास्तव में सामन्तसिंह ही हुआ जहाँ से वंशावली शुद्ध है। यहाँ पर यह भी कह देना आवश्यक है कि उक्त वंशक्रम का करणसिंह (कर्ण) मेवाड़ के रावळ समरसिंह या रत्नसिंह का पुत्र न था जैसा कि माना गया है, परन्तु उनसे कई पुस्त पहले वाला कर्ण या करणसिंह होना चाहिए जिसको कुंभलगढ़ और राणपुर के शिलालेखों में रणसिंह कहा है और जिससे रावळ और राणा शाखाओं का निकलना ऊपर लिखा गया है।" **उदयपुर राज्य का इतिहास, भाग प्रथम पृष्ठ 152-153 की टिप्पणी।**

म.म. श्यामलदास ने वीरविनोद मे लिखा है "हिजरी सन् 703 ता. 3 मुहर्रम (वि.सं. 1360 भाद्रपद शुक्ल 4 ई.सं. 1303 ता. 18 अगस्त) के दिन 6 महिने 7 दिन तक युद्ध करने के अनन्तर अलाउद्दीन खिलजी ने चित्तौड़ का किला फतह किया, रावळ समरसिंह का पुत्र रावळ रत्नसिंह बहादुरी के साथ लड़कर मारा गया। उक्त रावळ का बड़ा पुत्र माहप (आहाड़) में और छोटा राहप अपने आबाद किए हुए सीसोदा ग्राम में रहता था। माहप चित्तौड़ लेने से निराश होकर डूंगरपुर को चला गया।" (भाग-1, पृष्ठ-288)

अजमेर दुर्ग के गौरों के प्रमुख गौर नरेश ने सभा के मध्य कहा, रात्रि में युद्ध करो ताकि बलशाली शत्रु को समाप्त किया जा सके अथवा शत्रु को सघनता से समाप्त किया जा सके। तलवार से उनके धड़ों और मस्तकों को काट डालो। उनके हाथियों के माथों को भी काट डालो। समूहबद्ध होकर उन पर टूट पड़ो। उनकी छातियों को चीर डालो। तलवारों से उनके धड़ों को क्षत-विक्षत कर डालो ताकि वे पृथिवी पर लुढकते फिरें। इस-प्रकार सुलतान का भंजन करके खुम्मान को हम गढ पर ले आवें जिससे कि स्वामी का कार्य सिद्ध कर सकें। चित्तौड़ गढ़ाधिप को अपने हाथों से ऊपर लाकर उनके माथे पर छत्र धरें व उस पर चँवर करें ॥94॥

दोहा

जम्पै धंधेर्‌या जिगन, बुधि इह जुद्ध विचार।
अपन जुटैं सुरतान दल, हतन करै सिरदार ॥95॥

धंधेरिया जगन ने कहा, युद्ध करने का यह विचार उचित ही है। हम सभी एक हो जाएँ और सुलतान का सरदारों सहित दल का संहार करें ॥95॥

सोचि मंत थप्पौ सबै, जप्पै यौं जगनेस।
करौ उपाइ सिताब कोइ, लेइ छुड़ाइ नरेस ॥96॥

जगन ने पुनः कहा, सोच-विचार कर इस मंत्रणा को क्रियान्वित करो। कोई ऐसा उपाय शीघ्र ही करना चाहिये जिससे कि हम नरेश को सुलतान की बंदिश से छुड़ा सकें ॥96॥

पना अहाड़ा उचरि वयन, बँध वर वयन सु मान।
देह सींघल की कामिनी, लेह छुड़ाय खुमान ॥97॥

इतने ही में आहाड़ा पंना ने कहा, हे वंधुवरो! मेरो वचनों को मानकर सिंघल की कामिनी को देकर बदले में खुंमान नरेश को छुड़ा लेना चाहिए ॥97॥

दाइ आव सब मंत इहि, केही मान महीप।
कौंन जाति काकी कुँवरि, कितके सिंघल दीप ॥98॥

पंना आहाड़ा का मन्तव्य सबको जँचा गया। इतने ही में मान नामक राजा ने कहा, पद्मिनी की क्या तो जाति है और यह किसकी पुत्री है; साथ ही सिंघलद्वीप कहाँ है, किसी को भी पता नहीं है; अतः पद्मिनी को दे-देने में कोई हर्ज नहीं है ॥98॥

थप्पि मंत रजपूत मिलि, पुच्छैं पाट कुआर।
लेह छुड़ाइ नरेस कौं, देह पदमिनी नार ॥99॥

समस्त क्षत्रियों ने मंत्रणा करके एक राय स्थापित कर ली और तय किया कि हमको राजकुमार से पूछा लेना चाहिए कि नरेश को छुड़ा लेवें तथा पद्मिनी नारी को दे देवें ॥99॥

सुनत मत्त सब सत्थ कौ, आवै घात न एक।
कहै कुँवर ज्यौं त्यौं करौ, लेह देह तजि टेक ॥100॥

कभी साथियों-सहायकों-सामन्तों के मतों को सुनने पर राजकुमार को एक भी प्रस्ताव पसन्द नहीं आया। राजकुमार ने कहा, लेने अथवा देने का हठ छोड़कर वही करो जिससे कार्य सिद्ध हो जाये ॥100॥

फूटि मंत बत्तह फजर, सिंघल की सुनि कान।
लंघन लंघन किय पकरि, दैं पदमिनी सुलतान ॥101॥

प्रातःकाल होने पर मंत्रणा की बात चारों ओर फैल गई। सिंघल-कुमारी पद्मिनी ने भी इसको अपने कानों से सुना कि राणा रत्नसेन को छुड़ाने की एवज़ में सुलतान को पद्मिनी सौंप दी जायेगी ॥101॥

कवित्त

सुनि पदमावति तबै घात एकौ नहिं सुज्झै।
चढवि आइ चकडोल मग्ग बद्दल ग्रिह बुज्झै ॥
चौगानह खेलंत हत्थ कंकर चहुआनं।
वीर वीर उचरंति मिले बद्दल दिए पानं ॥
गढ़ महिं मत थप्यौ भटनि साहि पदमनि दीजिऐं।
अवर मंत घत्तह नहीं यौं खुमान ग्रिह लीजिऐं ॥102॥*5

पद्मिनी ने जब उक्त मंत्रणा सुनी तब उसको इसके निराकरण का एक भी रास्ता नहीं सूझा। वह चकडोल में बैठकर महल से बाहर आई और उसने बादल का घर कहाँ है? पूछा। किसी ने बताया कि जिसके हाथ में कंकर है तथा जो चौगान में खेल रहा है, वही बादल है। पद्मिनी ने बादल से मिलते ही कहा, तू मेरा शूरवीर भाई है। मैं तुझे पान का बीड़ा हाथ में सौंपती हूँ। गढ़ में सुभटों ने मंत्रणा कर

---

*5. इसके पश्चात् हाशिए में 5 दोहा व 4 छप्पय कवित्त अतिरिक्त छंद हैं।

सम्मति स्थिर की है कि सुलतान को पद्मिनी दे दी जाये, इसके अलावा खुंमान को छुड़ाने का और कोई उपाय नहीं है। पद्मिनी देकर खुंमान राजेन्द्र को गढ़ पर ले-आना चाहिए ॥102॥

तुम संभरिहै नरेस बिरद साधार सरंनं।
मैं जीहा कहि बंध बंध सींघल्ल धरंनं ॥
तुमहि बिरद नर नाह कंठ गजगाह सदाई ॥
इहैं चित्त पदमिनी सरन बद्दल तो आई ॥
कर मुछ घालि भोगल धनी इम बद्दल बलि उचरियं।
मम कंपि जीय आनंद करि लेह खुमान रखैं सुचियं ॥103॥

पद्मिनी ने बादल से कहा, तुम्हारा विरुद 'सांभर-नरेश' व अशरणों को शरण देने वाला है।[1] मैंने मेरी जिह्वा से तुम्हें बन्धु कहा है। वैसे भी तुम सिंघल के बन्धु=हितरक्षक हो; हे नरनाह! आपका 'हाथियों के कंठों पर तलवार चलाने वाला' भी विरुद है। उक्त सभी विरुदों को ध्यान में रखकर हे बादल! मैं तेरी शरण में आई हूँ। हाथों को मूछों पर फैरता हुआ, अर्गला जैसी भुजाओं का स्वामी बलवान बादल इस-प्रकार कहने लगा, आप कंपित मत हो। अपने मन में आनन्द धारण करो। आप को खुंमान राजेन्द्र रत्नसेन मिल जायेंगे, ऐसा अपने मन में सुस्थिर कर लो ॥103॥

दोहा

सुनत स्रवन बद्दल वयन, मन आनंदिय नारि।
दीय असीस पाछी फिरी, तुव जैत बंध तरवारि ॥104॥

बादल के वचन कानों से सुनते ही पद्मिनी नारी मन में आनंदित हुई। बादल को 'तुम्हारी, तलवारधारी की जीत हो' आशीर्वाद देकर पद्मिनी महल में वापिस आ गई ॥104॥

सुनिय बात बद्दल्ल की, भयौ मात अंदोह।
अबही थान बिछोह भो, छल जानत नह लोह ॥105॥

103.1. बादल व गोरा को आगे इस काव्य में तथा अन्यान्य राजस्थानी-काव्यों में चौहान लिखा मिलता है। राजस्थान के चौहान सांभर से ही रणथम्भौर आदि में गये। अतः इनको सांभरिया भी कहा जाता है। हठीले हम्मीर के कारण चौहानों का विरुद 'शरणागतवत्सल' प्रसिद्ध हो गया। यहाँ पद्मिनी चौहान बादल को दोनों बातें याद करा रही है।

बादल की बात सुनकर बादल की माता के मन में अंदोह=संभ्रम पैदा हो गया कि रावळ रत्नसेन का अभी तत्काल ही तो गढ़ से सम्बन्ध विच्छेद हुआ है। यह जिस छल के द्वारा हुआ है उसको यह बादल बालक होने के कारण नहीं जानता है ॥105॥

कवित्त

कोप किऔ सुलतान खान नहिं पान न भावै।
ला इतबार जनोइदार पदमिनी दिखलावै ॥
पढि कतेब करि दुवा खोदबंधं विनती कर।
सींघल दीप समन्द्र पार पदमिनी घर घर ॥
होसी हुस्यार हुनर सबै एक आध पावै जहन।
देख समँद संके सबै अब खुदाय बुड्डै कवन ॥106॥

इधर सुलतान पद्मिनी के न मिलने से बार-बार क्रोध करता है। वह न खाना खाता है और जल ही पीता है। फिर भी जनोइदार-यज्ञोपवीतधारी राघव-चेतन पर विश्वास धारण किये हुए है कि वह उसको पद्मिनी का मुख दिखला देगा अथवा पद्मिनी दिलवा देगा। वह ब्राह्मण से कहता है कि पद्मिनी मिल सके एतदर्थ किताब (कुरान) की तिलावत (अखंड-पाठ) करो, दुवा करो तथा खुदाबंध=परब्रह्म-परमात्मा से विनती करो। ब्राह्मण कहता है, समुद्र-पार सिंघलद्वीप के घर-घर में पद्मिनी है। जो बुद्धिमान एवम् सभी प्रकार के हुनरों में प्रवीण होता है, उनमें से एक-आध व्यक्ति ही समुद्र पार जाकर पद्मिनी को प्राप्त कर पाते हैं। हे सुलतान! मैं क्या कर सकता हूँ, आपके सारे सैनिक अथाह एवं अपार समुद्र को देखकर सशंकित हो गये है कि हे खुदा! अब इसमें कौन डूबे, डूबकर कौन मरे? ॥106॥

लख दस लहै पलिंग सौर पनि तीय लक्ख लहि।
गिलीसुरी लख पंच और गिंदवान मोल लहि ॥
ता उप्पर दुप्पटी लक्ख पच्चासक लीन्ही।
मनि मानिक बहु रतनि फेरि पट उप्परि दीन्ही ॥
विलसंत बसि ह्व हमीर सुव दिल्ल बचन इहि रस रवनि।
पदमिनी नारि म्रिघलोयनी रतनसेन सेझहि रवनि ॥107॥

राघव-चेतन पद्मिनी की अतिशयोक्तिपूर्ण निस्सीम प्रशंसा करके बादशाह की चाह को अंग्राकित प्रकार से और बलवती करता है। पद्मिनी का पलंग दस लाख का

है किन्तु उसकी ओढ़ने की रजाई तीन लाख की है। तकिये का मूल्य पाँच लाख जबकि गद्दे के मूल्य का पता ही नहीं है। इसके ऊपर बिछाये जाने वाली दोवटी (चादर) पचास लाख मूल्य की है। मणि-माणिक्य और नाना रत्न युक्त वस्त्र उसके ऊपर और हैं। रत्नसेन, उक्त शय्या पर उसके साथ रमने वाली मृगलोचनी पद्मिनी नारी के वशीभूत होकर उससे विलास करता है। वीर पिता का पुत्र उक्त रसमयी पद्मिनी का मन व वचन से भोग करता है ॥107॥[1]

बद्दल कहि इम मुच्छ गहि मो जीवत राय बंदी न रहै ॥
करी पैज बुल्लयौ कालिह मेछाइन गंजौं।
सघन सुहर पय पेलि सात सुरपति ही रज्जौं ॥
रतनसेन संकै हि आनि गड्ढवि देहू छत्र सिर।
जो तन खुरखुदीअै बसै गिगन ज मुतन वर ॥
लुरत प्रान पंजह गिरत तद्दिन साहि गढ सन्य है।
बद्दल कहि इम मुच्छ गहि मो जीवत राय बंदी न रहै ॥108॥

मूछों को हाथ में लेकर बादल ने इस-प्रकार कहा कि मेरे जीते-जी राजेन्द्र रत्नसेन सुलतान का बंदी नहीं रहेगा। प्रतिज्ञा करते हुए उसने कहा, मैं कल ही म्लेच्छों का गंजन कर डालूंगा। सुलतान के सघन=बहु संख्यक सुहर=योद्धाओं के पैरों को काट डालूँगा, साथ ही सुलतान को भी रौंद डालूंगा। कदाचित् शर्म के मारे रत्नसेन गढ़ पर आने में ना-नुकुर करेगा तो मैं स्वयं उसके माथे पर छत्र लगाकर उसको गढ़ सौंप दूँगा। हाँ, यदि मेरा शरीर समाप्त हो गया तो मैं आकाश के श्रेष्ठ घर-स्वर्ग में निवास करूँगा। सुलतान गढ़ को तबही ध्वस्त कर सकेगा जब मेरे प्राण निकल जायेंगे व शरीर धरती पर गिर जायेगा ॥108॥

भरि नीर नैन जम्पै हि जननि सुत बिन पुत[1] नर अंध कुल ॥
अरे बीर बादल्लि तुच्छव ज अहु सरीर है।
मोहि पिआरौ तोहि पुत्र सो परि न बीर है ॥
तबहि[2] बढत सब दिसा अंध जुग की मन सुझ है।

107.1. पद्मिनी द्वारा बादल से मिलकर वार्तालाप करने के उपरांत बादल की माता का सशंकित होना तो उचित लगता है किन्तु इसके तत्काल बाद बादशाह व विप्र राघव-चेतन का छन्द 106-107 के अनुसार संवाद अनवसर का वर्णन होने से कथा में अवरोध बनता है अथवा कथा की निरन्तरता को खंड़ित करता है। जटमल कृत कथा में ये छन्द यहाँ नहीं हैं।

109.1. संभावित पाठ 'उत'

109.2. संभावित पाठ 'तम हि'

एक खंभ धौलहर धाइ काइ की मन सुझ है ॥
गजदंत कठिन कोमल कुँअर किंम सहौ सुरतान दल।
भरि नीर नैन जम्पै हि जननि सुत बिन पुत्त नर अंध कुल ॥109॥

नयनों में नीर भरकर बादल की माता, बादल से कहती है, बिना पुत्र के पुरुष अथवा कुल 'अऊत' कहलाता है तथा कुल अधूरा अथवा अंधा। अरे पुत्र बादल! यह शरीर तुच्छ=मरणधर्मा है फिर भी हे पुत्र! तू मुझको प्यारा है क्योंकि पुत्र जैसा माता के लिये और कोई दूसरा वीर=भाई, सुहृद्, सहायक नहीं है। जब चारों ओर से अँधेरा-निराशा बढ़ता है तब अंध-जुग=आशाहीन, विजितों के लिये मन=पुत्र ही सूझता हुआ=प्रकाशित होता हुआ सहायक होता है। मैं एक स्तम्भ वाले भवन के समान हूँ अर्थात् तू ही मेरा एकमात्र सहारा है। तेरे को छोड़कर मेरे मन को और कुछ सूझता ही नहीं है। तू कोमल काया वाला कुमार है जबकि सुलतान का दल कठोर गजदंत की भाँति है। उनके प्रहारों को तू कैसे सहन कर पायेगा? ॥109॥

कहै बीर बादल्ल माय जिन करौ मोह मन।
तोहि कलंक जो लगै रान छंडिव भंगुर तन ॥
सिँघन सूर सामंत विषम वीर रते महा भर।
रतनसेन खयारनको को अंगवै साह दल ॥
जुग मोटी रानी पदमावती बितीय मोह तीको सरन।
के जीव राव ऊवेल करि नतरि माय मठौ मरन ॥110॥

वीर बादल कहता है, हे माता! मन में पुत्र-मोह उत्पन्न मत कर। यदि मैं राणा को बंदी के रूप में ही छोड़ता हूँ तो हे माँ! सभी तुझे कलंकित करेंगे कि कैसे कायर को पैदा किया है जो मरने से डर गया जबकि शरीर क्षणभंगुर है। रावळ रत्नसेन के यहाँ सिंह जैसे शूरवीर सामंत, विकट बलवान भरे पड़े हैं। अतः डरने की कोई आवश्यकता नहीं है। रत्नसेन के वीर योद्धाओं, सामन्तों आदि के अलावा और कौन है जो शाह के दल का सामना करने में समर्थ है? इस संसार में पद्मिनी सामान्य न होकर महान् रानी है जिसको शरण देने का मुझको मोह है, आकर्षण है; मेरा क्षात्र-धर्म है, स्वामी-धर्म भी है। अतः हे माता! रणक्षेत्र से या तो मैं राजेन्द्र रत्नसेन का ऊबेल=उद्धार करा दूँगा अन्यथा मैं मरकर स्वर्ग को प्रयाण करूँगा ॥110॥

सेझ सकोमल कन्त कुसम करि कुंत पयापहु।
दसन पहोवर अधार दसलं तंन कंपहु ॥
नख सिख देत सरीर भंग भय भामिनी भीतहि।
रोमावलि तन खिसै अंग त दिन लागै तहि ॥
अकुलंत कंत बपत करहि सुहरन सुर लागंत घर।
बदल नारि इमि उच्चरहि किंम सहै सुरतान दल ॥111॥

बादल की पत्नी काम-वाण के माध्यम से रणक्षेत्र व प्रतिपक्षी की विकटता उजागर करती हुई कहती है; हे पतिदेव! फूलों जैसी सुकोमल सेज आपको सेल के समान प्रतीत होती है; मेरे सुकोमल पयोधर (कुच) और अधरों पर दंत-क्षत करने व मर्दन करने में आपका शरीर कंपायमान हो जाता है; मेरे शरीर पर नख-क्षत करने में आपको भय व्याप्त हो जाता है कि कहीं पत्नी का शरीर समाप्त न जाये; जिस दिन आप अंग-संग होते हैं उस दिन आपकी रोमावली खड़ी हो जाती है (रोंगटे खड़े हो जाते हैं।) शूरवीर योद्धओं के घर आने पर उनसे बात करते समय आप आकुल-व्याकुल हो जाते हैं। बादल की पत्नी उक्तप्रकार कहती है कि आप इतने सुकोमल, सुकुमार हो, फिर कैसे सुलतान के दल के प्रहार को सहन करोगे। ॥111॥

कूँडल्या

खग्ग बिहंडी साह दल हय हसती मैंमंत।
भामनि भौंह न भंजिहौ भंजि उखारह गज दंत ॥
लक्ख खग्गनि खेरि लक्ख बरगनी एकलौ।
जो पोहम न पाइहौ तौ नाम बदल बदलौ ॥
सजि सनाह रंगन पकरि करिस सुराहा लक्खरि।
ससि बदनी संग्राम सुम्हरि खग्ग विहरिं बिडारि ॥112॥

हे भामिनी! तू अपनी भृकुटियों को चढ़ा मत। ध्यान से मेरी बातों को सुन। मैं शाह के दल को उसके मदमस्त हाथियों और घोड़ों सहित तलवार से काट डालूँगा। उसके दल के हाथियों के दाँतों को उखाड़कर उन्हें मार डालूँगा। मैं अकेला ही एक लाख खड्गधारियों व एक लाख घुड़-सवारों को खेरि=खिरा दूँगा=टुकड़े-टुकड़े कर दूँगा। यदि इस अवसर पर मैं रणभूमि को नहीं जीत सका तो मैं मेरा नाम बादल बदल दूँगा। मैं कवच धारण करके लाखों शत्रु योद्धाओं को पकड़कर अपने

वश में कर लूँगा। हे चन्द्रमुखी! संग्राम का नाम सुनकर तेरे मन में जो तलवारों का डर बैठ गया है, उसको विदीर्ण कर डाल; निर्भय, निश्चिंत हो जा ॥112॥

कवित्त

वर तरुनी कह बदल सुनि सो हम अहिबात न मिट्टजै।
नव तरुणी नव नेह अंगाह नव रंगीय।
हसी लाज उच्चरै बदन जोवंत कुरंगीय ॥
जो परनी लहै न सास मुकै त कमला तनि।
अगनित सेन सयंम साम संग्राम करहि जनि ॥
मोह छंडि राव गँज न तन भव रंगन सुख बंछजै ॥113॥

बादल से उसकी सुन्दर व तरुण पत्नी कहती है, हे पतिदेव! मेरा सौभाग्य समाप्त न हो, ऐसी मेरी मनोकामना है। हे स्वामी! मैं नवीन स्नेह, नवीन अंग से युक्त नवयौवना नारी हूँ। समयानुकूल मैं हास्य करती हूँ तो लज्जाशील व्यवहार भी करती हूँ। मेरा शरीर कुरंग जैसा छरहरा व स्फूर्तिवान है। यदि कमल समान कोमलांगी पत्नी को पति छोड़ता है तो विवाहिता पत्नी का श्वास लेना भी दूभर हो जाता है, श्वास भी नहीं ले सकती। हे स्वामी! अनगिनती सेना है। वह स्वयं लड़ लेगी। आप युद्ध मत करिये। आप मोह को त्याग दीजिए। हे राव! नाहक ही अपने तन को समाप्त करने की योजना मत बनाओ। संसार के रंगीन सुखों का भोग करो ॥113॥

को काइर कैं जियौ कौन काल पहीं छुट्टौ।
कौन भग्गि ऊबरयौ आव दिन है दिन तुट्टै ॥
बहु न जियौ रावन्न अमी जिहिं कंठ सुनिज्जै।
मो भागैं नर अरि हँसैं सुभटि सू लज्जै ॥
अहिबात अचल जिन तिन घरनि साम काम झूझत अनी।
बादल बीर इम ऊचरै जीवत राउ भूगल धनी ॥114॥*6

पत्नी की बातें सुनकर बादल ने उत्तर दिया, कायर होकर जीने का क्या लाभ? क्योंकि काल के कराल-पाश से कौन छूट सका है? भाग कर कौन सुरक्षित रह सका है क्योंकि आयु दिनानुदिन क्षय होती जाती है। ऐसा सुना गया है कि रावण के कंठ=उदर में अमृत था फिर भी वह अमर न हो सका। रणक्षेत्र से मेरे

*6. इसके पश्चात् हाशिये में 10 छप्पय व 10 दोहा छंद अतिरिक्त हैं।

भागने पर दुश्मन तो हँसेगा ही, जनता भी हँसेगी। इतना ही नहीं, मेरा सुभटत्व भी लजायमान होगा अर्थात् सुभट नाम की कोई चीज होती है? इस पर प्रश्नचिह्न खड़े होंगे। उनकी पत्नियों का सौभाग्य अचल रहता है जिनके पति स्वामी के लिये युद्ध करते हैं। बादल वीर इस-प्रकार कहता है कि भुजार्गर्ला[1] का स्वामी सदैव जीवित रहता है ॥114॥

भगिहि न कंत जब रिन भिरत तबरि मुहि चढै र उपनौ।
सीलहि सेल पकरंत बसहि जिन खग्ग खनंकही।
अंग संगि फूटंत फिरि नेजा होम ग्रह बंकही।
सह थीभा भलि तरवारि गज बग्गही जुह हटकहि।
पाय परह दल पेलि साम बंधन इम कट्टहि ॥
बदल नारि इम ऊचरै बोल प्रमान मोह अप्पनौ ॥115॥

बादल की नारी बादल से कहती है कि आपको अपना बोल=वचन निम्नप्रकार प्रमाणित करना होगा, तब कहीं जाकर स्वामी=रावळ रत्नसेन के बंधन काटे जा सकेंगे। सर्वप्रथम यह ध्यान रखना होगा कि हे प्रियतम! जब रण में भिडंत हो रही हो तब वहाँ से पीठ दिखाकर न भागने से ही मुख उज्ज्वल होता है, मुख का प्रकाश प्रकाशित होता है, शूरवीरत्व प्रकट होता है। सेल से सेल को व खड्ग को खड्ग से खनका कर शत्रु बस में आता है। आडे-तिरछे, ऊपर-नीचे से आते हुए भालों से अंग-उपंग फूटतें हैं, फोड़ने पड़ते हैं। थीभा=थीमा=शूलों को तलवारों से काटना पड़ता है। चिंघाड़ते हुए बिगड़े हुए हाथियों का जूह-जुत्थों को हटकना=वश में करना होता है। पदाति-शत्रु-दल का शमन करना होता है। तब कहीं जाकर स्वामी के बंधन कट सकेंगे ॥115॥

चहुवान पक्ख सुरतान दल संकि काण पाछौ सरौं।
तेग करवत न काटिऔ जो महेस मत्थै धरौं ॥
करवत कर कट्टिय खग्ग जो खेत समारै।
नयनंत अंध नरिधय चित्त पर तीय निहारै ॥
सरवनित सुनी सरीर जह जस कीत न सुनी।
जो हीयाइत किन जरौ अंमृत बचन न में भीजई ॥116॥

114.1. भुजार्गला का तात्पर्य 'जिसकी भुजाएँ अर्गला के समान हो, वह योद्धा 'भोगल का धणी' कहलाता है। अर्गला रोकने का काम करती है, बादल ने अलाउद्दीन को चित्तौड़गढ़ में प्रविष्ट होने से रोका, अतः यह भुजार्गला का स्वामी कहलाया।

पत्नी के वचन सुनकर बादल कहता है, मैं चहुवान हूँ और चौहानों का पक्ख=हठ प्रसिद्ध ही है।[1] मैं सुलतान के दल को संकि-काण=निर्मूल करके ही गढ़ में वापिस आऊँगा। यदि मेरी तलवार शत्रुओं के सिरों को न काट सकी तो मैं मेरा शीश काटकर महेश को अर्पित कर दूँगा। यदि खड्ग से रणक्षेत्र का शृंगार न कर सका तो खड्ग से ही हाथों को काट डालूँगा। यदि मैं दूसरी स्त्री को देखूँ तो आँखों से अंधा हो जाऊँगा। यदि जिह्वा से यश-कीर्तन न सुना तो सारे शरीर को छिन्न-भिन्न कर शोणित में परिवर्तित कर दूँगा। वह हृदय जला देने योग्य है जो अमृत के समान वचन सुनकर भी भीजई-गद्गद नहीं होता है ॥116॥

दोहा

धंनि पराक्रम पुरख पति, पतनी हाम पुराम।
छैह गंठि छंडि नह बंधि, करौ सिद्ध जुध काम ॥117॥

बादल की पत्नी ने बादल को नाना-प्रकार से युद्ध से विरत करना चाहा किन्तु बादल ने पत्नी की बातों को बहुत ही सटीक तरीके से काट डाला। बादल को दृढ़-प्रतिज्ञ जानकर, उसने भी हाँ भर दी और कहा, हे पौरुष के धनी! तेरे पराक्रम को धन्य है। अब आप छैह-छल की गाठों को तोड़ने हेतु स्वामी-धर्म के नेह में बँधकर युद्ध रूपी कार्य को सिद्ध करो, युद्ध को जीतो ॥117॥

कवित्त

रहो निसंक बद्दल कहै पदमिनि कंत ज मिल्लयो ॥
गढ हा होतै बदिल उत्ततरि बोल छल।
भट न सहौ सुरतान जाइ हक्कौ भुवह बल ॥
सजि गयंद मद गंध स्वामि नैं करौ उवेलौ।
धरि न लभजै सरल सत्थ तुरकान सलेलौ ॥
इम कहै माइ आनन्द भय पुत परदल झल्लयौ ॥
रहो निसंक बद्दल कहै पदमिनी कंत ज मिल्लयो ॥118॥

गढ़ में बादल के होने की सार्थकता सुलतान के छल का बल से उत्तर देने में है। अतः हे पुत्र बादल! सुलतान के सुभटों को सहो मत, जाओ और भुजाओं के बल से उन्हें हाँक दो=भगा दो। मद-मस्त हाथियों को सजाओ और युद्ध करके

116.1. रणथंभौर के चौहान हमीरदेव का शरणागत-वत्सलता का हठ जगत्प्रसिद्ध है। यहाँ चौहानों के इसी पक्ष=हठ का संकेत है।

स्वामी को निर्बंधन करो क्योंकि शत्रु के सामने होने पर स्वभूमि को ले-लेना सरल नहीं है। फिर यहाँ तो तुर्कों का सुदृढ़ समूह सामने है। अतः हे पुत्र! शत्रु-दल को पकड़कर निश्शेष कर डाल। बादल की माता ने आनन्द निमग्न होकर उक्त बातें कहीं। इस बार बादल ने कहा, हे माता! आप निश्शंक रहिये। मन में मान लो कि पद्मिनी को उसका पति मिल ही गया है ॥118॥

सुनी खबरि गोरिल्ल काक काँ काँ हक्कार्‌यौ।
मुखहै दुध गंधात बात उचरत बक्कार्‌यौ ॥
काम काम सध्धान हाम दक्खै जुग हासं।
बिकट सुभट रट पलट भ्रकुट अंचै साबासं।
नह धरै सेस धर भर फुनिन पिप्पली कंधह प्रबल।
पद निसा ऊचगा थंभ बेह गति मग जं मानिक्क कुल ॥119॥

काका गोरिल ने जब सुना कि बादल सुलतान से लड़ने का पक्का मन बन चुका है तब वह 'हाय' 'हाय' कहता हुआ बादल के पास आया और कहने लगा, बादल! अभी तक तुम्हारे दाँतों में माँ के पिये हुए दूध की गंध आती है जबकि तुम बातें बहुत बड़ी-बड़ी कर रहे हो। शत्रु को ललकारने की बात कर रहे हो। काम को साधने की तुम्हारी क्षमता को देखकर लोग हँसेंगे। यदि तुम रण में विकट सुभटों को पलट=मार डालोगे तो निश्चय ही आँखें ऊँची करके वे लोग तुमको शाबासी देंगे। जिस पृथिवी के भार को शेषनाग अपने कंधों पर धारण करते हैं उसको चींटी (पिपीलिका) धारण नहीं कर सकती। यह मंगल-स्तंभ बहुत ऊँचा होने से तुम्हारी पहुँच के बहुत परे है। अतः तुमको उचित है कि तुम अपने पूर्वज माणिकराय के रास्ते का वरण करो ॥119॥

कक्क बचन सुनि कान धक्क लग्गी उर मज्झं।
तबहि मंगि हथ चढ्यौ अरुन प्राची दिस रज्जं ॥
भरि दीवान खुमान प्रबल परमान समानं।
पाट कुँअर समलान आन कीन्ही चहुँवानं ॥
उचर्‌यौ बचन बैठंत ही सुनौ मतौ मो कीजिऔ।
पदमिनी रहै द्रुग दंड बिन साम छुडाय स लीजिऔ ॥120॥

काका गोरा के वचन सुनने से बादल के मन में धक्का लगा। उसने कुछ नहीं कहा। हाथी मँगवाया और प्रातःकालीन सूर्य की भाँति लाल मुँह किये पूर्व दिशा

की ओर चला। खुम्मान के भरे हुए दीवान में प्रबल प्रमाण के समान आ उपस्थित हुआ। आकर चौहान बादल ने पाटकुमार के प्रति जुहार किया। बैठते ही उसने कहा कि पहले मेरे विचारों को सुनना चाहिए तथा तदनुसार कार्य करना चाहिए। मेरी योजना ऐसी है जिसके द्वारा हम बिना दण्ड दिये स्वामी को छुड़ा लायेंगे; फिर भी पद्मिनी यहीं गढ़ में ही रह जायेगी ॥120॥

भलो भलौ बद्दल्ल थप्यौ कंधह सब अक्खै।
राय पिता धनि तुज्झ लज्ज अजहूँ तूँ रक्खै ॥
तूँ बिन कुन अंगवै उदधि दल साह अपारं।
आभ गिरत तुव थम्भ खंभ खेसन खंधारं ॥
हिंदवान सुजस रख संभई हरी गज्ज जेही सुपर।
जग रषि वत जम्पै ही जगत कटै तंत सोहि मंत कर ॥121॥*7

पाटकुमार सहित सभी सामन्तों ने बादल के कंधों को थप-थपाकर ''भला हो'' ''भला हो'' कहा अथवा 'बहुत-अच्छा', 'बहुत-अच्छा'; 'अपने विचार कहो, कहा। सभी ने पुनः कहा, तेरे पिता राय को धन्यवाद है कि तू हम सभी की लज्जा रखने का विचार करता है। तेरे अलावा ऐसा कौन है जो शाह के समुद्र समान अपार दल को पराजित करने का साहस करे। इतना ही नहीं, तू गिरते हुए आकाश को रोकने के लिये स्तंभ समान है और कंधारी घोड़ों पर सवार शत्रु-सैनिकों को रोकने के लिये भी दीवार समान है। हिन्दुओं के सुयश को रखना अब वैसे ही संभव हो गया है जैसे हरि को पुकारने पर गजेन्द्र का उद्धार हुआ था। जिस भी तरह से यह झगड़ा समाप्त हो जाये अब वही उपाय कर। तेरा यश यज्ञ-ऋषि विश्वामित्र[1] की भाँति सारा जगत् जपेगा-कहेगा ॥121॥

बद्दल बोलै ताम पंच सैं डोला कीजै।
जिनमें बैठे दोइ च्यार कै कंधै दीजै ॥
जिनमें सब हथिआर अस्व कोतिल करि अग्गै।
कहै दैंह पदमिनी तुरक नेरे नहिं लग्गै ॥
रचि कतार सुलतान ल्यौं जहाँ खुमान ल्यावै मिलन।
निज थान पहुँच नीसान बंबि तबहि बीर बिरचैं लरन ॥122॥

---

*7. इसके पश्चात् हाशिये में एक छप्पय और एक दोहा छंद अतिरिक्त हैं।

121.1. यहाँ विश्वामित्र शब्द महत्वपूर्ण है जिस-प्रकार इनके यज्ञस्थल से जनकपुर जाते समय रामजी ने अहल्या का उद्धार किया था उसी-प्रकार बादल पद्मिनी का उद्धारकर्ता बने।

बादल ने उनसे कहा, पाच सौ डोले (पालकियाँ) बनाई जाये। उन प्रत्येक में दो-दो वीर सहथियार बैठें व प्रत्येक को चार-चार योद्धा कंधों पर लेकर चलें। उन पालकियों के आगे बिना सवार वाले घोड़े रखे जायें। हम कहेंगे कि हम पद्मिनी दे रहे हैं। राजपूत-नारियाँ पर-पुरुष को नहीं देखतीं। अतः तुर्कों को निकट न आने दिया जाये अथवा ऐसा प्रयत्न हो कि एक भी तुर्क पालकियों के नजदीक न आने पावे। इन पालकियों की कतार सुलतान जहाँ है, वहाँ तक पहुँचाई जाये। वहाँ खुंमान रत्नसेन को पद्मिनी से मिलने को लाया जावे। रावळ रत्नसेन जैसे ही निज-स्थान पर पहुँचे वैसे ही युद्ध के नँगाड़े बजा दिये जायें। पालकियों के वीर बाहर निकल पड़ें और लड़ने लगें ॥122॥

दोहा

बद्दल मतौ उपाइयौ, सबकी आयौ दाय।
कहैं सबैं यह कीजिऔ, बोलैं सगरे राय ॥123॥

बादल ने जो मंत्रणा बताई, वह सभी को पसंद आ गई। सबही सामंतों ने कहा, यही उपाय कीजिये ॥123॥

कवित्त

तबहि समटि चकडोल तुरत चढि तुरी धसायौ।
नेजा ले करि हत्थ मेर दुरजन सिर बाह्यौ ॥
जब नेजा टूटंत जबहि किरबान चलायौ।
जब टुट्टै किरबान तबहि तुम्ह गुरज अड़ाऔ ॥
गुरज टुट्टि धरनी पड़ै कट्टारी सनमुख लड़ौ।
बादल कह रे राय हो साम काम एतौ करौ ॥124॥

बादल ने सभी सामंतों को युद्ध किस-प्रकार करना है, निम्नप्रकार बताया। जब नीशान बज उठे, तब तत्काल पालकियों को छोड़-छोड़कर सभी शूरवीर घोड़ों पर सवार होकर युद्ध के लिये उद्यत हो जाएँ। सर्वप्रथम हाथ में भाले लेकर दुश्मन को चारों ओर से घेरकर भालों से उनके मस्तकों पर प्रहार करो। जब भाले समाप्त हो जाएँ तब तलवारों से युद्ध करो। जब तलवार समाप्त हो जाएँ तब गदाओं से प्रहार करो। जब गदाएँ समाप्त हो जाएँ तब हाथों में कटार लेकर आमने-सामने लड़ो। बादल कहता है, हे सामंतो! स्वामी के लिये इतना काम करो।॥124॥

बादल तिसही बेर पाय लग्यौ सुलतानं।
देखि नयन कै खुसी खबरि पुच्छी खुम्मानं ॥
क्या मत्ता मत्तान झुज्झ कंधै किन झल्या।
सुनी बयन संभरी बीर मीठा सा बोल्या ॥
आलमपनाह किन समद थग कवन मेर हत्थौं धरै।
तप बखत बुधी अलावदी जुद्ध कवन करि ऊबरै ॥125॥

बादल ने उक्त गुप्त मंत्रणा बताई। गढ़ को छोड़ा और उसी-समय वह गढ़ से नीचे आकर सुलतान के सन्मुख उपस्थित हो नतमस्तक हुआ। बादल की आँखों में खुशी के चिह्न देखकर सुलतान ने गढ़ की खबर पूछी। गढ़-वालों का क्या मत है, उनमें से किसने युद्ध करने का भार अपने ऊपर लिया है। संभरी=चौहान बादल ने सुलतान के वचन सुनकर मीठे से वचन कहे, हे आलमपनाह! आप निस्सीम समुद्र समान हैं, आपकी सीमा कौन पा-सकता है। आप सुमेरू के समान हैं। आपको कौन हाथ में उठा सकता है। हे अलाउद्दीन सुलतान! आपकी तपस्या=लक्ष्य को प्राप्त करने की साधना और बुद्धि समयानुकूल है। अतः आपसे युद्ध करके कौन सुरक्षित रह सकता है ॥125॥

दोहा

थप्पि मंत एकंत भट, हौं बसीठ खुंमान।
दए सीख दैं पदमिनी, सहत सलाबत आन ॥126॥

सभी सामन्तों ने एक-मत होकर निर्णय किया है और मुझको खुंमान रत्नसेन की राजधानी का दूत बनाकर भेजा है। मुझसे कहा गया है कि मैं आपको सूचना दूँ कि हम सही-सलामत रानी पद्मिनी को विदा कर यहाँ उपस्थित कर देंगे ॥126॥

कवित्त

खूब खूब बादल्ल पीठ जव्वनपति थप्पी।
करि जट्टित कट्टार माल मुकताहल अप्पी ॥
मुनसब सपत हजार कोटि हिंसार उतन्नं।
करि सलाम सुत राय खुसी मुख कपट स मन्नं ॥
सोंपत जुगति पदमावती अद्ध सहस डोला चलैं।
इकरँग सहचरि सँग रहैं रूप अंग पदमिनी मिलैं ॥127॥

बादल तुमने 'बहुत अच्छी बात कही', 'बहुत अच्छी बात कही' कहते हुए सुलतान ने बादल की पीठ थप-थपाई। हाथ की रत्नजड़ित कटार और मोतियों की माला बक्षीश की। हिसार का किला और सात हजार का मंसब प्रदान किया। राय के पुत्र बादल ने मन में कपट रखते हुए किन्तु मुख पर खुशी के भाव लाकर सुलतान को प्रणाम किया। बादल ने निवेदन किया, पद्मिनी को सौंपते समय गढ़ से उसकी सहेलियों के 500 डोले एक साथ चलेंगे। उनमें एक जैसी सहचरियाँ, जो पद्मिनी के साथ रहती हैं, रहेंगी। वे रूप में, अंगाकृति में पद्मिनी से मिलती हैं[1] ॥127॥

हुकम्म साह करि संच द्रुग्ग चढ्यौ चहुवानं।
रोम रोम उलसंत मंत अंतह जोधानं॥
तुरत बुलाय सुतार धार डोले समराओ।
तिन प्रमल के गलेप ऊपरै पहराओ॥
कंचन जरत कलस्स जानि रवि किरन प्रकासै।
समन मिरग घनसार गुंज भमर हि तह बासै॥
दासी स पास जझुहर अँबर इन्द्र परिचत्त पुत्तरी।
दस दिसह आनि भोमद्धि सुदि जुद्ध बुद्ध अंतर धरी ॥128॥

शाह की आज्ञा प्राप्त कर चौहान बादल पुनः गढ़ पर चढ़ आया। समस्त योद्ध ाओं की रोम-रोम बादल के अति ही श्रेष्ठ मंत्र के कारण उल्लसित हो रही थीं। तुरन्त सूत्रधार-खाती को बुलाकर डोला बनवाये व सुसज्जित कराये। उनके ऊपर सुगंधित खोल चढ़ाये गये। कंचन के कलश जो रत्नों से जड़ित थे, डोलों के ऊपर लगवाये। उनकी चमक सूर्य की किरणों की भाँति प्रकाशमान थी। चमेली के फूल, कस्तूरी, कपूर आदि का उन डोलों पर लेपन किया गया अथवा उनमें रखे गये जिससे उन पर भ्रमर गुंजन करते हुए मँडराने लगे। पार्श्व में रत्न व कीमती वस्त्रों से सुसज्जित दासियाँ ऐसी लग रही थीं मानों वे इन्द्र की अप्सराएँ हों। जिन्होंने युद्ध करने की बुद्धि-कौशल को अपने अंतर में स्थापित कर रखा है, ऐसे योद्धाओं को दसों दिशाओं से लाकर तैयार किया गया ॥128॥

127.1 रूप और अंगाकृति पद्मिनी जैसी है, महत्वपूर्ण कथन है। बादल ने बादशाह को लालच दिया कि हम एक पद्मिनी नहीं, अनेक पद्मिनी देंगे। अतः उनको एक साथ देखना, डोलिये के पर्दे उठाकर पहले मत देखना। लंपट सुलतान एक की जगह 500 पद्मिनियों की प्राप्ति के लालच में फँस गया।

मधि डोलय पदमिनी मान चंदेल बावन पति।
सत च्यार सुभट हथ हलठी ....॥
चर्मखगत अँग डोल भोज मउनाथ हुड हजार सुभट्टं।
बंधि कोर दोइ बगल साहि लग बंधे थट्टं।
डोडिआ जैत तेजल सुतन पीठ गोरल बंधे अनी।
इक धार बंधि गढ ऊतरे दिखी मीर आए पदमिनी ॥129॥

पद्मिनी के स्थान पर बीच के डोले में चंदेल राजपूत मान जो बावन का अधिपति था, को बैठाया। उसके साथ चार सौ सुभट थे। महू का स्वामी भोज एक हजार सुभटों के साथ डोलों में बैठा। डोलों के दोनों ओर के किनारे बाँधकर उनकी कतार को सुलतान तक पहुँचाई। पीछे-पीछे तेजल डोडिया का पुत्र जैत तथा गोरा सेना के साथ-साथ चल रहे थे। एक कतार बाँधकर सभी डोले गढ़ से उतरे। मीरों ने देखा-समझा कि पद्मिनी आ रही है। ॥129॥

चित्त धरै चकडोल करैं सब मीर गरज्जं।
चबुद बरस्सह चढे कीन साहिब सद कज्जं ॥
करतार मिलि छाती धरे बार बार दढि पानं।
बादल एतैं सलाम जाइ किन्नी सुलतानं ॥
खुम्मान सीख सुबिहान दैं खिनि पदमिनी मिलि बीछरैं।
द्रिग निरखि बात कहि सुनैं कछु पछै चौडोल ऊतरैं ॥130॥

आते हुए चकडोलों को देखकर मीर-अमीर गर्जना करने लगे व कहने लगे, चौदह वर्ष हो गये हमको, पद्मिनी प्राप्त्यर्थ मुहिम पर चढ़े हुए। अब परमात्मा ने अच्छा काम स्वयं ही कर दिया है। दोनों हाथों को मिलाकर वे छाती पर रखते थे और हाथों को बार-बार दाढ़ी पर फेरते थे। इतने ही में बादल ने सुलतान के पास जाकर सलाम की। बादल ने निवेदन किया, हे सुभान! हे बादशाह! खुम्मान रत्नसेन को कुछ समय के लिये छुट्टी दो ताकि वह कुछ क्षण पद्मिनी से मिल सके। तत्पश्चात वे दोनों विलग हो जायेंगे। वे आँखों से देखेंगे। बात मन की कहेंगे व सुनेंगे। तत्पश्चात् चकडोल से उतर कर आपके पास पद्मिनी आ जायेगी ॥130॥

मानि बदल की अरज सीख दिन्हीं खुम्मानं।
चौडोलाना मद्धि तुरत कट्टे बंधानं ॥

हत्थौं हत्थ समत्थ द्रुग्ग पहुँचै दिस्सानं[1]।
करैं सलाम सुभट्ट सुद्ध बज्यौ नीसानं ॥
सुनि घोष नद्द इकचक्क हुव उतरि डोल ऊठे बिरचि।
पदमिनी ठौर पति सूँ मिलीय मेछा हिन्दु बहु जुद्ध मचि ॥131॥

बादल की प्रार्थना स्वीकार कर सुलतान ने खुम्मान को मिलने की इज़ाज़त दे दी। खुम्मान को चकडोल में भीतर लेकर तत्काल उसके बंधन काट डाले। दीवान रत्नसेन हाथोंहाथ=तत्काल डोला दर डोला में होते हुए गढ़ में पहुँच गया। गढ के सुभटों ने रत्नसेन के प्रति नमस्कार प्रस्तुत की और ऊँचे स्वर में नँगाड़े को बजा दिया। नगाड़े के घोष व नाद को सुनकर सभी राजपूत सावधान हो गये और डोलों से उतर कर युद्ध के लिये तत्पर हो गये। पद्मिनी अपनी ठौर पर ही पति से मिली जबकि हिन्दुओं और म्लेच्छों में भयंकर युद्ध हुआ ॥131॥

सोरठा

रही पदमिनी ठौर, औरैं की औरैं भई।
साह कटक परि सोर, रतन आइ रजपूत रटि ॥132॥

पद्मिनी अपनी जगह की जगह पर ही रही जबकि जो होना था, वह न होकर कुछ और ही हो गया। राजपूत बार-बार कह रहे थे रत्नसेन गढ़ में आ गया। शाह के कटक में शोर मच गया ॥132॥[1]

छन्द भुजंगी

भई कूह कूहं, मची मार मारं। मिले चक्र अेकं बजी खग्ग धारं ॥
बहैं किरमालं सुचालं सभेदं। मनौ सुभ्भ रारं करवत्त छेदं ॥133॥

हो-हल्ला हो गया। 'मारो' 'मारो', 'काटो', 'काटो की ध्वनि आने लगी। सारे योद्ध ा समूहबद्ध होकर तलवार से तलवार बजाने लगे। कौन सी किस्म की तलवार किस-प्रकार चलनी चाहिए, इसका अच्छी-प्रकार विचार करके योद्धा तलवारें चलाने लगे। ऐसा लगने लगा, मानों अच्छी लड़ाई तलवारों में छेद कर रही है अथवा तलवारें योद्धाओं को काट-काट कर अच्छे युद्ध को दर्शा रही हैं ॥133॥

131.1. संभावित-पाठ 'दीवानं'।

132.1. पद्मिनी सुलतान को मिलनी थी, मिली नहीं। रावळ रत्नसेन को बंदीगृह में ही पद्मिनी न देने की स्थिति में रहना था, नहीं रहा प्रत्युत् गढ़ में पहुँच गया। और की और हो गई, 'तेरे मन कछु और है, करता के मन और।'

भए सेल भेलं उझेलं हड्डूडं। मनौं फागणं खेल मंड्यौ भड्डूडं ॥
बहैं मुट्ठि गुल्लाल काजं कटारी। पडैं रत्त चालं मनौं पिच्चकारी ॥134॥

तीक्ष्ण-प्रहारों से हड्डियाँ टूट-टूटकर आपस में इस-प्रकार उलझकर गड्डमड्ड हो रही थीं, मानों फाल्गुन मास में भड्डूडी का खेल खेला जा रहा हो। कटारें इस-प्रकार चल रही थीं मानों मुट्ठी में भरकर गुलाल उडायी जा रही हो। रक्त इस प्रकार प्रवाहित हो रहा था, मानों रंग भरी पिचकारियाँ चल रही हों ॥134॥

कटै कंध संधं धडंगं निनारं। झड़ैं डाल डडरं तुटै मुंड तारं ॥
फटै चाचरं चोपरं रत्त चल्लै। रतं मास माघं पलासं सु फुल्लै ॥135॥

कंधों की संधियाँ कट रही थीं। धड़ अलग हो रहे थे। वक्षस्थल कटने से पसलियाँ बाहर आ रही थीं। माथे कटकर गिर रहे थे। सिर फट रहे थे। चारों ओर रक्त बह रहा था। रक्त और माँस रणक्षेत्र में पड़े ऐसे लग रहे थे मानों माघ-मास में पलाश के फूल फूल रहे हों ॥135॥

बहै खंजरं पंजरं पार फुट्टै। मनौं जोति हल्लाल खरकी सु खुट्टै ॥
गुपत्ति कती लट्ठ बाहंत गेड़ी। मनौं जट्टणी थट्टहो ल्यौ कबेड़ी ॥136॥

शरीर में खंजर इस-प्रकार लग रहे थे कि वे आर-पार होकर शरीर को फोड़ रहे हों। वे ऐसे लगते थे मानों बकरों के कट जाने पर उनका खिड़क-बाड़ा आभा-हीन हो गया हो। योद्धा गुपती, कती, लबु और गेड़ी इस-प्रकार चला रहे थे, मानों जाटणियाँ समूहबद्ध होकर लड़कियाँ चला रही हों ॥136॥

भभक्कैं हबक्कैं घुटक्कै सघावं। झड़क्कै डलक्कै मधूके मिनावं ॥
मरे मीर केते लुटैं खेत मज्झं। मनौं मीन तर्पंत रेतं स बज्जं ॥137॥

शूरवीर योद्धाओं के घावों से उछलता, उबलता रक्त निकलकर झटके के साथ नालियों में प्रवाहित हो रहा था। अनेक मीर मारे गये। वे रणक्षेत्र में पड़े हुए ऐसे बेहाल हो रहे थे जैसे बिना जल के मिट्टी में पड़ी मछली तड़फती है ॥137॥

परे रुंड मुंडं भसुंडं निनारं। मनो भील बलरं करै कंठ सारं ॥
फिरै गज्ज है रज्ज खेतं बिचालं। दवं वंन लग्गै पसुं बन्न हालं ॥138॥

हाथियों के रुंड-मुंड कट-कर इस-प्रकार पड़े हुए थे मानों भीलों ने रास्ते जाते राहगीरों के कंठ काट डाले हों, कटे हुए हाथी और घोड़े रणक्षेत्र में इस-प्रकार घूम रहे थे जैसे वन में आग लग जाने पर वन्य-जीवों का हाल होता है ॥138॥

परे अट्ठ हज्जार मीरे अमानं। तजी धौंम मंमं भज्यौं सुल्लतानं ॥
किते मीर बानैत बंधे तबल्लं। जिनैं पाव मंडे नहीं एक पल्लं ॥139॥

युद्ध-क्षेत्र में आठ हजार मीर-उमराव कट कर गिर गये। सुलतान सुलतानपने की धौंस को त्याग, रणक्षेत्र को पीठ दिखाकर भाग गया। कितने ही बानाधारी मीर जिन्होंने परशु आदि अस्त्र-शस्त्रादि बाँध रखे थे, उनमें से एक भी कोई ऐसा नहीं था जिसने रणक्षेत्र में लड़ने को अपने पाँव रोपे हों ॥139॥

किते उज्जबक्कं कलंके करारे। जिनैं हारि मानी तिनं मुक्ख धारे ॥
पठानं जवानं महाजुद्ध पूरे। तजे आवधं मुक्ख दस थान मोरे ॥140॥

कितने ही कड़क और कलंगीधारी उजबेक मुस्लिमों ने अपने-अपने मुखों में तृण रखकर हार मान ली। अनेक जवान पठानों ने जो युद्ध करने में प्रवीण थे, अपने आयुधों को छोड़कर अपने-अपने डेरों की राह ली ॥140॥

भई जैत खुंमान सुलतान भज्यौ। घुमरि घोर आषाढ़ नीसान बज्यौ ॥
परी पंच कोसं हिन्दु मेछ लोथं। किते दुंदभी आतसं चढ्ढि हत्थं॥ 141॥

खुम्मान रत्नसेन की जीत हुई। सुलतान रणछोड़ कर भाग छूटा। जीत का नीशान उतनी ही तेजी से बज उठा जैसे आषाढ़ में बादल उमड़-घुमड़कर गरजते व बरसते हैं। हिन्दू और म्लेच्छों की लाशें पाँच कोस के क्षेत्र में गिरीं, कितनी ही मुसलमान योद्धाओं की दुंदभियाँ और तोपें राजपूत योद्धाओं के हाथों लगीं ॥141॥

किते नाग हय खाग नर रत्थ रत्थं। किते आवधं अराबं गिन्ती न तत्थं ॥
लए छत्र नीसान सुल्तान बानैं। गजं तोल मुर्तब्ब माही जगाह थानैं ॥142॥

क्षत्रियों ने कितने ही हाथी, घोड़े, शस्त्रधारी सैनिक और रथियों सहित रथ; कितने ही अस्त्र-शस्त्र, गाड़ियों सहित तोपें जिनकी वहाँ गिनती तक करना सम्भव नहीं था, सुलतान के छत्र, नीशान एवम् बाना आदि लाट-लूटे; बादशाह के आगे चलने वाले हाथियों पर स्थित ध्वजाओं तथा सुलतान द्वारा स्थापित थानों को भी क्षत्रिय-सैनिकों ने अधिकृत किया ॥142॥

फिर्‌यौ बीर बादल्ल करी स्याम एते। नरं नाह सच्चौ विरद्दं उपेते ॥
धरे मुच्छ हत्थं लगे सीस अभ्भं। रनं भंजनं.......... भयौ जैत खंभं ॥143॥

स्वामी रत्नसेन के लिये उक्त-प्रकार का कार्य सम्पन्न करके रणक्षेत्र से बादल

लौट आया। ''सत्यव्रती नरनाह-सामन्त है'' ऐसा विरुद-धारक बादल है। बादल अपनी मूछों पर हाथ फेरता है, मूछें मरोड़ता है। उसका मस्तक आकाश के समान ऊँचा है। वह रण को जीतने वाला इस आलोच्य जीत का स्तम्भ रूप सिद्ध हुआ ॥143॥

सदा भंजने राइ संकर पयारं। भंजनं सब्बलं निब्ल सर्नं सधारं ॥
रह्यौ एक जामं दिनं पच्छ अद्धं। हयं छंडि हिन्दू सबै खेत सुद्धं ॥144॥

बादल सदैव ही रणक्षेत्र में संकर=दोगले राजाओं का भंजन करने वाला; बलशालियों का भंजन करने वाला एवं निर्बलों को शरण देने वाला रहा। आधे दिन के पश्चात् जब एक प्रहर समय शेष रहा तब बादल ने घोड़े की सवारी को छोड़कर रणक्षेत्र में पड़ी हिन्दू लाशों को उठवाया। रणक्षेत्र को साफ करवाया व लाशों का सम्मानपूर्वक अंतिम-संस्कार करवाया ॥144॥

पर्‌यौ मान चंदेल बावन्न नाथं। कटे चार बीसी हटे नाहि हाथं ॥
परे हुड बित रुंडं सयं पंच साथं। पर्‌यौ भोज लरि चोज पाथं समाथं ॥145॥

बावनक्षेत्र का अधिपति चंदेल मान युद्ध-क्षेत्र में खेत रहा। उसके अस्सी ऐसे सैनिक मारे गये जो युद्ध-क्षेत्र में एक-बार डट जाने पर वहाँ से हटते नहीं थे। उनके साथ पाच सौ चतुर और उत्साही वीरों के रुंड (माथा कटे हुए धड़) भी पड़े हुए थे। उत्साह का पुंज राजा भोज भी एक शक्तिशाली योद्धा के रूप में वीरगति को प्राप्त हुआ ॥145॥

गिरे गौर करि चौर मीरं समत्थं। चलैं चावरा वाँहि पम्मार पत्थं ॥
परे सैंगरी देवरा मल्ह रासं। परे तौवरं बार रं मोरी रणासं ॥146॥

समर्थ मीर-अमीरों को मारकर गौर नामक राजपूत भी रणक्षेत्र में मारे गये। परमारों के पथ का अनुगमन करते हुए चावड़ा भी युद्धक्षेत्र में मारे गये। युद्धक्षेत्र में मल्लविद्या के खजाने सेंगर और देवड़ा क्षत्रिय तथा तोमर, वाररं व रणकुशल मोरी जाति के क्षत्रिय भी खेत रहे ॥146॥

परे बंकटं टाँक बोड़ा बिरूरं। परे जादवं कादवं रत्त पूरं ॥
गिर्‌यौ गोरलं कोरलं संभरेसं। भिर्‌यौ भोगलं राइ असुरं असेसं ॥147॥

विकट टाँक और बिकराल बोड़ा क्षत्रिय मारे गये। यादव राजपूत, योद्धाओं के रक्त से उत्पन्न कर्दम-कीचड़ में डूब मरे। सांभरिया चौहान गोरल भी

शस्त्र-घाट में गिरकर मारा गया। भुजार्गला का स्वामी अशेष मुसलमानों से लड़कर ही मरा ॥147॥

गिर्‌यौ डोडियौ होडिआ बंध हठ्ठं। गढं गिर्‌नारं जिनं लाज कंठं ॥
हिचे जुद्ध हाला दु झाला दुरत्तं। भिरे भट्टिया भुट्टनेरी अरत्तं ॥148॥

जिनके कंठों पर गिरनारगढ़ की लाज अवस्थित थी, वह डोडिया राव शत्रुओं से सन्मुख लड़ते हुए काम आया। युद्धभूमि में दुर्दमनीय झाला युद्ध करने वाले योद्ध ाओं से युद्ध करके मारे गये। इधर भाटी जो भटनेर से आये थे अड़कर शत्रुओं से भिड़े और मारे गये ॥148॥

छलं चित्रकोटं खलं कर्रि चूरं। परे सेन हिन्दू सैस पंच पूरं ॥
अवल्लं कवल्लं तुटे सैंस तेरं। परी लुत्थ परि लुत्थ अठ कोस फेरं ॥149॥

छल एवं बल के द्वारा चित्तौड़ के वीरों ने असुरों का चूर्ण कर दिया। इस हिन्दू वीर सेना के 5000 योद्धा मारे गये। अल्लाह के नाम पर कौल करने वाले 13000 मुसलमान मारे गये। लाश पर लाश आठ कोस के क्षेत्र में गिरीं ॥149॥

चरं स्रोन पल्लं चँडी चपरि तृप्तं। जपै जोगिणी जैत ऊंमत्त मत्तं ॥
खिलै खेचरं भूचरं खेतपालं। नचैं नारदं सारदं बज्जि तालं ॥150॥

शोणित का पान, पल्ल=मांस का भक्षण कर रणचंडी देवी और उसके चर=सेवक परितृप्त हुए। उन्मत्त होकर योगनियाँ जीत के गीत गाने लगीं। खेचर, भूचर और क्षेत्रपाल प्रसंन हो रहे थे। ताल बजा-बजाकर नारद और शारदा नाच रहे थे ॥150॥

बरैं अच्छरी सूर अर हूर रत्तै। हरं रुंडमालं खुरपाल उमत्तै ॥
देख्यौ देव कौतूहलं अेक अैसो। सुन्यौ वीर बेताल निरख्यौ अनेसौ ॥151॥

शूरवीरों का स्वर्ग में अप्सराएँ वरण करने लगीं। हूरें=अप्सराएँ उनमें रत रहने लगीं। आनन्द से उल्लसित खुरपाल=क्षेत्रपाल रण में पड़े रुंडों की मालाएँ बनाकर महादेव को भेंट कर रहे थे। देवताओं ने आकाश में स्थित रहकर एक ऐसा अद्‌भुत युद्ध रूपी कोतूहल को देखा जैसा न भूतो न भविष्यति था। जब वीर वेताल ने भी सुना कि युद्ध हो रहा है तब उसने भी इसकी गाथा अभूतपूर्व मानकर सुनी ॥151॥

दए वीर आसीस पच्चास दोयं। जपे चौसठी जैत खुंमान होयं ॥
के त्रिप्ति पसु पंखी दिल अक्खि अज्जै। सदा जैत नीसान चित्तौर बज्जै ॥152॥

बावन वीरों ने आशीषें दीं। चौसठ योगनियों ने बार-बार कीर्तन किया कि खुम्मान रत्नसेन की जीत हुई है। परितृप्त हुए पशु-पक्षी भी आँखों देखी घटना हृदय से कहते हैं कि सदा ही चित्तौड़ में जीत के नगाड़े बजें। कभी भी चित्तौड़ की हार न हो ॥152॥

धरैं छत्र सीसं तपै रैन राजं। जिनं कंध हिंदवान की रज्ज लाजं ॥
सिवं लक्खमी बरं जेम रज्जै। रत्नसेन पद्मावती संग छज्जै ॥153॥

जिसके कंधों पर हिन्दुओं के (रज) रक्त की लाज का भार है, वह खुम्मान रैन-रत्नसेन सिर पर छत्र धारण करके तप रहा है। वह अपनी पत्नी पद्मिनी के साथ उसी-प्रकार शोभयमान है जैसे शिव के साथ पार्वती तथा लक्ष्मी के साथ विष्णु विराजमान होकर शोभायमान होते हैं ॥153॥

कवित्त

भई जैत खुम्मान भज्यौ सुलतान अलादी।
भुज बद्दल चहुँवान रहे हिंदवान सम्बंदी ॥
एकादसि हरि मीर बीर गखड़ा उजबक्कं।
दोय पौहर दिन दोय बिरचि बग्गी खग झक्कं ॥
छिनि भिन सरीर ह्वै राय सुत पर्‍यौ खेत भोगल धनिय।
चित्रंग राव सिर छत्र चमर राण रतन अरु पदमनिय ॥154॥

खुम्मान रत्नसेन की जीत हो गई। सुलतान अलाउद्दीन भाग गया। जो हिन्दुओं के सूर्य रत्नसेन के समर्थक थे, वे चहुवान बादल की भुजाओं के बल पर सुरक्षित रह गये। गक्खड़ और उजबेकों के ग्यारह वीर मीरों को दो दिन व दो प्रहरों में चमचमाती तलवारों के घाट उतार दिया गया। अर्गला समान भुजाओं का स्वामी राय-सुत गोरा छिन्न-भिन्न शरीर होकर रणक्षेत्र में गिर गया। चित्तौड़ के स्वामी रत्नसेन व पद्मिनी के सिर पर छत्र और चँवर सुरक्षित रहे ॥154॥

गोरौ रावत जुझ्यौ रनह हय हय आकासय।
भलै सु भिलयौ खग्ग मुरिखग झरप्यौ ॥
खग घायन छुरांत जबै छुरी अंगर लरप्यौ ॥

छुरी अगर झरि परिग सु तौ करि अग्गै करयो ॥
कर तुटैं धर धर्‌यौऊ सु तौ धर धरती गिरयो।
धर खुंद खुंद खुरतार हुव सब अच्छरनि उछंगि लयौ ॥155॥*8

रावत गोरा युद्ध क्षेत्र में खूब लड़ा। उसका घोड़ा आकाश की ऊँचाई तक छलाँगें लगाता था। चाहे उसका शरीर तलवार के प्रहारों से क्षत-विक्षत हो गया था तथापि वह आडे-तिरछे होकर खङ्ग-प्रहार करता ही रहा। जब खङ्ग टूट गयी तब उसने छुरी हाथ में लेकर उससे प्रहार किये। जब छुरी का अग्रभाग झड़ गया तब वह हाथों को आगे कर-करके लड़ा। जब उसके हाथ भी टूट गये तब उसका धड़ धरती पर गिर गया। धरती पर पड़ा धड़ टुकड़े-टुकड़े होकर सर्वथा छिन्न भिन्न हो गया जिसको सभी अप्सराएँ उठा-उठाकर ले गईं ॥155॥

दोहा

कर कंकन महिंदी पलव, सेन निसा चहुवान।
निरत चरित्र विचत्रती, बिना पुरस परवान ॥156॥

हाथ में कंकन और हथेली में मेहदी लगाकर रात्रि में स्त्री रूपी चौहान गोरा शयन कर रहा है, किन्तु प्राण रूपी पुरुष बिना विचित्र चरित्र करना उसके लिये संभव नहीं है ॥156॥

कूंडल्या

सिंघ जोनि तैं नीकर्‌यौ, गय घड़ देखी ताहँ।
तलपताहि अघतह छुट्टौ सिंघ बचाह ॥
छुट्टौ सिंघ बचाह मनहुँ कुंभाथल चढ्यौ।
सिंघ सुंदर सुभाव कंत बालम अन पढ्यौ ॥
सिंघ सुंद्र सित भाव अंग बालम अनपढ्यौ।
चन्द्रानन दिल बदिल बदन गज देखते धप्यौ ॥
सींघनी सींघन तैं ....॥157॥

सिंह का शावक माता की योनि से निकला तो उसको सामने ही हाथियों का समूह दीखा। वह सिंह-शावक अकुलाकर माँ की शय्या से छूटकर तत्काल हाथी के कुंभस्थल पर चढ़ गया। यद्यपि सिंह सुन्दर स्वभाव का, सुन्दर पति है तथापि

*8. यहाँ हाशिए में 11 त्रोटक, 9 दोहा व 2 कवित्त अतिरिक्त मिले हैं।

बिना पढ़ा लिखा है। सिंह सुंदर और शीतल स्वभाव का भी है किन्तु अपनी कोमल अंग की प्रकृति से अपरिचित भी है। चन्द्रानन के समान है बादल का हृदय जो हाथी को देखते ही तृप्त हो गया ॥157॥[1]

कवित्त

दे माही मुरतबो तोब नौबत हज्जारी।
करीमाल सिरपाव कुँदन में जड़ित कटारी ॥
रीझे साहि जिहान लेस आलोट नादगिर।
सींघ सूर सकस्य कीतउत अरस किरंमर ॥
संमत सोल तीहोतरै अच्चड़ करन अड़प्पिआ ॥
सरद निस चंद सकताह रै पमंग पचास समप्पिया ॥158॥

ग्रन्थकार ग्रंथ को बनाने का सम्वत्,ग्रंथ बनाने पर मिले पुरस्कार आदि का वर्णन अंतिम छन्द में करता है। माही मुरतब, नौबत बजाने का सम्मान व एक हजारी सम्मान प्रदान किया। हाथ में रखने को तलवार, शिरोपाव और रत्नजटित कटारी प्रदान की। जहान=देश का शाह प्रसन्न हुआ। शरदपूर्णिमा की रात्रि, सम्वत् 1673 को शक्तिसिंह के वंशज (सकताह रै) ने अर्चन करने को 50 घोड़े समर्पित किये ॥158॥

***

157.1. इस छन्द में रूपक है। सिंह-शावक बादल है। गज व गज-समूह अलाउद्दीन खिलजी व उसकी सेना है। बादल निरा बालक था। यही उसका माँ की योनि से बाहर आते ही हाथियों के कुंभस्थलों पर चढ़ना है। बादल सुन्दर स्वभाव का स्वामीभक्त है, एक सुकुमारी पत्नी का पति भी है फिर भी उसको अपने शरीर की कोमलता, सुकुमारता का बोध नहीं है। पद्मिनी की बात सुनते ही उसका सिंहत्व-पौरुषत्व जाग उठता है और युद्ध के लिये तैयार हो जाता है। बादल ने बुद्धि जन्य सारे विचारों को नकार दिया। बस, उसके सामने एक ही पहलू था स्वामीभक्ति और उसका पौरुषत्व जाग उठा। वह अपने लक्ष्य-रत्नसिंह को बिना पद्मिनी दिये छुड़ाने में समर्थ हो गया। ग्रन्थांत में बादल के सम्बन्ध में इतना उत्तम रूपक प्रस्तुत करना ग्रन्थकार की ग्रंथ नायक बादल के प्रति सच्ची भावना है।

परिशिष्ट

(1)

सिध आसन तैं उठे मास बाईसह विते।
सिध भए सब काज हते मन माहीं जिते ॥
मृग तुचा मंत्र सक्ति आन उतरे गढ़ माहीं।
भई खवरि लखमसी मिले आतुर दोउ भाई ॥
पधरावौ महिलान रान राजस भंभरी..............।
..................................सुनि लखम.........॥
नई राजस इक करीऔ कीऔ हुकम..............।
....रान ततखन.... ॥
ता मझे महलान जालि चित्र स..............।
...............................रे न ल न हर..........॥
ब्रिछ विध विध वर फूल..........................।
लहरि दधि जानै सिंघल.......................... ॥
विधि विधि विछात वनि सुरंग सावनीही गलाट सजि।
ससि पंच सहेली सहचरी गति सुरपुरी भंति रजि ॥2॥

(2)

..............गरक उमंग अपंग ढोलक तूबूरा।
श्रीमंडल खंजरी ता....................वा मंजीरा ॥
मृदंगह पीनाक बंध सुर सदा उचारै।
नाद................गीत सुल्य घुघर उतारै ॥

नित रहि निवास विलास निज फिर............।
मन साह रख्यौ निकट हुकम कोइ पाछौ फिरै ॥26॥
तोला तीस कपूर तोल तेरह मृगमद्दं।
सेर दाइज बाद सीस मज्जन संबंधं ॥
कसमीरी दस सेर बसन सज्या संमारै।
अत्तर मलय गुलाब अगर मुहगौ आधारै ॥
द्वै सहस पान गँधवान कै मूसाले तबकहि भरै।
इकईस सेर फुलेल निस नित चिराक दीपक जरै ॥27॥

दोहा

दस विप्रन भोजंन दे, करै सु भोजन राय।
रतंन यौं पदमावती, टरै न द्रिग्ग टराय ॥28॥

(3)

दोहा

सुनि सुलतान फकीर कहि, हम क्यौं बंधै प्रीत।
जग विरत्त हम रत्त तुम्ह, यह कहुँ नाहीं नीत ॥1॥
तुम्ह करिहौ कैहै सोइ, कहिहौ सोहि करार।
तुम्ह रहिअै निज महल में, तुम्ह सू हमरौ प्यार ॥2॥
यौ केते बीते दिवस, राघौ अरु सुरतान।
तरु वे...........................दोऊ एक समान ॥3॥

(4)

दोहा

कहै साह दुजराय सूँ, पदमनि कौन समीप।
जंबू दीप न जानही, पदमनि सिघंल दीप ॥47॥

कवित्त

किया हुकम सुलतान किसो नीसान निसानं।
दखिन दिसा दरियाव कूँच दर कूँच मिलानं ॥
....।
.... ॥

.... ।

.... ॥48॥

सिंध तीर रहि साह सुधी सिंघल की पूछी।

वरष एक जल राह विलंदी लूटैं बंछी॥

नौका सट्ठि हजार आर पारह नित धावै।

तोरि जिहाज जल बोरि सौंज सगरी ले जावै॥

गढ़अ चढ अगैं समधि सरस विरस किआँ रसना परै।

लगै न घात कोउ बात तैं क्यौं साब बूडै मरै ॥49॥

दोहा

मीर सबै ही साह ढिग, पूछी दुज सूँ आय।

चलि न सकै दरियाव मति, ह्याँ पदमिनी बताय ॥50॥

चावौ गढ़ चीतौर, रतनसेन खूमान रहि।

पदमनि है वह ठौर, मेदपाट महीप को ॥51॥

कवित्त

लख लहै पालिख सुंज पिन तीन लख लहि।

गैलसुरी लख पंच और गिदवान मोल लहि।

ता ऊपर दुप्पटी लक्खि पच्चासक लीन्ही।

मनि मानिक बहु रतन फेर पट ऊपर दीन्ही॥

विलसत बसहू सीह सुत दिल वचन इहि रस गवनि।

पदमिनीय म्रिगलोचनी रतनसेन सेझहि रवनि ॥52॥

..........................ताप, साहि पूछ्यौ ततकालं।

..................................करी फेर अरदास... ॥

धरम उचित ए नाहिं सिर तूटै धर प............।

यह सुनत साह रोसह भरिय करि गुसा...॥

.... ।

..........................गुरि, मेदपाट ऊपर हली ॥53॥

(5)

कवित्त

मत्त मेलि सब भ्रत्त घत्त को चित्त विचारौ।
लेह नृपत्त छुड़ाय जतन कीजे सोइ सारौ ॥
अत्थ गई पर हत्थ बिगत कर लीजे सोई।
का जानै कै पुती राज किहि ठाहर कोई ॥
जोगी प्रसंग लौंड़ी अचौंड़ी नावै चढ़ी।
सो देहु लेहु खुम्मान कूँ सबन मंत एको पढ़ी ॥68॥

दोहा

मंत किओ मिलिकै सबनि, बोलै सघरै राय।
देह नारि पदमावती, लेह खुमान छुड़ाय ॥69॥
पान खान पानी पछै, घरनि रही कुमलाय।
सूनत तब पलकी मँगत, चलि बद्दल घर आय ॥70॥
बारह बरस को बादला, हाथी ग्रहि चौगान।
ले आई पदमावती, बादल खावहु पान ॥71॥
सींघल दीप समंद तट, बेजल राज प्रसिध।
....................ता सुता, रतन लेख समध ॥72॥

कवित्त

मो पित सींघल प्रबल..............................।
.... ॥
गढ में जानै कौन जाति कुल पाँति भाति पग।
.... ॥
....।
.....................................बादल सरनि ॥73॥
कहि बद्दल गुन कवल अवल कीन्ही तुम्ह आवत।
खग्ग बाहि सर साहि तुम्हैं तुम कंत मिलावत ॥
रहौ निसंक बिन संक बंक गाहौ मैं भुज बल।
ले आऊँ खुंमान गड्ढ बाजाउं त्र बागल ॥

सब भरनि माहि सरसी कहू सरसी सब जुग संभरै।
बंचाइ चित्र भारत्थ वत क्रीत जुग जुग ऊवरै ॥74॥
अहो वीर बादल्ल वीर संचा तू वीरं।
बडे बोल तुहि फबै बोल रख्खन हनि मीरं ॥
तौ रखना कुल लाज धरम हिंदवान सधारन।
तो समान गढ़ आन कंध को झेलै भारन ॥
बदल सवनि ना बदलयौ बदल साह भंजन भरन।
जे पाय भुजबल राय ले फिर मिलाप पदमनि करन ॥75॥

दोहा

दिय असीस पदमनि फिरी, तो बादल जे होय।
साम धरम के साच कूँ, तो समान नहिं कोय ॥76॥

(6)
कवित्त

काल्हि ख्याल त्रिय देख बजूं किरमाल उदय दिन।
गज्जि वीर विफुरंत तंत तूटंत कंत तन ॥
साच वचन मो मानि तानि कँध भार स झल्लौं।
ढाल भंजै सराल सथ तुरकान सहौ भिल्लौं ॥
खुरषान षह दल उप्परह चित चौहान धित खिल्लयौ।
इम कहै माय आनँद भये पूत पर दल झल्लयौ ॥77॥

दोहा

बद्दल गोरिल सूँ मिले, कहे पदमनी बैन।
सुनते ही झंख्यौ मन हि, फोद्या थंभत गैन ॥78॥
रे बादल दल विषम है, तैं नहिं देखे साहि।
बालक बाली बुधी करि, जग उपहास कराहि ॥79॥
गढ चढ़ि आपन सूँ केई, जिन कंधे गढ लाज।
जे नरेस सब देस के, जिन ही को यह काज ॥80॥
काका ऐसी क्यौं कहौ, रहौ रिदै दिढ़ धीर।
बारें बादल के बचन, रचन प्रिथी के सीर ॥81॥

कवित

काका ऐसी अकथ कथ्थ सुनिऐ ध्रम कानं।
हिंदवानी तुरकान कलँक निकलंक धरानं ॥
ऐ संसार असार सार इक बचन सँसारं।
जैन बचन जुग रहै धंनि जिनके जम वारं ॥
देह लगै बित धरम मग ध्रमपति काज सुधारिऐ।
बादल कह गोरिल्ल सों सो मग क्यूँ न सँभारिऐ ॥82॥
बादल बालक बुधी जुद्ध कब हो तुम देखे ॥
......................................बोले सो विसेषे।
गढ़ माँहै को गिनत मतौ कोई................ ॥
.... ।
.............................कहौ जुज्झ हो कहिन ते ॥
कीजीऐ होइ.. ।
गोरिल्ल कहै बादल्ल सूँ...............................॥83॥
....मनि घरि आई।
चहुंवाना के वंस जान मोसूँ कह्यौ भाई ॥
घर एको नह सुझै सुरह कसाई हथ........... ।
......जीवन तकीऔ ध्रिग ज्याँ जीवन का........॥
.... ।
.............................धरौ चित्त जुध साजई ॥84॥

दोहा

जा जीवन तैं मरन कौं, सबै सराहै लोग।
बादल गोरिल सूँ कहै, आनि बन्यौ यह जोग ॥85॥
जेठे बंधव की घरनि, कुल में बाली एह।
तुम राखै रिन में र चत, ब्याहन छूटो छेह ॥86॥
जननी हित सूँ जंपई, रे बारे बादल्ल।
मैं सुख अंखिन देखिऔ, परने ऐको पल्ल ॥87॥

माता परनौं सुर पुरी, जे सुख देखौ अंख।
दूध तिहारौ कुल दोउ, करुँ ऊजल जग सब्ब ॥88॥

कवित

रे बारे बादल्ल तुही है साहस मेरौ।
रे बारे बादल्ल तुही बिन जगत अंधेरौ ॥
रे बारे बादल्ल दूध मुख वास न खुल्ली।
ना खेल्यौ लरिकान संग जग अरि दल करि झुल्ली ॥
एकलौ जनां सुपना को ना च क बिदारना।
समरथ बेसदल देस बिन गोरी साह विभारना ॥89॥
अक्केले चहुवान हन्यौ सु ल.......................।
किऔ कनबजी कने पान..........................॥
...............................भीम गुज्जर वै भंज्यौ।
पैज बचन पालं बदल खग.........................॥
....।
..............................रान पदमनि महल ॥90॥

दोहा

माता बालक क्यौं कहै, रोय न मंगू ग्रास।
जो बाहूँ खँग साह सिर, तौ कहिऔ साबास ॥91॥
फिर माता पटसा तैं, बहुअर दई पठाइ।
मैं राख्यौ नाहीं रह्यौ, अब तुम रक्खौ जाइ ॥92॥

कवित्त

सुंदर जंपहि वयन राव अे स्रवना सुनिजै।
मो तन चल्यौ सझि बिकट घड़ कैसे सझै ॥
अज हू न गजी सेझ घाव नख दीयै चमकै।
कुचन चोट नहीं सही सहिस क्यौ सेल धमकै ॥
सिंगार हाव भावह कटाख्य.......................।
.... ॥93॥
....॥94॥
रचन रिदै कै सच....................................।
........................वचन मुख न कढ़ीअै बाहर ॥

जो भंजै गज घटा झटा खग थटा उचन्डै।
गोरी दल गाहटे गुनी कहि विरदौ टन्डै ॥
लजै न पाय भोगल धनी लजैं चढै रंडा पणौ।
औ झेरे झेरे गैदंत अरै तो मो एह बात बड पणौ ॥95॥
गंग अपूठी बहै चंद चंदनी न मंडै।
पच्छिम ऊगै सूर भार धर सेसह छांडै ॥
.... ॥96॥

(7)

कवित्त

बादल चलि परवार आनि जूहार स कीनौ।
सबै रान रजधान ऊठ सनमान स दीनौ ॥
कीनौ मंत भरनि तंत बादल हि सुनायौ।
सुनते ही धुनि सीस मंन एको नहिं भायौ ॥
कीजिऔ सोइ ऐसौ मतौ जैसो ध्रंम न छीजिऔ।
पदमिनी रहै जस उंमहै राज छुडाय स लीजिऔ ॥84॥

दोहा

तब बोले भ्रत भ्रात सब, बद्दल कहौ उपाय।
रहै गढ़ पदमावती, गढ़ में आवै राय ॥85॥

(8)

छंद त्रोटक

पर्‌यौ धर कालीय काल बलाय। पर्‌यौ धर ककर मूक रखाय ॥
पर्‌यौ धर रज बहादर वीर। पर्‌यौ धर लीलीय भीलीय पीर ॥1॥
पर्‌यौ धर टोकर टोडर टोल। लहे स कहे न गिने स निरोल ॥
परे धर हिंदु व खेत पचारि। कहे तिनके कुल नाम संभारि ॥2॥
पर्‌यौ गोलवार सु मल्हयराय। पर्‌यौ तहाँ साचु रा सरवाय ॥
पर्‌यौ तहां भूंनग भोज भुवाल। पर्‌यौ तहां मोरीय राव गोपाल ॥3॥
पर्‌यौ तहां जंग रामालूव वीर। पर्‌यौ तहां टाक जवानसी नीर ॥
भिर्‌यौ दल गोरल आय सकाम। पुकारत बादल बादल नाम ॥4॥98॥

परे सय तीन चौहान प्रचंड। रखी तिन गढ की माम अचंड ॥
परे तहां पंच हजार सुभट। कटे...........................हमीर विकट ॥5॥
भई तहा जीत खुमान खुमान। बजे .... नीसान ॥
भयौ पदमावति रान मिलाप। पति ध्रम.........................॥6॥
बढ्यौ बदल को जस वास। लह्यौ तहां गोरिल.......॥
.................................।..॥
................................।...........................गहौ पतिसाह ॥7॥99॥

दोहा

सिर दिली सील्यौ समर, चाड चौहान खुमान।
पिता वैर पति धरम पुन्य, ओ अैसौ औसान ॥100॥
जैत भोज हम्मीर कहि, चोज रहै सुल्तान।
पनिग पुच्छि पै पंथ सिर, चम्पै कौन समान ॥101॥
कहि हमीर जान्यौ समै, पौरस बुधि चौहान।
ज्यौं...............................,..............गढ़ तुरकान ॥102॥
.....................................,...................................॥103॥

कवित्त

कुलसा हरम रजा..।
........................ठौर को हित बद्दल चहुँवान ॥
....।
............................जीव जुध में नह लुक्यौ ॥
बादल धनि भोगल धनी भोज तन जग्ग संभरी।
तैं क्रीत जीत पतिसाह ली, चंद सुरता ऊबरी ॥104॥

दोहा

हय गय रथ नौबति सौबति, कटि लूटि गये सुलतान।
द्यौस चंद ज्यौं संपतौ, दिल्ली थान पठान ॥105॥

अस धरयन गोमंद रिन, माम सबंध गमाय।
हास विलास हुलास पर, करन चित्त ठहराय ॥106॥

रैंन भ्रमैं चित भ्रमर ज्यौं, जमैं न एकौ ठौर।
ज्यौं सुर आवै पदमिनी, सो ले गढ़ चीतौर ॥107॥
कहि राघौ क्या कीजिऐ, लहर जहर उर लंग।
हसी घसी दोइ दीन में, जिनमें जिऔ न जंग ॥108॥

कवित्त

कहि राघौ सुलतान देह फुरमान गजन धर।
ठटारोह खंधार बलक काबीली भखर ॥
आसामी असफहां कदल बासं कसमीरं।
सैंधी रजपट धटी मुकर मुलतान लाहीरं ॥
दस लख मीर तंडीर बंध संध सनाह सिपाह सज।
अलावदीन चित्र गढ कुमखि दस हजार मद गलित गज ॥109॥

दोहा

समझि कुरान कतेब उर, काजी मदन करूर।
तिसनै दई तरीख लिखि, जेहि चढि चलै जरूर ॥110॥

त्रोटक

सुलतान मध्यान नीसान दीयं। चढ़ी साह सपाह सनाह कीयं ॥
बजी सिंध अैराक नीसान बजे। मनौ आगम मेह आषाढ़ गजे ॥111॥
सहनाय नफेरीय तुरीय सद। तुरीषरि खख्खर गुग्घर नद ॥
भई हये हींस धरा धंम धंम। गजे घन भद्दव ज्यौं गज गंम ॥112॥
झरै तरदान निदान झरंत। फबै पूठि ढाल धजा फहरंत ॥
बनैं केऊ के जम चेर बंधेत। चले मनौं पबय पंख सहेत ॥113॥
चलै ब निसाज निसाज करोल। चले भुज दाहिनी खाम हरौल ॥
चले पूठवान समान सजंत। चली दस्त बाज की फौज फिरंत ॥
बनै जहां लोदीय पनी पठान। बनै जहां ककर भखरवान ॥114॥

ग्रन्थान्त में उपलब्ध तीन छप्पय छंद

गढ चित्रं सिर जग्गि रान मोर्‌याँ राव मंडे।
धर कुंदण कनवज्ज जान महोदा थंडे।
जंबू पूंगल सोरट्ठ पटण पाउ अब्बूपति।

सिरै जान दस सजे भिड़े भिड़जे गज उंमति ॥
एक सौ तीस अनि कुँवर चढि तीन लक्ख संमध सकल।
दोय लख कुटम्बी मेल मिल लख चौबीस सेवग सरस ॥1॥
गढ़ दिल पटहु खड़ग बंध चढे बापा बरदाई।
रुद्र सहस दस सज्ज अनुज रुद्रह सरसाई ॥
सेष पच्छि दिन रहे गड्ढ गह मह नारी नर।
गान घुमरि नीसान तुरी गज झंपि जरी जर ॥
गुलाब आब केसर डमर मिलि पहुँचे तीरन्न सिर।
बदंतै पहल खग बज्जिऔ मिटढ मारि मचि कूह धर ॥2॥
कुल अनल दल अतुल प्रबल बापौ झल लग्गे।
कूह हक्क धक धक्क चक्क जज्जर बन जग्गे ॥
गज दस बींद समेत तुरी सो तीस बीद सम।
तीन लक्ख जीनंत भक्ख चामंड लिऔ क्रम ॥
दोय पहर लगि धमज गरि मचि उबरि न कोई मुन्तकर।
छाईस लाख मोरी कटक कूटि कूटि कीन्हें कचर ॥3॥

卐 卐 卐

गोरा-बादल-कथा : सानुवाद पाठ

गोरा-बादल की कथा[1]

दोहा सोरठा[2]

चरण कमल चित लाइ [3]समरूँ श्री श्री[3] सारदा।
[4]मूझ अखर दे माइ, कहिस कथा चित लाइ कइ[4] ॥1॥

शारदा माँ के चरण-कमलों का चित्त में ध्यान धर, उनका स्मरण करता हूँ। माँ शारदा मुझे अक्षर-ज्ञान, विद्या-बुद्धि-विवेक देने की कृपा करे जिनके बल पर मैं गोरा-बादल की कथा चित्त लगाकर कह सकूँ ॥1॥

जंबू दीप मझार, भरथखंड [5]खंडाहि सिरि[5]।
नगर भलउ[6] इक सारि, गढ़ चीत्रोड़ हइ विषम अति ॥2॥

जम्बूद्वीप के खंडों में भारतवर्ष सिरमौर है। इसमें अच्छा और समान बना हुआ चित्तौड़ नामक नगर है जिसमें अति अपराजेय एक गढ़ है ॥2॥

रतनसेन जिहां[7] राय, पाइ कमल सेवइ सुभट।
सूरवीर सुखदाय, रजपूत[8] रज कउ धणी[9] ॥3॥

यहाँ रत्नसेन नामक राजा है जिसके चरण-कमल सुभट लोग पूजते हैं। वह स्वयं शूरवीर, आनन्द देने वाला व रज=शूरवीरता का स्वामी राजपूत है ॥3॥

चतुर पुरुष चहुआण, दान मान दूनउ दियइ।
मंगत जन कउ माण[10], आवहि मंगत दूर तइ ॥4॥

रत्नसेन चौहान खाँप का चतुर क्षत्रिय है जो अन्यों को दान व सम्मान दोनों देता हैं। माँगने वालों को मान देता है जिस-कारण याचकगण दूर-दूर से आते हैं ॥4॥

कुंडलिया[11]

एक दिवस नृप पास आस कर मंगत[12] आए।
च्यारि चतुर वेताल दृष्टि भूपति दिखलाए॥
दे आसका आसीस बीस दस बीरद[13] सुणाए।
नरपत पूछइ भाट [14]कवण देसंतर[14] आए॥
हम आए संघल दीप तइ कीरत सुणि कइ तुम्ह तणी।
राजा रतनसेन चहुवाण सुण गढ चित्री[15] केरा धणी ॥5॥

कुछ प्राप्त होगा, ऐसी आशा मन में लेकर एक दिन राजा के पास चार चतुर भाट माँगने को आये। वे चारों राजा को दृष्टिगोचर हुए। उन्होंने राजा को विभूति और आशीर्वाद दिया। भाटों ने राजा के दस-बीस विरुद=सुयश सुनाये। राजा ने पूछा, आप कौन से देश से आये हैं? भाटों ने कहा, चित्तौड़गढ़ जैसे कोट के स्वामी राजा रत्नसेन चौहान! तेरी कीर्ति सुनकर हम सिंघलद्वीप से आये हैं ॥5॥

राइ[16] बहुत दियउ मान पास अप्पण बइठलाए[16]।
कहो दीप की बात जिहां थी[17] तुम्ह चल आए॥
क्या क्या उपजत उहाँ[18] दीप संघल हइ कैसा।
[19]सुणहु राय चित लाइ[19] कहूँ देख्या हइ जइसा॥
उदिध पार अदभुत नगर सोभा कहि न सकूं घणी।
अैरापत उपजत तिहां अवर नार हइ[20] पदमणी ॥6॥

भाट की बातें सुनकर राजा ने उनको प्रभूत मान-सम्मान दिया और अपने निकट बैठाया। राजा ने उनसे कहा, आप उस द्वीप की विशिष्ट बातें बताइये, जहाँ से चलकर आप यहाँ आये हैं। उदाहरणार्थ वहाँ क्या-क्या उत्पन्न होता है तथा सिंघलद्वीप कैसा है। भाटों ने कहा, हे राजा! सुनिये, हमने जैसा देखा है, वैसा ही बताते हैं। सिंघलद्वीप समुद्र के उस पार है। अद्भुत नगर है। उसकी अत्यधिक शोभा वर्णनातीत है। वहाँ इन्द्र के ऐरावत जैसे हाथी और पद्मिनी जाति की नारी उत्पन्न होती हैं। ॥6॥

दोहा[21]

पद्मावत नारी किसी, कहो भाटजी बात।
भाट कहइ नरपत सुणउ, च्यार रमण की जात ॥7॥

हे भाट महोदय! पद्मिनी जाति की नारी के लक्षण कौन-कौन से होते हैं? मुझको बताइये। हे नृपति सुनिये! नारियों की चार जातियाँ होती हैं, भाट ने कहा ॥7॥

इक चित्रणि[22] इक हस्तनी[22], इक[23] संखनी नारि।
उतम त्रिया पदमावती[24], तस गुण अपर[25] अपार[26] ॥8॥

चित्रिनी, हस्तिनी, शंखिनी व चौथी उत्तम पद्मावती प्रकार की नारियाँ होती हैं। पद्मावती नारि के गुण अपरम्पार होते हैं ॥8॥

चौपई[26]

कहो भाट पद्मावत लक्षण। गुणी सरस तुम्ह बडे विचक्षण ॥
रूप[27] रंग गुण रति मति दाखउ[27]। भाषा सरस मधुर सुर[28] भाखउ ॥9॥

हे भाट महोदय! आप गुणी, सरस और विचक्षण हैं। अतः आप पद्मावती जाति की नारी के लक्षण कहो। भाट ने कहा, मैं पद्मावती नारी के रूप, रंग, गुण, रति, मति का वर्णन सरस-भाषा में मधुर-स्वर में करूँगा ॥9॥

कवित[29]

पदमावति मुख चंद पदम सुरु[30] वास जु आवइ।
भमर भमइ चिहुँ फेर[31] देख सुर असुर लोभावइ।
अंगुल सत[32] इक अट्ठ उंचीसा[32] सुंदर नारी।
पहली[33] सत्ताबीस ईस चित लाइ संवारी ॥
मृग नइन वइन कोकल सरस केहरलंकी कामनी।
अधर लाल हीरे दसण भूंह धनष गइ गामनी ॥10॥

पद्मिनी नारि का मुख चन्द्रमा जैसा होता हे। उसके शरीर से पद्म जैसी सुगंधी आती है। उसके चारों ओर भ्रमर भ्रमण करते हैं। उसके रूप-स्वरूप को देखकर सुर-असुर सभी उस पर मोहित=लुब्ध हो जाते हैं। उस सुंदर नारी के कद की ऊँचाई 108 अंगुल प्रमान होती है। उसकी पिंडलियाँ सत्ताईस अंगुल प्रमान होती हैं। ब्रह्मा उसको पूर्ण मनोयोग पूर्वक बनाता है। उसके नयन मृग जैसे, वचन कोयल जैसे रसयुक्त=मधुर, कमर सिंह जैसे पतली, ओष्ठ लाल जैसे, दाँत हीरे जैसे श्वेत, भौंह धनुष जैसी व चाल गज जैसी होती है ॥10॥

सोरठिया दोहा[34]

पदमन पान अहार, पीक कंठ जातां दिसइ।
सरल केस सुकुमाल, रयण दिवस पिय मन बसइ ॥11॥

पद्मिनी नारी जब पान खाती है तब उसकी पीक उसके कंठ से नीचे उतरते हुए स्पष्ट दृष्टिगोचर होती हे। उसके केश सरल=सुलझे हुए और कोमल होते हैं। रात्रि-दिवस वह प्रियतम के मन में बसी रहती है ॥11॥

पदमावत के गुण सुणे, चढ़ी चूंप चित लाइ[35]।
विण देख्यां पदमावती, जनम अक्यारथ जाइ ॥12॥

राजा ने जैसे ही पद्मिनी नारी के लक्षण मन लगा कर सुने, वैसे ही उसको पाने की चाह उसके मन में बलवती होती चली गई। वह मन ही मन कहने लगा, बिना पद्मावती देखे, मेरा जन्म व्यर्थ चला जा रहा है। ॥12॥

चौपई[36]

तउ[37] वसी चिति अंतर पदमावत। निसा[38] नीद दिन अन्न न भावत[38] ॥
यूं रहतां[39] इक जोगी आया। राजद्वार [40]पर धूंआ पाया[40] ॥13॥

इस-प्रकार रत्नसेन के चित्त के अंदर पद्मावती बस गई। उसको न रात्रि में नींद आती है और न दिन में भोजन भाता है। इस-प्रकार समय व्यतीत हो रहा था कि राजद्वार पर एक योगी आया। राजा रत्नसेन ने द्वार पर धूम (धुआँ) उठते हुए देखा ॥13॥

कवित[41]

शीव[42] बडउ जोगिन्द्र देख राजा चित हरषउ।
जिसउ[43] कमल सर मंझ सूर देखत ही विकसउ[43] ॥
भगति भाव बहु करी जुगत करि जोग संतोषउ।
निसा [44]बइसि नृप पासि पत्र पंचामृत पोख्यउ ॥
संतुष्ट हुई रावल[45] कहइ मांग सु तुझु कुछ चाहियइ।
राजा रतनसेन चहुंवाण कहि इक पदमणि मोहि ब्याहीयइ ॥14॥

शिव स्वरूप महान् सिद्ध योगीन्द्र को देखकर राजा का मन हर्ष से उसी-प्रकार भर गया जिस-प्रकार सरोवर का कमल सूर्य को देखकर विकसित हो जाता है।

राजेन्द्र ने योगीन्द्र की अनेक प्रकार से भाव-भक्ति की एवं युक्तिपूर्वक उसको संतुष्ट किया। राजेन्द्र ने रात्रि भर योगीन्द्र के पास बैठकर पंचामृत से उसका पात्र पूर्ण किया। राजेन्द्र की सेवाओं से संतुष्ट होकर योगीन्द्र ने पूछा, हे राजेन्द्र! यदि तुझे कुछ चाहिये तो वह मुझसे माँग ले। इस पर राजा रत्नसेन चौहान ने कहा, मुझे और कुछ नहीं, पद्मिनी जाति की नारि से विवाहित करा दीजिये ॥14॥

कहइ ताम जोगेन्द्र दीप संघल पदमावत।
राजा पाट[46] तज चलहु भूप जउ तुझ[47] मन भावत ॥
कहइ राइ कर कृपा बेगहइ कारज कीजइ।
जो कछु कहउ सु नाथ साथ सामग्री लीजइ ॥
मृग तुचा बिछाइ सिद्धि तब पढ्यौ मंत्र [48]परकर।
गए[49] जु संघलदीप मइ[49] राजा रत्नसेन जोगेन्द्रवर ॥15॥

योगीन्द्र ने राजेन्द्र से कहा, पद्मिनी नारी सिंघलद्वीप में है। हे राजेन्द्र! यदि तेरा मन पद्मिनी नारी के लिये लालायित, अत्यंत व्याकुल हो उठा है अथवा मेरा सुझाव तुझको अच्छा लगता तो राज-पाट छोड़कर सिंघलद्वीप की ओर कूँच कर। राजेन्द्र ने कहा, कृपा करके मेरा कार्य शीघ्र ही कीजिये। आप जो कुछ कहते हैं, उसी के अनुसार साथ में सामग्री ले लीजिये। तब सिद्ध ने मृगछाला बिछाई, उस पर बैठकर कार्य के सिद्ध्यर्थ मंत्र का उच्चरण किया। राजा रत्नसेन व योगीन्द्र इस-प्रकार सिंघलद्वीप के लिये कूँच कर गये ॥15॥

दोहा[50]

सुण रावत जोगी कहइ, करि रावळ कउ वेस।
इक सबदी भिख्या करहु, यहु हमरा उपदेस ॥16॥

सिंघलद्वीप पहुँचकर योगीराज ने राजा से कहा, सुनो! मेरा तुमको उपदेश=परामर्श है कि तुम एक-शब्दी भिक्षा के लिये जाओ ॥16॥

कवित्त[51]

तउ दियउ भेष जोगेन्द्र कान मुद्रा पहिराई।
कंथा[53] सींगी गलइ अंग वीभूति चढ़ाई[53] ॥
कपिल जटा करि दंड मोर पंख [52]पंखाणा झुल्लई[52]।
वज्र कछोटा पहिर अलख गोरख मुख बोलई ॥

कर पंकज पात्र अनूप ले राजद्वार जब आवियउ।
नृप सुता निरख पदमावती तब सु राय मुर्छावियउ ॥17॥

योगीन्द्र ने राजेन्द्र को योगी का वेश प्रदान किया। कानों में मुद्रा पहनाई; शरीर पर कंथा व गले में सींगी धारण कराकर शरीर पर विभूति का लेपन करवाया। भूरी जटाएँ, हाथ में दण्ड व मोरपंख का पंखा झूल रहे हैं। वज्र के समान सुदृढ़ लंगोट लगाकर मुख से अलख-निरजंन, गोरख शब्दों का उच्चारण करने लगा। हस्तकमल में अनुपमेय भिक्षापात्र लेकर राजेन्द्र राजद्वार पर आ पहुँचा। राजा की पुत्री पद्मावती को देखकर चित्तौड़-नरेश मूर्च्छित हो गया ॥17॥

दोहा[54]

मन मोह्यो पदमावती, देख रूप कउ[55] राव।
कहइ सखी सूँ नीर ले, रावळ [56]छंटि उवाव[56] ॥18॥

राजेन्द्र का रूप देखकर पद्मावती का मन मोहित हो गया। उसने सखी ने कहा, जल ला और रावळ=योगी पर उसके छींटे देकर उसको उठा, होश में ला ॥18॥

कवित्त[57]

छन्ट उवायउ[58] जोगि आय तिण सखी विचक्षण।
रावळ रूप अनूप अंग बत्तीसे लक्षण ॥
तब पदमावत हार तोड़ नवसर दी भिख्या।
मुकताफल भरि थाल नाथ पइ ल्याई सिख्या ॥
कर जोड़ि गुरु आगइ धरइ देख नाथ अइसइ कहइ।
जो जेसइ लाइक निम्मिया[59] सो तइसी भिख्या लहइ ॥19॥

उस बुद्धिमान सखी ने आकर योगी पर जल छिड़का और उसको उठाया। योगी रूपी राजेन्द्र का रूप अनुपमेय था तथा उसके शरीर में आदर्श पुरुष के पूरे बत्तीस लक्षण विद्यमान थे। तब पद्मावती ने भिक्षा में अपने गले का नौसर हार उतार कर दिया। मोतियों से भरा थाल भी योगी के लिये उसकी सखी लेकर आयी। राजा ने योगीन्द्र के आगे हाथ जोड़कर प्राप्त भिक्षा को रख दी। तब योगीन्द्र ने कहा, भगवान् ने जिसको जिस योग्य बनाया है, उसको वैसी ही भिक्षा मिलती है ॥19॥

तउ[60] चल्यउ आप[61] जोगेन्द्र चलवि[62] राजा गृह आयो।
देखइ राय हरषियउ सीस ले चरण लगायो ॥
आज पवित्र भयो गेह नेह धर गुरू पधारे।
आज सफल मुझ काज बडे हइ भाग हमारे ॥
तब[63] सुण आई पदमावती गुरू चरण ले सिर धरइ[63]।
असीस देह रावळ[64] कहइ पुत्री तुम्ह[65] कारिज सरइ ॥20॥

तब स्वयं योगीन्द्र अपने डेरे से चला और राजद्वार पर आया। योगीन्द्र को देखकर राजा हर्षित हुआ और उसके चरणों में अपना मस्तक नवाया। कहने लगा, आज मेरा घर पवित्र हो गया है क्योंकि प्रीतिपूर्वक मेरे गुरु मेरे घर पधारे हैं। हमारे बड़े भाग्य हैं। आज हमारा कार्य सफल होने वाला है। यह वार्तालाप सुनकर पद्मावती भी वहीं आ गई और उसने भी गुरु के चरणों में अपना माथा नवाया। आशीर्वाद देते हुए योगीश्वर ने कहा कि पुत्री! तुम्हारा कार्य सफल हो ॥20॥

राइ[66] कहइ जोगेन्द्र[66] पदम पुत्री सुखदायक।
वर प्रापति अब भई [67]कोइ वर नाहीं लायक[67] ॥
हूँ ल्याऊ वर राइ तोहि पुत्री कइ कारण।
गढ़ चित्तौड़ राजान दुष्ट दुसमणां[68] विडारण ॥
राजा रत्नसेन चहुँवान हइ तिस [69]सम नाहीं[69] अवर नर।
परणाइ देह पदमावती मान वचन [70]ए तहत कर[70] ॥21॥

राजा ने योगीन्द्र से कहा, मेरी पुत्री पद्मावती सुखों को देने वाली है। यह विवाह योग्य हो गई है किन्तु इसके योग्य कोई वर अभी तक नहीं मिला है। योगीश्वर ने कहा, हे राजा! तेरी पुत्री के लिये योग्य वर मैं लाऊँगा। वह चित्तौड़गढ़ का राजा है और दुष्टों तथा दुश्मनों का संहार करने वाला है। वह राजा रत्नसेन चौहान है। उसके समान दूसरा कोई नहीं है। मेरे वचनों को सत्य मानकर राजा रत्नसेन से पद्मावती का विवाह सम्पन्न कर दे ॥21॥

तउ[71] वचन गुरू राजान[71] मान पुत्री परणाई।
रत्नसेन कइ साथ भई हइ भली सगाई ॥
दीनउ बहु दायजऊ लाल [72]मुकताफल हीरे[72]।
पाटंबर पटकूल थाल भर कंचण नीरे ॥
रावळ[73] कहइ राजान कूँ पदमावती मुकलाइयइ।

चित्तौड़ लोक चिंता करइ राजा रतनसेन चलाइयइ[74] ॥22॥

तब राजा ने गुरु के वचनों को शिरोधार्य कर पुत्री का विवाह राजा रत्नसेन के साथ संपन्न कर दिया। इससे दोनों के मध्य अच्छे सम्बन्ध स्थापित हो गये। सिंघल-नरेश ने स्वर्ण के थालों में भर-भर कर प्रभूत मात्रा में दहेज दिया जिसमें लाल, मोती, हीरे, रेशमी व महीन कपड़े आदि-आदि थे। योगीश्वर ने राजा से कहा कि अब पद्मावती को बिदा करिये, राजा रत्नसेन जाना चाहते हैं क्योंकि चित्तौड़ के लोग चिंता कर रहे हैं ॥22॥

राघव दीन्हउ[75] संग बेग पदमणी चलाई।
रोवत माता भ्रात कुँवरि कूँ कंठ लगाई ॥
उडण खटोली चढ़े राव[76] पदमावति जोगी।
राघौ चेतन संग उडत[77] गढ़ आए भोगी ॥
निसाण बजे पंचोतर[78] तिहाँ गोरी मंगल गाइयो।
राज रतनसेन पदमावती [79]गढ़ चित्तौड़ ले आइयो[79] ॥23॥[80]

सिंघल-नरेश ने पद्मावती को शीघ्र ही विदा कर दी। साथ में राघव-चेतन नामक ब्राह्मण को भी भेजा। माता, भाई आदि ने रोते हुए कुँअरि पद्मावती को गले लगाया। राजा रत्नसेन, पद्मावती व योगी उडण-खटोले में सवार हुए, साथ में राघव-चेतन भी था। चारों उड़ते हुए विमान से चित्तौड़गढ़ में आ पहुँचे। राजा रत्नसेन का आगमन सुनते ही पाँच प्रकार के नीशान बजे, नारियों ने मंगल गीत गाये। इस-प्रकार राजा रत्नसेन पद्मावती को गढ़ में ले आया ॥23॥

तजी [81]रमण सत[81] और राव[82] पदमावती रातउ।
रयण दिवस रहइ पास[83] अंग आणंद मद मातउ ॥
नेम नीर को लियो विना देखइ पदमावत।
महा मोह बसि भयउ [84]रहई इसी पर राउत[84] ॥
इक[85] निसा रही जब दुइ घड़ी तब सिकार उद्यम भयउ[85]।
राजा रतनसेन असवार हुए राघव-चेतन सँग लियउ ॥24॥

राजा अन्य सभी रानियों से अननुरक्त हो केवल पद्मावती में ही अनुरक्त हो गया। रात्रि-दिवस पद्मावती के पास रहता तथा अंग-संग के मद में मस्त रहता। राजा ने नियम धारण किया कि जब-तक वह पद्मावती का प्रति दिन प्रातः काल मुख-दर्शन नहीं करेगा, तब-तक जल नहीं पियेगा। राजा पद्मावती के मोह से अत्यंत

मोहित हो गया। वह इसी-प्रकार रहने लगा। एक दिन जब रात्रि व्यतीत होने में दो घड़ी (48 मिनिट) शेष रही तब शिकार-खेलने जाने का कार्यक्रम निश्चित् कर राजा रत्नसेन ने राघव-चेतन को साथ लेकर घोड़े पर सवार होकर प्रस्थान किया ॥24॥

दोहा

वन[86] भीतर तब खेलतां, त्रिषा बियापी तेम।
बिण दीठइ पदमावती, जल पीवण को नेम[86] ॥25॥

25. जंगल में शिकार खेलते-खेलते राजा को तीव्र प्यास लगी। चूँकि राजा का नियम पद्मावती-मुख दर्शनोपरान्त ही जल पीने का था किन्तु यहाँ पद्मावती के न होने से राजा जल नहीं पी सकता था। ॥25॥

कवित्त[87]

तब राघव चित लाइ सरस पूतली संवारी।
त्रिपुरा[88] की करि कृपा रूप पदमावत नारी ॥
भेष भाव बहु कीए[89] जंघ पर तिलौ[90] बणायौ।
देख राव[91] भयो रोस पाप मन भीतर आयो ॥
बिण रम्यां विप्र[92] पदमावती तिला[93] सु क्यूँकर जाणियउ।
मारूँ न विप्र काढूँ नगर यही भाव[94] मन आणियउ ॥26॥95

राजा की प्यास की तीव्रता को जानकर राघव-चेतन ने मन को संयमित कर भगवती त्रिपुर-सुन्दरी की कृपा से पद्मावती की मूर्ति बना दी। राघव-चेतन ने उस पुतली में वैसे ही हाव-भाव आरोपित किये जैसे वास्तविक पद्मावती में थे। साथ ही उसने वह तिल भी बनाया जैसा वास्तविक पद्मावती की जंघा पर था। पुतली को देखकर राजा क्रोध से भर गया। उसका मन राघव-चेतन का अनिष्ट करने को उतारू हो-गया। सोचने लगा, पद्मावती से बिना रमण किये इस विप्र ने कैसे जाना कि उसकी जंघा पर तिल है! चूँकि यह ब्राह्मण है; अतः इसको मारूँगा तो नहीं किंतु अपने देश से, नगर से इसको निकाल अवश्य दूँगा। राजा के मन में उक्त विचार आये ॥26॥

[96]तउ घरि आयौ राव[97] विप्र कूँ दिया निकार्‌या।
राघउ [97]लिया विदेस[98] वेस वइरागी धार्‌या ॥
भगवे [98]वस्त्र सरीर नीर भर लियो कमंडल।

जंत्र बजावइ जुगत [99]जोग जत रहइ[99] अखंडल ॥
दिली सु आव प्रापती भए रहइ उद्यान बनखंड सिर।
पातिसाह तिहाँ अलावदी करइ राज सिर [100]नराँ नर[100] ॥27॥

जब राजा महलों में आ-गया तब उसने ब्राह्मण राघव-चेतन को देश-निकाला दे-दिया। राघव ने उसी-समय वैरागी का वेश धारण कर लिया। शरीर पर भगवे वस्त्र धारण कर लिये। हाथ में जल भरा कमण्डलु ले लिया, युक्ति पूर्वक यंत्र बजाने लगा और उसने योगियों जैसा अखंड़ित जत-ब्रह्मचर्यव्रत धारण कर लिया। चित्तौड़ को छोड़कर वह दिल्ली आ गया। जिस जंगल में बादशाह का उद्यान था, उसी में आकर रहने लगा। उस समय दिल्ली का बादशाह अलाउद्दीन था जो जनता पर राज करता था ॥27॥

एक दिवस सिक्कार साह खेलत तिहाँ आए।
राघव तिणहीं समइ जंत्र[101] करि जुगत बजाए[101] ॥
मृग तजि[102] सभ[102] बनवास पास राघव कइ आए।
सुणइ राग धरि कान साह मृग कहूँ न पाए ॥
आयो[103] सो तिहाँ अल्लावदी[103] पेख चरत्त अचिरज भयौ।
उतर तुरंग तइ[104] साह तब राघव कइ आगइ गयौ ॥28॥

एक दिन बादशाह शिकार खेलने को वहाँ आया; उसी-समय राघव-चेतन ने युक्ति-पूर्वक अपना वाद्य-यंत्र बजाया। स्वर सुनकर जंगल के समस्त मृग राघव-चेतन के पास आ गये। सारे मृग कान लगाकर राग सुनने लगे। परिणामतः बादशाह को पूरे जंगल में एक भी मृग नहीं मिला जहाँ राघव-चेतन यंत्र बजा रहा था वहाँ ही अलाउद्दीन बादशाह आ पहुँचा और वहाँ का नज़ारा देखकर आश्चर्यचकित हुआ। घोड़े से उतर कर शाह अलाउद्दीन राघव-चेतन के सामने गया ॥28॥

दोहा[105]

रीझ्यउ साह सु राग सुण, राघव सूँ कहइ ताम[106]।
दिल्ली[107] हम सूँ तुम्ह सही[107], चलहुँ हमारइ थान[108] ॥29॥

सुराग सुनकर अलाउद्दीन प्रसन्न हुआ व उस-समय उसने राघव-चेतन से कहा, मैं दिल्ली का स्वामी तुमसे निवेदन करता हूँ कि तुम हमारे साथ हमारे महलों में चलो ॥29॥

हम बइरागी तुम गृही, [109]पृथवी को[109] पतसाह।
हम तुम्ह कैसी[110] संग हइ, जैसा चंद कूँ राह ॥30॥

राघव ने कहा, मैं वैरागी हूँ, आप गृहस्थी हैं। ऊपर से पृथिवी के स्वामी अर्थात बादशाह भी हैं। हमारा और आपका संग रहना वैसे ही है, जैसे चन्द्रमा और राहु एक जगह नहीं रहते ॥30॥

हठ कीनउ पतसाह तब, राघव आण्यौ गेह।
राग रंग रीझयउ बहुत[111], दिन दिन अधिक सनेह ॥31॥

बादशाह ने अत्यधिक हठपूर्वक आग्रह किया, तब राघव महलों में आ गया। राघव की रागों के रंग से बादशाह अतीव प्रसन्न हुआ और दिनानुदिन दोनों में स्नेह बढ़ता चला गया ॥31॥

कवित्त[112]

एक दिवस नर कोइ शशा जीवत [113]गृह ल्यायो[113]।
पातसाह तब लेइ गोद ऊपर बइठायौ ॥
तापर फेर्‌यउ हाथ अधिक[114] कोमल रोमावळ।
यातइ कोमल कछू कहउ राघव गुण रावळ ॥
तब हाथ फेर राघव कहइ यातें कोमल सहस गुण।
पदमनी देह विप्र उच्चंरइ पातसाह धर कान सुण ॥32॥

एक दिन कोई व्यक्ति जीवित खरगोस लेकर बादशाह के महल में आया। बादशाह ने हाथ में लेकर उसको गोद में बैठाया। वह उसकी अत्यधिक कोमल रोमावली पर हाथ फेरने लगा। बादशाह ने योगी वेशधारी राघव से पूछा, इससे भी कोमल और कुछ इस संसार में है? तब राघव ने भी खरगोस पर हाथ फेरा और कहा, इससे भी सहस्र गुणा कोमल पद्मिनी जाति की नारि की देह होती है, हे बादशाह! आप कान लगाकर सुनो ॥32॥

दोहा[115]

तास[116] बोलाइ अलावदी, पूछत बात प्रभात।
सास्त्र विधि जानउ सकल, त्रिय की कितनी[117] जात ॥33॥

उस प्रभात-वेला में अलाउद्दीन ने राघव-चेतन को बुलाकर कहा, हे विप्र! तुम शास्त्रों के सभी रहस्यों को भली-भाँति जानते हो। बताओ कि स्त्रियों की कितने

प्रकार की जाति होती है? ॥33॥

राघव[118] कहइ नरंद सुनि[118], त्रिया जात हइ च्यारि।
चित्रणी हस्तनी संखणी, पदमण रूप अपारि ॥34॥

राघव ने बाहशाह से कहा, नारियों की चार जातियाँ होती हैं (1) चित्रिणी (2) हस्तिनी (3) शंखिनी व (4) अपरम्पार रूपवती पद्मिनी ॥34॥

पदमण कइ प्रस्वेद तइ, कसतूरी की वास।
कवल गंध मुख तें चलइ, भमर तजइ नहिं पास ॥35॥

पद्मिनी नारी के प्रस्वेद-पसीने से कस्तूरी की सुगंधि आती है। उसके मुख से कमल की गंध आती है जिससे भ्रमर उसका सानिध्य नहीं छोड़ते अर्थात् उसके चारों ओर भौरे मँडराते रहते हैं ॥35॥

कवित्त

पदम गंध पदमनी भमर चिहुँ फेर भमंतह[119]।
चंद वदन चतुरंग अंग चंदन [120]सू वासह[120] ॥
स्वेत साम अरु[121] अरुण नइण राजीव विराजइ।
कीर चुंच नासिका रूप [122]रति रंभा[122] लाजइ ॥
गुणवंत दंत दाड़िम कुली अधर लाल [123]अंमृत वचन[123]।
आहार पान कोमल अधिक सरस[124] सिंगार नव सत रचन ॥36॥

पद्मिनी में से पद्म की गंध आती है जिस-कारण उसके चारों ओर भ्रमर मँडराये रहते हैं। उसका मुख चन्द्रमा के समान व उसके अंग-प्रत्यंगों से चंदन जैसी सुगंधि आती रहती है। उसके कमल-नयन समय एवं परिस्थित्यानुसार श्वेत-श्याम एवं अरुण=लाल रहते हैं। तोते की चोंच जैसी नासिका होती है। उसका रूप इतना लावण्यमय होता है कि रति और रंभा का रूप भी उसके सामने लजायमान हो जाता है। गुणवंत=32 दाँत दाड़िमकुली, ओष्ठ लाल व वचन अमृत के समान होते हैं। उसका आहार पान है। वह अतिशय कोमल है; अथवा अतिशय कोमल पान उसका आहार है। वह सरस षोडस श्रृंगार से सदैव सुसज्जित रहती है ॥36॥

पान[126] हुँतइ पातली प्रेम पूरण [125]सूँ झीलइ[125]।
बिच उतंग कुच कठन रंग [127]कंचन तग ताणइ[127] ॥
भुज मृणाल सुविसाल चाल [128]हंस गति चालइ।

पदम चरण तल रहइ[129] निरख सुर नर मुनि टालइ ॥
केहर[130] लंक[130] कंचन वरण नार सकल सिर मुकट मणि।
अल्लावदीन[131] सुलतान सुणि पदमणि लक्षण एह भणि[131] ॥37॥

हे अलाउद्दीन सुलतान! सुनो, पद्मिनी नारी के निम्न लक्षण होते हैं–पद्मिनी नवांकुरित पत्र से भी पतली होती है, उसकी टूंडी झील जैसी गहरी होती है, मध्यांग वक्ष ऊँचा तथा स्तन कठोर होते हैं। रंग स्वर्णिम व सीना तना हुआ होता है, उसकी भुजाएँ मृणाल की भाँति सुविशाल तथा वह हंस की गति से चलती है, उसके पद-तल में पद्मचिह्न होते हैं, जब चलती है तब वे भूमि पर उभर जाते हैं जिनको देखकर सुर, नर, मुनि सभी मोहित होते हैं। उसकी कमर केहरी जैसी पतली, उसका वर्ण स्वर्णिम होता है। वह समस्त नारियों में मुकुटमणि सदृश होती है ॥37॥

पद्म[132] गंध पद्मणी सहज सुंदर सु विचक्षण।
वेणी दंड उपंग अंग बत्तीसे लक्षण ॥
नयण कुरंगी वाल सु तन पक्की जंभीरी।
अहिर रं सत डसण सरस सुकुमाल सरीरी ॥
श्रवण सुणी दीठी नहीं सिंघलदीप क कहीइ घणी।
उ लखे मित्र ए कामणी ए लक्षण छइ पद्मिणी ॥38॥[133]

पद्मिनी में पद्म की गंध आती है, उसकी सुंदरता सहज=नैसर्गिक होती है, वह अति बुद्धिमान होती है, उसकी वेणी-दंड=गुँथी हुई चोटी, उपंग=कमर के नीचे गुदा तक लटकती है, उसमें आदर्श मनुष्य के पूरे बत्तीसों लक्षण होते हैं; उसके नेत्र मृग जैसे चंचल व उसका शरीर धनुष के समान लचक वाला होता हैं अहिर=होठों से ररं=कहती है सत्य वचन एवं उसके दाँत सुन्दर होते हैं। उसका शरीर सुकोमल होता है। राघव कहता है, मैंने पद्मिनी नारी के बारे में कानों से सुना है किन्तु आँखों से अभी तक देखी नहीं है। कहा जाता है कि सिंघलद्वीप में पद्मिनियाँ बहुत हैं। यह अन्य कामनियों को मित्रवत् पहचानती है। पद्मिनी-जाति की स्त्री के लक्षण उक्तप्रकार हैं ॥38॥

चपल चित्त [134]चित्रणी चपल[134] अति चंचल नारी।
कंवल नइन राजीव[135] वेणु जिण[136] नागणि कारी ॥
पीन पयोहर कठिन वचन अंमृत मुख बोलइ।

जंघा कदली [137]थंभ गडिंद[137] गइवर गति डोलइ ॥
संभोग रीति जाणइ[138] सकल नित सिंगार[139] भीनी रहइ।
अल्लावदीन सुलतान सुण कवि चित्रणि लक्षण कहइ[140] ॥39॥

चित्रिणी जाति की नारी व्यग्र चित्त वाली (चपल-चित्त); चपल-अति=अत्यंत चुस्त-दुरुस्त व चंचल=अस्थिर होती है। उसके नेत्र राजीव जैसे व चोटी नागिन जैसी काली होती है। उसके पयोधर=स्तन स्थूल व कठोर होते है। मुख से अमृत जैसे वचन बोलती है। जंघा कदली-स्तंभ जैसी होती है। वह झूलते हुए हाथी की भाँति चलती-फिरती है। संभोग करने की सारी रीतियाँ वह जानती है। नित्य ही षोड़श-शृंगार सुसज्जित रहती है। हे अलाउद्दीन सुन, कवि चित्रिणी नारी के लक्षण कह रहा है ॥39॥

चित्र[141] लंक चित्रणी भगत भरतारह केरी।
गीत नाद सूँ प्रीत रूप रति थी अधिकेरी ॥
बोलइ अंमृत वयण कठण थण पीन पयोहर।
मोड़ी हुवइ आधान हंस जिम चाल मनोहर॥
कणवरी कांब सुकमाल तन गाम गाम नाहीं घणी।
उ लखइ मित्र ए कामणी ए लक्षण छइ चित्रणी ॥40॥[141]

चित्रिणी नारी सुंदर कमर वाली तथा पति की भक्त होती है। गीत व नाद से प्रीति करने वाली तथा रति से भी अधिक रूपमती होती है। उसी वाणी कोयल के समान अमृतमयी तथा उसके स्तन कठोर व स्थूल होते हैं। वह देरी से गर्भवती होती है। उसकी चाल हंस के समान मनोहारी होती है। वह कणवरिकांव=कनेर की टहनी जैसी सुकोमल शरीर वाली होती है। चित्रिनी नारी-समूह में अधिक संभोग करने वाली नहीं होती। यह अन्य कामिनियों को मित्रवत मानती है। ये उक्त लक्षण चित्रिणी जाति की नारी के हैं ॥40॥

हेत बहुत[142] हस्तनी केस अति कुटिल विराजत।
दृग देखत मृग[143] मीन चपल अति खंजन लाजत ॥
कनक लता कामणी बीज दाड़िम दसणावर[144]।
पुहप वेस पहरंत कंत अति चितहि सुभावइ[145] ॥
अति चतुर कुच [146]सु कंचण कलस कामि केलि कामण करइ।
अल्लावदीन [147]सुलितान सुणि[147] एह लक्षण हस्तनि[148] धरइ ॥41॥

हस्तिनी नारी प्रीति करने वाली होती है। उसके केश अतीव उलझे हुए रहते हैं। आँखें मृग व मीन जैसी अति चपल होती हैं जिनको देखकर खंजन भी लज्जित हो जाता है। स्वर्णलता जैसी उस कामिनी के अनार के दान जैसे दाँत बिजली की भाँति चमकते हैं। वह पुष्पों के समान झीने वस्त्र पहनती है। प्रियतम को वह अति ही प्रिय लगती है। वह अति चतुर होती है। उसके स्तन कंचन-कलश के समान होते हैं। वह काम-केलि में निपुण होती है। हे अलाउद्दीन सुलतान! सुनो, ये लक्षण हस्तिनी नारी के हैं ॥41॥

हसे[149] घणू हस्तनी अन्न करि किमहि न धापइ।
बोलइ जिण जिण साथ कलह करि घणू सरापइ ॥
जंघ थूल कथूल रूप हीणी गुण हीणी।
जागइ नहिं क्षण रयण गुह्य थानक बपाणी ॥
वावरे जीभ साम्ही थई भरतारह स्वामी भणी।
उ लखइ मित्र ए कामणी ए लक्षण छइ हस्तनी ॥42॥[149]

हस्तिनी नारी हँसती बहुत है। भोजन से कभी भी तृप्त नहीं होती है। जिस-जिससे भी वह वार्तालाप करती है उस-उससे ही वह कलह करती है तथा उनको अनेक-विध श्राप भी देती है। उसकी जंघाएँ मोटी से मोटी होती हैं। वह कुरूप एवं अच्छे गुणों से हीन होती है। रात्रि में एक क्षण के लिये भी जागती नहीं। वह गुप्त-स्थान में रहना पसंद करती है। पति के सम्मुख छाती से छाती अड़ाकर पागलों की भाँति जिह्वा से बोलती है। ये लक्षण हस्तिनी नारी के हैं ॥42॥

जटा[150] जूट जोषता वदन विकराल अधिक अति।[150]
सूकर देह स रोस स्वान जूँ सदा जु घुरकति ॥
गरदभ गति गुण हीन परे ढर पीन पयोहर।
मंछ गंध कल[151] मलन चुल्ह सम तुल्य भगोदर[152] ॥
अति घोर निद्र आलस अधिक अति अहार गजगामनी।
अल्लावदीन सुलतान सुण ए लक्षण स्त्री[153] संखनी ॥43॥

हे सुलतान अलाउद्दीन! शंखिनी स्त्री के लक्षण निम्नानुसार हैं, जिनको सुनो। शंखिनी नारी जटा-जूट युक्त अत्यधिक विकराल मुख वाली होती है। उसको शूकर जैसा क्रोध आता है। कुत्ते की भाँति वह सदैव घुर-घुराती फिरती है। उसकी गति गदहे जैसी होती है। वह गुणहीन बकरी की भाँति बोलने वाली, स्थूल स्तनों वाली होती है। उसके शरीर से मछली जैसी दुर्गंध आती है। कलमलण=प्रकृतितः

वह कुलमुलाने= झुंझलाहट पीटने वाली होती है। उसकी भग=नारीन्द्रिय चूल्हे के समान सदैव काम-तप्त रहती है। उसको घोर निद्रा आती है। उसके शरीर में अत्यधिक आलस्य बसा रहता है। अति आहारी व गजगामिनी होती है, हे सुलतान सुनो, ये लक्षण शंखिनी स्त्री के होते हैं ॥43॥

[154]संख नाद संखिणी नाक नाभी घण भारी।
अहर डसण पावड़ा कान विबोषा नारी ॥
चीपड़ी पेटि आंख गागर बहू वाली ।
श्रोत्र सदा सु वाहला कुचह जाणे करि झाली ॥
वाणी विनाद पसहर जिसी रूड पगी दीसे घणी।
उ लखइ मित्र ए कामणी ए लक्षण छइ संखनी ॥44॥[154]

शंखिनी की आवाज शंख जैसी व उसकी नाक तथा नाभी बहुत भारी होती हैं। वह अहर=अधरों को डसने वाली, फावड़े जैसे कानों वाली एवं विवोषा=पति-वियोगिनी होती है। उसका पेट चिपका हुआ, आँखें कलश जैसी अंदर की ओर धँसी हुई व उसके हाथ बाली=बलशाली=मोटे होते हैं। उसके कान बडे-बडे व स्तन ऐसे लगते हैं जैसे अग्नि से झालें=लपटें निकल रही हों। उसकी वाणी गधे जैसी कर्कश व निरर्थक यत्र-तत्र घूमने वाली होती है। संख्या में शंखिनी नारियाँ खूब मिलती हैं। हे मित्र! ये लक्षण शंखिनी के हैं, इनको भलीप्रकार जानकर समझ लो ॥44॥

ससा[155] पुरुष संयोग नारि पदमावति डोलइ।[156]
मृग नर सूँ चित्रणी प्रेम पूरण [157]सूँ जोड़ई[157] ॥
वृषभ पुरुष हस्तनी[158] भोग अतिहि सुख पावइ।
अश्व पुरुष संयोग नारी शंखनी सुभावइ ॥
मृग शशिक वृषभ [159]अरु अश्व[159] जाति च्यारि पुरषा[160] तणी।
अल्लावदीन सुलतान सुण जात च्यार नारी तणी ॥45॥

पद्मावती नारी खरगोस के समान पुरुष से संभोग करती है। मृग के सामन पुरुष से प्रेम-प्रीति पूर्वक चित्रिणी नारी संभोग करती है। हस्तिनी नारी वृषभ के समान पुरुष के साथ भोग भोगकर अतीव सुख पाती है। शंखिनी नारी को घोड़े के समान पुरुष से संभोग करना सुहाता है। पुरुषों की मृग, शशक, वृषभ, व अश्व नामक चार जातियाँ होती हैं। हे अलाउद्दीन सुलतान! सुनो, नारियों की भी चार प्रकार की जातियाँ होती हैं ॥45॥

दोहा-श्लोक[161]

पद्मिनी पद्म मध्येषु [162]क्रोड मध्येषु चित्रिणी।
हस्तिनी सहस्र मध्येषु वर्तमानेषु शंखिणी[163] ॥46॥

एक पद्म नारियों में से कोई एक पद्मिनी नारी होती है। करोड़ नारियों में से कोई एक चित्रिणी होती हैं। एक सहस्त्र नारियों में से कोई एक हस्तिनी नारी होती है जबकि शेष नारियाँ शंखिनी होती हैं ॥46॥

पद्मिनी[164] एक प्रहर निद्रा दो प्रहर हस्तिनी।
चित्रिणी चमक निद्रा च अघोर निद्रा च शंखिनी ॥47॥

पद्मिनी एक प्रहर, हस्तिनी दो प्रहर, चित्रिणी चमक=चौंकती हुई व शंखिनी घोर निद्रा लेती है ॥47॥

पद्मिनी पद्म गंधेन मद गंधेन हस्तिनी[165]।
चित्रिणी[166] पुहप गंधेन मच्छ गंधेन शंखिनी[167] ॥48॥

पद्मिनी में पद्म की, हस्तिनी में हस्ती-मद की, चित्रिणी में पुष्प की व शंखिनी में मछली की गंध आती है ॥48॥

नारि जाति सुणि पातिसाह तब[168], राघव लियो बुलाइ।
दोइ सहस मुझ हुरम हइ, देखउ महल मइ जाइ ॥49॥

बादशाह ने नारियों की जातियाँ सुनकर राघव-चेतन से कहा, मेरे हरम में दो हजार स्त्रियाँ हैं; जाकर देखो, वे कौन-कौन सी हैं ॥49॥

राघो कहइ नरंद सूँ, गइरि[169] महल नहिं[169] जाउँ।
छाया देखूँ तेल मई, नारी दियूँ बताउँ ॥50॥

राघव ने कहा, मैं अन्य के हरम में नहीं जाता। मैं नारी की छाया तैल में देखकर नारी की जाति बता देता हूँ ॥50॥

कवित्त

हुकम कियो पतिसाह तब[170] नार सिंगार बणावइ।
तेल कुंड भरि धर्‌यउ अजू[171] दीदार दिखावइ ॥
हरमां सजल[172] निहारि तब राघो युँही[173] भाषइ।
हंस गमन मृग नइन रूप रंभा कूँ राखइ ॥

चित्रिणी हस्तिनी संखिनी पतिसाह जादी घणी।
सरस[174] त्रिया मइ सुंदरी नही साह घर पदमणी ॥51॥

बादशाह द्वारा आदेश प्रसारित कर देने पर हरम की सभी बेगमों ने शृंगार किया। तैल का कुंड भर कर रख दिया गया। बेगमें आ-आकर अपने दीदार दिखाने लगीं। सारी बेगमों की तैल में परछाइयाँ देखकर राघव-चेतन ने इस-प्रकार कहा, हंसगामिनी, मृगनयनी और रंभा सदृश रूपवती नारियों में चित्रिणी, हस्तिनी और शंखिनी तो बादशाहजादी बहुत हैं किन्तु इन सरस और सुन्दर नारियों में एक भी पद्मिनी नारी नहीं है ॥51॥

राघो[175] सूँ कहइ साह[175], बेग पदमनी बतावउ।
जहाँ होइ तहाँ कहो जु कुछु माँगउ सो पावउ ॥
पदमनि संघल दीप उदधि पय[176] पार पयंपइ।
देख समुद्र सुलतान हिया कायरि का कंपइ ॥
इम[177] सुन चढ्यो सुलतान तब आइ उदधि उपर पर खड़ो।[177]
पदमनी कहां राघो कहइ पातसाह अत हट चढ़ो ॥52॥

बादशाह ने राघव से कहा, जहाँ भी पद्मिनी हो, वहाँ की जानकारी तत्काल दो। जो कुछ भी माँगोगे, तुम वही प्राप्त कर सकोगे। पद्मिनी नारी जल-समुद्र के उस पार सिंघलद्वीप में बताई जाती है, वह वहीं मिलेगी। हे सुलतान! समुद्र को देखकर कायरों का दिल कंपायमान हो जाता है। इतना सुनकर सुलतान सिंघलद्वीप जाने को उठ खड़ा हुआ और ससैन्य हाथी-घोड़ों सहित समुद्र के किनारे आकर खड़ा हो गया। बादशाह के मन में पद्मिनी को पाने का दृढ़ हठ चढ़ चुका था। अतः उसने कहा, हे राघव! पद्मिनी कहाँ है, बताओ? ॥53॥

सोरठा[178]

राघो लहि प्रस्ताव, [179]पातिसाह यूँ अंकइ[179]।
पदमन नइठी[180] ठाम, रतनसेन चहुवाण कइ[181] ॥53॥

बादशाह की बात सुनकर राघव-चेतन ने कहा है कि यहाँ अब पद्मिनी नारी नहीं है; अब वह चित्तौड़ के स्वामी रत्नसेन चौहान के यहाँ है ॥53॥

दोहा[182]

सुण[183] विफ्रियौ[183] सुलतान तब, चलियो गढ़ चित्तौड़।
दिया दमामा दिल्लिपति, भइ स[184] राइ पड़ दौड़ ॥54॥

राघव की बात सुनकर सुलतान क्रोध में भर कर जोर-जोर से चिल्लाया और उसने चित्तौड़ की ओर कूँच किया। चित्तौड़ के स्वामी पर चढ़ाई करने के नगाड़े दिल्लीपति के बजवाये और घोड़ों की दौड़ प्रारंभ हुई ॥54॥

दोहा सोरठा[185]

कंप्ये सघरउ राउ[186], चिहूँ चक्क खलभल भई।
खुर रज छायउ भाण, [187]जबहि चोट नगारइ दई[187] ॥55॥[188]

जब सुलतान ने कूँच करने का नगारा बजवाया, तब चारों ओर के अन्य राजा-राजवी भी संशकित हो उठे, उनमें घबराहट पैदा हो गई। सेना इतनी विशाल थी कि उसके चलने से उडने वाली धूल से सूरज भी छिप गया ॥55॥

छन्द सालूरा[189]

चढ़[190] चले[190] चिहुँ दिस साह के दल, धरइ धीरज कूण।
अभिमान आणँद अंग उपजत[191], गिणइ लगन न सूण ॥
अश्व[192] वार त्रय[192] लख साथ अदभूत पाखरे ज तुरंग[193]।

जाति घोड़ा[194]

ताजी[195] सु तुरकी जोर अइराकी[195] सबज नीले रंग ॥
कुमेत पीले[196] हाँसले समुद्र अर तबरेस[197]।
[198]अबलख सु जाम जुवार हरड़े वोझनीलेई नेस[198] ॥
[199]सुरंग केहर अर सरोजी[199] भले पंच कल्याण ॥
[200]नाचंत पातर जे तुरंगम[200] रतन जड़त पलाण ॥
[201]लगाम सोवन मुखेई सोहे सोहइ जु बंद सुपाट[201]।
अब रेसमी कस तंग ताणे लटकना के ठाट ॥
गज ग्राह[202] घूघरमाल घमकइ तबलबाज[203] वणाउ।
[204]कलंकी भली जरकसी पाखर भलउ परख्यउ[205] भाउ ॥56॥

सुलतान की सेना की टुकडियाँ चढ़ाई करने को चारों ओर चल पड़ीं। ऐसा कौन है जो इनके आंतक के डर से धीरज धारण कर सके? सैनिक व सुलतान अभिमान तथा आनंद से भरे हुए हैं। वे न शुभमुहुर्त देखते हैं और न शकुन ही देखते हैं। कवच-युक्त शीघ्रगामी घोड़ों पर सवार 3 लाख सैनिकों की संख्या है। घोड़ों की जातियों का वर्णन=अरबी, तुर्की, बलशाली ऐराकी; हरे व नीले रंग वाले;

स्याही लिये लाल रंग के घोड़े, पीले रंग के घोड़े, हाँसले घोड़े; शुभ रंग के घोड़े, तवरेस=अवरेस=अबरस रंग के घोड़े; अबलख=चितकबरे घोड़े; सु-जाम=जामुन के रंग के घोड़े, जुवार-जुवरद, हरड़ै=हर्ड के रंग के घोड़े, बोझ नीले, सुरंग केहर=सुनहरे रंग के घोड़े, सरोजी=श्वेत व लाल मिश्रित ये सभी जाति के घोड़े पातुरों की भाँति नाचते-कूदते चल रहे थे। सोने की लगाम मुख में शोभित हो रही थी। सुपाट बंद शोभित हो रही थी। रेशमी डोरी के कसों से तंग ताने हुए थे; लटकनों के तो ठाट ही थे। हाथियों के झूलों की घूंघरमाल ध्वनि करती है। तबला बजाने वालों के बनाव-करतब देखने ही लायक थे। सुन्दर जरकसी (सोने के तारों से जड़ी) कलगी और अच्छे किस्म के कवच पहना रखे थे ॥56॥

हलके पंचावन साथ हाथी [206]ढलकती हइ ढाल[206]।
अति [207]घटा सावण मास[207] जैसी झरइ मद परनाल ॥
[208]बग पाँत कांत सपेत सुंदर[208] गाजतइ गजराज।
पहराई पाखर साह राखे फउज आगइ साज ॥
रथ अरु पियादे औरु[209] असवार गिण सकइ[210] कहउ[210] कउण।
[211]अमती चली आतसवाजी खलभले तिहूँ भउण ॥
देरा[212] पड़इ दस कोस ताँई करइ नाहिं मुकाम।
आइ गढ़ चीतोड़ उतरे दिया देरा[212] ताम ॥
ताणें तिहाँ पचरंग तंबू फरहरे नीसाण।
[213]फूल आगल बसंत फूले[213] बदइ कवि जन वाण ॥57॥

पचपन हाथी साथ में जा रहे थे जिनके कुंभस्थलों पर ढालें सुशोभित हो रही हैं। उनके गंडस्थलों से मद इस-प्रकार झर रहा था जैसे नाले से जल बहता है। उनका कतारबद्ध प्रयाण ऐसा लगता था, मानों श्रावण-मास की घटाएँ छा रही हों। गरजते हुए हाथियों की पंक्ति ऐसी लगती थी जैसे श्वेत वर्ण वाले बगुलों की पंक्ति की कांति सुन्दर लगती है। बादशाह ने कवच पहनी हुई फौज को सुसज्जित करके आगे (हरावळ में) रखा। रथी, पदाति और सवार फौजियों की गिनती कौन कर सकता है? अनगिनत आतिशवाजी होने लगी जिससे तीनों भवनों में हलचल मच गई। सेना इतनी विशाल थी कि उसके डेरे दस कोस तक पड़ते थे। वह सेना कहीं विश्राम करती हुई मालूम नहीं देती थी। इस-प्रकार बिना विश्राम किये सेना चित्तौड़गढ़ पहुँच गई और उसने गढ़ की तलहटी में शिविर लगाये। सेना ने पचरंगे तंबू ताने जिन पर नेजा-नीशान-झंडे पहरा रहे थे। वे तंबू अथवा शिविर

ऐसे लगते थे जैसे फूल के आगे फूल खिल रहा हो; ऐसी स्थिति का वर्णन कवि कैसे कर सकता है? ॥57॥

दोहा सोरठिया[214]

कहइ ताम सुलतान कहउ राघव क्या किज्जइ।
[215]गढ चितोड़ हइ विषम जोर करि किमहि न लिज्जइ[215] ॥
राघो कहइ सुलतान सुनउ इक फंद करिज्जइ।
उठाइजइ मूसाफ जिंण परि राइ पतिज्जइ ॥
भेज्यो वकील[216] सुलतान तब रत्नसेन दुआर गयउ।
ले हुकम राय दरवान तब छोड प्रोल भीतरि लियउ[217] ॥58॥

तब सुलतान ने कहा, अब क्या किया जाये? चित्तौड़ का गढ़ अति विषम है; इसको बल द्वारा जीता नहीं जा सकता है। राघव ने सुलतान से कहा कि सुनिये, एक कपट-चाल चलिये। हमें घेरा उठाकर युद्ध को बंद कर देना चाहिए जिससे राजा हम पर विश्वास कर ले। सुलतान ने वकील भेजा। वह रत्नसेन के द्वार पर गया। दरब़ान ने राजा का हुक्म प्राप्त करके वकील को अन्दर ले लिया ॥58॥

साह[218] कहइ सुणि राइ[218] मान तू बात हमारी।
गढ[219] न लियूँ नहिं लडू मान इह वाच हमारी[219] ॥
बहिन करूँ पदमनी तुज्झ भाई करि थप्पूँ।
[220]देऊ गढ़ चीतोड़[220] अवर बहु देस समप्पूँ ॥
गलि कंठ लाइ पहिराइ कइ नाक नवण करि बाहडूँ।
[221]सुलतान कहै राजा रतन[221] सूँ पहिर एक गढ़ परि चढूँ ॥59॥

वकील ने सुलतान का संदेश इस-प्रकार कहा, हे राजा! शाह ने कहलवाया है कि तू हमारी बात मान ले; न मैं गढ़ लूँगा, न लडूँगा, मेरी इस बात को पक्की मान ले। पद्मिनी को बहिन तथा तुझको भाई मानूँगा। मैं चित्तौड़गढ़ तो तुझे दूँगा ही और भी बहुत से देश समर्पित करूँगा। मैं तुझे गले से लगाऊँगा, पहिरावनी दूँगा तथा नाक नीची करके गढ़ से बाहर निकल जाऊँगा। बस, मैं एक प्रहर के लिये गढ़ पर आना चाहता हूँ; मुझे गढ़ पर चढ़ने व एक प्रहर रहने का अवसर प्रदान कर दे ॥59॥

मान वचन सुलतान आइ मूसाफ उठायो।
महिमानी बहु[222] करी गढह सुलताण बुलायो ॥

लिये साथ उमराव बीस दस सूर महा भड़[223]।
बहुत[224] कपट मन माहिं गयो सुलताण तिहां[225] चल ॥
बहु भगति भाव राजा करी साह कहइ भाई भलौ[226]।
पदमनी दिखाउ जिउ जाहूँ घर दुख दुरजन अब[227] दूर गयौ ॥60॥

राजा ने सुलतान का संदेश मानकर मूसाफ अर्थात् घेरा उठवा लिया अर्थात् युद्ध टाल दिया। सुलतान को गढ़ पर बुला लिया और हार्दिक मेहमान-नवाजी=आतिथ्य किया। यद्यपि सुलतान के मन में अत्यधिक कपट है किन्तु ऊपर से प्रकट होने नहीं देता। वह दस-बीस शूरवीर व महाभटों को लेकर गढ़ पर आ गया। राजा ने बहुत प्रकार से भाव-भक्ति की। सुलतान ने कहा, राजा भला भाई है। अब मुझे पद्मिनी दिखा दे जिससे मैं वापिस चला जाऊँ। हे राजन! अब समझ लो कि दुर्जनों के द्वारा दुख देने का समय जा चुका है ॥60॥

दोहा सोरठा[228]

राय[229] कहइ पदमावती, बहिन करी सुलतान।
बदन दिखावो वीर कूँ, दियइ साह बहु मान ॥61॥

राजा ने पद्मावती से कहा, सुलतान ने तुझको बहिन मानी है। उसको अपना मुख-चंद्र दिखा दे। वह बहुत मान-सम्मान देगा ॥61॥

चेड़ि एक अति सुन्दरी, दे अपणो सिणगार।
बदन दिखायो साह कूँ, गिर्‌यउ सीस कइ भार ॥62॥

पद्मावती ने अपनी एक दासी को अपना जैसा शृंगार करवाया और उसका मुँह सुलतान को दिखाया; उसके मुख को देखकर सुलतान सिर के बल पृथिवी पर गिर पड़ा ॥62॥

राघव[230] कहइ नरंद सुणि[230], यहु पदमनी न होइ।
कहा देख करि तुम गिर्‌ये अति सुंदरी हइ सोइ ॥63॥

तत्काल राघव ने कहा, हे सुलतान! सुन, यह पद्मिनी नहीं है। तुम किसको देखकर भूमि पर गिरे! अरे! पद्मावती तो इससे बहुत अधिक सुन्दर है ॥63॥

कवित्त

लाख लहइ ढोलियो सवा लख लहई[231] तुलाई।
अर्ध[232] लख गींडअउ लख त्रीय अंक लगाई[232] ॥

केसर अगर कपूर[233] सेज परमल सूँ[234] भीनी।
ता ऊपर पदमणी [235]रमइ रस रूप रचीनी[235] ॥
अलावदीन सुलतान सुणि पदमगंध पदमावती[236]।
[237]चंद वदन चंपक वरण राजा रतनसेन मन भावती[237] ॥64॥

राघव आगे कहता है, पद्मिनी का एक लाख मूल्य का पलंग है, सवा-लाख की रूई भरी रजाई है, आधे लाख का तकिया है व तीन लाख का अंक है। उसकी शय्या केशर, अगरु, कपूर आदि से सुगंधित रहती है। रस और रूप की निधि (देवी) पद्मिनी इसके ऊपर रमती है। हे अलाउद्दीन सुलतान सुन! पद्मावती के शरीर से पद्म की गंध आती है। उसका मुख चन्द्रमा जैसा, उसका वर्ण चंपक जैसा है, वह रत्नसेन के मन को भाती है ॥64॥

दोहा

बोल्यो तब अल्लावदी, पकड़ राय को हाथ।
दिखलावत हो अवर त्रिय, कपट [238]कियो मुझ[238] साथ ॥65॥

तब राजा का हाथ पकड़कर अलाउद्दीन ने कहा, मेरे साथ कपट किया है। मुझको पद्मावती न दिखाकर अन्य स्त्री दिखा रहे हो ॥65॥

कवित्त

कोप[239] कियो राजान कहइ[239] पदमन प्रति अइसइ।
मुख दिखाउ अब बेग कपट मंड्उ तइ कइसइ ॥
मुख काढ्यो पदमावती[240] जाम[241] बारी तइ[241] बाहर।
निरखि गिड्यउ[242] सुलतान थांभ[243] लीनउ त सुथाहर[243] ॥
खिण एक संभालइ आप कूँ साह कहइ देरइ चलउ।
क्या सिफत करूँ हूँ राय[244] की रतनसेन भाई भलउ[245] ॥66॥

राजा ने पद्मिनी पर क्रोध करते हुए इस-प्रकार कहा, तुमने कपट क्यों किया? कपट नहीं करना चाहिये था। अब शीघ्रता से सुलतान को मुख दिखलाओ। राजा की बात मानकर पद्मावती ने झरोखे की खिड़की से मुख निकाला, दिखते ही सुलतान लुढ़क गया किन्तु पास बैठों ने उसको लुढकने से रोक लिया। एक क्षण में स्वयं को सँभालकर सुलतान ने कहा, अब अपने डेरे पर चलो। मैं भले भाई रत्नसेन की कितनी बड़ाई करूँ! यह भला भाई है ॥66॥

चल्यउ[246] ताम सुलतान प्रोल पहली जब आयो।
रतनसेन भयो साथ लाख [247]इक बकस[247] दिवायो॥
[248]फेरि कहइ सुलतान प्रोलि जब दूजी[248] आयो।
[249]दिये गाम तब पंच राय तब अधिक लुभायो[249]॥
[250]इम लेत बकसीस बाहिर गयो तबही कपट करि बंधीयउ।
राजा रतनसेन अति लोभ लग[250] ग्रह सुलताण सु बंधीयउ ॥67॥

चलकर सुलतान जब पहली पौली पर आया तब साथ में आये रत्नसेन को सुलतान ने एक लाख की बक्षीश दी। सुलतान ने आगे प्रयाण किया और दूसरी पौली पर आया; सुलतान ने रत्नसेन को पाँच गाँव बक्षीश किये जिससे राजा सुलतान की ओर अधिक आकर्षित हुआ। इस प्रकार बक्षीश लेते-लेते राजा बाहर तक आ गया। कपट करके सुलतान ने राजा को बाँध लिया। अत्यंत लोभ के वशीभूत हुआ राजा स्वयं के घर में ही सुलतान द्वारा बँध गया ॥67॥

[251]दोहा सोरठा

रहे प्रोलि जड़ लोक, सोर सकल गढ मइ भयौ।[251]
राजा ले गयो लोक[252], कपट कियो सुलताण तब[253] ॥68॥

पौली में खड़े लोग जड़वत् खड़े के खड़े रह गये। सारे गढ़ में शोर मच गया। राजा को कपट करके सुलतान ले गया ॥68॥

कवित्त

सदा मरावइ साह राय कोरड़े लगावइ।
कहइ देहु पदमणी जीव तबही सुख[254] पावइ॥
गढ़ कइ नीचइ आण हसम[255] भूपति दिखलावइ।
ले राखइ लटकाइ लोक बहुत[256] हीं दुख पावइ[256]।
मारतां राय कायर भयउ पदमावत देवउ सही।
भेजूँ खवास मारो न मुझ ले आवै जब लग सही ॥69॥

सुलतान सदैव राजा को कोरड़ों (चाबुकों) की कठोर मार मरवाता। कहता, मुझको पद्मिनी दे-दे, तबही तू सुखी हो सकता है। राजा को गढ़ के नीचे तलहटी में लाकर सुलतान बार-बार अपनी हसम=सेना, हाथी, घोड़े, लाव-लश्कर दिखा-दिखाकर डराता। राजा को उल्टा लटकाकर रखा जाता। जिसको देखकर जनता बहुत ही

दुखी होती। सुलतान की मार खाते-खाते राजा कायर हो गया और कहने लगा, मैं पद्मावती दे दूँगा। मैं मेरा खास सेवक गढ़ पर भेजता हूँ। जब-तक पद्मिनी न आवे, तब-तक मुझे मारो मत ॥69॥

दोहा सोरठिया[257]

भेज्यो राय खवास, कह्यो देह पदमावती।
मुझ जीवण की आस, [258]तउ बिलंब न करियो एक खिण[258] ॥70॥

राजा ने खवास को गढ़ पर भेजकर संदेश कहलवाया कि यदि मुझे जीवित देखना चाहते हो तो एक क्षण भी विलम्ब न करते हुए पद्मावती को सुलतान को दे दो ॥70॥

कुंडलिया कवित्त[259]

कहइ राणी पदमावती रतनसेन राजान।
नार न दीजइ आपणी जउ[260] तजियउ जिउ[260] प्रान।
जउ तजियउ जिउ प्रान अवर कूँ नार न दीजइ।
कालि न छूटइ कोइ सीस दे जग जस लीजइ ॥
मत कलंक लगावइ आप कूँ मोहि[261] सत खोवइ जान।
कहइ राणी पदमावती रतनसेन राजान ॥71॥[262]

राजा रत्नसेन से पद्मिनी ने कहलवाया, चाहे प्राण त्यागने पड़ें फिर भी अपनी पत्नी अन्य को मत दो। काल से कोई बचता नहीं है। अतः मस्तक कटाकर रणक्षेत्र में लड़कर यश-भागी बनो। स्वयं के माथे पर कलंक मत लगाओ तथा मेरे सत् को भी नष्ट करने का कारण मत बनो ॥71॥

दोहा

पान लिए पदमावती, गइ[263] बादल कइ पास।
राखणहार[264] न सूझई, इक बादल तुहँ आस[264] ॥72॥

हाथ में पान का बीड़ा लेकर पद्मिनी बादल के पास गई। कहा, मुझे रखने वाला गढ़ में और कोई नहीं है। बस, मुझको तुझसे ही आशा है ॥72॥

सात[265] दिवस ब्याहाँ भए, खेलत हउ चउगान।
आय प्रगट भइ पदमावती, ले बादल कूँ पान ॥73॥[265]

बादल को विवाहित हुए अभी सात ही दिन हुए हैं। वह चौगान में खेल रहा था। इतने ही में हाथ में पान का बीड़ा लेकर पद्मिनी आ खड़ी हुई ॥73॥

कवित्त

बादल बोल्यो माय सत्त तुम साहस मेरा।
लडूँ साह कइ साथ करूँ संग्राम घणेरा॥
मारूँ तुरक अपार राय के बंधन कट्टू।
जे सिर जाही जाहि जगत भीतर जस खट्टू॥
जिम राम काज हणमंत किय मार्‌यो रावण एक खिण।
गइवर गुड़ाय तोडूँ तबर साह चलावूँ खड़ग हण ॥74॥

बादल बोला, हे माँ! तुम मेरा सत् और साहस सुनो। मैं सुलतान के साथ लडूँगा तथा घोर संग्राम करूँगा। अनेक तुर्कों को मार डालूँगा, राजा के बंधनों को काट दूँगा। यदि मेरा शीश कटता है तो कटे, कोई चिंता नहीं, जगत् में यश प्राप्त करूँगा। जिस-प्रकार रामजी का कार्य एक क्षण में रावण को मारकर हनुमान ने किया, वैसे ही मैं भी हाथियों को पछाड़कर, अस्त्र-शस्त्रों को तोड़ डालूँगा तथा सुलतान पर तलवार चलाकर उसको मार डालूँगा ॥74॥

दोहा

बादल[266] कहइ पदमावती[266] जा गोरे कइ पास।
पान लिए मइ सीस धरि, न करि चित्त बिसवास ॥75॥[267]

बादल ने पद्मावती से कहा, चित्त को उदासीन मत करो। पान का बीड़ा मैंने उठा लिया है। अतः आप निश्चिंत हो जाइये, फिर भी आप काका गोरा के पास और चली जाओ। (पान का बीड़ा झेलना=जिम्मेदारी लेकर करणीय-कार्य को आमरण ाान्त पूरा करने का वचन देना व प्रतिज्ञा करना) ॥75॥

कवित्त

भई आस जब लियो[268] सास गोरइ पर आई।
अड्यउ[269] सामि संकडइ कबू अब करउ सखाई[269] ॥
मंत्र कियौ मंत्रीए नार पदमावत दीज्जइ।
छोड़ाईयइ नरेस बिलब खण एक न किज्जइ ॥

अब[270] सरण तुम्हारइ आइहुँ[270] जिउ भावइ तिउ राइ करि।
बीड़ा उठाय गोरा कहूँ जाय बहिन अब वइठ घरि[271] ॥76॥

पद्मिनी को बादल के वचन सुनकर जब आशा बँध गई तब उसने ढंग से श्वास लिया और वह गोरा के पास आकर कहने लगी, मेरा पति व आपका स्वामी संकट में घिरा हुआ है। अब पुरानी बातें छोड़कर मित्रता करो। सारे मंत्रियों ने सलाह की है कि पद्मावती नारी को सुलतान को दे दी जाये तथा बिना एक क्षण विलम्ब किये नरेश को छुड़ा लिया जाये। हे गोराराय! अब मैं तुम्हारी शरण में आई हूँ। तुमको जैसा अच्छा लगे, वैसा करो। तब गोरा ने कहा, बीड़ा उठाकर मैं गोरा कहता हूँ, हे बहिन! अब निश्चिंत होकर घर बैठ ॥76॥

दोहा

मउ[272] गोरा बादल वइठ करि, मन मइ करइ विवेक।
साह साथ [273]कइसइ लड़ूँ[273], लसकर अमत अनेक[274] ॥77॥

एकान्त में बैठकर गोरा व बादल मन ही मन में विचार करते हैं कि सुलतान के साथ कैसे लड़ा जा सकता है, उसके साथ तो अमित सेना है ॥77॥

कवित्त

बादल बोल्यो ताम पाचसइ डोला किज्जइ।
तिण मइ बइठइ दोइ च्यार कइ[275] कांधइ दिज्जइ ॥
तिण मइ सब हथियार अश्व कोतल कर अग्गइ।
.कहउ देहूँ पदमणी तुरक नइड़उ नही लग्गइ ॥
कटियइ जू बंधण राय के भुज बल पर दल गाहीयइ[276]।
दीजइ न पूठ दृढ मूठ धरि[277] खगा साह सिर बाहियइ ॥78॥

सभा में बादल बोला, पाच सौ डोले बनाओ, एक-एक डोले में दो-दो सुभट बैठेंगे। एक-एक डोला चार-चार सुभटों के कंधों में रखेंगे। डोलों पर सभी तरह के हथियार रहेंगे। साथ में घोड़ों (बिना सवार किन्तु सुसज्जित) को आगे रखा जाये। सुलतान को कहा जाये कि हम पद्मिनी देने आ रहे हैं। तुर्क बिल्कुल भी नज़दीक न आ सकें, ऐसी व्यवस्था हमको रखनी होगी। राजा रत्नसेन के बंधनों को काट देंगे। सुलतान के दल को चूरेंगे। सभी लोग पीठ मत दिखाना; हाथ में तलवार की मूठ दृढ़ता से पकड़े रहना और सुलतान के शिर पर, गर्दन पर खड्ग चलाना ॥78॥

दोहा

बादल मंत्र उपाइयउ, सबही आयो दाइ।
एहि बात अब कीजिज्जयइ, बोल्ये राणो राइ ॥79॥

बादल के द्वारा बताई गई आयोजना सभी को पंसद आई। सभी सामंत, राणा व राव बोले कि बस, अब यही योजना क्रियान्वित करो ॥79॥

कवित्त

तुरत बोल्याए सूत्र धार डोले सँवराए।
तिण परि मुखमल की गलेफ आछी पहिराए ॥
बैठाए बिच सूर [278]सूराँ कइ कांधइ दिज्जइ[278]।
तिण मइ सब हशियार जिरह [279]जोरांन आहीणइ[279] ॥
अइराकी साज सँवार कइ बादल मंत्र उपाइयउ।
बकील एक रावत मिलवि पहु पतिसाह[280] पठाइयउ ॥80॥

तुरन्त सूत्रधार=सुथारों को बुलाकर पाँच सौ डोले तैयार कराये। उनके ऊपर मखमली गिलाफ=म्यान=आवरण अच्छी प्रकार चढ़ाये गये। उनमें शूरवीरों को बैठाया गया। शूरवीरों के कंधों पर ही उनको रखवाया गया। उनके अंदर समस्त प्रकार के हथियार कवच आदि, जो युद्ध के लिये जरूरी थे, रखे। ऐराकी घोड़ों को सजा-सँवारकर बादल ने योजना बताई कि एक वकील व एक सामंत (रावत) मिलकर बादशाह तक अग्राकिंत संदेश पहुँचावे ॥80॥

रावत[281] देवत पदमनी, आज तुझ ही आण।
भेट करी[282] बहु भाँति स्यु, खुसी भए सुलतान ॥81॥

वकील ने जाकर सुलतान से बहुत ही शालीनता से भेंट की और कहा, हे सुलतान! रावळ आज ही तुझको पद्मिनी देने जा रहा है। यह सुनकर सुलतान अत्यधिक प्रसन्न हुआ ॥81॥

साह[283] बहुत बकसीस दे[283], सुणहु बकील चित लाइ।
वेदल[284] सूं कहउ[284] पदमणी, बादल सूँ कहउ जाइ ॥82॥

सुलतान ने वकील को बहुत सी बक्षीशें दीं और कहा, हे वकील! ध्यान देकर सुनो! शीघ्रता के साथ पद्मिनी को ले आओ, यह संदेश बादल से जाकर कहो ॥82॥ 'बेदल सूँ कहउ'='बेग ले आवउ' पाठ होने की संभावना है।

आयो हुकम जु साह कउ, बादल भए तयार।
सुणहु रावत तो कान धरि[285], कइसी करिहउ मार ॥83॥

सुलतान का संदेश आया। बादल तैयार हो गया। बादल ने कहा, हे रावतो; ध्यान से कान देकर सुनो। कैसी व किस-प्रकार की मार करनी है, वह सुनो ॥83॥

कवित्त

प्रथम निकसतइ डोल[286] तुरत चढि तुरी धसावो।
नेजा लेकर [287]माहिं जोर दुरजन सिर[288] लावो ॥
[289]नेजा जबही तुट्टवइ[289] तबहि तलवार उठावो।
जब तुट्टइ तलवार तबहि तुम गुरज उठावो[290] ॥
[291]उ जब गुरज तुट्ट धरणी पड़इ कट्टारी सनमुख लड़उ।
बादल कहइ [292]हो रावतउ स्याम काज इतनो करउ ॥84॥

सर्वप्रथम चकडोलों=शिविकाओं में से निकलते ही घोड़ों पर चढ़कर उनको युद्ध मैदान में आगे कर दो। फिर हाथ में भाला लेकर दुश्मन पर जोर करो तथा उनके मस्तकों को काट डालो। जब भाले समाप्त हो जाएँ तब हाथ में तलवार लेकर शत्रु पर वार करो। जब तलवार समाप्त हो जाएँ तब गदा हाथ में धारण करके युद्ध करो। जब गदा भी टूटकर धरती पर गिर जाएँ जब हाथ में कटारी लेकर आमने-सामने लड़ो। बादल सभी रावतों, सामंतों से कहता है कि हे रावतो! स्वामी का इतना कार्य अवश्य करो ॥84॥

दोहा

बादल झूझण जब चल्यउ, माता आवी ताम।
रे बालक तइ क्या किया, रे[293] बादल परवान[293] ॥85॥[294]

जब बादल युद्ध करने को चलने लगा, तब उसकी माता उसके पास आई और कहने लगी, बालक की उम्र प्रमाण वाले बादल तूने यह क्या किया? ॥85॥

कवित्त[295]

रे बादल बालक्क मुझ हि आसरा हइ तेरा।
रे बालक बादल्ल तुही हइ बालक मेरा ॥
रे बादल बालक्क तुंझ बिन सभ जग सूना।
रे बालक बादल्ल तुज्झ बिन सबहि अलूना ॥

तुझ बिना निसूझइ नइ कछू तुट्टवि बहु छाती पड़इ।
छूटंत नाल गोला तिहाँ केम साह समसर लड़इ ॥86॥

हे बालक बादल! मुझे तेरा ही आश्रय है। हे बालक बादल! तेरे बिना मेरे लिये सारा जगत् ही सूना हैं। हे बालक बादल! तू ही मेरा एक मात्र पुत्र है। हे बालक बादल! तेरे बिना सभी कछ अलूना=असुखकारक है। तेरे बिना मुझे कुछ सूझता तक नहीं है; छाती फटी जा रही है। जहाँ बंदूकों के गोलों से प्रहार होता है, ऐसे सुलतान के समक्ष कैसे लड़ेगा? ॥86॥

दोहा

माता बालक किम[296] कह्यौ, रोइ न मांगउ ग्रास।
जे खग बाहूँ[297] साह सिर, तउ कहियो साबास ॥87॥

हे माता! आपने मुझे बालक किस आधार पर कहा? मैं आपसे रोकर रोटी नहीं माँगता जबकि बालक माँगता है। मुझे शाबासी तबही देना जब मैं सुलतान के सिर को तलवार से काट दूँ ॥87॥

सिंघ जोन तइ निकसतां, गय घड़ दिठ्ठी जाम[298]।
तुट्टवि गज मस्तक लड्यउ[299], अधरह्यउ[299] महताम ॥88॥

88. बादल एक उदाहरण द्वारा अपनी बात कहता है–सिंह शावक जैसे ही माँ के गर्भ से बाहर आया, उसको सामने ही हाथियों का समूह दिखाई दिया। सिंह शावक स्वजाति-स्वभावानुसार हाथी का मस्तक धड़ से अलग करने को लड़ा और उसके प्रहारों से हाथी का मुखचन्द्र भूमि पर गिर गया अर्थात् हाथी मारा गया। ऐसे ही मैं शूरवरी का पुत्र हूँ। अतः स्वभावानुसार शत्रु को मार डालूँगा ॥88॥

सिंघ सिंचाणउ सापुरुष, ए लहुवा[300] न कहाय।
बड़े जिनावर मार कइ, छिन मइ लियउ उठाय ॥89॥

सिंह और बाज बहादुर होते हैं। ये कायर अथवा कमजोर कभी भी नहीं कहलाते या इनको छोटा=बालक नहीं माना जा सकता। ये अन्य जानवरों को एक क्षण में ही उठा लेते हैं और मारकर और अपना भक्ष्य बना लेते हैं ॥89॥

कवित्त

बालक तो परवान जाम गइवर घड़ मोड़ूँ।
बालक[301] तो परवान पकड़ पील्हवान पछाड़ूँ[301] ॥

बालक तो परवान साम के बंधन कट्टूँ।
बालक तो परवान सांग असवार पलट्टूँ[302] ॥
मारूँ[303] जु खग्ग सिर साह कइ गइवर दंतुल दे चढ़ूँ।
नहीं जननी लजाउ तुझूँ जे मोड़ि बाग पाछा वळूँ ॥90॥[303]

मैं बालक हूँ अथवा नहीं, इसका प्रमाण तब मिलेगा, जब मैं शत्रु के हाथियों के समूह को मोड़ दूँगा, पीलवान (हाथी को नियंत्रित करने वाला महावत) को पछाड़ दूँगा; स्वामी के बन्धन को काट दूँगा, सांग के प्रहार से शत्रुदल के सवारों को भूमि पर गिरा दूँगा, सुलतान के हाथी के दाँतों पर चढ़कर सुलतान के सिर पर खड्ग का प्रहार करूँगा। हे जननी! मैं घोड़े की वल्गा पकड़कर तुझको लजाने को कभी रणक्षेत्र छोड़कर वापिस नहीं आऊँगा ॥90॥

दोहा

जइसा [304]बालक तइ किया, तइसा करइ न कोइ।
माता जाय स असीस दे, अब तेरी जयइ होइ ॥91॥

हे बालक! तूने जैसा किया है, वैसा कोई भी नहीं कर सकता। माता ने बालक को आशीर्वाद दिया कि तेरी जय हो ॥91॥

माता जब [305]घरि फिरि गई, बहुअड़ दई[305] पठाइ।
मेरा राख्या ना रहई, अब तुम राख्यउ जाइ ॥92॥

माँ, सम्वादानन्तर जब घर चली गई तब उसने पुत्रवधु को भेज दिया तथा कहा कि बादल मेरे द्वारा रोकने से रुक नहीं रहा है। यदि तेरे रोकने से रुक सके तो रोक ले ॥92॥

कवित्त

नवसत सज्जइ नवल नार बादल पइ आई।
तूँ[306] क्यूँ रमणन विरम्यउ[306] चल्यउ [307]किम करण लड़ाई ॥
अजुँ[308] न रम्यउ मुझ साथ[308] घाव नख नाहिं चमक्के।
कुचह[309] चोट नवि सही सह स किम[309] सांग धम्मके ॥
छूंटत[310] तीर तुप्पक तिहाँ तुट्टत सिर धड़ उप्परइ।
बादल पयंपइ नारि पइ मता देख दल तइ मुड़इ[310] ॥93॥[311]

नये सोलह शृंगार करके बादल की पत्नी बादल के पास आई और कहने लगी, तू

कामकेलि, रमने से क्यों विमुख होकर लड़ने जा रहा हैं? तू आज तक मेरे साथ रमा=अंग-संग तक नहीं हुआ है। नख-क्षत के निशान भी अभी तक नहीं चमके हैं; स्तनों ने अभी तक चोट सहन नहीं की है; फिर तू सांगों के प्रहारों को कैसे सहन करेगा? वहाँ युद्ध में तीर, तुपक=छोटी बंदूक छूटते हैं, धड़ से सिर अलग हो जाते हैं। पत्नी की बातें सुनकर बादल ने अपनी पत्नी से कहा, सुलतान के दल को देखकर तू अन्यथा विचार मत कर ॥93॥

दोहा

कंता रिण मइ [312]पइस कइ, मति तूँ काइर होइ।
मुज्झ[313] लजा तुझ मेहणौं[313], भलउ न भाखइ कोइ ॥94॥314

बादल को दृढ़-प्रतिज्ञ जानकर बादल की पत्नी ने कहा, हे कंत! रणसंग्राम में एक-बार पहुँच जाने पर तू पुनः कायर मत हो जाना। मुझे लज्जा सतायेगी कि मैं रण में भागे हुए क्षत्रिय की पत्नी हूँ तथा तुझको लोग ताने मारेंगे कि यह वही क्षत्रिय है जो रणक्षेत्र में पीठ दिखाकर भाग आया। इस-प्रकार लोग अच्छा नहीं कहेंगे ॥94॥

काइर केरइ माँस कूँ, गिरज[315] न कबहूँ[315] खाइ।
कहा[316] कुपाइण मुख करइ[316], हम भी दुरगत जाइ ॥95॥

कायर के मांस को गिद्ध तक नहीं खाते। तुम मुख को काला क्यों करते हो, इससे तो मेरी भी दुर्गति ही होगी ॥95॥

कवित्त

मेर चलइ धू चलइ भाण जो पश्चिम उग्गइ।
साधु बचन जे चलइ पंगु जे गिर लग पुग्गइ ॥
धरणी [317]गिड़ई धवल[317] उदधि मरजादा छोडइ।
अरजन चूकई बाण लिखत बीधाता[318] मोड़इ।
बादल कहइ[319] नारी सुणउ एह[320] बोल कबही टलइ[320]।
[321]नासी न पूठ देवूँ कबइ बादल दल ज्यूँ इम चलइ[321] ॥96॥

बादल ने कहा, अचल सुमेरु पर्वत तथा ध्रुव चलने लग जाएँ; सूर्य पूर्व की जगह पश्चिम में उदय होने लग जाय, साधु-सज्जन अपने वचन से बदल जाएँ, पंगु पर्वत पर पहुँच जाए, भूमि सचल हो जाए, श्वेत-समुद्र अपनी मर्यादा छोड़ दे, अर्जुन

निशाना चूक जाए, लिखते-लिखते ब्रह्मा लिखना बन्द कर दे; ये सब अनहोनी होनी हो सकती हैं किन्तु हे पत्नी! बादल के वचन कभी भी टल नही सकते। न मैं कभी रणक्षेत्र में पीठ ही दे सकता हूँ और न कभी शत्रु-दल से मरने के भय से आक्रांत होकर लौटकर आ सकता हूँ ॥96॥

दोहा

त्रिया[322] तुज्झ कूँ क्या दिउँ, सती हुए मुझ साथ।
जूड़ा दीया काटि कइ, नारी केरइ हाथ ॥97॥[322]

बादल ने पुनः पत्नी से कहा, मैं तुझे क्या दूँ यदि मैं रणक्षेत्र में गिर जाऊँ तो मेरे साथ सती हो जाना। उसके लिये बादल ने अपने कुछ केश काटकर पत्नी के हाथ में दे दिये ॥97॥

जे[323] मू आतउ अति भला, जे उबऱ्या तउ राज।
बिहू प्रकारे हे सखी, मादल घूमइ आज ॥98॥[323]

यदि मैं मर गया तब भी बहुत अच्छा होगा, जीवित लौटने पर मुझको राज मिलेगा। दोनों ही स्थितियों में हमारे लिये मादल-मृदंग, ढोल बजेंगे ॥98॥

चल्यउ[324] बादल त्रिया संतोष, डोले इक सझ कियउ।
तिण ऊपर अरगजा, भमर भमर भिणकयउ ॥99॥[324]

पत्नी को संतुष्ट करके एक डोले को सजाकर वहाँ से चला। डोले पर अरगजा=सुगंधिक उबटने का छिड़काव कराया जिससे उस पर भ्रमर ही भ्रमर भिन-भिनाने लगे ॥99॥

सुखपालाँ सजि पाँच से, सोभा घणी अभेद[325]।
गढ़ तइ डोला ऊतरे, साह न पायो भेद[326] ॥100॥

पाँच सौ सुखपाल-पालकियाँ, जिनकी सुदंरता अपूर्व थी, गढ़ से नीचे उतरीं जिनका रहस्य सुलतान को भी ज्ञात न हो सका ॥100॥

गोरा बादल दुइ[327] जणे, आप भये असवार।
आय मिले पतिसाह कूँ, किए सलाम तिहुँ[327] बार ॥101॥

गोरा और बादल दोनों जने भी सवार हुए और जाकर सुलतान से मिले; और उन्होंने सुलतान को सलाम किया ॥101॥

ले आए सँग पदमणी, दौड़ण लागे[328] मीर।
लाज लागइ हम तुम्हइ, बहुत भए दलगीर ॥102॥

गोरा-बादल पद्मिनी को ले आये हैं, सुनकर मीरादि इधर-उधर दौड़ने लगे और मन में अत्यधिक दिलगीर-उदास हुए और आपस में कहने लगे कि हमको-तुमको लज्जा आ रही है क्योंकि हमारे बिना लड़े ही सुलतान को पद्मिनी मिल गई ॥102॥

साह ढँढोरो फेरियो, मत को देखो ऊठ।
गरदन मारूँ ताहि[329] कूँ, लिउ गउ देरा लूट[329] ॥103॥

सुलतान ने आदेश प्रसारित कर दिया कि कोई भी उठकर डोलों की ओर न देखे। यदि कोई देखेगा तो मैं उसकी गर्दन उड़ा दूँगा तथा उसका डेरा लूट अथवा लुटवा लूँगा ॥103॥

इह बइध कर बादल चल्यौ, डोले ल्यायो बार।
सुणि रावत तो कान धरि, कइसइ करिहो मार ॥104॥

इस विधि से व्यवस्था करके बादल चला। डोलों को गढ़ के बाहर लाया। पुनः बादल ने सभी क्षत्रिय रावतों से कान लगाकर अर्थात् सावधानी पूर्वक शत्रुओं पर कैसे प्रहार करना है, सुनने को कहा ॥104॥

भीं फिरि[330] आए साह पइ, [331]एक कहइ[331] अरदास।
रतनसेन कूँ हुकम दे, जा पदमणि कइ पास ॥105॥

पुनः सुलतान के पास आया तथा एक प्रार्थना की कि आप आदेश फरमावें कि रत्नसेन एक बार पद्मिनी के पास जाकर मिल ले ॥105॥

मिलि बिछुड़इ सँग पदमणी, तुझ कूँ दीजइ आण।
[332]साह हुकंम दिराइ करि[332], इहि विधि मन मइ जाण ॥106॥[333]

मैं आपको वचन देता हूँ कि रत्नसेन पद्मिनी से मिलकर अलग हो जायेगा। सुलतान ने मन में इक बात को इसी-प्रकार समझकर मिलने का आदेश दे दिया ॥106॥

ले आए[334] संग राय कउ, मन मइ[335] हरष अपार।
डोलइ भीतर [336]पइस कर[336], आगइ बीचि लुहार[337] ॥107॥

उक्त प्रकार से बादल राजा रत्नसेन को संग ले आया। उसके मन में अपार हर्ष था। रत्नसेन डोले में अंदर घुस गया। उसमें पहले से ही लुहार बैठा हुआ था ॥107॥

बेड़ी काटी तुरत तिण, राय कियौ असवार।
तबलवाल[338] तिण ही समइ, निकले[338] सुभट अपार ॥108॥

लुहार ने तुरन्त ही बेड़ी काट डाली और राजा रत्नसेन को घोड़े पर चढ़ाकर रवाना कर दिया। उस ही समय शस्त्रधारी अनेक सुभट डोलों से निकल पड़े ॥108॥ तबलधारी=शस्त्रधारी।

रिण बाजइ रिण तूर, मारू गावई मंगता।
काइर[339] के चित खलभले, उमगे तिहाँ चित सूर[339] ॥109॥

रणांगण में रण के बाजे बज उठे। चारण-भाट मारू राग में विरुद गाने लगे। कायरों का चित्त हड़भड़ाने=घबराने लगा जबकि शूरवीरों का चित्त उल्लास और उमंग से भर गया ॥109॥

झमकइ जांगी[340] ढोल, सरणाई बाजइ सरस।
घुरइ दमामा ढोल[341] [342]ढाढीड़ो सिंधू श्रवई[342] ॥110॥

जंगी=बड़े ढोल बजने लगे। सरस मधुर ध्वनि में शहनाई बजने लगी। ढोल-दमामों पर चोटें पड़ने लगीं तथा ढाढी सिंधुराग में विरुद बखानने लगे ॥110॥

जुड़ि आए रजपूत, भूत भए कारण भिड़ण।
परहर जोरू पूत, खत्री आये खेत पर ॥111॥[343]

सारे क्षत्रिय एकत्रित हो गये। युद्ध करने को भूतों की भाँति मदोन्मत्त हो गये। वे अपनी पत्नियों, पुत्रों आदि को छोड़-छोड़कर रणक्षेत्र में आये ॥111॥

साह कटक पर्‌यौ सोर, अवराँ की अवराँ भई।
रही पदमणी ठौर, रण[344] आए रजपूत रच[344] ॥112॥

सुलतान के कटक में हाहाकार मच गया। कहने लगे, होना कुछ और था, हो गया कुछ। पद्मिनी अभी भी अपने ही स्थान पर है जबकि क्षत्रिय-वीर युद्ध की ठानकर रणक्षेत्र में आ गये हैं ॥112॥

हबके[345] गृहि हथियार, हलके हाथी साज करि[345]।
अंबारी असवार, पातिसाहि आयो प्रगट ॥113॥

सुलतान ने तुरत-फुरत हथियार धारण किये; हाथियों को शस्त्रास्त्र सहित सजाया और अंबाड़ी में बैठकर सुलतान स्वयं रणक्षेत्र में आया ॥113॥ हबके=तुरत-फुरत;

हलके हाथी=हाथियों का समूह, हाथियों की सौ की संख्या।

तीन्ह सहस रजपूत, खाइ अमल घूमइ खड़े।
पड़े कृपण के प्राण[346], राम राम मुख तइ रटइ ॥114॥

तीन सहस्त्र राजपूत अमल का पान करके इधर से उधर मरने-मारने को घूम रहे हैं, खड़े हैं। जो कायर अथवा कृपण हैं, वे प्राण बचाने को पड़े-पड़े मुख से राम-राम कर रहे हैं ॥114॥

कायर चढ़ केकाण, नीठे तबहि निसाण सुण।
पातसाह पइ जाइ, आए मूगल महाबली ॥115॥[347]

कायर केकाण=घोड़ों पर तो चढ़ गये किन्तु युद्ध के नीशाण सुनते ही निठ गये=समाप्तप्रायः=निस्तेज हो गये। वे सुलतान के पास चले गये यह सोच कर कि महा बलशाली मुगल आ गये हैं। इनको जीत पाना असंभव है ॥115॥

गोरा[348] बादल बीर, माथइ फूलाँ दुहुँ कइ सेहरा[348]।
केसर छड़ि के चीर, सूँधई भीने सापुरुस ॥116॥[349]

गोरा और बादल दोनों शूरवीर हैं। दोनों के माथों पर फूलों का सेहरे सुशोभित हो रहे हैं। उनके वस्त्र केशर से भीने हैं जिससे वे शूरवीर सुगंधि से सरावोर हैं। शूरवीरता रूपी केशर से गोरा और बादल सुगंधित=सुवासित हैं ॥116॥

छन्द वीरारस

तउ[350] जुड़ी जुंग उल्हसइ जु अंग[350]।
गोरा बादल नर ताणइ तंग ॥117॥

जंग प्रारम्भ हुआ। नर-श्रेष्ठ गोरा और बादल के अंग-प्रत्यंग उल्लास से भर गये। नर-श्रेष्ठ गोरा-बादल ने अपने तंग=शरीर की कमर के ऊपर-नीचे के हिस्सों को एकदम सीधा और सावधान किया ॥117॥

छन्द रसावलू

कटि[351] खग लियइ करि विहंड, बइरी विखंड[351] भुज दंड दिखावइ।
पाडिलियइ पाखरी उलट अपणाइ दल आवइ ॥
निज स्याम[352] काज भूपत लड़इ, काटि काटि ल्यावइ कमल।
गोरल्ल लगावइ[353] जिहाँ खड़ग, जिहा[354] पाड़ करहु धड़ दोइ[354] ॥118॥

गोरा-बादल शत्रु को विनष्ट और खंड-खंड करने के लिये कमर और हाथ में खड्ग लेकर भुजदंड=अपना शूरवीरत्व दिखाते हैं। शत्रुओं के कवच (पाखरी) फाड़ डालते हैं और तत्काल अपने दल में आजाते हैं। निज स्वामी के लिये भूपति=सामंत आदि लड़ते हैं और शत्रुओं के मस्तक काट-काट लाते हैं। गोरा जहाँ-जहाँ अपनी खड्ग से प्रहार करता है, वहाँ-वहाँ ही वह धड़ के दो-दो टुकड़े कर डालता है ॥118॥

पाड्गत छन्द[355]

सूभट सुभट सूं[356] लड़िग, पड़िग जिहाँ[357] खड़ग भड़ाभड़।
जुड़ग[358] जुड़ग जिहाँ जुड़ग जुड़ग जहां धड़गि धड़ाधड़[358]॥
मुड़गि[359] मुड़गि तिहाँ मुड़गि मुड़िग को अंग न मोड़ग[359]।
गहर[360] गहर गज दंत भुजइ भुअपति गह तोड़ग[360]॥
संग्राम राम रावण सु परि जुड़े जुवान[361] ऐसी जुगति।
सलसल्यो[362] सेस साइर सलल धड़कि धड़कि कंप्यउ धवल[362] ॥119॥[363]

योद्धा, योद्धा से लड़ता है। उनकी खड्ग पर खड्ग भड़ा-भड़ पड़ती हैं। वे जुड़-जुड़कर जुड़ते हैं। जहाँ जुड़ते हैं=एकत्रित होते हैं, वहाँ धड़ धड़ा-धड़ गिरते हैं। योद्धा इधर से उधर मुड़ते हैं, मुड-मुड़ कर भी उनके अंग रणांगण से मुड़ते नहीं, वहीं के वहीं लड़ते व गिरते रहते हैं। गहरे-गहरे=बडे-बडे गज-दंतों को भुजाओं में भरते हैं और हाथी पर बैठे राजाओं, सामंतों को धराशायी करते हैं। इस युद्ध में योद्धा ठीक उसीप्रकार जुड़े जिस-प्रकार राम-रावण युद्ध के अवसर पर योद्धा जुड़े थे। युद्ध इतना विकट और भयंकर था कि शेष के मस्तक पर से भूमि हिलने लगी, सागर के जल में ज्वार-भाटा आ गया (हलचल मच गई) व पर्वत धड़-धड़ाने लगे ॥119॥

छन्द मोतीदाम

लड़इ जब गोरल बावन वीर। दमाणक[364] चोट चलावत[365] तीर।
न चावति[366] रावत हेकण[367] चोट। लड़इ[368] गज लोट स लोटा पोट[368]॥
ग्रहे जब बरछी गोरल राय। [369]सोइ नागण ज्यूँ नर उडंती खाय[369]॥
सोइ[370] फोड़ति पाखर साथ पलाण। [371]सु जातन का सर दूसर माण[371]॥
तजइ बरछी पकड़इ तलवार। [372]घड़ी खुरसाण सु बीजल सार ॥
मिलावत[373] मीर उतारत[374] सीस। उठावत एक चलावत बीस।
तजइ[375] बरछी गुरज कूँ लाइ। दड़ोवड़ चोट दुरजन लाइ ॥

करइ चकचूर गयंद कपाल। डरइ नर देह हथियार संभाल[376]॥
गृहै तिण[377] दंत बड़े बड़े मीर[378]। [379]न मार मार सु गोरल बीर[379]॥
करइ[380] अब गोरल राय संग्राम। सु बादल रावत आयौ ताम[380]॥
पुकारत गोरल गोरल नाम। कियउ अब बादल ऐसो काम ॥120॥

बावन-वीरों में से एक गोरल वीर जब लड़ता है तब वह दमाणक=शक्तिशाली चोट लगा सके, ऐसे तीर चलाता है। गोरल रावत एक-एक चोट में ही शत्रुओं को विचलित कर देता है। जब गोरल गज व गजपति से लड़ता है तब वे हाथी लोट-पोट=भूमिसात हो जाते हैं। गोरलराय जब हाथ में बरछी लेकर फैंकता है तब वह काली नागिन की भाँति उड़ती हुई जाकर शत्रु का संहार करती है। वही पाखर=कवच व पलाण=झूलों को तोड़-फोड़ डालती है और जातन=उनके सेवकों के मस्तकों को दूर कर डालती है। बरछी को छोड़कर जब तलवार को पकड़ता है, जो खुरासान के वज्र जैसे कठोर लोहे की बनी होती है उससे जो भी मीर मिलता है, उसका सिर कलम कर डालता है। एक उठाता है, बीस चलाता है। बरछी को छोड़कर गदा को धारण करता है जिससे भारी चोट दुश्मन पर करता है। हाथियों के कपालों को चकनाचूर कर डालता है। उसके द्वारा हथियार सभाँलते ही शत्रु-दल के सामन्तादि डरते हैं। वे दाँतों तले तृण दबाकर उसके पास आते हैं और प्रार्थना करते हैं कि हे गोरल वीर! हमको मत मार। इस-प्रकार गोरलराय युद्ध कर रहा है; इतने ही में रावत बादल भी आ जाता है। वह गोरल-गोरल नाम पुकारता है। बादल ने अब अग्रलिखित काम किया ॥120॥

कवित्त

पड़इ लोथ परि लोथ आप पर कौं न पिछाणइ।
दूँनइ दल के सूर [381]सूर नर[381] संक न मानइ ॥
आतसबाजी आग धरे मुख तिनके[382] आगइ।
सार धरण[383] नव डरे लड़इ[384] सो कबहुँ न भागइ ॥
सोभंत घाव लागइ सुभट जुड़इ[385] जोग ऐसी[385] जुगत।
चमकंत दंत [386]लागइ तहां[386] खान पान जिन राजपुत ॥121॥

मृत-देह पर मृत-देह गिरती है, अपनी कौनसी और पराई कौनसी है, को कौन पिछाने? गिरने वालों में दोनों ही दलों के शूरवीर हैं जो मरने की जरा भी संका

अपने मन में नहीं लाते। उनके मुखों के आगे आतिशबाजी की आग को धरते हैं। तलवारों की धारों से वे बिल्कुल नहीं डरते। रणांगण से भागते नहीं, लड़ते हैं। घाव लगे, ऐसी युक्ति से योद्धा आपस में भिड़ते हैं। उनके चमकते हुए श्वेत दाँत ऐसे लगते हैं, जैसे राजपूत लोग खान-पान कर रहे हैं ॥121॥

चाबक चंचल लाइ बहुड़[387] अपणइ दल आया[387]।
नेजा[388] तिसका नाग फेरि गज हस्ती लायो[388] ॥
नाठे तबहि गयंद तोग[389] झोड़ा जब झड़ियो[389]।
मारे मुगल अपार बाल बादल यूँ[390] लड़ियो ॥
खुर खेह सूर झंपत लियो रइण दिवस समसर भयो।
छुड़काइ चंद चढवइ तुरी राइ भेज घर कूँ दियो ॥122॥

बादल ने अपने चंचल=घोड़े के चाबक=घोड़े को हाँकने का कोड़ा लगाया और स्वयं के दल में आ गया। उसका नेजा=भाला नाग जैसा था जो हाथी एवं घोड़ों को लपेट लाया जिससे हाथी समाप्तप्रायः हो गये; तोग=मनसबदारों के झंडे झड़कर=फट-टूट कर गिर गये; अपार मुगल मारे गये; बालक बादल उक्त प्रकार से रणांगण में लड़ा। हाथी-घोड़े आदि के खुरों से उड़ी मिट्टी से सूर्य छिप गया; रात्रि और दिवस एक जैसे हो गये। चंद=बादशाह से छुड़ा कर घोड़ी पर चढ़ा कर बादल ने राजा रत्नसेन को महलों में भेज दिया। (चंद के स्थान पर चंडि पाठ होने की संभावना है। चंड़ी=दिल्ली, चौहान राजपूत, बादशाह आदि के लिये प्रयुक्त होता है।) ॥122॥

मोड़[391] लयो[392] मुह मुगल भयउ घमसाण सु भारी।
बादल चढ़ि गज दंत चोट मेली अंबारी ॥
उबर गयउ सुलताण घाव खवास यू[393] खायो।
हइवत खाई साह सहम भूपत दिखलायो ॥
सनमुख न कोइ टकइ सुभट बादल भुज बल तइ डरइ।
भंजइ[394] सु फोज विचपइ सकइ[394] वाज जेम बादल फरइ ॥123॥

भयानक युद्ध हुआ; मुगल=सुलतान मुँह मोड़कर=पीठ मोड़कर चला गया। बादल ने सुलतान के हाथी के दाँत पर चढ़कर अंबाड़ी पर चोट मारी। सुलतान बच गया। खवास को चोट लगी। सुलतान को घोड़े पर चढ़ा भूपति दीखा तो उसने भूपति की ओर सहम=कटारी फैंकी (खाई के स्थान पर 'बाही' पाठ होने की

संभावना है) बादल की भुजाओं के बल से सभी डरते हैं; उसके सामने कोई भी सुभट टिक नहीं पाता है। सुलतान की फौज मध्य युद्ध में ही भंजइ=भाग गई अथवा समाप्त हो गई, कौन रुक सकता है रणक्षेत्र में क्योंकि बादल फौज में बाज की भाँति फिरता है ॥123॥

दोहा सोरठा[395]

मारे मिरजे मीर, चरण[396] दंतूसल दे[396] चढइ।
बादल बावन वीर, हाँक करइ हनमंत की ॥124॥

दंतूसल=हाथी के बाहर निकले हुए दाँतों पर पैर रखकर बादल ने मिरजा=मीरों को मारा। बावन-वीरों में से एक बादल वीर रणांगण में हनुमान जैसी हाँक करता है ॥124॥

गोरउ[397] गिरयो धीर[397] भिड़इ न भाजइ भूम तइ।
मार चलावइ मीर, वीर बडउ [398]बावन मइ[398] ॥125॥[399]

धीरजवान गोरा भूमि पर गिर गया। वह लड़ा किन्तु रण से भागा नहीं। वह मीरों को मार-मार कर ठिकाने लगाने वाला है। वह बावन वीरों में बड़ा वीर है ॥125॥

तूट पड़ी तलवार, गइवर गोड्या गोरलइ।
करइ[400] कटारी धार[400], सार काढि सनमुख लड़इ ॥126॥

गोरल के प्रहारों से शत्रुओं की तलवारें टूट गईं। हाथियों ने गोड़ी गाड़ दी अर्थात् वे मारे गये। कटारी की धार करता है और शत्रुओं की तलवारों को काटने के लिये सन्मुख लड़ता है ॥126॥

जाकइ लायइ अंग, रंग निकसै त्रिजड़ तब।
मारे मनख तुरंग, गोरो गरजइ सिंघ जिउँ ॥127॥

गोरल जिसके भी अंग पर तलवार मारता है, वह रक्त के रंग में रँगकर ही बाहर निकलती है। गोरा मनुष्य और घोड़ों को मारता है तथा वह सिंह की भाँति गरजता है ॥127॥

कवित्त[401]

भारथ भयो अपार [402]सूर सूराँ सिर तुट्टइ[402]।

मारे ते रण माहिं जिन्हाँ[403] कोकण युग[403] खुट्टइ ॥
बहुत मुए रजपूत तुरक को पार[404] न उहियइ[404] ।
चले रुधिर के खाल तीन लोकन मइ कहियइ ॥
भागत[405] सहु गज ठाट[405], अपछर मंगल गाइयउ ।
रण जीतइ [406]रावत छाड़ि कइ[406] तब बादल घर आवियउ ॥128॥[407]

भयंकर युद्ध हुआ। शूरवीर शूरवीरों के सिरों को फोड़ते हैं, जो शूरवरी मर गये हैं उनको दूसरे पक्ष के योद्धा कोकण=भालों को छेदते हैं अर्थात भालों को घुसा-घुसाकर देखते हैं कि पड़ा हुआ योद्धा मरा है या जिन्दा है। काफी संख्या में राजपूत मारे गये। तुर्क कितनी संख्या में मरे, पार पाना मुश्किल है। रुधिर के खाल=नाले बहने लगे; इसकी चर्चा तीनों लोकों में कही जा रही है। हाथियों का समूह इधर से उधर भागता है, अप्सराएँ मंगल गीत गाती हैं। राजा रत्नसेन को छुड़ाकर रण को जीतकर बादल घर वापिस आ गया ॥128॥

घावइ धड़ [408]जिहाँ जोर तुरत[408] तलवार चलावइ ।
मारे[409] मुगल अपार फेर गज घंट हलावइ[409] ॥
गिरे बहुत रजपूत तुरक को पार न लहियइ ।
चले रुधिर के खाल किता[410] लोकन मइ कहियइ[410] ॥
भागउ[411] तउ साह अल्लावदी[411] अपछर मंगल गाइयइ ।
रण जीत राव छुड़ाइ कइ तब बादल घर आवियइ ॥129॥

युद्ध में तुरंत तलवार चलाते हैं जिससे धड़ों=शरीरों में जोरदार घाव लगते हैं। असंख्य मुगलों को हिन्दुओं ने मारा। फिर वे हाथियों के लटकी घंटिकाओं को खुशी व्यक्त करने को हिलाकर ध्वनि करते हैं। बहुत संख्या में राजपूत रणक्षेत्र में गिरे, तुर्क कितने मरे, की गिनती जानी नहीं जा सकती। कितने ही लोकों में कहा जा रहा है कि रक्त के नाले वह निकले। अलाउद्दीन सुलतान भाग गया। अप्सराओं ने मंगल गीत गाये। राजा रत्नसेन को बंधन-मुक्त कराकर, रण को जीत कर बादल घर वापिस आ गया ॥129॥

बादल की आरती आइ पदमनी उतारइ ।
मुक्ताफल[412] के थाल भरी सिर उप्पउ आवइ[412] ॥
बहुड़[413] दई आसीस जिवो तूँ कोड़ बरीसा ।
सूरबीर बाँकुड़ा तुझह जस गावई ईसा ॥

तुझ कंत हमारो मेल्हियो बलिहारी तुझ[414] नाम परि।

गोरा ग्रसह[415] बादल विकट धन जननी[416] जिण जनमियो[416] ॥130॥

रानी पद्मिनी बादल की आरती उतारती है। मोतियों से भरे हुए थालों को सिर के ऊपर से उबारती है। पद्मिनी ने बादल को आशीर्वाद दिया कि करोड़ों वर्षों तक जीवित रह। तू रण-बाँकुड़ा वीर है, तेरा यश ईश्वर गाता है। तूने मेरा पति मुझ से मिला दिया है, मैं तेरे नाम पर बलिहारी हूँ। गोरा गरिष्ठ-महान है; बादल बिकट वीर है। वे माताएँ धन्य हैं जिन्होंने तुम दोनों को जन्म दिया है॥130॥

दोहा

माता चूँवत पुत्र मुख, [417]बादल अति[417] भुजदंड।
[418]जो बोल्यो सो पालियो, नाँव रह्यौ नवखंड ॥131॥

अतीव बलवान बादल पुत्र के मुख का, उसकी माता चुम्बन लेती है और कहती है, तूने जो कहा, वह करके दिखा दिया। तेरा नाम नव-खंड में प्रसिद्ध हो गया ॥131॥

बादल सूँ नारी कहइ, हूँ बलिहारी कंत।
तइ खग बाह्यौ साह सिर, दे चाबक[419] गजदंत ॥132॥

बादल से उसकी पत्नी कहती है, हे पतिदेव! मैं तुम पर न्यौछावर हूँ। तूने सुलतान के हाथी को चाबुक मारकर विलचित किया और उसके सिर पर तलवार का प्रहार किया ॥132॥

प्रिय मुख पूछत प्रेम सूँ, धन बादल भरतार।
बोल निबाह्यौ आपणउ, सुर जंपइ जइकार ॥133॥[420]

प्रेम युक्त वाणी में बादल की पत्नी बादल से कहती है कि हे पतिदेव! आप धन्य हैं। आपने-अपने वचन का निर्वाह किया जिससे देवता भी आपकी जय-जयकार कर रहे हैं ॥133॥

[421]गोरा गिर सूधीर, भिड़इ न भाजइ भूम तइ।
मार चलावइ मीर, मारग चलावइ माणसा[422] ॥134॥

गोरा गिरिवर जैसे धैर्यवान थे। वे रणांगण में लड़ते थे, वहाँ से भागते नहीं थे। मीरों को मारकर एक ओर कर देते थे और मनुष्यों को सन्मार्ग पर चलाया करते थे ॥134॥

[423]भीमायउ गोरो भीम, गयवर गुड्या गोरलइ[423]।
मार्या माणस मिरग जूं, फोज चलाई मोड़इ ॥135॥

गोरा भीमों के भी भीम थे, हाथियों को भी गोरल ने भूमि पर लुढ़का दिया। मनुष्यों को मृगों की भाँति मारा तथा अरि-दल की फौज को भगा दिया ॥135॥

भला हुवा जे भिड़ मुआ, कलंक न लागउ कोइ।
जस जंपेसी जगत सहु, हिव रिण [424]दूढौ जोइ[424] ॥136॥[425]

यह अच्छा ही हुआ कि वे युद्ध करके मारे गये, उन पर एक भी कलंक नहीं लग सका। उनका सारा संसार यश-कथन करेगा। अब उनके मृत शरीर को रणक्षेत्र में ढूँढो ॥136॥

कवित्त

गोरइ का सिर ताम[426] तुरत तिण गिरज[426] उठायौ।
मुख तइ छूटो गिरझि ताम देवांगण पायौ ॥
देवांगण तइ[427] छूटि सोइ सिर गंगा पड़ियो।
गंगा मइ[428] ल्यायो संभु मुंडु[428] माला मइ जड़ियो ॥
सो सोहइ गौर[429] भरतार पिउयो पवित्र मस्तक भयौ[429]।
यो[430] झूझ्यो पर काज परि सो गोरो सिवपुर गयो[430] ॥137॥

जब गोरा का प्राणांत हुआ, तब गिरने के पूर्व ही उसका मस्तक गिद्ध ने उठा लिया अथवा झेल लिया। वह मस्तक गिद्ध के मुख से छिटका जिसको देवांगना ने प्राप्त कर लिया। सिर देवांगना के हाथ से छूटकर गंगा में गिर गया। गंगा से मस्तक को शिव-शंभु निकाल लाये और उसको अपने गले की मुंडमाला में पो-लिया। अब वह पार्वती के पति शिव के गले में शोभा देता है। इस-प्रकार गोरा का मस्तक पवित्र हुआ। परकार्य के लिये युद्ध करने वाला गोरा इस-प्रकार शिवपुर में गया ॥137॥

दोहा

नारी[431] यहु[431] वाणी सुणी, पिय की पघड़ी साथि।
सती भई आणंद सूँ, सिवपुर दीन्हा हाथि ॥138॥

गोरा की पत्नी ने जब यह बात सुनी तब वह प्रियतम की पगड़ी को गोद में रखकर सानन्द सती हो गई और अपना हाथ शिवपुर में जा पहुँचाया ॥138॥

सूरा[432] सोई बखाणीयइ, घाव सनमुख खाय।
कायर दुरमत संचरइ, सूरा सिवपुर जाय ॥139॥

शूरवीर उसी को कहा जाता है जो सन्मुख शत्रु के घाव=प्रहार सहन करता है। कायर दुर्गति प्राप्त करते हैं जबकि शूरवीर शिवपुर को जाते हैं। ॥139॥

गोरा बादल[433] की कथा, सूराँ अधिक सुहाय।
सुणताँ जागइ सूरमा, आणँद अंग न माय ॥140॥

गोरा-बादल की कथा शूरवीरों को अधिक प्रिय लगती है। इसको सुनते ही शूरवीर जाग उठते हैं अथवा शूरवीरों का शूरवीरत्व जाग उठता है। आनंद उनके अंगों में समाता नहीं है ॥40॥

गोरा बादल की कथा, पूरण भइ हइ जाम।
गुरु सरसती प्रसाद करि, [434]कीयो धर परनाम[434] ॥141॥435

गुरु और सरस्वती की कृपा से, उनको प्रणाम करने के अंतर अब गोरा और बादल की कथा पूर्ण हो गई है ॥141॥

कलस छन्द सालूरा[436]

बसइ[437] मोछ[437] अडोल अवचल सुखी रइयत लोक।
आणंद[438] उच्छव होत घर घर देख इतनी थोक[438] ॥
राजा तिहाँ अलीखान नाजी खान नीसरनंद।
सिरदार सकल पठाण महि हइ[439], जूँ नक्षत्र मइ चंद ॥
धर्मसी को नंद नाहर जाति जटमल नाम।
जिण ही कथा बणाय कई बिच संवलाकइ गाम ॥142॥

मोक्ष ग्राम में अडोल व अविचल रूप में रैयत-जनता सुखपूर्वक रहती है। घर-घर में आनंद-उत्सव होते हैं, वहाँ शोक=दुख देखने तक को नहीं है। मोक्षग्राम का राजा अलीखान नाजी है जो नीसरखान या निसारखान का पुत्र है। उसके समस्त सरदार पठान हैं, राजा उन पठान सरदारों में वैसे ही शोभित होता है, जैसे नक्षत्रों में चन्द्रमा। मेरा नाम जटमल है। मेरी जाति नाहर ओसवाल है। मेरे पिता का नाम धरमसी-धर्मसिंह नाहर है। मुझ जटमल नाहर ने ही संबलाकै गाँव में गोरा-बादल की कथा बनाकर कही=सुनाई है ॥142॥

जटमल[440] कीनी जुगत सूँ, हरष हियइ उपजाइ।

सुणताँ जागइ सूरमा, आणँद अंग न माइ ॥143॥

सानन्द हृदय से युक्तिपूर्वक गोरा-बादल की कथा जटमल ने निर्मित की है। इस कथा को सुनने से शूरवीर जाग उठते हैं, उनके अंगों में आनंद समाता नहीं है ॥143॥

सुणताँ सुणियो कान दे, चतुर पढ़ो चित लाइ।
सुणताँ जागइ सूरमा, आणँद अंग न माइ ॥144॥[440]

श्रोता सावधानीपूर्वक कान लगाकर सुनो; चतुर-जन चित्त लगाकर पढो। इसको सुनकर शूरवीरों की शूरवीरता जागृत हो उठती है और उनके अंगों में आनंद समाता नहीं है ॥144॥

[443]पढताँ नव निधि पाइयइ, सुणताँ सब सुख होइ।
जटमल जंपइ गुणियणा[441], विघ्न न व्यापइ[442] कोइ ॥145॥

पढ़ने पर नौनिधि प्राप्त होती है, सुनने से सब सुख प्राप्त होते हैं। हे गुणीजनो! जटमल कहता है, इसके कहने-सुनने से कोई भी विघ्न नहीं व्यापते ॥145॥

खरतर गछ उदियोललो, जैसे प्रतपे इंदु।
कुसललाल वाचक सदा, प्राम्यूँ परमानंदु ॥146॥

खरगतरगच्छ का उदियोललो संघ वैसे ही चमक रहा है जैसे रात्रि में तारा-समूह के बीच चन्द्रमा चमकता है। कुशललाल वाचक ने वहाँ परमानन्द की प्राप्ति की है ॥146॥

इतिश्री गोराबादल की कथा सम्पूर्ण॥ सं॰ 1756॥

卐 卐 卐

गोरा-बादल की कथा, जटमल कही बनाय।
सम्पादन इसका किया, ब्रजेन्द्र मन हरषाय ॥1॥
दो हजार चौदह वरष, अगस्त सात तारीख।
गुरूवार रजनी समय, दिल्ली शहर सु आख ॥2॥

卐 卐 卐

गोरा-बादल-कथा : पाठांतर

1. जटमल नाहर के ग्रंथ में पाठान्तर ही नहीं मिलते, ग्रंथ का नाम भी भिन्न-भिन्न हस्तलेखों में भिन्न-भिन्न मिलता है। किसी ने 'गोरा-बादल- चउपई' (श्रीभँवरलालजी नाहटा के सम्पादन में प्रकाशित ग्रंथ), किसी ने 'गोरा-बादल की वारता' (ग्रंथांक 12580 व 22837), व किसी ने 'गोरा-बादल की बात' (ग्रंथांक 24325) ग्रंथ का नाम लिखा है। वास्तव में ग्रन्थ का नाम **'गोरा-बादल की कथा'** है जैसा कि कवि ने ग्रंथ के अंदर लिखा है–

   गोरा बादल की कथा, पूरण भइ हइ जाम।
   गुरु सरसती प्रसाद करि, कीयो धर परनाम ॥141॥

   आधार-प्रति ग्रंथांक 21563 में 'गोरा-बादल की कथा' ही लिखा है। अतः हमने यही नाम स्वीकार किया है।
2. दूहा सोरठा (12580) सोरठा (भ॰ना॰); मूल में छन्द-नाम नहीं लिखा मिलता।
3. कें समरूं श्री (भ॰ना॰);
4. मुझ वर दे महि माइ, करूं कथा तुहि ध्याय कै
5. सब खंड सिर। (12580); खंड़ा सिरै (भ॰ना॰);
6. तहाँ (12580)
7. तहाँ (12580);
8. राजपूत (12580, भ॰ना॰);
9. इसके पश्चात् निम्न छन्द और है ग्रंथांक 12580 में

   राणी तसु प्रभावती, सीलवंत सु पवित्त।
   वीरभाण सुत निपुन अति, गंज सकै नहिं सत्तु ॥4॥
10. प्राण (12580)
11. कवित (12580, भ॰ना॰); वैसे, लक्षणानुसार यह छन्द कवित्त ही है।

12. मागध (12580)
13. बैन (12580)
14. कौन देसातै (भ॰ना॰)
15. चित्तौड़ (12580, भ॰ना॰)
16. राय बहुत दे मान पास अपनैं बुलाये (12580)
    राय देय सनमान पास अपने बैठाये (भ॰ना॰)
17. तैं (12580, भ॰ना॰)
18. तहाँ (12580)
19. कहै भाट सुनो राय (भ॰ना॰)
20. तहाँ (12580)
21. मूल में छन्द-नाम 'दोहा' अथवा 'दूहा' नहीं है।
22. अरु हंसनी (12580)
23. एक (12580, भ॰ना॰)
24. पदमनी (भ॰ना॰)
25. अपरम्पार (भ॰ना॰, 12580)
26. मूल में छन्द-नाम नहीं है।
27. रूप रेख गति गुन सब दाखो (12580)
28. गुन (12580)
29. छन्द नाम केवल भ॰ना॰ में है।
30. सर (12580)
31. ओर (12580)
32. इक सत अठ। ऊँच सा (12580, भ॰ना॰)
33. पहुली (12580, भ॰ना॰)
34. सोरठा (12580)। यह शीर्षक व सोरठा पूरा का पूरा भ॰ना॰ नहीं है। मूल-प्रति में छन्दांक 11-12 का एक शीर्षक देकर 12वें का शीर्षक दोहा नहीं दिया है जबकि भ॰ना॰ व 12580 में 12वें छन्द का दोहा शीर्षक है।
35. राय (12580, भ॰ना॰)
36. मूल प्रति में छन्द-नाम नहीं है।
37. 'तउ' केवल मूल प्रति में है।
38. 12580 का पाठ इस-प्रकार है।

निसदिन नींद न अंन न भावत।

39. करतां (12580)

40. तिनि धुंआ धुखाया' (12580),
'धुआं' के स्थान पर 'धूँही' पाठ (भ.ना.)

41. आधार-प्रति में छन्द नाम नहीं है।

42. सिद्ध (12580, भ.ना.)

43. ज्यूँ सरोज सर मंझि सूर देखत ही विहस्यो''॥ (12580 व भ.ना.)

44. बैठि (12580, भ.ना.)

45. जोगी (12580)

46. भाग (12580)

47. तुम (12580)

48. परि बैठ करि (12580), तब बैठ करि (भ.ना.)

49. उडि गए सु संगल दीप मैं (12580);
आखिरी शब्द मैं के स्थान पर 'कौं' है भ.ना. में।

50. आधार-प्रति में छन्द-नाम नहीं है।

51. आधार-प्रति में छन्द नाम नहीं है।

52. बिजना डोलै (12580), बिज्झण झोलै (भ.ना.)

53. यह पंक्ति (12580) में नहीं है।

54. यह छन्द-नाम आधार-प्रति में नहीं है।

55. अति (भ.ना.)

56. छंडि उडाय (12580), छन्ट उठाइ (भ.ना.)

57. आधार-प्रति में यह छन्द-नाम नहीं है।

58. उठायो (12580, भ.ना.)

59. निमंधिया (12580), होय सो (भ.ना.)

60. ताम (12580)

61. 'तउ' 12580 व भ.ना. दोनों में नहीं है।

62. चलित (भ.ना.)

63. ग्रंथांक 12580 में यह पंक्ति नहीं है।

64. जोगिन्द्र (12580)

65. तुझि (12580)

66. कहै ताम राजान (भ॰ना॰)

67. नाहिं कोइ वर लायक (12580), नहीं कोई वर लायक (भ॰ना॰)

68. दुर्जनां (12580), दुरजन (भ.ना.) भ॰ना॰ में दुरजन में आई एक मात्रा की कमी की पूर्ति संभवतः बिडारन को बिड्डारन करके कर दिया गया है।

69. समसर नहीं (12580), समवड़ (भ॰ना॰)

70. मुझ तहत करि (12580), तू सत्तकर (भ॰ना॰)

71. गुरू वचन राजान (12580, भ॰ना॰)

72. मुक्ताहल नीरे (12580)

73. रावळ सु (12580)

74. जु चलाइये (12580)

75. दीयो (भ॰ना॰)

76. राय (भ॰ना॰, 12580)

77. उडवि (भ॰ना॰, 12580)

78. पंच तूर (12580), पंच सबद (भ॰ना॰)

79. ले चीतोड़ गढ़ आइयो (12580), ले चितोड़गढ़ आवियो (भ॰ना॰)

80. छन्दांक 23 (12580 का 24वाँ) के पश्चात् 12580 में दो दोहे और हैं।
नृप ल्यायो पदमण परण, मन में हरष अपार।
मन हर लीनूं पदमनी, धन धन कलि में नार ॥25॥
राजा आइ उतावलो, जोगी कूँ दइ सीख।
राघव चेतन राखिया, जिन सौं मन परितीख ॥26॥

81. रमण सब (12580), रानि सब (भ॰ना॰)

82. राव (भ॰ना॰)

83. संग (12580)

84. रहै अैसैं बिधि रावति (12580),

85. एक दिवस निसा जब दोय घड़ी, तब सिकार उद्यम कियो (12580);
जब निसा रही इक दोय घड़ी, तब सिकार उद्यम कियो (भ॰ना॰)

86. बन भीतर खेलत तबहि, त्रिषा बियापी तेम।
पदमावति देख्याँ बिना, जल पीवन को नेम ॥12580॥
बन के भीतर खेलताँ, त्रिषा बियापी तेम।
बिन देख्याँ पदमावती, जल पीवन को नेम ॥भ॰ना॰॥

87. आधार-प्रति में छन्द नाम नहीं है।
88. त्रिपुरारि (12580)
89. करे (12580), करी (भ॰ना॰)
90. तिला (12580), तील (भ॰ना॰)
91. राय (12580, भ॰ना॰)
92. भ॰ना॰ में 'विप्र' नहीं है।
93. लिला (12580), तील (भ॰ना॰)
94. सुभाव(12580)
95. 12580 में निम्न दो दोहे और हैं

    कोप्यौ राघव परि घणूँ, अति जोरै करि रीस।
    जिम विश्वानर घृत पड़े, मारूँ विश्वाबीस ॥30॥
    विप्र जाणि नवि मारियो, वेद पुराणै साखि।
    जो कोउ मारै राखियै, लोकां एहि ज भाखि ॥31॥

96. घरि आयो राजान (12580, भ॰ना॰)
97. तिस ही समै (भ॰ना॰)
98. वेस (भ॰ना॰), बसन (12580)
99. जोग यंत्र है (12580), जोग तत रहै (भ॰ना॰)
100. नर सुथिर (भ॰ना॰)
101. जुगति करि जंत्र बजायो (भ॰ना॰, 12580)
102. तजि सब (12580), सब तज (भ॰ना॰)
103. आयो सु तब पतिसाह तिहाँ (12580)
104. से (भ॰ना॰)
105. आधार-प्रति में छन्द नाम शीर्षक नहीं है।
106. साम (12580)
107. दिलीपति हम तुम कहे (12580)
     दिलिपति हम तुम सों कहैं (भ॰ना॰)
108. गाम (12580), धाम (भ॰ना॰)
109. अर प्रथवी (भ॰ना॰)
110. ऐसा (भ॰ना॰, 12580)
111. अधिक (भ॰ना॰, 12580)

112. छन्द-नामात्मक शीर्षक आधार-प्रति में नहीं है।
113. ले आयो (12580)
114. अति हि (12580)
115. आधार-प्रति में यह शीर्षक नहीं है।
116. ब्यास (12580, भ॰ना॰)
117. केती (12580)
118. कह राघव सुलतान (12580)
119. भ्रमत निति (12580), भमत अत (भ॰ना॰)
120. ज्यूँ बासित (12580), सो बासत (भ॰ना॰)
121. 'अरु' शब्द (12580) में नहीं है।
122. रंभादिक (भ॰ना॰)
123. हीरा दसन (भ॰ना॰)
124. रस (12580, भ॰ना॰)
125. साजोरै (12580), सू लाजत (भ॰ना॰)
126. भवरलाल नाहटा-संस्करण का पाठ इस-प्रकार है

    पान हुते पातरी पेम पूरण सू लाजत।
    भुज म्रणाल सु विसाल चाल हंसा गति चालत ॥
    चंपा वरण सुचंग सूर ऊजासी भालै।
    पदम चरण तल रहै निरख सुर नर मुनि भालै ॥
    हर लंक अंग चंदन वरन नार सकल सिर मुगट मणि।
    अल्लावद्दीन सुरतान सुण पदमन लच्छन एह भणि ॥36॥

127. कंचुकी तीय ताणै (12580)
128. हंसनि (12580)
129. होत (12580)
130. हर लंक अंक (12580)
131. यह पंक्ति 12580 में नहीं है।
132. यह छन्द 12580 व भ॰ना॰ में नहीं है।
133. ग्रंथांक 12580 में निम्न छन्द पद्मिनी के लक्षणों से सम्बद्ध और है।

    रूपवंत रति रंभ कमल अति काय सुकोमल।
    परमल पुहप सुगंध भमर बहु भ्रमैं बलावलि ॥

चंप कली जिमि चंग रंग गति गइँद समाणी।
ससि वदनी सुकुमाल मधुर मुख जपै वाणी ॥
चंचल चपल चकोर द्रगि रूप कांति अति सोहणी।
कह राघव सुलतान सुणि पुहवि इसी होवै पदमणी ॥43॥

आधार-प्रति तथा भ॰ना॰ में पद्मिनी-लक्षण के पश्चात् चित्रिणी-नारी के लक्षण से सम्बद्ध कवित्त है जबकि 12580 में हंसिनी-नारी से सम्बद्ध कवित्त देकर फिर चित्रिणी से सम्बद्ध कवित्त दिया है। क्रम-विपर्यय है। पाठांतर आगे दृष्टव्य हैं।

134. चित्तनी चतुर (12580)
135. कटि झीन (12580, भ.ना.)
136. जानु (12580), जू (भ॰ना॰)
137. खंभ गिमति (12580), खंभ गिडत (भ॰ना॰)
138. जानत (भ॰ना॰)
139. सुगंध (12580)
140. धरै (12580)
141. यह कवित्त न तो 12580 में और न भ॰ना॰ ही में है।
142. वंत (12580) प्रथम व द्वितीय पंक्ति के अंतिम शब्द हैं 'विराजै' व 'लाजै'
143. मद (12580)
144. दसनावत (भ॰ना॰)
145. सुहावत (12580, भ॰ना॰)
146. 'सु' 12580 तथा भ.ना. नहीं है।
147. राघव कहै (12580)
148. 'हस्तनि' शब्द 12580 में नहीं है।
149. यह कवित्त 12580 व भ॰ना॰ दोनों में नहीं है।
150. जटा केस जोषिता बदन बिकराल अधिक अति' (12580); भ॰ना॰ में अधिक के स्थान पर विकल है।
151. तन (12580, भ॰ना॰)
152. भगन्दर (भ॰ना॰)
153. त्रिय (12580, भ॰ना॰)
154. यह छप्पय 12580 व भ॰ना॰ दोनों में ही नहीं है।
155. ससा=ससिक

156. लोरै (12580), लोडै (भ॰ना॰)

157. सा जोरै (12580), सूं जोड़ै (भ॰ना॰)

158. हंसनी (12580)

159. अश्व फुनि (12580), अश्व पुनि (भ॰ना॰)

160 पुरुषह (12580)

161. आधार-प्रति में यह शीर्षक नहीं है। 12580 में 'दोहा' व भ॰ना॰ में 'श्लोक' शीर्षक है।

162. ग्रंथ 12580 में चौथा चरण दूसरा व दूसरा चौथा हो गया है। पाठ समान है। भ॰ना॰ में क्रोडि के स्थान पर कोटि है।

163. इसके पश्चात् 12580 व भ॰ना॰ में निम्न श्लोक और है
पद्मिनी पान राचन्ति, मान राचन्ति चित्रिणी।
हस्तिनी हास्य राचन्ति, कलह राचन्ति शंखिनी ॥49॥

164. इस श्लोक का पाठ निम्नप्रकार है।
पद्मिनी पोहर निद्रा च द्वै पोहर निद्रा च हस्तनी।
चित्रिनी चमक निद्रा च अघोर निद्रा च शंखिनी ॥(भ॰ना॰)
पदमनी पुहर निद्रा च दुपुहर निद्रा च चित्रिनी।
हंसिनी त्रि पुहर निद्रा च घोर निद्रा च शंखिनी ॥(12580)

165. चित्रिणी (12580, भ॰ना॰)

166. हस्तिनी (12580, भ॰ना॰)

167. इसके पश्चात् निम्न श्लोक और हैं
पद्मिनी करल केशा च, तरल केशा च चित्रिणी।
हस्तिनी उर्ध्व केशा च, बठर केशा च शंखिनी ॥52॥
पद्मिनी मधुरा वाणी कला वाणी चित्रणी।
हस्तनी हस्त वाणी च काक वाणी च शंखनी ॥53॥
जिसप्रकार श्लोकों में चार प्रकार की स्त्रियों के लक्षण लिखे मिलते हैं, भ॰ना॰ में चार प्रकार के पुरुषों के लक्षण चार दोहों में हैं।
मूख स कोमल तन वचन, सीलवंत सुर ग्यान।
रति विनोद अति रुचि नहीं, ससा करत बहु सान ॥44॥
मधुर वचन मृग मध्य तन, चपल बुद्धि अति भीर।
चतुर साधु अति हँसत मुख, कामी कनक सरीर ॥45॥

वृषभ जाति भारी पुरुष, दाता क्रूर सुभाव।
कपटी कछ लंपट हठी, काम केलि बहु चाव ॥46॥
तन दीरघ दीरघ चरन, दीरघ नख सिख अंग।
सुभर तरुनि सँग रति रवन, आलस अधिक तुरंग ॥47॥

168. 'तव' 12580 व भ॰ना॰ में नहीं है।
169. 'गर महल में न जाय' (भ॰ना॰)
170. 'तव' 12580 व भ॰ना॰ में नहीं है।
171. आय (12580, भ॰ना॰)
172. सकल (12580, भ॰ना॰)
173. यूँ (12580, भ॰ना॰)
174. सिरदार (12580)
175. कहै ताम सुलतान (भ.ना.)
176. कै (12580)
177. सुनि चढ़ो तुरत सुलतान तब, आय उदधि ऊपर पड्यौ। (12580)
यूँ सुनवि चढ्यौ सुलतान तब, आय उदध ऊपर पड्यौ ॥ (भ॰ना॰)
178. आधार-प्रति में यह छन्द-नाम शीर्षक नहीं है।
179. ग्रंथ 12580 का पाठ 'पातिसाह सूँ यूँ जपै'
भ॰ना॰ का पाठ 'पातसाह पै यूँ जपै'
180. नैड़ी (12580, भ॰ना॰)
181. पै (भ॰ना॰)
182. यह शीर्षक आधार-प्रति में नहीं है।
183. सुणवि चढ्यौ (भ॰ना॰)
184. 'स' नहीं है (12580, भ॰ना॰)
185. शीर्षक दूहा सोरठा है जबकि लक्षण सोरठा छन्द के हैं।
186. राजवी (12580), राण (भ॰ना॰)
187. चोट नगारै जब दई (भ॰ना॰)
188. ग्रंथांक 12580 में निम्न पाठ अतिरिक्त है। कवित्त
अस पति कियो आरंभ चढवि चंचल दखिण धर।
पातिसाहि कोपियो नाहिं छूटै सिंघल नर ॥
दल गौरी पतिसाह जग्यो संग्राम सुभट भड़।

सूरज खेह अगोपियो पायाल गयो बासिग मर्‌यौ ॥
चोचकराय संसै पड्‌या बादिसाह किस परि चढ़ौ ॥61॥

दोहा : आलिम ही दूरो हुवो, सुभट झुझार भेला हुवै।
समुद्र माहि डूबी मुआ, सगले हाहाकार ॥62॥

189. आधार-प्रति में छन्द का नाम 'सालूरा', 12580 में 'सालूरा' व भ॰ना॰ में 'रेसालू' मिलता है। लक्षण-ग्रंथ रघुवरजसप्रकास के अनुसार सालूर छंद के प्रारम्भ में दो दीर्घ, पश्चात् 24 लघु और अंत में एक सगण (।।S) होना चाहिए। आलोच्य छन्दों में ये लक्षण नहीं घटते। आलोच्य छन्द मात्रिक जाति का है, वर्णिक नहीं। मात्राएँ भी सम व विषम चरणों में एक जैसी नहीं हैं। फिर भी मोटे तोर पर इस छन्द में 16-10 मात्राएँ प्रयुक्त हुई हैं, जिससे यह विषम मात्रिक छंद माना जा सकता है।

190. चढि चल्यौ (12580), चढै (भ॰ना॰)

191. उपज्यौ (12580), उपजौ (भ.ना.) यहाँ यह ध्यातव्य है कि ग्रंथांक 12580 व भ॰ना॰ दोनों में पिगंल-शास्त्रानुसार ही छंदों को क्रमांक दे रखे हैं। अतः इसमें यहाँ पृथक् क्रमांक लगाया गया है जबकि आधार-प्रति में प्रथम 12 पंक्तियों को एक क्रमांक व अगली 10 पंक्तियों को भिन्न क्रमांक दे रखा है। छन्द संख्याओं में घटत-बढ़त मिलने का एक कारण यह भी है। कुछ छन्द वास्तव में कम अथवा ज्यादा हैं भी।

192. असवार इक लख (12580), असवार त्रय लख (भ॰ना॰)

193. तरंग (12580)

194. यह शीर्षक केवल आधार-प्रति में है।

195. ताजी तुरकी अरु अराकी (12580),
ताजी स तुरकी औ अराकी (भ॰ना॰)

196. काले (12580, भ॰ना॰)

197. अवरेस (12580)

198. 'अबलघ सु जाम सवोर गरुड़े बोज नीले लेस' (12580);
'अवलक सु जाम सुबाहिरे, सबज नीले लेस' (भ.ना.)

199. सुरंग केहर अरु सिराजी (12580), सांरग केहर अरु सरौजी (भ॰ना॰)

200. नाचते पारि ज्यूँ पवंगम (12580), नाचंत पातर ज्यूँ तुरंगम (भ॰ना॰)

201. लगाम सोवन मुखैं सोहैं, जेर बंध सुपाट(12580)
लग्गाम सोवन मुक्ख सोहै जेर बंध सुपाट (भ॰ना॰)

202. गाह (12580, भ॰ना॰)

203. वाल (12580)

204. कलंगी (12580, भ॰ना॰)

205. परचो (भ॰ना॰)

206. ढलक नेजा (भ॰ना॰)

207. स्याम सावण घटा (12580)

208. बग पंति दंति सपेद सुंदर (12580), बग क्रांति कांति सपेद सुदंर (भ॰ना॰) इस पंक्ति के पश्चात् निम्न पाठ 12580 में और अधिक है।

बग पंति दंति सपेद सुंदर, घूघरन की माल।
नव घंट सोवन चवर चिहुँ दिसि, झूलै अधिक रसाल ॥
मस्तक सधूरे अधिक सुंदरि, गाजते गजराज ॥

209. ऊँट (12580)

210. न सक्कै (12580)

211. अवनी (12580), उमड़ी (भ॰ना॰)

212. डेरा (12580, भ॰ना॰)

213. फूले फलास बसंत आग (12580), फूले फलास बसंत आगम (भ॰ना॰)

214. आधार-प्रति में 'दूहा सोरठिया लिखतं' शीर्षक लिखकर अगले पृष्ठ पर कवित्त 'कहइ ताम सुलतान कहउ राघव क्या किज्जइ' प्रारम्भ हो जाता है। इससे ऐसा अनुमान होता है, प्रतिकार से 2 दोहे छूट गये। 12580 में एक दोहा है जबकि भ॰ना॰ में दो दोहे हैं। 12580 का पाठ :

गढ़ राहौ करि कै रहै, अलह दैत सुलतान।
रतनसेन जानैं नहीं, चलै न गढ़ सूँ प्रान ॥74॥

भँवरलाल नाहटा का पाठ :

गढ रोहौ करकै रह्यौ अलावदीन सुलतान।
रतनसैन मानै नहीं, चलै गढ़न सूँ प्रान ॥67॥
अंब लगाये ठौर तिहँ, फल पाके तब जान।
बारा बरस बैठो रहौ, अलावदीन सुलतान ॥68॥

215. ग्रंथ 12580 में यह पंक्ति नहीं है। भ॰ना॰ में 'करि किमहि' के स्थान पर 'ते कबहुँ' पाठ है।

216. खवास (भ॰ना॰)

217. गयो (12580)

218. राय कहै सुलतान तब (12580), कहै ताम सुलतान (भ.ना.)

219. गढ न लिवुं न लडुं एक है वाच हमारी (12580);
कहै फेर सुलतान करूँ तुझ सात हजारा (भ.ना.)

220. देखूं गढ़ चीतोड़ (भ.ना.), देखूं गढ पदमनी (12580)

221. राजा रतनसेन सुलतान कहै (12580, भ.ना.)

222. तब (12580)

223. महाबल (12580, भ.ना.)

224. सहा (12580)

225. वहाँ (भ.ना.)

226. भयो (भ.ना.,12580)

227. अब (भ.ना., 12580 दोनों में नहीं है।)

228. भ.ना. व 12580 में केवल दूहा है।

229. रतनसेन चहुवान कहि (भ.ना.)

230. राघव बोल्यो साह सूं (12580); राघव कह सुण पातसाह (भ.ना.)

231. है (12580)

232. आध लाख गैंदुवा लख त्रय अंग सुहाई (12580);
अर्ध लाख गीदुवौ लाख त्रय अंग लगाई (भ.ना.)

233. अनूप (12580)

234. पर (भ.ना.)

235. रमै रस रूप रवन्नी (12580), राम रस रूप नवीनी (भ.ना.)

236. पदमनी (भ.ना.)

237. चन्द्रमा वदन चमकंत मुख, रतनसेन मन भावनी (भ.ना.)

238. रच्यौ हम (12580)

239. कहै ताम सुलतान कहो (भ.ना.)

240. पदमनी (12580, भ.ना.)

241. ताम बारी कै (भ.ना.)

242. गिर्‌यौ (12580, भ.ना.)

243. थंभ लीना गति थाहर (12580); थंभ लीयै तसु थाहर (भ.ना.)

244. राव (भ.ना.)

245. ग्रंथांक 12580 में निम्न पाठ अधिक है।

गढ फिर फिर सब जोइयो, साह हुवो कूस्याल।

सब कूँ पति परचियो, राणौ दीन दयाल ॥84॥

गढ़पति राणौ रतनसी, अरु दिल्ली पति साह।

माँहो माँहे हिल्लिमिलि हुवा आणंद उछाव ॥85॥

246. फिर्‌यौ (भ॰ना॰)

247. लाख बकसीस (भ॰ना॰)

248. चल्यौ ताम सुलतान प्रोलि दूजी जब (भ॰ना॰); ग्रंथांक 12580 में फेरि के स्थान पर फिर्‌यौ है।

249. और दिये दस गड्ढ राय अति बहुत लोभायो'' (भ॰ना॰)

250. युँ ले बगस बाहिर गयो तब स कपट करि फंधियो।

राजा रतनसेन अति लोभ लग। (12580)

इम लेवै बगसीस तबह कपट करि फंदियो।

राजा रतनसेन अति लोभ कर। (भ॰ना॰)

251. शीर्षक केवल दोहा है 12580 में जबकि भ॰ना॰ में सोरठा है। 12580 में पहली पंक्ति का पाठ है 'पउल रहे जड़ि लोक सोक सकल गढ़ में पड़्यौ।

252. रोक (भ॰ना॰, 12580)

253. अब (12580)

254. तू (12580)

255. समह (भ॰ना॰); सहम (12580)

256. बहु दुख दहावै (12580); सबही दुख पावै (भ॰ना॰)

257. ग्रंथांक 12580 में दोहा व भ॰ना॰ में सोरठा छन्द नाम है। लक्षणानुसार सोरठा है।

258. बिलम न कीजे एक खिन (भ॰ना॰)

259. ग्रंथांक 12580 में भी कवित्त कूंडल्या जबकि भ॰ना॰ में 'कुंडलियो' शीर्षक है। लक्षणानुसार यह छंद कुंडलिया ही है।

260. तजिये पिया (12580); तजिये पीव (भ॰ना॰)

261. मत (12580); मो (भ.ना.)

262. इसके पश्चात् 12580 में निम्न दोहा और है।

मंत्र कियो मिल मंत्रियाँ, पदमनी लेहु उतारि।

रतनसेन छुड़ाइयै, कीजै यही बिचारि ॥91॥

263. चली (12580)

264. अवर न सूझै भूपती, इक बादल की आस (12580)

265. साति दिवस व्याहे भए, खेल जहाँ चउगान।

आय प्रगट भई पदमनी, दे बादल कूँ पान ॥93॥(12580)

बार बरस को बादलो, हाथ ग्रहै चौगान।

ले आई पदमावती, बादल खावौ पान ॥94॥(भ॰ना॰)

कवित्त : सुनि बादल इक अरदास इव बोले पदमनी।

साह कपट राय फंध्यो नित नारी मांगिजै ॥

सहि नि सकै सो सुदिढ़ बध्यो कह देह पदमावती।

भेज्यो राय खवास राखणहार न सूझही ॥

इक बादल तुही आस ॥94॥ ग्रंथ 12580

आधार-प्रति में दोहा क्रंमाक 73 के पश्चात् का कवित्त संख्या 74, न ग्रंथांक 12580 में और न भ॰ना॰ में ही है। इस कवित्त के पश्चात् सभी में आधार-प्रति का दोहा 75 मिलता है।

266. कह बादल पदमावती (12580); कह बादल सुन पदमनी (भ॰ना॰)

267. कवित्त 12580 में और है।

तुँहि ज राव गोरिल तुहि ज दल माहे बडो।

तुँहि ज राव गोरिल तुँहि ज मेरे प्रिउ को अडो ॥

तुँहि ज राव गोरिल तुँहि ज दल बीड़ा झलै।

तुँहि ज राव गोरिल नारि पदमावती बोलै ॥

और सहै सत हीण सब हिवै जस तो पति कलै।

पदमनि नारि इम उच्चरै राणौ रतनसेन छोडाविलै ॥96॥

268. तब, (12580, भ॰ना॰)

269. पड़्यौ स्याम संकडै करौ कछु अब्ब सहाई ॥ (भ.ना.)

270. अबस तिहारे आप हूँ (भ॰ना॰)

271. ग्रंथांक 12580 में इसके पश्चात् निम्न कवित्त और है, यह कवित्त भ॰ना॰ में यहाँ न होकर छन्दांक 89 (आ. प्र.) के पश्चात् है। पाठ भेद भी है

कह बादल सुनि राय सत्त तुझ साहस मेरा।

लड़ो साह के साथ करौ संग्राम घणेरा ॥

मारो तुरक अपार राय के बंधन कटौं।
जो सिर जाय तो जाय जगत भीतर जस खटौं॥
जिम रामह हणमंत किया मार्‍यौ रावण इक्क मण।
गैवर गिड़ाय तोडूँ तबर साह चालावुँ खगाहरि ॥98॥

272. 'मउ' नहीं है (12580, भ॰ना॰)
273. किस विधि लड़े (12580); साह साथ कैसे लड़ां (भ॰ना॰)
274. ग्रंथ 12580 में निम्न दोहा और है

भतीज काकै प्रति कहे, छल बल कीजै कोइ।
जो करि तुझ मुझ सीस परि, तो भाजैं गढ सोइ ॥100॥

275. जन (12580)
276. गारियै (12580)
277. करि (12580, भ॰ना॰)
278. सूरमा कांधै लीने (12580)
279. अर जोर नईजे (भ॰ना॰)
280. सुलतान (भ॰ना॰)
281. रावळ (भ॰ना॰)
282. इसी (भ॰ना॰)
283. कहै ताम अल्लावदी (भ॰ना॰)
284. बेग ले आवो पदमनी (भ॰ना॰, 12580)
285. दे (12580)
286. चकडोल (12580, भ॰ना॰)
287. हाथ (भ॰ना॰)
288. तन (12580)
289. जब नेजा तुट्टबै (12580)
290. लड़ावो (12580), उड़ावो (भ॰ना॰)
291. 'उ' नहीं है(12580,भ॰ना॰)
292. 'रे' (12580)
293. किय बादल प्रणाम (12580), ए बालक परवाँन (भ॰ना॰)
294. इसके पश्चात् दोहा और है

रे बादल माता कहै, तुझ जीवन प्राण।

तो बिण जुग अंधो फिरै, तुझ बिण जुग में हाण ॥108॥

295. ग्रंथांक 12580 में पाठ इसप्रकार है

रे बालक बादल्ल तुहि है जीवन मेरौ।
रे बालक बादल्ल मुझे आसरा जु तेरौ ॥
रे बालक बादल्ल तोहि बिन मो सब सूना।
तुझ बिना न सूझै नयन कछु फूट अबहि छाती पड़ै।
छूटंत नाल गोला जहाँ केम साह समसर लड़ै ॥109॥

भँवर-नाहटा-सम्पादन का पाठ इसप्रकार है :

रे बादल बालक्क तुँ ही है जीवन मेरा।
रे बादल बालक्क तुझ्झ बिन जुग्ग अंधेरा ॥
रे बादल बालक्क तुज्झ बिन सब जग सूना।
रे बादल बालक्क तुज्झ बिन सबहि अलूना ॥
तुज्झ बिन न सूझै कछू तूटि बाँह छाती पड़ै।
छूट्टंत तीर बंका तहाँ केम साह सनमुख लड़ै ॥96॥

296. क्यूँ (12580, भ॰ना॰)

297. मारौं (12580), मारूँ (भ॰ना॰)

298. ताम (12580)

299. चढ़ी आइ रहे (12580) 'लड्यौ' आइ रह्यौ महि ताम (भ॰ना॰)

300. लहुड़ा (12580), लहुरे (भ॰ना॰)

301. ग्रंथांक 12580 में यह पंक्ति नहीं हैं।

302. उपट्टौं (12580)

303. मारौं न खग सुलतान सिर, गयवर दंतूंसल चढौं।
तो जणिण लजलाउं तुझै तो बाग मोड़ि पाछा मुड़ौं ॥(12580)
मारूँ तो खग साह सिर, गयवर दलूँ सत्य चढूँ।
जननी लजाऊँ तुज्झ कूँ, जे बाग मोड़ पाछो मुडू ॥(भ॰ना॰)

304. साहस (12580), बादल (भ॰ना॰)

305. जबही फिर चली, बहुवर दिवी (भ॰ना॰)

306. तैं न काम रस रम्यो (12580), अजहुं न रम्यो मुझ साथ (भ॰ना॰)

307. क्यूँ (12580), तू (भ॰ना॰)

308. अजुं न रम्यो मुझ संग (12580), अजहुं न माणी सेझ (भ॰ना॰)

309. कुचन चोट नहिं सही, सहै क्यूँ (भ.ना.)

310. लुटंत नाल गोला जहाँ, तुट्टवि घड़ सिर ऊतरे।
बादल पयम्पै नारि यूँ, मत सु देखि दल तू डरै ॥(12580)
तुटंत नाल गोला तहाँ, तुट्टवि घड़ सिर उप्परै।
नारि कहै हो राव इम, मतां देखि देखि तैं मुड़ै ॥104॥(भ.ना.)

311. पाठांतर-प्रति 12580 में निम्न छप्पय अधिक है
प्रथम पकड़ तरवार सार दुरजन सिर मारूँ।
बहुड़ वाँह गल घाल तुरिय तैं तुरक उतारूँ॥
बहुड़ पड़ौं दल माहिं सुभट महि तुरी धसाउं।
बहुड़ि कटारी काढि करी कुभंस्थल लाउं॥
फोडूं त फोज बिचि पैठि कै लक्ख कक्ख समसर करूँ।
बादल कह जननी लजै जो न नारि इतना करूँ ॥116॥

312. पैठ (12580), पैसताँ (भ.ना.)

313. तुझ लज्या मुझ मेहणो (12580); तुम्है लज्ज मुझ मेहणो (भ.ना.)

314. भ.ना. में निम्न-पाठ अधिक है।
जो मूवा तो अति भला, जो उबर्‌या तो राज।
बेहु प्रकाराँ हे सखी, मांदल घूमै आज ॥106॥

315. गिरझा कबहि न खाय (12580)

316. कहा डंख इन मुक्ख को (भ.ना.)

317. गिरावै धउल (12580), गिड़ै धवलहर (भ.ना.)

318. विधिना को (12580)

319. कहै री (12580), कह री (भ.ना.)

320. इते बोल कबहूँ टलै (12580); एह वो जो होतब टलै (भ.ना.)

321. न्हासूँ न पूठ देऊँ नहीं, बादल दल सूँ ना चलै (भ.ना.);
तो भी न पीठ दे कै कबहु बादल दल तैं ना चलै ॥119॥(12580)

322. नारी तुझै सू यूं कहा सती होइ जिहि साथ ॥110 (12580)
............भूडो दीनो.......जूड़ो दीनो............॥(भ.ना.)

323. भ.ना. में यह दोहा पूर्व में आया है जबकि आधार-प्रति व 12580 में यह दोहा यहाँ आया है जो संगत लगता है।

324. ....सज कीनेय। ...आवि भमर भणकेय ॥113॥(12580)

प्रथम पंक्ति नहीं है। दूसरी का अंतिम चरण "भमर भमै चिहुं फेर ॥110॥ (भ॰ना॰)

325. करेह (भ॰ना॰), करेय (12580)

326. भेद (भ॰ना॰), भेय (12580)

327. ....ए दोऊँ, भए साथ असवार।

आइ साथ आगै मिल्ये, कहि सिलाम तिहि....॥125॥(12580)

328. है पदमनी, देखण दोड़ी (12580)

329. तास कौं, लूँ सब डेरा लूट ॥114॥(भ॰ना॰)

लेइस देरा लूट ॥127॥(12580)

330. भिर (भ॰ना॰)

331. एक करै (भ॰ना॰), बहुड़े करै (12580)

332. साह हुकम दे राय कूं (12580), हुकम कियो पतसाह तब (भ॰ना॰)

333. इसके पश्चात् भ॰ना॰ व 12580 में निम्न छप्पय और है

उठि बादल तिहाँ आवियो राय तिहाँ बंधन बांध्यो।
ले मस्तक आचरण उपति तसु मांहे दीधो ॥
हुवो कोप राजान वयर तैं बंध्यौ वैरी।
कीयो भूंडो काम नारि आणिवी मोरी ॥
बादल मंत्र उपाय काम तसु कीधो सहरी।
बादल ताम हसि बोलयो क्रिपा करो स्वामी सही ॥
बालिका रूप पदमावती राव नारि तोरी नहीं ॥131॥

भँवर-नाहटा-सम्पादन में सामान्य पाठांतर हैं :

बादल तिहाँ आवियो राय तिहाँ बांधण बांध्यो।
लेइ मस्तक आपणै चरण ऊपर तस दीधो ॥
हुओ कोप राजान वैर कीधो तैं बैरी।
कीधो भूंडो काम नारि आणावी मेरी ॥
बादल ताम हंसि बोलियो कृपा करो सामी सही।
बालक रूप पदमावती राव नारि तेरी नहीं ॥117॥

334. आवौ (12580)

335. धर (12580), बिच (भ.ना.)

336. पैठतां (12580)

337. लाहार (12580), लोहार (भ॰ना॰)

338. तबल बजाए तब तहाँ, निकसे (12580)
तबलबाज तिनही समै, निकढे (भ॰ना॰)

339. रोमांचे सुनि सूर, कायर के चित खलभले ॥(12580)
उमग तिहाँ चित सूर, कायर के चित खलभले। (भ॰ना॰)

340. ढमकै जांगी (12580), ढमकै जंगी (भ॰ना॰)

341. घोर (12580 ,भ॰ना॰)

342. सिंधूड़ा ढाढी श्रवै (12580), सिंधूड़ा ढाढी चवै (भ॰ना॰)

343. यह सोरठा (12580) में यहीं है जबकि भ॰ना॰ में यह दो सोरठों के पश्चात् आया है, पाठ समान है।

344. रण आये रजपूत रट (भ॰ना॰)

345. ग्रंथांक 12580 में यह सोरठा आ. प्र. के 115 के पश्चात् आया है जबकि भ॰ना॰ में 114 के पश्चात् आया है।
हबकि गहे हथियार, हाथी हलके साझि करि। (12580)
हबकि ग्रहे हथियार हलके हाथी साज के। (भ॰ना॰)

346. पूत (भ.ना.), सूत (12580) क्रम इसका भी आगे पीछे है।

347. यह भवर-नाहटा-संस्करण में नहीं है, 12580 में समान पाठ है।

348. गोरा बादल दोय, सिर दुहुँ फूलन सेहरे (12580)
गोरा बादल वीर, सिर फूलाँ को सेहरो (भ॰ना॰)

349. ग्रंथांक 12580 में निम्न छन्द और है। कवित्त
लड़हि तुरक रजपूत मूठि समसेर लई कर।
सुभटहि मारै सुभट रुधिर करि लाल भई धर ॥
छूटहिं गोला नाल तीर तुप्पकह वाई।
जबर जंग अरु बान लगति गयवर उड जाई ॥
सिर पड़े लड़ै धर सूरमा घाउ न जाणैं कोप बसि।
अललवि चढै गज दंत परि मारहि खग्ग नरंद हसि ॥142॥
इसके पश्चात् भी पाठान्तर-प्रति 12580 में छप्पय ही है जिसके आधार-प्रति व भ॰ना॰ प्रति में दो छन्दों 'वीरारस' व 'रसावलू' में विभक्त किया गया मिलता है। पाठ इसप्रकार है :
जुड़िय जंग उलसे अंग गोरा बादल नर।

ताणि तंग हय चढ़ि रंग कटि खड़ग लिए कर ॥
करि विखंड वयरी विहंड भुजदंड दिखावहि।
पाड़ लेहि पखरी उलिट आपन दल आवहि ॥
निज स्वामी का भूपति भिड़ै काटि काटि लावै कवल।
सलसल्यो सेस सायर सलिल धरण धड़क कंप्यौ धवल ॥143॥
गोरा गुण गंभीर गज्ज केहर सी मारै।
गहवि सुंड गज मुंड तार तरवार उतारै ॥
चढवि दंत वलवंत पकड़ि पीलवां न पछाड़ै।
हलके हाक हलाइ फउज मीरन की मोड़ै ॥
भुज बलति भीम भूपति भिड़ै हय गय भय कंपित सुहड़।
गोरल लगावै खड़गि फाड़ि तोड़ि करिहै दुधड़ ॥144॥

छंद मोतीदाम

झबकंत करा समसेर लियं। ज्यूँ बदलि में झड़ि मंडिलियं ॥
जिम कातर दाढ जाणे सचियं। सुभटा भडि ऊझट मारिकयं ॥
बल दोय बराबर जाणि रचं। जुरजोसण तो भड़ां सु भवं ॥
गढ़ मार कि गज छंछाल छुटं। जानुं स्याम घटा उमटी सुघटं ॥
वग पंति दिपै घट ऊमटियं। करि खग्ग लियै अति ऊसपियं ॥
मारि मारिव भार गहारि लियं। ....॥
यह काबिल उत्तर पंघ तणा। जाणै सालि रची अणभंग घणा ॥
रिण जीत अभीत अमीतसणा। खुरासाणी फोज तणा घहणा ॥
मुगलां मुख लाल सिंदूर बनं। चखचूंबी भूरी सखेत मनं ॥
सीस पाघड़ दाघड़ि गोल वनं। स्याम चंच लखैसण मीर तनं ॥
मुख फाड़ि दराड़ दसन दखं। दिल माहरी बात न जात लखं ॥
फारसी इलविलिलि बोल मुखं। चलता मृग खमारंति मुखं ॥145॥

दोहा : तो मीर मुगल सिझिआविया, धज करि दलां उलालि।
जांणे जम सुर मेलिया, भूरा अति बिकराल ॥146॥
असपति गज इम दलदला, पाय दल बादल जाण।
गोरो रिण प्रेत आवियो, जुध मंडण जमराण ॥147॥

350. जुड़ाये जंग उलसे अंग (भ.ना.)
351. कर खंग लिय करि करि, विहंड (भ.ना.)

352. साम (भ.ना.)

353. लगावत (भ.ना.)

354. तिहाँ पाड़ करै दोइ घड़ (भ.ना.)

355. भ.ना. में यह छंद कवित्त शीर्षक से छन्द मोतीदाम के पश्चात् है। पाठांतर-प्रति 12580 में टिप्पणी 249 के अतिरिक्त पाठ के पश्चात् आधार-प्रति के समान ही यह छन्द यहाँ ही कवित्त शीर्षकान्तर्गत है।

356. सम(12580)

357. तहाँ (12580, भ.ना.)

358. झड़िग झड़िग सिर झड़ग धड़ग परि गिरगि धड़ा धड़ (12580), भ.ना. में 'जहाँ धड़गि' के स्थान पर 'तहाँ खड़ग' पाठ है।

359. जुड़िग जुड़िग जट जूट मुड़ग कोउ वाग न मोड़ै (12580)

360. गहवि गहवि गज दंत भुज करि भूपति तोड़ै (12580)

361. राय (12580)

362. वावन वीर जोगिन जु मिलि, गहि खप्पर मगति भुगति ॥148॥(12580)

363. ग्रंथांक 12580 में मोतीदाम छन्दांक 120 के पूर्व कवित्त छन्द और हैं जिनमें से आधार-प्रति व भ.ना. में एक मोतीदाम के बाद है। एक कवित्त 12580 में अधिक है।

364. कमाणक (12580)

365. बलावत(12580)

366. चूकति (भ.ना., 12580)

367. की इक (12580), एकण (भ.ना.)

368. लगै गज होत सु लोटापोट (12580); ....स लोटापोट (भ.ना.)

369. सु नागनि ज्युँ उडि कै नर खाइ (12580), सु नागन ज्यूँ नर उड़त खाय (भ.ना.)

370. सु (12580); भ.ना. में 'सोई' या 'सु' नहीं है।

371. सु जातिनि कासितु सार अमाण (12580);
सुंदर की जगह आ. प्रति में दूसर' है (भ.ना.)

372. घड़ी (12580), घणी (भ.ना.)

373. चलावत (भ.ना.)

374. उछारत (12580)

375. तजै तरवारि गुरज कूँ1 लेइ1।
2दड़ोवड़ सार दुरजन कूँ देइ ॥2

करै चकचूरि गइंद कपालि।

सकै उमराव न आप संभालि ॥154॥(12580)

1. भिड़ाय (भ॰ना॰) दुरज्जन चोट दड़व्वड़ ल्याय (भ॰ना॰)

376. भ॰ना॰ व 12580 में निम्न पंक्तियाँ अधिक हैं

कहै मुख मीर 1आयौ जमकाल1।

डरै नर दे हथियार 2सुडाल2 ॥ 12580

1. ज आयो काल (भ॰ना॰), 2. संभाल (भ॰ना॰)

377. त्रिन्ह (भ॰ना॰)

378. पीर (12580),

379. न मारिहु तो1 सिर गोरिल बीर1 (12580)

1. गोरल राव सधीर (भ॰ना॰)

380. चल्यो एक मीर ज चोट चलाय। पड़्यो धर ऊपर गोरल राय (भ॰ना॰)

भ॰ना॰ प्रति में मोतीदाम छन्द के क्रमांक 129 से 134 तक जबकि 12580 में 151 से 156 तक हैं। आधार-प्रति में एक ही क्रंमाक है।

381. मरण की (12580)

382. ताकै (12580)

383. धार (12580)

384. भिड़ति (12580)

385. जन जुडाउ पहिरै (12580)

386. लूहू चलित (12580)

उक्त छप्पय आधार-प्रति व 12580 में ही मिला है, भ॰ना॰ में नहीं है, छन्दांक 149।

अगला छन्द मात्र 12580 में ही है।

बादल अति बलवंत पड़्यो लसकरि कै भीतर।

नाठे तब तहाँ मुगल उडे जानौं कै तीतर॥

तीन सहस रजपूत सवनि सिर रावत गोरा।

मारौं हय गय मीर धरै अपनै सिर तोरा॥

ठाढोत साह गज थट्ट में बादल आय हकारियो।

हलके हलाय गजदंत चढि जाय महावति मारियो ॥150॥

पाठान्तर-प्रति 12580 में इसके पश्चात् छन्द मोतीदाम 151से 156 तक हैं।

इसका पश्चातवर्ती कवित्त भी आधार-प्रति व भ॰ना॰ में नहीं है।

जीभ तोड़तो घट घटंत घट सुघट मथन किय।
नट कुट कंटक विकट विकट कुट किंट कटक लिय ॥
सुर वट रट रट रहे बहे वद सुरव न चढगि।
जटा जूट मुढ पलट पलट मुगलाँ पलिटंगि ॥
भणि घणुं असाही सब्ब सुअ अहमद असगलो सणि हणिग।
ज्युँ ज्यूँ गइंद माथो धुण्यौ युँ त्युँ मुत्ताहलि झड़िग ॥ (158)

387. बहुड़ि बादल दल आयो (12580), उलट अपने दल आयो (भ॰ना॰)

388. नेजा जैसो नाग साह गज मस्तक लायो (12580)
नेजा लेकर हाथ जोर दुसमन सिर लाये (भ॰ना॰)

389. तोग झंडा तह झड़ियो (12580), तोफ झीड़ा फंड पड़ियो (भ॰ना॰)

390. इम (भ.ना.)

391. यह छप्पय भ.ना. में नहीं है।

392. चल्यौ(12580)

393. जु (12580)

394. भाजीसी फोजु पंखी सुपरि (12580)

395. ग्रंथ 12580 में दोहा शीर्षक है; भँवर नाहटा में ये छन्द नहीं हैं क्रमांक 127 तक।

396. चूरण दंतूसल (12580)

397. गोरो गिर सो धीरी (12580)

398. बिहिनी मियो(12580)

399. ग्रंथ 12580 में निम्न दोहा है
भुज बल जैसो भीम, भारथ जिम भूपति भिड़ै।
भाजण को जिहि नेम, गैवर गुडै सुंडि गहि ॥163॥

400. कहर कटारी काढि (12580)

401. आधार-प्रति में यह शीर्षक नहीं है।

402. साट सूरों के1 तूटे (भ.ना.)
1. करि (12580) सिर (आधार-प्रति)

403. जिणहुँ केकण जग (12580), जिन्हा के कालज (भ॰ना॰)

404. अंत न लहिये (भ॰ना॰)

405. भागत मतंग गज थाट जब (भ॰ना॰)

406. राय छुटकाय के (भ॰ना॰)

407. इस छप्पय की अंतिम चार पंक्तियों का पाठ 12580 में निम्नप्रकार है

मारे तुरक अपार राय गोरिल तहाँ पड़ियो।
तंन लगी तरवार झटकि सिर नर को झड़ियो॥
सुर नर सकल देखै खड़े मुख गोरा को जसु पढै।
जटमल कहै अचिरज अब सिर कटै धड़ भी लड़ै॥166॥

407. अगला कवित्त भ॰ना॰ में नहीं है।

408. जिहाँ ठोड़ तुरत (12580)

409. यह पंक्ति नहीं है (12580)

410. किते लू कवि तहाँ कहियै (12580)

411. भागो त साह रिव आथम्यौ

412. लाल मुक्ताहल थाल भरवि सिरि ऊपरै बारै" ग्रंथांक (12580);
मुक्ताफल भर थाल भरी सिर ऊपर वारै (भ॰ना॰)

413. बहुयड़ (भ॰ना॰)

414. तुइ (12580), तस (भ॰ना॰)

415. गरिष्ट (12580), गयन्द (भ॰ना॰)

416. जणणी जिण जण्यो नर(12580), धन जननी जनमियो (भ॰ना॰)

417. बलि बादल (12580) यह दोहा भ॰ना॰ नहीं है।

418. तैं (12580),

419. चरण=चाबक (12580), चरणाँ (भ.ना.)

420. यह दोहा आधार-प्रति में नहीं है। 12580 का पाठ

काकी बादल सूँ कहे, गोरिल नायो काँइ।
1भाग गयो कै भिड़ मुवो,1 सो मुझ बात सुणाइ॥172॥

1. भिड़ मूवो कै भाजि कै (भ॰ना॰)

421. यह दोहा 12580 में नहीं है।

422. तीर ते (भ॰ना॰); इसके पश्चात् भ॰ना॰ में एक दोहा और है

जाके लाए अंग रंग निकासे ते जड़ग।
मारे मनुख तुरंग गोरा गरजै सिंघ ज्यूँ॥143॥

423. यह दोहा भ॰ना॰ में नहीं है। 12580 का पाठ

झिड़ियो गोरो भीम ज्यूँ गुड़्या हय गय कोड़ि ॥

424. देखी जोइ (12580)

425. भ॰ना॰ व 12580 में निम्न दोहा और है

रण ढूंढै नारी तिहाँ, साथे सगलो लोइ।

सीस बिना पावै नहीं, अंबर वाणी होइ ॥175॥

426. गिरत ताम सौं गिरझि1 (12580);

1. गिरिझि (भ॰ना॰)

427. कर (12580), तें (भ॰ना॰)

428. तैं लियो संभु रुंड (12580)

429. गवर भरतार उर, पवित्र सोई मस्तक भयो (12580);

गोरल भरतार इम, सा पवित्र मस्तक भयो (भ॰ना॰)

430. जो झूझो पर काज, सो गोरो सुरपुर गयो ॥176॥(12580)

431. यूँ नारी (12580); नारी इम (12580)

432. भ॰ना॰ में नहीं है।

433. भ॰ना॰ में नहीं हैं।

434. कविजन कर मन ठाम (भ॰ना॰); ग्रंथांक 12580 में इस दोहे को अगले छन्द कलस सालूर में मिलाकर कुछ परिवर्तित रूप में लिखा गया है। पाठांतर है

गोरै जु बादल की कथा, पूरण भई अब जाणि।

गुर सरस्वत्यै प्रसाद कविजन, करै गुन सब वाणि ॥180॥

435. ग्रंथ 12580 में निम्न दोहा और है

संमत सोलह सै छिआसी, माघ उत्तम मास।

एकादसी तिथि बीर के दिन, करी धरि उल्लास ॥181॥

भ॰ना॰ में यह दोहा निम्नप्रकार है

सोला से असियै समै, फागण पूनिम मास।

वीरा रस सिणगार रस, कहि जटमल सु प्रकास ॥149॥

राजस्थान-प्राच्य-विद्या-प्रतिष्ठान के ग्रंथांक 22837 में यह दोहा निम्नानुसार है :

संमत सोला सै असीय समै, फागन पूणम मास।

वीरा रस सिगार रस, कही जटमल तास ॥141॥

राजस्थान-प्राच्य-विद्या-प्रतिष्ठान के ग्रंथांक 24325 में यह दोहा निम्नवत् है :

सम्वत सोल पचाणवै फागुण सुदि पूनम।

रची बात ए सरस मुख, साम काज सू धरम ॥92॥

आधार-प्रति व भ॰ना॰ प्रति में इसके बाद छन्द सालूर प्रारम्भ होता है जबकि ग्रंथ 12580 में दो छन्द उपर्युक्त छन्द सालूर में परिगणित कर रखे हैं। जहाँ आधार-प्रति में सालूर 6 पंक्ति का एक संख्यक छन्द है वहाँ भ॰ना॰ में 8 का पंक्ति के 4 संख्यक छन्द।

436. इस छन्द का नाम आधार-प्रति में सालूरा, 12580 में सालूर जबकि भ॰ना॰ में रसावला है।

437. अब बसै मुहछ (12580)

438. आनन्द घर घर होय मंगल1, देखियै नहीं सोक ॥182॥(12560)

1. उच्छव (भ॰ना॰)

439. भीतरि (12580), बिच है (भ॰ना॰)

440. ये दोनों दोहे भ॰ना॰ में नहीं हैं जबकि 12580 में 143 व 144 की प्रथम-प्रथम पंक्ति से एक दोहा निम्नप्रकार मिलता है :

जटमल कीनी जुगति सूँ, हरष हिए उपजाइ।
श्रोता सुनहूँ श्रवन दे, चतुर पढ़ो चित लाइ ॥158॥

441. जनो (12580)

442. उपजै (12580)

443. भ॰ना॰ में इसका पाठ इसप्रकार है :

कहताँ तहाँ आनंद ऊपजै, सुन्या सब सुख होय।
जटमल पयम्पै गुनि जनो, विघन न लागै कोय ॥153॥

भ॰ना॰ व 12580 दोनों ग्रंथ यहाँ समाप्त हो जाते हैं जबकि आधार-प्रति में प्रतिकार ने अपने नामादि का दोहा मूल में ही निक्षिप्त किया हुआ है।

444. पाठांतर-प्रति की प्रतिकारीय पुष्पिका इसप्रकार है :

इति श्री गोरै बादल की बारता संपूर्ण ॥ संमत् 1869 ॥ मीति आगण सुदि 13॥ लिप्यकृतं भगतराम ॥श्री॥

भ॰ना॰ में पुष्पिका का उल्लेख नहीं है।

445. आधार-प्रति की पुष्पिका इस-प्रकार है :

इति श्री गोरा-बादल की कथा संपूर्ण ॥ सं॰ 1756॥

卐 卐 卐

सहगमन, जौहर एवं शाका : विश्लेषण

लेखक : ब्रजेन्द्रकुमार सिंहल

1. आरम्भिका

चित्तौड़ की रानी पद्मिनी का नाम विश्व-विश्रुत है। जायसी ने पद्मावत लिखकर इसे और अधिक प्रसिद्ध किया। वैसे, जायसी ही वह पहला रचनाकार नहीं था जिसने पद्मिनी को उपजीव्य बनाकर काव्य लिखा हो। इसके पूर्ववर्ती रचनाकारों में दो के नाम निश्चित् तौर पर लिये जा सकते हैं।

पहला रचनाकार नारायणदास है जिसने सम्वत् 1583 में छिताई-चरित[1] नामक काव्य-ग्रन्थ लिखा और जिसमें पद्मिनी पर प्रसंगवश चार छन्दों में उल्लेख हुआ है।

दूसरा रचनाकार हेतमदान 'कविमल्ल'[2] है जिसने पद्मिनी पर 79 कवित्तादि लिखकर पद्मिनी का आद्योपान्त विवरण लिखा है। इन कवित्तों में रचनाकाल उपलब्ध नहीं है। कवि-नाम भी स्पष्टतः उल्लिखित नहीं है किन्तु दो-तीन कवित्तों में हेतमदान कविमल्ल नाम मिलने से अनुमान होता है, ये कवित्त हेतमदान द्वारा रचित रहे होंगे।

इन कवित्तों को प्रमाणस्वरूप 'गोरा-बादल-पद्मिनी-चउपई' के रचनाकार हेमरतन 'वाचक'[3] रचनाकाल सम्वत् 1645 एवम् 'गोरा-बादल की कथा' के रचनाकार जटमल नाहर[4] रचनाकाल सम्वत् 1680 ने बहुत ही सम्मान के साथ उद्धृत किया है।

'पद्मिनी-समिओ'[5] रचनाकाल सम्वत् 1673 वि० रचनाकार अज्ञात् ने उक्त कवित्तों को यथारूप तो उद्धृत नहीं किया किन्तु समान भाव के स्वयं द्वारा निर्मित कवित्त अपनी रचना में लिखे हैं।

उक्त तथ्यों से संज्ञान में आता है कि उक्त कवित्त काफी प्राचीन और

प्रामाणिक मानी जाने वाली रचना थी जिनका अनुगमन परवर्ती रचनाकारों ने किया।

जायसी चिश्ती-सिलसिले का सूफी था। चिश्तियों का भारत में प्रधान व प्रथम गुरुस्थान अजमेर माना जाता है। वैसे भी लोक में अजमेर के ख्वाजा मुइनुद्दीन चिश्ती की मान्यता अप्रतिम है। अतः शत-प्रतिशत सम्भावना है कि जायसी एक दो-बार ही नहीं, अनेक बार अजमेर आया होगा और उसने अनिंद्य रूपमती, अनन्य-पतिव्रता पद्मिनी की कथाएँ यहाँ के लोगों से सुनी होंगी।

कुछ नाम, ठाम उसने सुने होंगे, कुछ कल्पित कर लिये होंगे। श्रवणानुमोदन से भी अंतर पड़ने की संभावना है। इसीलिये उसका पद्मावत श्रेष्ठ काव्य होते हुए भी इतिहास के निकष पर पूर्णतः खरा नहीं उतरता।

पद्मावत के पूर्ववर्ती काव्यों का प्रकाश में न आना, साथ ही रत्नसेन के सम्बन्ध में कोई शिलालेखादि का न मिलना काफी दिनों तक रत्नसेन-पद्मिनी की गुत्थी को उलझाते रहे किन्तु राजस्थानी इतिहासकारों के भगीरथ-प्रयत्नों से अब पद्मावत के दो पूर्ववर्ती काव्य-ग्रंथ[6] व रत्नसेन सम्बन्धी सम्वत् 1359 का शिलालेख मिल[7] गये हैं जिससे पद्मिनी कल्पनालोक की अप्रतिम सुन्दरी न रहकर वास्तविक जगत् की पद्मिनी जाति की नायिका सिद्ध हो चुकी है।

अज्ञात रचनाकार की कृति-'पद्मिनी-समिओ' का सम्पादन करते समय पद्मिनी से सम्बधित काव्य-ग्रंथ, इतिहास-ग्रंथ व आलोचनात्मक-ग्रंथों को पुनः पढ़ने का अवसर मिला।

जहाँ पद्मावत दुःखान्त काव्य है, वहाँ राजस्थान में पद्मिनी से सम्बन्धित निर्मित सभी काव्य-ग्रंथ सुखान्त हैं। जहाँ जायसी रत्नसेन के शाके का वर्णन करता है, वहाँ पद्मिनी के सहगमन व जौहर का भी वर्णन करता है। इसके विपरीत समस्त राजस्थानी-काव्य रत्नसेन के योद्धाओं को युद्ध जीतने वाला एवम् पद्मिनी को चित्तौड़ दुर्ग में ही सूखपूर्वक पति के साथ रहने वाली नायिका बताते हैं।

जब हम इतिहास-ग्रन्थों को पढ़ते हैं तब हमारे संज्ञान में आता है कि रत्नसेन ने शाका करके अपने प्राण अपनी मातृभूमि के लिये न्यौछावर किये जबकि पद्मिनी ने जौहार कर अलाउद्दीन के लिये गढ़ में केवल राख की ढेरियाँ छोड़ीं, अन्य कुछ नहीं।

जायसी ने पद्मावत में शाका शब्द पाँच बार[8] एवं सहगमन[9] शब्द एक-बार प्रयुक्त किया है। जौहर[10] शब्द का प्रयोग भी 3 बार जायसी ने किया है किन्तु इन शब्दों का स्पष्टीकरण पद्मावत में नहीं मिलता। जायसी ने 3 स्थानों पर सकबंधी[11] शब्द का प्रयोग भी किया है।

जो राजस्थान की संस्कृति तथा इतिहास से अपरिचित हैं, उनके लिये ये शब्द पहेली हैं और इनके सही अर्थों तक उनकी पहुँच नहीं हो पाती है।

अधिकांश इतिहासकार इन शब्दों के प्रायोगिक अर्थ तो जानते हैं किन्तु इनके व्युत्पत्तिलभ्य अर्थ के बारे में उनके पास पूरी जानकारी का अभाव है।

मैंने अनेक इतिहासकारों, वैयाकरणों व साहित्य-मर्मज्ञों से इन शब्दों के प्रचलित होने के कारण, कब व कहाँ तथा किसके द्वारा प्रचलित हुए जैसे प्रश्न पूछे किन्तु निश्चित् और संतोषजनक उत्तर किसी से नहीं मिला। अतः मैंने सोचा कि जो सूचनाएँ मेरे पास हैं, उनके आधार पर एक आलेख लिखकर किसी प्रतिष्ठित पत्रिका में प्रकाशित कराऊँ ताकि जिनसे मैंने चर्चाएँ नहीं कीं, वे भी अपनी सम्मति इस सम्बन्ध में प्रकाशित करा कर इन शब्दों पर सही प्रकाश डाल सकें। अब-तक यह शोधालेख 'सम्मेलन-पत्रिका', इलाहाबाद तथा 'इतिहास-दर्पण', नई दिल्ली से प्रकाशित हो चुका है। अब यह आवश्यकतानुसार संशोधन-परिवर्द्धन के साथ इस पुस्तक में प्रकाशित हो रहा है। जायसी ने 'सहगमन' शब्द का प्रयोग कड़वक 651 में किया है। अतः सर्वप्रथम इसी शब्द पर विचार करना समीचीन है।

2. सहगमन

सहगमन, सहमरण एवं अन्वारोहण एकार्थक हैं। इन तीनों शब्दों के लिये प्रचलित शब्द 'सती' है। यदि हम संकीर्ण शब्दावली में विचार करें तो हमें ज्ञात होगा कि जायसी की पद्मिनी ने 'जौहर' न करके 'सहमरण' ही किया था। जायसी के अनुसार अलाउद्दीन के बंधन से छूटकर रत्नसेन कुभंलनेर (कुंभलगढ़) के देवपाल को उसकी उद्दंडता का दण्ड देने की कुंभलनेर जा पहुँचा। दोनों में एकल युद्ध हुआ। रत्नसेन देवपाल की विष बुझी सांग से घायल हो गया फिर भी उसने देवपाल का माथा काट डाला और अपने साथ चित्तौड़ बाँधकर ले आया। रत्नसेन का समय निकट आ चुका था। अतः उसने गढ़ बादल को सौंपकर चिरनिद्रा में विश्राम किया। अलाउद्दीन गढ़ पर चढ़कर आता, उसके पूर्व ही नागमती व पद्मावती ने पति रत्नसेन को अपनी गोदी में रखकर अपने आपको अग्नि को समर्पित कर दिया।''[12]

ओह सहगवन भई जब ताईं। पातसाहि गढ़ छेका आई ॥[13]

इस चौपाई का अर्थ डॉ॰ वासुदेवशरण अग्रवाल ने इसप्रकार किया है ''जब-तक वे पति के साथ सती हुईं तब-तक बादशाह ने आकर दुर्ग घेर लिया...।[14]

डॉ॰ माताप्रसाद गुप्त का अर्थ भी कमोवेश ऐसा ही है ''(वे रानियाँ) जब

तक में पति के शव के साथ सती हुईं, बादशाह ने आकर (चित्तौर) गढ़ को घेर लिया।''[15]

मूल-पाठ और दोनों विद्वानों के अर्थों को पढ़ने के उपरान्त यह सुनिश्चित् करने में बिल्कुल देरी नहीं लगती कि नागमती और पद्मावती ने जौहर न करने सहगमन, सहमरण या अन्वारोहण किया।

जब-तक हम अन्वारोहण को सामान्यतः समझ न सकेंगे तब-तक जौहर व सती-प्रथा के सूक्ष्म भेद को भी न समझ सकेंगे।

3. सती

जैसा बिन्दु 2 में प्रमाणित किया गया है, सती होना, सहमरण, सहगमन करना अथवा अन्वारोहण करना एक ही प्रथा के चार नाम हैं और इनमें न स्थूल और न सूक्ष्म भेद ही है। सती-प्रथा का उल्लेख न वेदों में और न गृह्य-सूत्रों में ही मिलता है। विष्णु-धर्म-सूत्रों को छोड़कर अन्य धर्मसूत्रों में भी इस प्रथा का कोई लेख नहीं मिलता। इतना ही नहीं, मनुस्मति में भी इसका स्पष्ट उल्लेख नहीं मिलता।[16]

विष्णु-धर्म-सूत्रकार ने विधवा को आदेश दिया है कि यदि वह ब्रह्मचर्य पूर्वक शेष जीवन सुखपूर्वक व्यतीत कर सके तो उसको ब्रह्मचर्य व्रत का आचरण करना चाहिये अन्यथा पति की चिता में ही पति से अन्वित होकर भस्म हो जाना चाहिये **'मृते भर्तरि ब्रह्मचर्यं तदन्वारोहण वा।'**[17]

जब पाण्डु जंगल में मरा, तब उसकी संनिधि में उसकी दोनों पत्नियाँ कुन्ती एवं माद्री मौजूद थीं। माद्री ने कहा, मैं सती होना चाहती हूँ क्योंकि मुझमें वह समताभाव नहीं है जो आप में है। आप अपने और मेरे पुत्रों को समान समझकर अच्छी तरह पाल सकोगी। ऐसा कहकर माद्री ने अन्वारोहरण का वरण किया।[18]

विष्णु-पुराण के अनुसार श्रीकृष्णचन्द्र के निज-लोक-गमनोपरान्त उनकी आठों पटरानियों ने उनके साथ चितारोहण किया।[19]

महाभारत के मौसल-पर्वानुसार वसुदेव की चार पत्नियों देवकी, भद्रा, रोहिणी और मदिरा ने अपने आपको पति के साथ भस्म किया।[20]

इसीके अनुसार श्रीकृष्ण की रुक्मिणी, गान्धारी, शैब्या, हैमवती, एवं जाम्बवती ने अपने को श्रीकृष्ण के शरीर के साथ जला दिया तथा सत्यभामा एवं अन्य रानियों ने तप के लिये वन का मार्ग लिया।[21]

शुद्धितत्व ने सती होने की विधि पर इसप्रकार प्रकाश डाला है। विधवा नारी स्नान करके दो स्वेत वस्त्र धारण करती है, अपने हाथों में कुश लेती है, पूर्व या

उत्तर की ओर मुख करती है; आचमन करती है; जब ब्राह्मण कहता है 'ओम् तत्सत'; वह नारायण को स्मरण करती है तथा मास, पक्ष एवं तिथि का संकेत करते हुए संकल्प करती है। इसके उपरान्त वह आठों दिक्पालों का आह्वान करती है, सूर्य, चन्द्र, अग्नि आदि का भी आह्वान करती है कि वे चिता पर जल जाने की क्रिया के साक्षी बनें। तब वह अग्नि के चारों ओर तीन बार जाती है (तीन बार अग्नि की प्रदिक्षणा करती है) तब ब्राह्मण वैदिक मंत्र का पाठ (ऋग्वेद 10/18/7) तथा एक पुराण के मंत्र (ये अच्छी एवं परम पवित्र नारियाँ जो पति-परायण हैं अपने पति के शव के साथ अग्नि में प्रवेश करे) का पाठ करता है, तब स्त्री नमो नमः कहकर जलती हुई चिता पर चढ़ जाती है।[22]

जैसा उक्त प्रमाणों व विधि से प्रमाणित होता है, पति के मरने पर पत्नी उसकी चिता में बैठकर या सोकर अग्नि में भस्म होती है। इसीलिये इसको सहगमन, सहमरण, अन्वारोहण तथा सती होना कहा गया है।

4. अनुगमन

जब हम सहगमन की बात करते हैं, तब हमारे सामने कई उदाहरण ऐसे आते हैं जो 'सहगमन' शब्द की अर्थ-व्यप्ति से बाहर निकल जाते हैं। ऐसे शब्दों में अनुगमन व पूर्वगमन परिगणित होते हैं। इस शीर्षक में हम अनुगमन पर विचार कर रहे है।

कई बार ऐसा होता था, जब योद्धा युद्धार्थ अन्यत्र जाते थे किन्तु अपनी पत्नियों को साथ लेकर नहीं जाते थे। वे योद्धा वहीं धराशायी हो जाते थे और उनका शव उनके निवास-स्थानों पर नहीं पहुँच पाता था। दो-चार दिन बाद उनकी पत्नियों को उनके मरने का समाचार मिलता था।

ऐसी स्थिति में जो स्त्रियाँ जीवित रहना नहीं चाहती थीं, वे अपने पतियों की पगड़ी अथवा अन्य कोई निशानी गोद में लेकर चिता पर चढ़कर स्वाहा हो जाती थीं। चूँकि यह सहमरण, सहगमन या अन्वारोहण नहीं है अपितु पति के मरने के पश्चात् जलकर मरने की प्रक्रिया है; अतः इसको अनुगमन नाम से अभिहित किया गया है। इसके अनेक उदाहरण देखने को मिलते हैं।[23] राजस्थान के इतिहास-ग्रन्थों में ऐसे अनेक उदाहरण मिलते हैं। सर्वाधिक प्रसिद्ध उदाहरण जोधपुर के राव मालदेव की पत्नी उमा भटियाणी, जो रूठी रानी के नाम से प्रसिद्ध है का है जो आजीवन मालदेव से रूठी रही; विवाह होने पर भी कभी भी मालदेव के साथ नहीं रही। कभी भी अंग-संग नहीं हुई। फिर भी मालदेव के मरने पर

अपने यहीं चिता पर चढ़कर भस्म हो गई।[24] यह अनुमरण का उदाहरण है। यह भक्त-नारियों में भी गिनी गई है और नारायणदास 'नाभा' के भक्तमाल में इसका विवरण मिलता है।[25] उमा भटियाणी पर आसो चारण ने कवित्त भी लिखे हैं।[26]

5. पूर्वमरण

पूर्वमरण वह स्थिति है जिसमें मरणासन्न पति के मरने के पूर्व ही पत्नी चिता पर चढ़ कर भस्म हो जाये। इस स्थिति में यह संभव है कि पति दो-चार दिन बाद में मरे जबकि पत्नी पहले ही पति के कुछ चिह्न जैसे साफा, पगड़ी, केश अथवा अंगवस्त्र आदि लेकर चिता रचकर विधिविधान पूर्वक जलकर मर जाये। ऐसी स्थिति का उदाहरण वाण ने हर्ष-चरित में वर्णन किया है।

हर्ष-चरित के अनुसार, हर्ष का पिता प्रभाकरवर्धन जब मरने की स्थिति में आया तब इसकी पत्नी (हर्ष की माता) यशोमती ने चिता रचवाकर अग्नि में अपने आपको स्वाहा कर डाला।[27]

पूर्णमरण के सम्बन्ध में हम दक्ष पुत्री सती का उदाहरण भी ले सकते हैं जिसके सम्बन्ध में कहा जाता है कि सतीप्रथा में प्रयुक्त सती शब्द का प्रयोग इन दक्ष-पुत्री सती के कारण ही प्रचलन में आया। वस्तुतः सती ने दक्ष के हवनकुंड में अथवा योगाग्नि द्वारा अपना शरीर भस्म अवश्य किया किन्तु न शंकर मरणासंन थे और न आगे जाकर वे मरे ही; शंकर अज व अविनाशी माने गये हैं। ऐसी स्थिति में सती के जल मरने को पूर्वगमन नहीं कह सकते किन्तु उसमें और पूर्वगमन में कुछ न कुछ साम्य अवश्य है। संभावना इस बात की पूरी-पूरी है कि सती शब्द को दक्ष-पुत्री सती से ही ग्रहण किया गया हो।

राजपूत-स्त्रियों द्वारा सम्पन्न किया जाने वाला जौहर एवं पूर्वगमन एक जैसी अवधारणा है जिस पर हमको अगले बिन्दु में विचार करना है। सती-प्रकरण को समाप्त करने के पूर्व दो तीन बातें और समझ लेना जरूरी हैं।

प्रश्न उठ सकता है कि क्या स्त्रियाँ ही पुरुषों के लिये जलकर मरा करती थीं अथवा पुरुष भी जलकर मरा करते थे। इस सम्बन्ध में पुरुषों के सहमरण एवं अनुमरण के अनेक उदाहरण मिलते हैं।[28]

राजतंरगिणी के अनुसार अनंत की रानी जब सती हो गई तब उसका चटाई ढोने वाला, कुछ अन्य पुरुष व तीन दासियाँ उसकी तरह ही अग्नि में जलकर भस्म हो गये।[29]

हर्ष-चरित में उल्लेख है कि प्रभाकरवर्धन की मृत्यु पर कितने ही उसके

मित्रों, मंत्रियों, दासों एवं स्नेहपात्रों ने अपने आपको अग्नि को समर्पित कर दिया।

पुरुषों की स्मृति में जिन प्रस्तरखण्डों को खड़ा किया जाता था उनको 'विरक्कल' तथा स्त्रियों की स्मृति मे खड़े किये जाने वाले प्रस्तर-खंडों को 'मास्तिक्कल' कहा जाता था।

वैसे सती-प्रथा को लार्ड विलियम वेंटिग ने सन् 1829 में अवैध घोषित कर दिया था। धीरे-धीरे रजवाड़ों ने भी इसको बन्द कर दिया। उदहारणार्थ मेवाड़ राज्य में सन् 1861में महाराणा सरूपसिंह ने इस प्रथा को निषिद्ध घोषित किया फिर भी उसके मरने पर उसकी एक उपपत्नी एजांबाई सती हो ही गई।[30]

सती-प्रथा के पक्ष और विपक्ष में प्रांरभ से ही बहस होती रही है। मनुस्मृति में इस प्रथा का कोई स्पष्ट उल्लेख नहीं है। दूसरी ओर मनुस्मति के प्रामाणिक व्याख्याकार मेधातिथि ने सतीप्रथा का उग्र विरोध किया है। राजा राममोहनराय के उग्र विरोध के कारण सन् 1829 में सतीप्रथा निषिद्ध घोषित हुई। रामस्नेही-सम्प्रदाय-आद्याचार्य श्रीस्वामी रामचरणजी व उनके शिष्य-प्रशिष्यों ने सती-प्रथा का प्रबल विरोध किया जिनके प्रभाव से शाहपुरा-राज्य और उदयपुर-राज्य में भी इस प्रथा को निषिद्ध माना गया। स्वामीजी ने कहा है :

तन जालण कूँ नीसरी, उरि मुरदौ मुखि राम।
रामचरण असी सती, सरै न एकौ काम ॥1॥
मुरदा के सँगि जलत है, अंतरि कुल की लाज।
रामचरण यूँ राम सँगि, जलै तो सीझै काज ॥2॥
सतसँग खेतर राम वर, सुरति जोषिता होइ।
मैं तैं लकड़ी बिरह अगनि, असल सती वा जोइ ॥3॥
रामचरण साचे मते, जाको अमर सुहाग।
सती कहावण कारणैं, देखा देखि अभाग ॥4॥[31]

6. जौहर

जैसा पूर्व बिन्दु में लिखा गया है, जौहर व पूर्वगमन अथवा पूर्वमरण समान अवधारणाएँ हैं। जौहर को भली-भाँति समझने के लिये सर्वप्रथम इसका शाब्दिक अर्थ समझना होगा। राजस्थानी-भाषा में इसको 'जमहर' कहा है और इसका संस्कृत के 'जन्म-हर' शब्द से निकास माना है।[32] जमहर के अर्थ मिलते हैं, जो जन्म अर्थात् जीवन का हरण करनेवाला हो अर्थात् यमराज; दूसरा अर्थ चिता भी मिलता है।[33]

उर्दू-हिन्दी-कोशानुसार जौहर शब्द के अर्थ मिलते हैं–गुण, सिफत, दक्षता, होशियारी, सार, सत, रत्न, मणि, कला, फन, धर्म, खासियत, वे बारीक धारियाँ जो अच्छी तलवार पर होती हैं। यह शब्द अरबी भाषा का पुल्लिग है।[34] पद्मावत में यह शब्द निम्न तीन कड़वकों में आया है।

हठि चूरौं तो जौहर होई।
पदुमिनि पाव हिएँ मति सोई ॥532/3॥

उसके (सुतलान के) मन में यही विचार बना रहा था कि पद्मिनी प्राप्त करनी चाहिए, पर यदि हठ से गढ़ तोड़ूंगा तो जौहर हो जाएगा।[35]

अब हौं जौंहर साजि कै कीन्ह चहौं उजियार।
फागु गएँ होरी बुझे कोउ समेटहु छार ॥535/8-9॥

अब मैं (रतनसेन) जौहर रचकर उजाला करना चाहता हूँ। फाग बीतने पर जब होली बुझ जायेगी तो जो कोई चाहे राख बटोर ले।[36]

जौंहर भई इस्तरी, पुरुष भये संग्राम।
पातिसाहि गढ़ चूरा, चितउर भा इसलाम ॥651/8-9॥

स्त्रियों ने जौहर कर लिया। पुरुष संग्राम करते हुए अन्त को प्राप्त हुए। बादशाह ने गढ़ चूर कर दिया। चित्तौड़ इस्लाम के नीचे आगया।[37]

न डॉ॰ अग्रवाल ने ही और न डॉ॰ गुप्त ने ही जौहर शब्द का अर्थ स्पष्ट किया है। दोनों ही विद्वानों ने अर्थ करते समय इस शब्द का यथारूप ही प्रयोग कर दिया है। अतः इसका शाब्दिक अर्थ पकड़ में नहीं आता।

जौहर नामक वेवसाइट पर इसका अर्थ जिव+हर=जौहर देखा है जिसका अर्थ बता रखा है कि जिस प्रक्रिया में जीव-प्राणों का हरण होता हो, वह जौहर है।[38]

प्रो॰ अभिराज राजेन्द्र मिश्र ने जौहर को विशुद्ध संस्कृत का शब्द मानकर इसका सम्बन्ध उस लाक्षागृह से जा जोड़ा है जिसमें रखकर पाण्डवों को जला मारने की योजना दुर्योधन की थी। संस्कृत में लाक्षा को 'जतु' भी कहते हैं। उन्होंने जौहर शब्द की व्युत्पत्ति जतुगृह<जउगृह<जउघर< जउहर<जोहर< जौहर क्रम से बताई है।

जब हम जौहर की प्रक्रिया को समझते हैं तब हमें ज्ञात होता है कि जौहर के लिये–

* एक युद्ध करने वाला पक्ष व गढ़ में रहकर भावी युद्ध की प्रतिक्षा करने वाला दूसरा पक्ष होना चाहिए।

* पहला पक्ष प्रायः करके इस्लाम-धर्मानुयायी रहे हैं जबकि गढ़ों में युद्ध प्रतिक्षारत दूसरा पक्ष हमेशा क्षत्रिय-वर्ग रहा है।
* जौहर प्रायः तबही हुए हैं, जब गढ़ में रहने वाले क्षत्रिय अन्न-जल की कमी के कारण अथवा स्वयं के ही सहायकों के द्वारा शत्रु-पक्ष से गुप्त-रूप में मिल जाने के कारण अथवा मुखिया के बन्दी हो जाने के कारण अथवा हथियारों की कमी हो जाने के कारण या अन्य कारण या कारणों से आक्रान्ता के समक्ष कमजोर पड़े हैं।
* जब क्षत्रियों को यह विश्वास हो जाता है कि अब आक्रान्ता को भगा पाना असम्भव है। हम कमजोर हो चुके हैं जबकि आक्रान्ता उत्साह से पूर्ण प्रबलता से गढ़ को तोड़कर ही रहेगा।
* उक्त स्थिति के सामने आने पर उन क्षत्रियों का क्षत्रियत्व पूर्ण यौवन पर आ जाता; क्षत्राणियाँ भावी जीवन की अनिश्चितता, आक्रमणकारियों द्वारा औरतों, लड़कियों के साथ बलात्कार करने की संभावना, दास-दासी बनाए जाने की संभावना, मौत के घाट उतारने की संभावना अथवा अन्यान्य तरीकों से बेइज्जत कर मारने की सम्भावनाओं को समझकर अपने पतियों, बेटों, भाइयों की उपस्थिति में ही विशाल चिताएँ तैयार करातीं, स्वयं गंगाजल मिश्रित शुद्धोदक से स्नान करतीं, षोड़स शृंगार करतीं, दान-पुण्य करतीं, गंगा-जल-चरणामृत- तुलसीदल का पानकर भगवान् का दर्शनकर अपने पतियों से अन्तिम विदा लेतीं और धू-धू करती हुई जलती चिता की ज्वालाओं में कूद-कूद कर जल मरतीं।
* कभी-कभी जौहर की इस जलती चिता को स्वयं क्षत्रिय ही अग्नि दिया करते थे। ऐसा चित्तौड़ के तीसरे व अन्तिम जौहर में हुआ।
* इन चिताओं में छोटे बच्चे, बूढे, अशक्त, आदि जलकर मरा करते थे अथवा इनको अफीम आदि पिलाकर चिर निद्रा में सुला दिया जाता था ताकि इनकी भी आक्रान्ताओं द्वारा दुरावस्था न की जा सके।
* जौहर करने वाले न धन छोड़ते थे, न रसद छोड़ते थे, न रत्नादि छोड़ते थे। वे संपूर्ण गढ़ को खाली कर देते थे, झाड़ू लगा देते थे ताकि शत्रु को गढ़ में या तो मात्र जलती हुई चिताएँ मिलें या बुझी हुई राख मात्र।
* जौहर स्त्रियाँ करती थीं; पुरुष नहीं। जौहर पहले होता था, शाका बाद में। जौहर गढ़ में होता था, शाका रणक्षेत्र में। जौहर में बच्चे, बूढ़े, पालतू पशु,

वस्त्र, अंलकार आदि सभी कुछ स्वाहा कर दिया जाता था ताकि शत्रु के हाथ में मात्रा खाली गढ जाये। जो भी हथियार, अस्त्र-शस्त्र होते थे, वे लड़ने वाले क्षत्रिय अपने साथ युद्ध-भूमि में लेकर जाते थे। यदि अतिरिक्त अस्त्र-शस्त्र होते तो उनको भी विनष्ट कर दिया जाता।

* जौहर प्रायः रात में होता था। प्रातः काल होने पर क्षत्रिय लोग गढ़ का द्वार खोल देते थे और शत्रु पर टूट पड़ते थे। वे अपने अन्तिम श्वास तक लड़ते थे।

* जौहर जमघर कहलाता है, इसका तात्पर्य यम के घर जाने की प्रक्रिया नहीं है अपितु मौत का स्वेच्छा से आलिंगन है और आगे के लिये मृत्यु का हरण हो जायेगा, ऐसी भावना है।

* भारतीय-परम्पराएँ ही नहीं, भारतीय-शास्त्र=स्मृत्यादिक[39] कहती हैं कि रणक्षेत्र में मरने वाले शूरवीर नरक में न जाकर स्वर्ग में जाते हैं। इसी भावना ने स्त्रियों को प्रेरित किया कि यदि वे भी युद्धरत अपने पतियों, भाइयों, पिताओं आदि के पूर्व जौहर करके मरेंगी तो वे भी स्वर्ग में जायेंगी तथा अपने परिवार-जनों के साथ स्वर्ग-सुखों का भोग करेंगी।

उपर्युक्त विवेचन को विभिन्न परिभाषाओं के आलोक में देखने पर ज्ञात होता है कि जौहर का जो अर्थ 'उर्दू-हिन्दी-कोश' में मिलता है वह किसी भी कोण से क्रियात्मक उस जौहर से मेल नहीं खाता जिसका आचरण क्षत्रिय वीर-नारियाँ करती थीं।

यदि हम खींचतान करके इनमें से किसी अर्थ की संगति बैठाने का प्रयत्न करें भी तब भी वह अर्थ जौहर की प्रकृति से मेल नहीं खायेगा। अतः उन शब्दार्थों के सम्बन्ध में अधिक व्यायाम न करके हमें राजस्थानी-शब्दकोश के अर्थ पर आना होगा। राजस्थानी-शब्दकोश के अनुसार जौहर 'जमहर' का समानार्थक है। जमहर का पहला अर्थ जीवन को हरण करने वाला 'यमराज' तथा दूसर 'चिता' बताया गया है।

जैसा हम पूर्व में लिख आये हैं, रणक्षेत्र में मरने वाला यम के लोक नरक में न जाकर स्वर्ग में जाता है। अतः यह अर्थ उपयुक्त नहीं हो सकता।

'चिता' का सम्बन्ध जौहर से है, इस सम्बन्ध में किसी को भी कोई आपत्ति नहीं हो सकती किन्तु यह निर्दुष्ट लक्षण नहीं है। इसमें अव्याप्ति दोष है। चिता का रचा जाना जौहर और सामान्य रूप में मरे मुर्दे को जलाने के लिये समान रूप में पाया जाता है। फिर, जौहर में मात्र चिता ही नहीं बनती, उसमें स्वेच्छया

जीवित वीर-रमणियाँ जल कर मरती भी हैं। अतः जौहर का अर्थ चिता होना भी संभव नहीं है।

अब हम 'जौहर'नामक वेबसाइट पर उपलब्ध अर्थ को देखें तो उसमें कहा गया है कि जिस प्रक्रिया में प्राणों का हरण होता है वह जौहर है। यह भी निर्दोष लक्षण नहीं है। प्राणों का हरण तो समान्य रूप से मरने पर भी होता ही है। प्राण कैसे हरण होते हैं, इसका उल्लेख इसमें नहीं है और जौहर को समझने के लिये 'कैसे हरण होते हैं' बताना ही महत्वपूर्ण है। अतः इस लक्षण में भी अव्याप्ति-दोष है।

प्रो॰ अभिराज राजेन्द्र मिश्र द्वारा बताया गया जौहर शब्द का विकास-क्रम तो शब्द-निर्माण-प्रक्रिया के अनुसार ठीक-ठीक है किन्तु जौहर शब्द का मूल रूप 'जतुगृह' रहा होगा, संदिग्ध लगता है। 'जतुगृह' कौरवों ने पाण्डवों को धोखे से जलाकर मार देने के लिये बनवाया था। पाण्डव काका विदुर द्वारा भेद बताने के पूर्व इसके बारे में पूर्णरूपेण अनभिज्ञ थे। जैसे ही उनको इसका रहस्य ज्ञात हुआ, वे इससे निकाल भागे।

जौहर में पुरुष नहीं प्रायः स्त्रियाँ जलकर मरती हैं जबकि जतुगृह में पाँच पुरुष व एक नारी थी। छओं सकुशल बाहर निकल गये; जले नहीं।

पाण्डव इसके बारे में पूर्णतः अनभिज्ञ थे जबकि जौहर करने वाली रमणियाँ जल कर मरने की बात से पूर्णरूपेण अभिज्ञ होती हैं। वे जलकर मरने का निर्णय स्वेच्छया करती हैं। उन पर कोई दबाव नहीं होता है। वे जौहर करने का एक बार निर्णय कर लेने पर जलकर मरती थीं। अग्नि की भयंकरता को देखकर घर लौटती नहीं थीं क्योंकि उनके सामने शास्त्राज्ञाएँ थीं कि जो स्त्री सहमरण या पूर्वमरण या अनुमरण का निश्चय करके जौहर के स्थान से वापिस आ जाती हैं वे अधमाधम गिनी जाती हैं और नरकगामिनी होती हैं।[40] हाँ, जौहर के पीछे भी डर रहता था कि यदि क्षत्राणियाँ जौहर नहीं करेंगी तो विजेता उनका शील भंग कर सकता है, धोखा देकर मरवा सकता है, दासी बनाकर दुरुपयोग कर सकता है। धोखा-धड़ी का डर अवश्य रहता था किन्तु पाण्डवों को जतृगृह में जाने तक धोखा होगा, इसका अंदेशा तक नहीं था।

अतः मुझे ऐसा लगता है कि जौहर शब्द का जतुगृह से कोई सम्बन्ध नहीं है। यदि इस प्रक्रिया का किसी भी तरह कोई सम्बन्ध किसी से जोड़ना ही हो तो हम दक्ष-पुत्री सती के दक्ष के हवन-कुण्ड की प्रबल ज्वालाओं में स्वेच्छया, पति-प्रीत्यर्थ होम हो जाने से जोड़ सकते हैं, ''धधकती अग्नि की प्रचण्ड ज्वालाओं में कूदकर जल मरना' यदि जौहर शब्द के लिए कोई उद्‌गम स्रोत हो सकता हो

तो वह शब्द-निर्माण-प्रक्रिया सत्य के अधिकतम निकट होगी।

चलते-चलते हम डॉ॰ दशरथ शर्मा, जो भारतीय इतिहास के साथ-साथ राजस्थानी इतिहास के अप्रतिम विद्वान थे, के मत का और विश्लेषण कर लें। डॉ॰ शर्मा भी जमघर की व्युत्पत्ति जमगृह शब्द से ही मानते हैं। यमगृह<यमघर<जमघर<जौहर।[41]

इस व्युत्पत्ति में ऐसा कुछ नया नहीं है जिस पर पुनर्विचार किया जाये। बहुत संभव है, अन्यान्यों ने भी डॉ॰ दशरथ शर्मा की व्युत्पत्ति को ही उद्धृत किया हो जिस पर हम पूर्व में विचार कर आये हैं। अस्तु!

हमारा विचार है, जौहर शब्द को समझने के लिये उक्त एक भी व्युत्पत्ति उपयुक्त नहीं है फिर भी हमारे पास आज ऐसा कोई उत्तर नहीं है जिसको लिखकर हम पाठकों व विद्वानों को कोई नवीन विकल्प दे सकें। फिर भी हमारी उक्त समालोचना विद्वानों को इस शब्द की सही व्युत्पत्ति ढूँढ़ने को अवश्य प्रेरित करेगी, ऐसा मुझे विश्वास है।

जौहर की घटनाएँ कब-कब व कहाँ-कहाँ हुई का विवरण देने के पूर्व हम शाका शब्द का विवेचन करना और चाहेंगे।

7. शाका

शाका और जौहर परस्पर सम्बद्ध शब्द हैं और एक को समझे बिना दूसरे को समझना आसान नहीं है। वस्तुतः दोनों संकल्पनाएँ क्रमिक हैं। एक होगी, दूसरी घटना होगी ही। जौहर होगा तो शाका होगा ही। शाका होगा तो उससे पूर्व जौहर होगा ही। इतिहास में एक-दो ऐसे अवसर अवश्य पढ़ने को मिलते हैं जब शाका पहले हो गया; जौहर बाद में हुआ किन्तु ऐसे अवसर कम ही हैं। अधिकांशतः जौहर पहले सम्पन्न हुए है; शाका तत्काल बाद में।

पद्मावत में शाका शब्द का प्रयोग 5 बार हुआ है जिसका सानुवाद प्रस्तुतिकरण निम्नानुसार है।

भोग भोज जस मानै, विक्रम साका कीन्ह।
परखि सो रतन पारखी, सबै लखन लिखि दीन्ह ॥

भोग यह भोज के समान मानेगा (करेगा) और साका विक्रम के समान करेगा। इस-प्रकार उस रत्न को परखकर पारखी ने सभी लक्षण लिख दिये।[42]

डॉ॰ गुप्त ने 'साका' शब्द पर टिप्पणी लिखते हुए कहा है "साका<शाक=शत्रु से पराजय निश्चित् जानकर उसके हाथों में बन्दी होने से बचने के लिये लड़कर प्राण देने का चलन। यह प्रथा संभव है, शकों से प्राप्त हुई हो , इसलिये इसका

नाम यह पड़ा।"[43]

"जो हम मरन देवस मन ताका। आजु आइ पूजी वह साका ॥"

"जो हमने मरने के दिन का अनुमान किया था, आज वह साका करने की इच्छा पूरी (होती दिखायी) पड़ रही है।"[44]

इसके साथ जो टिप्पणी दी है, वह है "साका<शाक=हार होती देखकर लड़ते हुए मर मिटना। संभव है, शकों से यह कला आई हो, इसलिये इसे 'शाक' 'साका' कहा गया।"[45]

"सँचि संग्राम बाँधि सत साका। तजि कै जिवन मरन सब ताका ॥"

"संग्राम का संचयकर और सत का साका बांधकर जीवन (के मोह) का त्यागकर सबने मरने का निश्चय कर लिया था।"[46]

इसके साथ की टिप्पणी इसप्रकार है :

"साका<शाक=शत्रु से पराजित होने की संभावना देखकर सामुहिक रूप से लड़ मरना। यह प्रथा संभवतः शकों से आयी, इसलिए इसका यह नाम पड़ा।[47]

"समदहु फागु मेलि सिर धूरी। कीन्ह जा साका चाहिअ पूरी ॥"

"अब सिर पर धूल डालकर फाग मिलिये; जो साका किया गया उसे पूरा करना चाहिए।"[48]

इसकी टिप्पणी है "साका<शाक=शत्रु के हाथों में बंदी होने की परिस्थिति आयी हुई देखकर मर मिटने के लिए लड़ना। यह प्रथा संभवतः शकों से आयी, इसलिए इसका यह नाम पड़ा।"[49]

"सरजा जस हमीर मन थाका। और निवाहेसि आपन साका ॥"

"(रत्नसेन ने उत्तर दिया) ए सरजा! (तूने हम्मीर की जो बात कही सो) जैसा हमीर था जिसने मन के थक (हार) जाने पर भी अपने साके का निर्वाह अंत (सीमा) तक किया।"[50]

इसकी टिप्पणी है "साका<शाक=शत्रु के हाथों में बंदी होने की स्थिति जानकर मर मिटने के लिए लड़ना। यह प्रथा संभव है कि शकों से आयी हो इसलिए इसका यह नाम पड़ा हो।"[51]

हौं तौ रतनसेन सकबंधी। राहु बेधि जीती सैरन्धी ॥
विक्रम सरिस कीन्ह जेइँ साका। सिंघलदीप लीन्ह जौं ताका ॥

"मैं तो रत्नसेन साका करने वाला हूँ जैसे अर्जुन ने राधा-बेध करके द्रोपदी जीती थी" ॥4॥

मैं विक्रमादित्य के समान हूँ जिसने साका किया था। जब मैंने उस ओर दृष्टि की तो सिंघलद्वीप ले लिया ॥7॥[52]

सकबंधी शब्द पर टिप्पणी करते हुए डॉ॰ अग्रवाल ने लिखा है "सकबंधी-साका बांधने या चलाने वाला। साका का मूल अर्थ शक संवत था। पीछे केवल सम्वत् के लिए भी वह प्रयुक्त होने लगा। 'विक्रम साका कीन्ह' में वही अर्थ और मुहावरा है। आगे चलकर किसी अलौकिक यश या कीर्ति के काम के लिये साका शब्द का प्रयोग होने लगा। 'सकबंधी' उस युग का पारिभाषिक शब्द रहा होगा। जो स्त्रियों से जौहर करवाकर युद्ध में लड़ते हुए प्राण देने का व्रत लेता था, वह सकबंधी कहलाता था।"[53]

डॉ॰ माताप्रसाद अग्रवाल ने इस कड़वक के इस 'सकबंधी' शब्द पर टिप्पणी नहीं की है।

हम शक अथवा शाका अथवा शकबंधी शब्द को समझें, उसके पूर्व हमें 'शक' और 'विक्रमादित्य' को समझ लेना होगा। इनको समझने पर शाका शब्द का उद्गम और अर्थ दोनों स्पष्ट हो जायेंगे।

7.(1). शक : "मध्य एशिया के निवासी यायावर जाति के लोग। दूसरी शताब्दी ईशा पूर्व में युइशि कबीले के लोगों द्वारा मध्य एशिया से निष्काषित होने पर दक्षिण की ओर भागने को विवश हुए। उन्होंने कई झुण्डों में भारत में प्रवेश किया और प्रथम शताब्दी ईस्वी पूर्व के अंत तक वे गंधार, पंजाब, मथुरा, काठियावाड़ और दक्षिण में महाराष्ट्र तक के भूभागों में फैल गये। शक शासकों ने 'क्षत्रप' और 'महाक्षत्रप' की उपाधियाँ धारण कीं और प्रारम्भ में वे पार्थियन शासकों तथा उपरान्त कुषाण शासकों की सार्वभौमसत्ता स्वीकार करते रहे। भारतीय ग्रन्थकारों ने प्रारम्भ में उनकी गणना विदेशियों में तथा यवनों में की, किन्तु उपरान्त शक लोग स्थानीय हिन्दू समाज में पूर्णतया घुलमिल कर भारतीय हो गये। पश्चिमी भारत में शकों ने शताब्दियों तक राज्य किया। काठियावाड़ तथा उज्जैन के आसपास के क्षेत्र उनके अधिकार में रहे। अंतिम शक क्षत्रप रुद्रसिंह तृतीय को गुप्त सम्राट चन्द्रगुप्त द्वितीय विक्रमादित्य ने लगभग 388 ईस्वी में परास्तकर शक सत्ता का अंत कर दिया।"[54]

7.(2). शकसम्वत् : "इसका प्रारम्भ 78 ईस्वी माना जाता है। साधारणतया कुषाण शासक कनिष्क प्रथम को ही इस सम्वत् को चलाने का श्रेय प्राप्त है, पर कुछ विद्वानों ने इस मत की आलोचना की है और उसे किसी अन्य शासक द्वारा चलाया गया माना है। फिर भी समस्त व्यवहृत भारतीय सम्वतों में शक

सम्वत् अत्यधिक प्रचलित रहा है और भारतीय गणतंत्र ने इसे ही राष्ट्रीय सम्वत् के रूप में स्वीकार किया है।''[55]

7.(3). विक्रमादित्य : "एक उपाधि जिसे अनेक प्राचीन भारतीय राजाओं ने धारण किया। देवकथाओं के अनुसार विक्रमादित्य उज्जयनी का राजा था जिसके दरबार में नवरत्न रहते थे। इनमें कालीदास भी थे। कहा जाता है, वह बड़ा पराक्रमी था और उसने शकों को परास्त किया था। ईसा पूर्व 58-57 में प्रारम्भ विक्रमसम्वत् राजा विक्रमादित्य का चलाया माना जाता है परन्तु ईसा पूर्व प्रथम शताब्दी के उत्तरार्ध में पश्चिमी भारत में शासन करने वाले ऐसे किसी पराक्रमी राजा का उल्लेख नहीं प्राप्त होता जिसने विक्रमादित्य की उपाधि धारण की।

इतिहास से प्रमाणित होता है कि विक्रमादित्य उपाधि अनेक शक्तिशाली सम्राटों ने धारण की यथा चन्द्रगुप्त (380-414 ई.) उसके पुत्र स्कन्दगुप्त (455-67 ई.) और अनेक चालुक्य राजाओं ने यथा विक्रमादित्य प्रथम (655-80 ई.), विक्रमादित्य द्वितीय (733-46 ई.), त्रिभुवनमल्ल (1009-1016 ई.) तथा विक्रमादित्य अथवा विक्रमांक (1076-1125 ई.) इन राजाओं में तृतीय गुप्तसम्राट् चन्द्रगुप्त द्वितीय जिसने शक क्षत्रपों को परास्त किया, उज्जैन जिसकी राजधानी थी और जिसका शासनकाल बौद्धिक उपलब्धियों तथा चतुर्दिक् समृद्धि के कारण प्रसिद्ध है, और जिसके काल में संभवतः कालीदास भी हुआ था, उसीको मूल राजा विक्रमादित्य मानना अधिक युक्तिसंगत प्रतीत होता है। बाद में विक्रमादित्य को लेकर अनेक दंत-कथाएँ प्रचलित हो गईं।[56] (भण्डारकर : हिस्ट्री आफ द डेकन)

ऊपर लिखित तीनों उद्धरणों से यह पूर्णरूपेण सुनिश्चित् होता है कि उज्जयिनी के विक्रमादित्य ने शक क्षत्रपों को समूलतः हराकर भारत में से शकों का सर्वत्र राज्य उच्छेद कर दिया। युद्ध में शक हारे। विक्रमादित्य जीता। यह एक ऐतिहासिक सत्य है।

यद्यपि ऐसे उल्लेख नहीं मिलते किन्तु जैसा अनुमान डॉ. माताप्रसाद गुप्त ने किया है,लगता यही है कि शकों ने हारने पर जीतने वाले क्षत्रियों के सामने दास बनकर रहने की अपेक्षा मर मिटने को श्रेयस्कर मानकर मरणान्तक युद्ध किया हो और बाद में यही शकों का मरणान्तक-युद्ध शक<शाक (शकों से सम्बद्ध घटना)<शाका (शाक का वहुवचन) कहलाया हो। शक क्षत्रप एवं महाक्षत्रपों का उत्तरभारत में विशाल साम्राज्य था। वे कमजोर भी नहीं थे। उनके कई शिलालेख भी मिलते हैं जिनसे उनकी समृद्धि आदि का पता चलता है। ऐसी स्थिति में शकों ने समर्पण न करके मरणान्तक युद्ध किया हो और वही मरणान्तक युद्ध

शकों से सम्बद्ध होने से शाका कहलाया। शक में अपत्यवाचक प्रत्यय लगने से 'शाक' शब्द बनता है। शब्दान्त में 'आ' प्रत्यय लगाने से शब्द का बहुवचन रूप बन जाता है। चूँकि शाका में एक व्यक्ति मरणान्तक युद्ध न करके अनेक योद्धा युद्ध करते हैं। अतः इसका वहुवचन रूपात्मक होना उचित ही है।

जैसा उक्त उद्धरणों से ज्ञात होता है, शकों को हमारे प्राचीन शास्त्रकारों ने मुसलमान कहा है। महाराणा कुंभा के लिये कई प्रशस्तियों में 'शकारि' शब्द का प्रयोग हुआ है। महाराणा ने कई बार मुसलमानों को हराया था। कीर्तिस्तम्भ मुसलमानों पर प्राप्त की गई विजय के उपलक्ष्य में ही बनवाया गया था।

शाका की सबसे बड़ी विशेषता यही रही है कि शाका करने वाले हमेशा हिन्दू रहे हैं जबकि आक्रांता हमेशा इस्लामधर्मी। इस्लामधर्मियों के दास बनकर जीवन व्यतीत करने से अच्छा हिन्दुओं ने मरना समझा और वे स्वर्ग की आशा लेकर युद्ध-क्षेत्र में जाकर शत्रु से युद्ध करके मरते थे।

7.(4). शाका करने की प्रक्रिया : हमने जौहर के सम्बन्ध में लिखा है कि जब क्षत्रियों को यह मालूम हो जाता कि अब लड़कर मरने के अलावा और कोई रास्ता नहीं है तब वे जौहर व शाका का निर्णय करते थे। जौहर स्त्रियाँ करती थीं, पुरुष लड़कर मरते थे जिसको ही शाका कहा जाता है।

जब रात्रि में स्त्रियाँ जौहर कर लेतीं तब राजपूत लोग उमंग, उत्साह व पूर्ण जोश में भरकर प्रातःकाल होते ही नित्यक्रिया से निवृत्त होकर गंगा-जल मिश्रित जल से स्नान करते। भगवान् का भजन-पूजन करते। मंदिर में जाकर तुलसी-चरणामृत लेते। साफों में तुलसी व शालग्राम की बटिया रखते। केशरिया बाना पहनते व सभी क्षत्रिय एकत्रित होकर जोश लाने के लिये कसूम्बा=अफीम का पान करते। सभी एकराय होकर मोर्चा सँभालते और गढ़ के द्वार खोलकर शत्रु पर टूट पड़ते। जहाँ जो दीखता उसी का विनाश करते हुए क्षत्रियोचित रीति से शत्रुओं का संहार करते व अंत में रणक्षेत्र में शत्रु से लड़ते-लड़ते मारे जाते। लड़ने के पूर्व अथवा लड़ते समय न उनमें हीनभावना आती थी और न जीने की लालसा उनमें जागती थी। जिनके लिये जीने की इच्छा मन में होती है, वे सारे परिजन व माल-असबाब जौहर में पहले ही खत्म हो चुके होते हैं। अतः उनके मन में मरना एक उत्सव मनाने से कम नहीं होता था।

देश के लिये, स्वामी के लिये लड़कर मरने की भावना को उस समय उनके चारण एवं भाट ऊँची आवाजों में डिंगलभाषा के गीत कह-कहकर उभारते थे। ये चारण-भाट इनके पूर्वजों की धवल कीर्तियों के पवाड़े ऐसी आवाज में कहते

थे कि कायर के भी शूरवीरता के पर लग जाते थे। खून खौलने लगता था। शत्रु को मार भगाने की प्रबल भावना उनको अन्दर से आंदोलित करती रहती थी।

8. उत्तरभारत में किये गये महत्त्वपूर्ण व ज्ञात कुछ जौहर और शाके

प्रायः ऐसा माना जाता है कि जौहर एवं शाके तब ही हुए हैं जब आक्रान्ता विदेशी–प्रायः इस्लाम-धर्मानुयायी रहे एवं विजित देशी–प्रायः हिन्दू-धर्मानुयायी क्षत्रिय रहे। यह प्रवाद प्रायः सत्य है। इसका एक अपवाद 'तनोट' का शाका व जौहर है। अन्यथा हमेशा विजेता मुस्लिम जबकि विजित हिन्दू रहे हैं।

मुस्लिमों को शक कहने और लिखने का प्रचलन रहा है जैसाकि पूर्व में चित्तौड़ के महाराणा कुम्भा (1490-1525 वि॰सं॰) को शिलालेखों में 'शकारि' उपाधि से अलंकृत किया गया है; यह ऐतिहासिक सत्य है। शक से शाक और शाक से शाका शब्द प्रचलन में आया। मुस्लिमों से लड़ते हुए मरने को हिन्दू क्षत्रियों ने शाका कहा। हमारा उद्देश्य यहाँ सभी शाकों का वर्णन करना नहीं है। कुछ मुख्य-मुख्य और ज्ञात शाकों का नामोल्लेख कर देना भर हमारा उद्देश्य है।

8.(1). दाहिर, चच का पुत्र। इसका सन् 712 में मुहम्मद-इब्न-कासिम से युद्ध हुआ। अरबों ने इसको राओर के युद्ध में मारा। इसकी विधवा रानी ने राऔर-किले में जौहर किया।[57]

8.(2). भाटियों द्वारा किये गये शाकों का विवरण निम्नांकित है–

तन्नोट के स्वामी तन्नु भाटी के समय सन् 841 में भटिंडा के पँवारों और वाराहों ने आक्रमण किया। तन्नु भाटी पँवारों से अधिक लड़ने में असमर्थ थे। अतः उन्होंने किले में जौहर करवाकर प्रातः काल केशरिया धारण करके शाका किया। इसमें 70000 व्यक्ति रणक्षेत्र रहे, यही वह शाका तथा जौहर है, जिसका सम्पन्न होना क्षत्रियों के बीच हुए युद्ध के कारण माना गया है।[58]

8.(3). जैसलमेर के रावळ मूलराज भाटी के समय में, सन् 1294 ई॰ में सुलतान जलालुद्दीन खिलजी की सेना का आक्रमण होने पर मूलराज की क्षत्राणियों ने किले में जौहर किया एवं किले के बाहर मूलराज, उसके पुत्र देवराज व इसके पुत्र हम्मीरादि ने लड़कर शाका किया।[59]

8.(4). सन् 1305 ई॰ में अलाउद्दीन खिलजी व जैसलमेर के ही दूदा भाटी जसोड़ के मध्य हुए युद्ध में भाटी हारे। क्षत्राणियों ने जौहर किया। क्षत्रियों के मूंड कटे जिनको खिलजी का सेनापति बोरियों में भरकर दिल्ली ले गया। गढ़ में केवल राख मिली।[60]

8.(5). रोहड़ी (सिंध) का किला भाटी राजपूतों का था। इसको महारावळ अमरसिंह (1659-1702) के समय में बलोचों एवं छीना राजपूतों ने आ घेरा। महारावळ, जैसलमेर से रोहड़ी पहुँचते उसके एक दिन पूर्व ही किलेदार भाटी सरदार ने विवश होकर पहले जौहर सम्पन्न कराया तत्पश्चात् केशरिया पहनकर शाके का वरण किया।[61]

8.(6). जैसलमेर री ख्यातानुसार भाटी शालीवाहन के समय चौथी शताब्दी के अंतिम दशक में गजनी के गढ़ में हूणों से युद्ध होने पर शाका हुआ। एक लाख तीस हजार व्यक्ति मारे गये। जौहर हुआ अथवा नहीं, स्पष्टतः ज्ञात नहीं होता। यह शाका भी भाटियों ने किया।[62]

8.(7). लगभग 645 ईस्वी या इसके तत्काल पश्चात गजनी के किले में जादम अथवा भाटियों का अरबी योद्धाओं से युद्ध हुआ जिसमें भाटियों की ओर के लगभग तीन लाख व्यक्ति मारे गये। फलतः इनसे गजनी छूट गया। इनके कुछ बचे हुए भाटी अन्यत्र बसने को मजबूर हुए। डॉ॰ जी॰एस॰एल॰ देवड़ा ने इसको जैसलमेर री ख्यातानुसार शाका माना है किन्तु इनमें से कुछ लोग युद्ध के पूर्व ही दक्षिणी खुरासान के 'धूर' पहाड़ी क्षेत्र में जा बसे।[63]

8.(8). पूगल का इतिहास में हरिसिंह भाटी ने काका-भतीजे के सन् 1152 के युद्ध व शाके का वर्णन न करके भतीजे भोज (यह दुसाजी का पौत्र व विजयराज लांझा का पुत्र था, जैसल इसका ताऊ लगता था) का मरना गजनी के सुलतान मुहम्मद से हुए युद्ध में लिखा है[64] जबकि नैणसी व जैसलमेर की ख्यातानुसार काका जैसल ने गजनी के मुहम्मद सुलतान के साथ भतीजे भोज पर लुद्रवा में हमला किया। भोज ने अपने साथियों सहित शाका किया। यह जैसल वही है जिसने सन् 1155-56 में जैसलमेर किले की स्थापना की।[65]

8.(9). यादवों द्वारा किये गये एक अन्य जौहर का विवरण और मिलता है जिसके अनुसार महाराजा विजयपाल यदुवंशी और अबुबकर कंधारी के बीच कनाबर (बयाना व बैर के मध्य) सन् 1173 में युद्ध हुआ। महाराजा जीतकर जब दुर्ग की ओर दुश्मन के झंडे आदि लेकर लौट रहे थे तब दुर्गरक्षक गजपाल ने समझा कि दुश्मन आ रहा है। उसके कहने पर गढ में क्षत्राणियों ने जौहर कर लिया।[66]

8.(10). चित्तौड़ के जौहर एवं शाके : चित्तौड़ दुर्ग में तीन जौहर एवं चित्तौड़ के रणक्षेत्र में तीन शाके हुए।

पहला जौहर और शाका रावळ रत्नसिंह (रत्नसेन) के समय, इसकी पत्नी अनिंद्य सुन्दरी, रति-स्वरूपा, पति-परायणा पद्मिनी के कारण हुआ। दिल्ली के

सुलतान अलाउद्दीन खिलजी ने पद्मिनी को पाने को माघ सुदि 9, सम्वत् 1359, तदनुसार 28 जनवरी ई॰ सन् 1303 को दिल्ली से चित्तौड़ के लिये कूँच किया। भाद्रपद सुदि 14, सम्वत् 1360, तदनुसार 26 अगस्त सन् 1303 को उसने किला फतह कर लिया। तीस हजार हिन्दू काम आये। किले में मौजूद रानी पद्मिनी व अन्यान्य क्षत्राणियों ने जौहर कर इतिहास में स्वर्णिमाक्षरों से नाम लिखाया।[67]

8.(11). चित्तौड़ का दूसरा जौहर व शाका राणा विक्रमादित्य के समय राणा सांगा की पत्नी हाड़ी करमेती की अध्यक्षता में हुआ। विक्रमादित्य व उसका भाई उदयसिंह अपने ननिहाल बूंदी में चले गये। पीछे से शाका व जौहर हुए। गुजरात का सुलतान बहादुरशाह चित्तौड़ पर सम्वत् 1589 में प्रथम बार आया किन्तु कुछ लेकर चला गया। पुनः वह सम्वत् 1591 के अन्त में चित्तौड़ पर चढ़ आया और उसका 3 रमजान, 941 हि॰ अर्थात् 8 मार्च 1535 (चैत्र शुक्ला 5, सम्वत् 1592) को चित्तौड़ के किले पर अधिकार हो गया। ख्यातों के हवाले से लिखा है कि इस समय के शाके में 32000 क्षत्रिय मरे और 13000 स्त्रियाँ जौहर करके मरीं। हाड़ी करमेती इस जौहर की नायिका थी।[68]

8.(12). चित्तौड़ की तीसरा जौहर-शाका सुलतान अकबर व महाराणा उदयसिंह के समय में हुआ। पूर्व की भाँति इस शाके में भी चित्तौड़ का स्वामी उदयसिंह तो चित्तौड़ में न होने से मरा नहीं किंतु इसके द्वारा नियुक्त राठौड़ जैमल मेड़तिया इस शाके का नायक था।

अकबर 23 अक्टुबर, ई॰ सन् 1567 तदनुसार मार्गशीर्ष वदि 6, वि॰सं॰ 1624 को मांडल से चलकर चित्तौड़ पहुँचा।[69]

इधर राणा उदयसिंह गढ़ के रक्षार्थ जैमल मेड़तिया व पत्ता शिशोदिया को नियत कर रावत नेतसी आदि के साथ पहाड़ों में चला गया। गढ़ की रक्षार्थ इनके पास 8000 राजपूत थे।[70]

जब राजपूतों को निश्चय हो गया कि अब लड़ने के अलावा और कोई विकल्प नहीं है तब जैमल मेड़तिया के परामर्शानुसार शिशोदिया पत्ता, राठौड साहिबखान व चौहान ईसरदास की हवेलियों में जौहर हुआ और दूसरे दिन गढ़ के द्वार खोल दिये गये। अकबर का 25 फरवरी सन् 1568 तदनुसार चैत्र वदि 13, सम्वत् 1624 को गढ़ पर अधिकार हो गया। 8000 राजपूतों ने शाका किया।[71] कविराजा श्यामलदास ने लिखा है कि 8000 मरने वाले क्षत्रिय व हजारों क्षत्राणियों के अलावा किले में 40000 रय्यत के लोग थे जिनमें से 1000 को छोड़कर सब लड़कर मर गये। तब बादशाह ने सभी को कत्ल करने का हुक्म दे दिया।[72]

कविराजा ने बहुत ही सटीक कहा है "ऐसी लड़ाई न किसी ने देखी और न सुनी होगी कि जिसका बयान अच्छी तरह नहीं हो सकता।[73]

वस्तुतः चित्तौड़ के इस शाके ने अकबर को इतना प्रभावित किया कि उसने पत्ता शिशोदिया व जैमल मेड़तिया की स्वामी-भक्ति की भूरि-भूरि प्रशंसा की तथा उनके शौर्य से प्रभावित होकर उनकी गजारूढ़ मूर्तियाँ बनवाकर अपने किले के द्वार पर स्थापित कराईं।[74]

सच में जैसा स्वामी-भक्ति का उदाहरण जैमल मेड़तिया, पत्ता शिशोदिया, ईसरदास चौहान आदि ने प्रस्तुत किया वैसा किसी अन्य द्वारा करना संभवतः संभव नहीं है। अस्तु!

8.(13). जौहर करने में क्षत्रियों के चार कुलों के नाम मिलते है–(1) यादव-भाटी (2) गुहिलोत (3) तँवर व (4) चौहान। दो कुलों का वर्णन ऊपर आ गया है, अब तँवर-कुल के सलहदी तँवर, राससेनगढ़ का वर्णन किया जाता है। सलहदी तँवर, ग्वालियर के तँवरों की ओर के खण्डार (रणथम्भौर के नजदीक) का जागीरदार था। महाराणा सांगा की बेटी दुर्गावती इसकी पत्नी थी। महाराणा से इसको दहेज में भेलसा का परगना मिला। धीरे-धीरे इसने सारंगपुर, रायसेनगढ़ आदि को अपने अधीन किया।[75] गुजरात के बहादुरशाह ने इसको बंदी बनाया। अंततः सलहदी ने रायसेनगढ़ सौंपने का निश्चय कर लिया किन्तु इसकी पत्नी दुर्गावती व भाई लखमणसेन ऐसा करने को उद्यत न हुए।

दुर्गावती ने सलहदी को फटकारते हुए कहा "ओ सलहदी! तुम्हारे जीवन का अंतकाल निकट ही है। क्यों अब अपने गौरव और मान-मर्यादा को नष्ट करते हो। हमने तो निश्चय कर लिया है कि हम स्त्रियाँ तो जौहर कर चिता पर जल जायेंगी और हमारे वीरपुरुष लड़ते हुए खेत रहेंगे। अगर तुममें कुछ भी लज्जा शेष है तो हमारा साथ दो।"[76]

"अब रायसेन किले पर जौहर की चिता जल उठी और तब अन्य रानियों एवं दूसरी स्त्रियों के साथ रानी दुर्गावती तथा अपने दो बच्चों के साथ भूपतिराय की पत्नी राणा सांगा की पुत्री ने भी उसमें प्रवेश किया। सलहदी के रनिवास की सभी मुसलमान स्त्रियों को भी उस जौहर-चिता में मरने को बाध्य किया गया तथापि उनमें से एक किसी-प्रकार बच निकली। तदनन्तर सलहदी, लखमणसेन और उनके सभी साथी मरने का कृतनिश्चय होकर बहादुरशाह की सेना पर टूट पड़े तथा वीरतापूर्वक लड़ते हुए सबही वहाँ खेत रहे। यों सोमवार, मई 6, 1532 ई. के दिन रायसेन किले में यह जौहर और उसी दिन सलहदी भी लड़ता हुआ खेत रहा।[77]

8.(14). चौहानों के शाके व जौहर भी कम प्रशंसनीय व महत्त्वपूर्ण नहीं रहे हैं। इस कुल ने भी कई बार जौहर व शाके करके राजस्थान के ही नहीं समस्त भारत के राजपूत-समाज को झंकृत किया है, जगाया है, नई चेतना का संचार किया है। इन्होंने भी उसी आदर्श, शौर्य एवं देशप्रेम की मशाल जलाई है जिसको अन्यों ने जलाई है। अब क्रमशः चौहानों के जौहर एवं शाकों का वर्णन प्रस्तुत है।

रणथम्भौर के वीरव्रती, शरणागतवत्सल, हमीरदेव चौहान का नाम इतिहास में अमर है। अलाउद्दीन खिलजी ने उलूगखाँ व नुसरसखाँ को भेजकर रणथम्भौर को जीतना चाहा किन्तु चौहानों ने नुसरतखाँ को मार डाला। उलूगखाँ भाग छूटा। पुनः अलाउद्दीन स्वयं उलूगखाँ के साथ चढ़ आया।[78] हंमीरदेव अपने ही लोगों के धोखे से हारने की स्थिति में आ गया। सर्वप्रथम मुहम्मद शाह (जो हमीरदेव की शरण में आया था) ने अपने बीबी बच्चों को तलवार के घाट उतारा (जौहर करवाया)[79] और स्वयं युद्ध-भूमि में रणखेत रहा। हंमीरदेव ने अपना मस्तक काटकर शिवार्पण किया। हंमीरदेव के रणिवास व पुत्री देवलदेवी ने जौहर किया।[80] हंमीरदेव के पश्चात् दो दिन तक जाजल ने और युद्ध किया। अंततः किला टूटा। हम्मीर-महाकाव्य के अनुसार 85000 मुसलमान मारे गये। अमीर खुसरो के अनुसार 10 जुलाई, 1301 (वि॰सं॰ 1358) को गढ़ टूटा जबकि हम्मीर-महाकाव्यानुसार 12 जुलाई, सन् 1301 को गढ़ टूटा, बातें दोनों सही हैं। एक में हंमीरदेव के शाके की तिथि है जबकि दूसरे में जाजल द्वारा किये अंतिम युद्ध तक की तिथि है।[81]

8.(15). अन्तिम हिन्दू-सम्राट पृथिवीराज चौहान के भाई हरिराज का मय रणिवास जौहर भी एक महत्त्वपूर्ण घटना है। इतिहास-ग्रंथों के अनुसार पृथिवीराज के पुत्र गोविन्दराज ने शहाबुद्दीन गोरी की दासता स्वीकार कर अजमेर पर अपना राज सुरक्षित रखा किन्तु पृथिवीराज का भाई हरिराज इससे असंतुष्ट था। उसने भतीजे को अजमेर दुर्ग से निकाल कर स्वयं कब्जा कर लिया और दिल्ली की ओर एक सेना कुतुबुद्दीन एबक को हराने को भेजी। एबक कौल (अलीगढ़) से लौटकर तत्काल अजमेर को रवाना हुआ। राजपूत सेनानायक झटराय तत्काल दिल्ली से लौटकर अजमेर दुर्ग में आ दाखिल हुआ। हरिराज भी दुर्ग में आ गया। एबक ने किले की रसद को रोक दिया। परिणामतः हरिराज ने 15 अप्रैल, 1194 ई॰ को मय रणिवास के चिता सजाकर जौहर कर लिया।[82] इस समय शाका नहीं हुआ।

8.(16). चौहानों का एक अन्य शाका व जौहर सिवाणा में सातलदेव सोनगिरा चौहान के द्वारा किया गया। सिवाना का सातलदेव जालौर के कान्हड़देव का भतीजा व सिवाणा का सरदार था। यह दुर्धर्ष योद्धा व वीर था। फिर भी इसको 9

नवम्बर, 1308 को शाका करना पड़ा। क्षत्राणियों ने जौहर किया। गढ़ अलाउद्दीन खिलजी के हाथ में आ गया।[83]

8.(17). पृथिवीराज-रासौ के अनुसार तराइन के दूसरे युद्ध में पृथिवीराज चौहान शहाबुद्दीन गोरी के द्वारा बंदी बना लिया गया। अंधा कर दिया गया। शब्दभेधी बाण द्वारा पृथिवीराज ने गोरी को मार डाला। गोरी के सैनिकों द्वारा पृथिवीराज चौहान को मार डाला गया। जब यह समाचार चौहान की पत्नी संयोगिता को मिला तो उसने किले में मौजूद कुल स्त्रियों के साथ जौहर कर लिया। यह काल सन् 1192 का है। यह अन्तिम हिन्दू सम्राट था।[84]

8.(18). जालौर के कान्हड़देव का शाका व जौहर कम प्रसद्धि नहीं है। कान्हड़देव भी सोनगिरा चौहान क्षत्रिय और दुर्धर्ष वीर था। 9 मई सन् 1311 को यह जौहर हुआ। कान्हड़दे-प्रबन्ध का कवि पद्मनाभ कहता है कि जौहर क्षत्राणियों ने ही नहीं किया, जालौर के घर-घर में जौहर की ज्वाला प्रज्ज्वलित हुई। ऐसे जौहरों की संख्या 1584 बताई गई है।[85]

8.(19). खीची चौहान अचलदास का नाम इस बारे में कम महत्व का नहीं है। यह गागरौन का संवत् 1466 में शासक बना। इसका मालवे के सुलतान होशंगशाह से सम्वत् 1480 में 15 दिनों तक भीषण युद्ध हुआ। यह स्वयं के 10 व एक पासवनिया पुत्र के साथ रणक्षेत्र में युद्ध करते हुए मारा गया। दो पुत्र पाल्हणसी व चाचकदेव जीवित रहे जिनके वंशज अभी भी हैं। चौहान-कुल-कल्पद्रुम के अनुसार अचलदास पहले जीत गया।

जब जीत के नीशान लेकर यह गढ़ की ओर आ रहा था तब इसके दो सख्स मोतीदास और माहेश्वरी सुन्दरदास ने जीत के नीशान पीछे कर दिये क्योंकि ये दोनों होशंगशाह से मिले हुए थे। रानियों ने समझा कि होशंगशाह जीत गया है। खीची हार गये हैं। अतः उन्होंने गढ़ में जौहर कर लिया। जब अचलदास को इसका पता चला तो वह पुनः युद्ध के लिये उद्यत हुआ और लड़कर मारा गया।[86]

'अचलदास खीची री वचनिका, शिवदास गाडण री कही, अचलदास के समकालीन व राज्याश्रित चारण कवि शिवदास गाडण की कृति है जिसको इतिहासकारों ने प्रामाणिक ऐतिहासिक दस्तावेज माना है। इसका सबसे अच्छा सम्पादन वर्तमान में डॉ. शंभूसिंह मनोहर का है जो राजस्थान- प्राच्यविद्या-प्रतिष्ठान, जोधपुर से प्रकाशित है।

8(20). खीचियों द्वारा एक अन्य शाका व जौहर और किया गया जिसका विवरण चौहान-कुल-कल्पद्रुम में इस प्रकार है :

अचलदास के पुत्र पाल्हणसी ने पावागढ़ के पास चंपानेर में अपना राज्य कायम किया। इसका पुत्र रावळ गंगादास हुआ जिसने सम्वत् 1505 में महमंदशाह को हराया। इसका पुत्र जयसिंहदेव हुआ जिसको पताई रावळ भी कहा जाता है।

गुजरात के सुलतान महमूद बेगड़ा ने 17 मार्च 1483 को पावागढ़ पर चढ़ाई की। युद्ध होता रहा। अंततः 17 नवम्बर 1484 को बेगड़ा ने गढ़ जीत लिया। पताई रावळ ने केशरिया करके युद्ध किया किन्तु वह स्वयं व उसका प्रधान डूंगरसिंह पकड़े गये। बेगड़ा ने दोनों को कत्ल करवा दिया; इधर गढ़ में क्षत्राणियों ने जौहर किया।[87]

मुहता नैणसी ने भी इस जौहर का उल्लेख किया है।

8.(21). अलाउद्दीन खिलज़ी ने सन् 1309 में तेलंगाना पर आक्रमण करने के विचार से मलिक काफूर (मलिक नायब) के सेनापतित्त्व में तेलंगाना के राजा प्रताप रुद्रदेव पर सेना भेजी। देवगिरि के राजा रामचन्द्र ने मलिक काफूर की सहायता की। सेना बसीरगढ़ की ओर से गई। रास्ते में उसने सिरपुर के किले पर आक्रमण किया। क्षत्रिय लड़कर मरे जबकि स्त्रियों ने जौहर करके मरण का वरण किया।[88]

8.(22). राव मालदेव (जोधपुर) की तरफ से मेड़ते में देवीदास जैतावत रहता था तब अजमेर व नागौर के सूबेदार शर्फुद्दीन आदि मुसलमानों से देवीदास ने खूब युद्ध किया। अन्त में देवीदास की रजपूती के बल ने इसमें अपनी हतक समझी। उसने सब माल-असबाब में आग लगा दी, अपनी औरतों व बच्चों को जला दिया और गढ़ से बाहर आकर अपने राजपूतों समेत दुश्मन से मुकाबले में बड़ी वीरता से काम आया। बादशाह ने मेड़ता जगमाल (राजा भारमल कछवाहे का छोटा भाई) को बक्ष दिया।[89]

ऊपर हमने जौहर, शाका, पूर्वमरण, सहमरण, अनुगमन आदि का संक्षित किन्तु सारगर्भित विवरण देने का प्रयत्न किया है।

उसके पश्चात् हमारी जानकारी में आये 22 जौहर-शाकों का यथासंभव संक्षिप्त किन्तु प्रामाणिक विवरण देने का प्रयत्न किया है। आशा है, इससे पाठकों, इतिहासकारों व प्रबुद्धों का ज्ञानवर्द्धन होगा।

अंत में हम एक ज्वलन्त प्रश्न पर विचार करके इसका समापन करना चाहेंगे।

डॉ॰ जी॰एस॰एल॰ देवड़ा ही नहीं, अन्य कई लेखकों[90] ने यह विचार व्यक्त किया है कि शाके, भारत में तब से हो रहे हैं जब इस्लाम का उदय या तो हुआ ही नहीं, यदि हुआ मान भी लें तब भी वे भारत में नहीं आये थे तथा कई एक

शाके व जौहर तब भी हुए हैं जब युद्ध हिन्दू-हिन्दुओं में हुए हैं।[91]

जैसा हमने पूर्व में लिखा है, शकों का भारत में आना प्राचीनकाल में हुआ है। विक्रमादित्य से हारने पर इन्होंने शाका किया। अतः इन शकों द्वारा किया गया मरणान्तक युद्ध शाका कहलाया और यही नाम आगे प्रचलित हो गया। शक विदेशी थे। बाद में क्षत्रियों में घुल-मिलकर एक हो गये। अतः क्षत्रियों-क्षत्रियों का मरणान्तक युद्ध भी शाका ही कहलाता रहा। जब मुसलमान आये तो भारतीयों ने उनको शक कहा और उनके कारण हुए मरणांतक युद्धों को भी शाका कहा। अतः शाका का सम्बन्ध निश्चित् तौर पर शकों से होना चाहिए, ऐसा मेरा विश्वास है। हमारे पास कोई लिखित, शिलालेखीय या सिक्कों आदि का प्रमाण नहीं है जिससे जाना जाए कि मुसलमानों से पूर्व मरणान्तक युद्धों को शाका कहा जाता था या नहीं कहा जाता था। आज हमें जितने भी पूर्वकालीन शाकों के लिखित विवरण मिल रहे हैं वे प्रायः 15 या 16वीं शताब्दी के बाद के हैं तब-तक तो शाका व जौहर शब्द जबान-जबान पर हो गये थे। अतः इन परवर्ती लेखों के आधार पर इन शब्दों के प्रयोग-काल का निर्धारण करना, भूल करने के समान है।

हमारा विनम्र निवेदन है कि विद्वान् इस विषय में और भी चिंतन करें तथा नये तथ्यों से अवगत कराएँ।

पुनश्च

हिन्दी-शब्द-सागर में जौहर की परिभाषा निम्नप्रकार देख रही है :

"जौहर राजपूतों के युद्ध के समय की वह प्रथा जिसके अनुसार नगर या गढ़ में शत्रु का प्रवेश सुनिश्चित् प्रतीत होने पर उनकी स्त्रियाँ व बच्चे दहकती चिता मे जल मरते थे।"

हिन्दी-शब्द-सागर, सम्पादक : श्रीरामचन्द्र वर्मा, प्रकाशक : नागरी-प्रचारिणी-सभा, संस्करण पाँचवा, वि॰सं॰ 2008

शब्दसागर की उक्त परिभाषा से सर्वांश में सहमत होना संभव नहीं है।

जौहर उस ही समय कभी भी नहीं हुए जब शत्रु ने नगर में प्रवेश तो कर लिया हो किन्तु युद्ध का अन्तिम चक्र चला हो अथवा चल रहा हो। नगर प्रवेश के पश्चात् कई बार वार्तालापों का दौर चला करता था, कई बार नहीं भी चलता था किन्तु जौहर के पूर्व युद्ध अवश्य होता था। जब स्वयं क्षत्रियों को युद्ध में जीतने की आशा नहीं रहती थी तब वे अपने सामने ही जौहर का आयोजन कराकर तत्पश्चात् गढ़ के द्वार खोलते थे। दूसरी स्थिति तब होती थी जब क्षत्रियों को

हारने की बिल्कुल आशा नहीं होती थी फिर भी किन्हीं अप्रत्यासित कारणों से हार जाते थे। तब गढ़ में सूचना पहुँचते ही क्षत्राणियाँ ताबड़तोड़ चिता रचवाकर या पहले से ही तैयार चिताओं में अग्नि प्रज्ज्वलित कर जौहर कर लेती थीं।

चौहान-कुल-कल्पद्रुम में लिखा है कि अचलदास खीची होशंगशाह को हराकर जब गढ़ की ओर आ रहा था, तब एक महेश्वरी कामदार ने जो होशंगशाह से मिला हुआ था, अचलदास के झंड़े पीछे कराकर सुलतान के झंड़े आगे करवा दिये, गढ़रक्षकों को लगा कि राव हार गया है। सुलतान जीत गया है। उन्होंने क्षत्राणियों को समाचार कहलवाया। चिताएँ पहले से ही तेयार थीं। उनमें बारूद डालकर क्षत्राणियाँ जौहर कर मर गईं।

अचलदास को जब इसका पता चला तब वह पुनः युद्ध-क्षेत्र में लड़ने को गया और वीर राजपूतों की भाँति होशंगशाह से लड़कर मारा गया।

ऐसा ही, कनावर के युद्ध में हुआ जिसका विवरण बिन्दु क्रंमाक 8 (9) में इसी आलेख में पूर्व में आ चुका है।

यहाँ एक बात स्पष्ट करने की और है। क्षत्रिय सदैव गढ़ में रहकर लड़े। इसीलिए प्रायः ये हारे। इन्हें शाका और जौहर का सहारा लेना पड़ा। गढ़ के कारण ही मुसलमान इनकी रसद, जल, आवाजाही रोक देते थे जिससे विवश होकर इन्हें या तो लड़ना पड़ता था या समझौता करना पड़ता था।

राजस्थानी-इतिहास में महाराणा प्रताप ही एक ऐसा हिन्दू क्षत्रिय सम्राट् था जिसने गढ़ में न रहकर पहाड़ों में रहना पसंद किया; वहीं से अपने शत्रुओं का सामना किया और आजीवन न झुका, न मुड़ा और न मरा; मरा तो अपनी स्वाभाविक मौत से मरा, शत्रु के हाथ से नहीं मरा।

यदि अन्य क्षत्रिय राजा भी इसी नीति का अनुसरण करते तो संभवतः भारत का चित्र कुछ और ही होता। भारत शताब्दियों तक गुलामी की जंजीरों में जकड़ा हुआ न रहता।

संदर्भ और टिप्पणियाँ

1. छिताई-चरित, नारायणदास नामक ग्वालियर निवासी कवि की रचना है जिसको कवि ने सारंगपुर में सलहदी तँवर को सम्वत् 1583 में सुनाई। इसमें कुल 1030 छन्द हैं। पद्मिनी से सम्बन्धित छन्दों के क्रमांक 423 से 426 तक हैं। इसका प्रकाशन श्रीहरिहरनिवास द्विवेदी व श्रीअगरचन्द नाहटा के संपादन में सन् 1960 में विद्या-मंदिर-प्रकाशन, ग्वालियर से हुआ था।

2. इन 79 कवित्तों की रचना में 12 दोहे, 61 कवित्त (छप्पय), 4 कुंडलिया, व 2 श्लोक हैं। छन्दांक 22 में हेतमदान कविमल्ल नाम की छाप है। इनका प्रकाशन 'पद्मिनी-चरित्र-चउपई' नामक रचना में भँवरलाल नाहटा के सम्पादन में सादूल राजस्थान रिसर्च इंस्टीट्यूट से सम्वत् 2018 में हुआ है। प्रकाशित संस्करण में छन्दों के क्रंमाक लगाने में कई स्थानों पर भूले हैं। सही संख्या 79 ही है। प्रधानता कवित्त छंद की होने की इस रचना का नाम कवित्त है।
3. सम्वत् 1646 में स्वयं कवि हेमरतन द्वारा लिखित प्रति में 'गोरा-बादिल-चरित्र' ग्रंथ का नाम है जिसमें कुल 619 छन्द हैं। सम्पादक मुनि जिनविजय ने इस रचना का नाम 'गोरा-बादल-पद्मिणी-चउपई' प्रकाशित कराया है। इसका रचनाकाल सम्वत् 1645 व प्रकाशन-काल प्रथम-संस्करण 8-2-1968 ई॰ है। प्रकाशक राजस्थान-प्राच्य-विद्या-प्रतिष्ठान, जोधपुर, ग्रंथांक 40 है। ग्रंथांक 35 डॉ॰ उदयसिंह भटनागर के सम्पादन में प्रकाशित है जो पाठालोचनानुसार सम्पादित पाठ समन्वित है।
4. यद्यपि इसका प्रकाशन पूर्व में भी हुआ है किन्तु पाठालोचन-विज्ञानानुसार पहली बार मैंने इसका स्पादन किया है जिसमें 146 छन्द एवम् 445 पाठांतर हैं। प्राचीनतम प्रति वि॰सं॰ 1756 से मूल पाठ ग्रहण किया गया है। अलग-अलग प्रतियों में इसका रचनाकाल अलग-अलग है। सम्वत् 1680, 1686, व 1695 उपलब्ध हैं। सर्वाधिक प्रतियों में 1680 वि॰सं॰ है।
5. इसके रचनाकार का नाम रचना में कहीं भी नहीं है। सं॰ 1806 में अमरविजय द्वारा लिखित गुटके में यह ग्रंथ मिला है। इसमें कुल 158 छंद हैं जिनका सानुवाद सम्पादन मैंने किया है। ग्रंथ में रचनाकाल वि॰सं॰ 1673 मिलता है। यह पहला ग्रंथ है जिसमें लड़ने वाले हिन्दू राजाओं के नामों, गाँवों का उल्लेख हुआ हैं। रतनसिंह के बेटे 'करण' का नामोल्लेख है जो वीरविनोद जैसे ग्रंथ के अनुसार सही किन्तु गौ॰ही॰ ओझा के अनुसार अशुद्ध है। फिर भी इस रचनाकार ने राजस्थानी स्थानीय स्रोतों को पढ़ व समझ कर अपना ग्रंथ लिखा है। अतः इसका अपना निजी महत्व है। इसके प्रारम्भिक कुछ छन्द जटमल नाहर के 'गोरा-बादल की कथा' ग्रंथ से मेल खाते हैं।
6. छिताई-चरित व गोरा-बादल-कवित्त।
7. ''सम्वत 1359 वर्षे माघ सुदि 5 बुध दिने अद्येह श्रीमेदपाटमण्डले समस्त राजावलिसमलङ्कृ तमहाराजकुल श्रीरतन (रत्न) सिंहदेव कल्याणविजय राज्ये तन्नियुक्त महं॰ श्रीमहणसीह समस्त मुद्राव्यापारान्परिपंथयति...॥'' उदयपुर राज्य का इतिहास, भाग एक, पृष्ठ 191-192, गौ॰ही॰ ओझा।
8. डॉ॰ वासुदेवशरण अग्रवाल के पद्मावतानुसार 73/8, 242/5, 503/7, 531/5 व 629/1

9. पद्मावत 650/1
10. पद्मावत 535/8, 532/3 व 651/8
11. पद्मावत 491/4, 535/2 व 535/4
12. पद्मावत कड़वक 645 से 651 तक।
13. पद्मावत कड़वक 651/1
14. पद्मावत सन् 2010 संस्करण, पृष्ठ-712
15. पद्मावत,सन् 2006 संस्करण, डॉ॰ माताप्रसाद गुप्त, पृष्ठ-566 कड़वक 651/1
16. धर्मशास्त्र का इतिहास, भाग-1, पृष्ठ-348 ले॰ डॉ॰ पाण्डुरंग वामन काणे, सन् 1992 संस्करण, प्रकाशक : उत्तरप्रदेश-हिन्दी-संस्थान, लखनऊ।
17. विष्णु धर्मसूत्र 25/14
18. ''तत्रैनं चिताग्निस्यं माद्री समन्वारुरोह'' महाभारत, आदिपर्व 95/65
19. विष्णुपुराण 5/38/2
20. महाभारत, मौसलपर्व 7/18
21. महाभारत, मौसलपर्व 7/73-74
22. धर्मशास्त्र का इतिहास, पाण्डुरङ्ग वामन काणे, प्रथम भाग, पृष्ठ-352, सन् 1992
23. अपरार्क, पृष्ठ-111
    मदन-पारिजात, पृष्ठ-198
    गाथा सप्तसती 7/32
    कामसूत्र 6/3/53
24. राजस्थानी-भाषा-साहित्य एवम् व्याकरण, ले॰ सीताराम लालस, पृष्ठ-127
25. भक्तमाल, छन्दांक 104, सीतारामशरण भगवानप्रसाद रूपकला, संस्करण आठवाँ, पृष्ठ-657-658
26. एक कवित्त इस प्रकार है :
    भंवर ब्रूह परजाल जंघा रंभातर।
    कनक पयोधर कुंभ राख कीया चढ़ि जमहर ॥
    चंपकळी निरमळी भखै झाळा दावानळ।
    बांहां नाळ मृनाळ कंठ होमै सानूजळ ॥
    बिधु बदन केस कोमळ तवां दहवे जेम सहस्स फण।
    बाळिया सती उमा बिनै अधर बिंब दाड़म दसण ॥
27. वाण कृत हर्षचरित, 5 वाँ उच्छवास।
28. इण्डियन एण्टिक्वैरी, जिल्द 35, पृष्ठ-129
29. राजतरंगिणी 7/481
30. उदयपुरराज्य का इतिहास, भाग-2, पृष्ठ-1117-1118 गौ॰ही॰ ओझा।

31. स्वामी रामचरणजी की अनुभववाणी, साखी संभाग, सती को अंग-1-4
32. राजस्थानी-हिन्दी-संक्षिप्त शब्दकोश, प्रथम भाग, पृष्ठ-450 पद्मश्री सीताराम लालस।
33. उक्तानुसार
34. उर्दू-हिन्दी-कोश, पृष्ठ 261 पंचम संस्करण, मुहम्मद मुस्तफा खाँ 'मद्दाह', उत्तरप्रदेश-हिन्दी-संस्थान, लखनऊ (उ. प्र.)।
35. पद्मावत, डॉ॰ वासुदेवशरण अग्रवाल, पृष्ठ-570-71
36. पद्मावत, डॉ॰ वासुदेवशरण अग्रवाल, पृष्ठ-573-74। इसमें फाग बीतना=युद्ध समाप्त होने पर; होली बुझना=पद्मिनी के जल मरने पर; राख ही शेष रहेगी।
37. पद्मावत, डॉ॰ वासुदेवशरण अग्रवाल, पृष्ठ-712-13
38. "The term is derived from two Sanskrit words 'Jiv' mearing life & 'Har' meaning object. 'Jivhar'was later confleted with the Arabic word 'Jawhar' meaning mettle, jewel or property."
39. हतो वा प्राप्स्यति स्वर्गं जित्वा वा भोक्ष्यसे महीम्।
तस्मादुत्तिष्ठ कौन्तेय युद्धाय कृत निश्चयः॥ *—श्रीमद्भगवद्गीता 2/37*
40. धर्मशास्त्र का इतिहास, भाग-1, पृष्ठ-352, ले॰ पाण्डुरंङ्ग वामन काणे, सन् 1992।
स्वामी रामचरणजी ने भी कहा है :
सती पुजावै पीव सँगि, जीवत जालै देह।
रामचरण भागाँ नरकि, भी गालि जगत की लेह ॥10॥
यहाँ ठौर नहिं जगत में, पति को नहीं मिलाप।
निकसि सह्यौ नहिं अगिन तप, प्रगट्यौ पूरण पाप ॥11॥
सती सला में पैसताँ, तन मन बीसरि जाइ।
जीव बस्यौ है पीव में, निजरि न आवै लाइ ॥15॥
सती सला में पैसताँ, आनँद अधिक उछाव।
रामचरण यों राम सूँ, दिन दिन बधतो भाव ॥16॥
स्वामीजी श्रीरामचरणजी महाराज की अनुभववाणी,
साखी संभाग, सती को अंग, साखी 10-11, 15-16
41. राजस्थान थ्रू द एजेज, डॉ॰ दशरथ शर्मा, सन् 1967, पृष्ठ-458-460 प्रकाशक : राजस्थान आर्काइब्ज, बीकानेर।
42. पद्मावत 73/8-9, माताप्रसाद गुप्त, 2006
43. उक्तानुसार पृष्ठ 122
44. पद्मावत 242/5 माताप्रसाद गुप्त, 2006 संस्करण।
45. पद्मावत डॉ॰ माताप्रसाद गुप्त, पृष्ठ-256, सन् 2006
46. ,, ,, ,, ,, कड़वक-503/7

47. „ „ „ पृष्ठ-456
48. „ „ „ „ कड़वक-531/5
49. „ „ „ „ पृष्ठ-478
50. „ „ „ „ कड़वक-535/1
51. „ „ „ „ पृष्ठ-481
52. पद्मावत डॉ॰ वासुदेवशरण अग्रवाल, कड़वक-491/4-6
53. „ „ „ „ पृष्ठ-511
54. भारतीय-इतिहास-कोश, पृष्ठ-443-444, प्रथम संस्करण, लेखक प्रो॰ सच्चिदानन्द भट्टाचार्य, प्रकाशक : उत्तरप्रदेश हिन्दी-संस्थान, लखनऊ।
55. उपरिवत्, पृष्ठ-444
56. उपरिवत्, पृष्ठ-431
57. भारतीय इतिहास-कोश, पृष्ठ-203, लेखक प्रो॰ सच्चिदानन्द भट्टाचार्य, प्रथम संस्करण।
58. पूगल का इतिहास, पृष्ठ-76, लेखक हरिसिंह भाटी, कालासर, सन् 1989 ई॰।
59. उपरिवत्, पृष्ठ-77
60. उपरिवत्, पृष्ठ-77-78
61. उपरिवत्, पृष्ठ-78
62. जैसमेलर की ख्यात, प्रो॰ जी॰एल॰एल॰ देवड़ा, पृष्ठ-29-30,
63. जैसलमेर री ख्यात, पृष्ठ-34, प्रो॰ जी॰एस॰एल॰ देवड़ा।
64. पूगल का इतिहास, पृष्ठ-43-44, हरिसिंह भाटी, कालासर।
65. मुहता नैणसी री ख्यात, पृष्ठ-34, 36
    जैसलमेर री ख्यात, पृष्ठ-44, 45, 47
66. चित्तौड़ की ज्वाला : रानी पद्मिनी, ले॰ दामोदरलाल गर्ग, अनुप्रकाशन, सन् 2007, पृष्ठ-26
    प्रो॰ जी॰एस॰एल॰ देवड़ा का शोधालेख 'इवोलूसन ऑफ एण्टागोनिस्टिक रितुअल्स इन प्री-मोडर्न सोसायटीज ऑफ एशिया : ए केस स्टडी ऑफ शाका', पृष्ठ-12
67. उदयपुर राज्य का इतिहास, भाग-1, पृष्ठ-181, गौ॰ही॰ ओझा, सन् 1928/1994 ई॰।
    राजस्थान का इतिहास कोश में 26 अगस्त के स्थान पर 25 अगस्त लिखा है। पृष्ठ-98, लेखक : सुखवीरसिंह गहलोत।
    वीरविनोदकार ने रवाना होने का सन् 1302 , सम्वत् 1359 लिखा है। किला फतह करने का समय भाद्रपद शुक्ल 4, सम्वत् 1360,तदनुसार 18 अगस्त, सन् 1303 लिखा है। पृष्ठ-287-288, भाग-1, जिल्द एक, म॰ म॰ कविराजा श्यामलदास दधवाड़िया।

चित्तौड़ दुर्ग : एक अध्ययन, लेखक : खलील तनवीर ने दुर्ग पर विजय प्राप्ति का दिन 25 अगस्त 1303 लिखा है। देखें पृष्ठ-11, प्रकाशक राजस्थानी रत्नाकर, डूँगरपुर, सन् 1990, प्रथम संस्करण।

अन्य पुस्तकों में भी तारीखों में मतभेद है। यह मुस्लिम-तारीखों को हिन्दू तारीखों में परिवर्तित करने के कारण है।

68. अकबरनामा, मूल अबुलफजल, अनुवाद वेवरिज, पृष्ठ-301
राजस्थान का इतिहास कोश, पृष्ठ-102

69. उदयपुर राज्य का इतिहास, भाग-1, पृष्ठ-399, गौ॰ही॰ ओझा।
राजस्थान का इतिहास कोश, पृष्ठ-102, सुखवीरसिंह गहलोत, तृतीय संस्करण, सन् 2010
वीरविनोद, भाग-2, खंड-1, पृष्ठ-31, श्यामलदास इन्होंने लिखा है, 'बत्तीस हजार राजपूत इस लड़ाई में मारे गये और तेरह हजार स्त्रियाँ महाराणी हाडी कर्मवती के साथ आग में जल मरीं। यह लड़ाई विक्रमी 1592, चैत्र शुक्ल 5, (हि॰ 941 ता॰ 4 रमजान=ई॰ 1535, ता॰ 8 मार्च को पूरी हुई।

69. उदयपुर राज्य का इतिहास, भाग-1, पृष्ठ-413

70. वीरविनोद, भाग-2, खंड-1, पृष्ठ-74-75

71. उदयपुर राज्य का इतिहास, भाग-1, पृष्ठ-417,
राजस्थान का इतिहास कोश, पृष्ठ-104

72. वीरविनोद, भाग-2, खंड-1, पृष्ठ-82

73. वीरविनोद, भाग-2, खंड-1, पृष्ठ-82

74. उदयपुर राज्य का इतिहास, पृष्ठ-417, भाग-1; ये मूर्तियाँ आगरे के किले के द्वार पर सन् 1720 तक विद्यमान थीं, ऐसा फ्रांसीसी यात्री बर्नियर ने लिखा है 'किले के दरवाजे पर कोई ऐसी वस्तु नहीं है जिसका वर्णन किया जाए। हाँ, उसके दोनों ओर पत्थर के बड़े-बड़े दो हाथी बनाकर खड़े किए गए हैं जिनमें से एक पर चित्तौड़ के सुविख्यात राजा जयमल और दूसरी पर उनके भाई फत्ता की मूर्ति है।''
बर्नियर की भारत यात्रा, पृष्ठ 163, नेशनल-बुक-ट्रस्ट, नई दिल्ली, सन् 2014 का संस्करण। (बर्नियर ने जयमल व फत्ता को भाई लिखा है जबकि ये साले-बहनोई थे। जयमल चित्तौड़ का राजा न होकर वहाँ के किले का किलेदार था; उस-समय राजा तो महाराणा उदयसिंह था जो महाराणा प्रताप का पिता था।)

75. संत-सप्तक, लेखक : ब्रजेन्द्रकुमार सिंहल, पृष्ठ-134-135, सन् 2013 प्रकाशक : रामानंद-स्मारक-सेवा-न्यास, वाराणसी (उ. प्र.)।

76. सलहदी तँवर, लेखक : डॉ॰ रघुवीरसिंह सीतामऊ, पृष्ठ-438, छिताई-चरित में प्रकाशित आलेख।

77. उपरिवत्, पृष्ठ-438, छिताई-चरित, सम्पादक : श्रीहरिहरनिवास द्विवेदी व अगरचंद नाहटा, सन् 1960, विद्यामंदिर प्रकाशन, ग्वालियर।
78. दिल्ली-सल्तनत, पृष्ठ-226, प्रो॰ हरिकिशन शर्मा, प्रथम संस्करण 2008
79. डॉ॰ दशरथ शर्मा, हम्मीरायण की भूमिका, पृष्ठ-48, सम्पादक भँवरलाल नाहटा, शादूल रिसर्च इन्स्टीट्यूट, बीकानेर सन् 1960
80. अमीर खुसरो, खजाइनुलफुतूह, अनुवादक डॉ॰ अतहर अब्बास रिज़वी, पृष्ठ 159, राजकमल प्रकाशन, दिल्ली, खलजी कालीन भारत।
81. डॉ॰ दशरथ शर्मा, भूमिका हंमीरायण, पृष्ठ-50 व 45
खलजी कालीन भारत, डॉ॰ अतहर अब्बास रिज़वी, पृष्ठ-159, राजकमल प्रकाशन दिल्ली
राजस्थान का इतिहास कोश, पृष्ठ-98
82. दिल्ली सल्तनत, ले॰ हरिशंकर शर्मा, पृष्ठ-60
राजस्थान का इतिहास कोश, पृष्ठ-96, श्रीसुखवीरसिंह गहलोत, प्रकाशक : राजस्थान-ग्रंथ-अकादमी, तृतीय संस्करण, सन् 2010
चौहान-कुल-कल्पद्रुम, भाग-एक, पृष्ठ-39
83. राजस्थान का इतिहास कोश, पृष्ठ-98 व 282
इवोलूसन ऑफ एण्टागोनिस्टिक रितुअल्स इन प्री मॉडर्न सोसाइटीज ऑफ एशिया : ए केस स्टडी ऑफ साका, लेखक प्रो॰ जी॰.एस॰एल॰ देवड़ा का शोधालेख, पृष्ठ-3
84. राजस्थान का इतिहास कोश, पृष्ठ-96 व 233
जौहर नामक वेवसाहट, पृष्ठ-3
85. डॉ॰ जी॰एस॰एल॰ देवड़ा का पूर्वोद्धृत शोधालेख, पृष्ठ-3 व 4
राजस्थान का इतिहास कोश, पृष्ठ-98 व 187
86. चौहान-कुल-कल्पद्रुम, भाग-1, पृष्ठ-104, लेखक देसाई लल्लुभाई भीमभाई, आबूरोड़, प्रथम संस्करण 1927 ई॰ पुनर्मुद्रण सन् 2009, राजस्थानी-ग्रंथागार, जोधपुर।
87. चौहान-कुल-कल्पद्रुम, भाग-1, पृष्ठ-117 से 119 तक।
88. दिल्ली-सल्तनत, पृष्ठ-230-231 ले॰ हरिशंकर शर्मा, सन् 2008 संस्करण।
89. नैणसी री ख्यात, भाग-2, पृष्ठ-124, अनुवादक बाबू रामनारायण दूगड़, दूसरा संस्करण, प्रकाशक : राजस्थानी-ग्रंथागार, सन् 2010
90. ऐसे दो उदाहरण इस आलेख में भी हैं।
91. हरिसिंह कालासर, लेखक, पूगल का इतिहास।

卐 卐 卐

अभिमत (रत्नसेन-पद्मिनी प्रसंग)

(डॉ.) आनन्दप्रकाश दीक्षित

हिन्दी-साहित्य में दो 'पद्मावती-प्रसंग' काव्य-रचना का मूलाधार रहे हैं। (1) 'पृथ्वीराज रासो' में वर्णित 'पद्मावती-समय' और (2) चित्तौड़ के राणा रत्नसेन और सिंहलगढ़ की राजकुमारी पद्मिनी तथा दिल्ली के सुलतान अलाउद्दीन खिलजी का कथा-प्रसंग। पहले का यहाँ उल्लेख ही अपेक्षित है। वह भी केवल इसलिए कि उस कथा की पद्मावती भी पद्मिनी जाति या वर्ग की है और दूसरी कथा की नायिका, जिसे मलिक मुहम्मद जायसी ने अपने प्रसिद्ध मसनवी कथा-काव्य 'पद्मावत' में पद्मावती नाम दिया है, भी उसी जाति-वर्ग की है। जायसी के अतिरिक्त इस कथा-नायिका का सभी काव्य-कर्ताओं ने पद्मिनी नाम ही प्रयुक्त किया है। हिन्दी में इस प्रसंग को आधार बनाकर कई बृहद् और लघु काव्य लिखे गये हैं। यथा,

(1) मलिक मुहम्मद जायसी कृत अवधी मसनवी महाकाव्य—पद्मावत (र. काल 1597 वि.),

(2) हेमरतन सूरी कृत गोरा-बादल-पद्मिनी-चउपई :(र.का 1645वि.),

(3) जटमल नाहर कृत गोरा-बादल-कथा (र.का.1680 वि.),

(4) दयालदास कृत राणा-रासो के अन्तर्गत पद्मिनी-प्रसंग (र.का.वि.सं.1675 के आसपास),

(5) लब्धोदय कृत पद्मिनी-चरित (र.का.1702 वि.,अथवा 1706-7),

(6) दलपति विजय कृत खुम्माण-रासो के अन्तर्गत षष्ठ-खण्ड पद्मिनी-चरित्र (र.का.1767 या 1772–1791वि.),

(7) भाग्यविजय कृत गोरा-बादल-चौपाई (र.का.1803.),

(8) अज्ञात कवि कृत पद्मिनी-समिओ (र.का. सं.1673 ?)

प्रस्तुत ग्रंथ के विद्वान् लेखक श्रीयुत् ब्रजेन्द्रकुमार सिंहल ने इस ग्रंथ में क्रमशः दो कृतियों—(1) 'पद्मिनी-समिओ' तथा (2) जटमल नाहर कृत 'गोरा-बादल-कथा' का उनकी प्राप्त प्रतियों के आधार पर गद्यानुवाद सहित पाठ देने के साथ-साथ 'समिओ' के परिशिष्ट को भी उसके पाठ के अन्त में जोड़ दिया है और 'गोरा-बादल-कथा' का पाठांतर भी छंदोक्रम से अलग शीर्षक के अन्तर्गत दे दिया है। सावधान जिज्ञासु पाठकों के लिए यहाँ यह सूचित करना आवश्यक है कि यद्यपि 'समिओ' का रचनाकाल वि.सं.1673 लिखा मिलता है और इस आधार पर यह रचना जटमल कृत 'कथा' से लगभग 7 साल पूर्व की ठहरती है, तथापि उनके पाठ के मिलान करने से श्रीसिंहल इस निर्णय पर पहुँचे हैं कि 'समिओ' का रचनाकार जटमल की उक्त रचना से प्रभावित है और उसने अपने को स्वतन्त्र घोषित करने की इच्छा से अपनी कृति का रचनाकाल 'कथा' के पहले का दे दिया है। यही कारण है कि हमने श्रीसिंहल के आधार पर 'समिओ' को उक्त तालिका में अन्त में रखा है और उसके तथाकथित रचनाकाल पर प्रश्नचिह्न अंकित कर दिया है। इसके अतिरिक्त हम सावधानी के लिए यह भी सूचित करना चाहेंगे कि डॉ. पुरुषोत्तमलाल मेनारिया के ग्रंथ 'राजस्थानी-साहित्य का इतिहास' में पृ. 60 और पृ.106 पर हेमरतन सूरी की इस रचना का अलग-अलग काल दिया हुआ है। पृ.60 पर न केवल ग्रंथ-तालिका में अपितु उससे सम्बन्धित पादटिप्पणी में भी र.का. वि.सं. 1646 दिया गया है। पादटिप्पणी में कहा गया है कि "श्रीरुद्र काशिकेय, प्र. सम्पादक, 'राजा बलदेवदास बिड़ला ग्रंथमाला', नागरी-प्रचारिणी सभा, वाराणसी ने इस कृति का रचना-काल 1760 विक्रमी दिया है (छिताई-वार्ता, परिचय, पृ. 22)। यह कृति महाराणा प्रताप के दीवान भामाशाह के लघुभ्राता ताराचन्द कावड्या की आज्ञा से सादड़ी में वि.सं. 1646 में रचित है"। फिर पृ. 106 पर क्रमांक 176.2 पर वे ग्रंथ और ग्रंथकार का थोड़ा विस्तृत परिचय देते हुए लिखते हैं : "हेमरतन सूरी का समय अनुमानतः सं. 1616 से 1673 है। इनकी सं. 1645 में रचित गोरा-बादल-पद्मिनी-चउपई विशेष प्रसिद्ध है।...।" डॉ. मेनारिया के द्वारा कथित रचना-काल में अन्तर्विरोध स्पष्ट है। वस्तुतः ऐसा इसलिए है कि हेमरतन का परिचय उन्होंने सीधे डॉ. हीरालाल माहेश्वरी के शोधप्रबन्ध 'राजस्थानी भाषा और साहित्य' (वि.सं.1500—1650), प्रकाशक—आधुनिक पुस्तकमाला, कलकत्ता-7, प्रथम संस्करण 19 अक्टूबर, 1960, दीपावली सं.2017) से उठा लिया है। डॉ. माहेश्वरी ने अनूप-संस्कृत-लाइब्रेरी, बीकानेर की हस्तलिखित प्रति संख्या 29 के आदि-अन्त के फोटो भी दिए हैं और प्रति का लिपिकाल अनुमानतः वि. 17 वें

शतक का मध्य बताया है। (देखें पृ. 266-269)।

डॉ. माहेश्वरी ने अपने उक्त ग्रंथ में एक अन्य सूचना भी दी है, जो बड़े काम की है। उनका कथन है कि "...श्रीउदयसिंह भटनागर ने 'राजस्थान में हिन्दी के हस्तलिखित ग्रंथों की खोज, भाग-3' में माणिक्य-ग्रंथ-भण्डार, भींडर की एक हस्तलिखित प्रति 'महाराज रतनसिंघजी री वचनिका (रतन-रासो)' —षिड़िया जगो रचित का विवरण दिया है। इसका रचनाकाल 'सं. 1515 वैशाख विद 9' बताते हुए, वे लिखते हैं कि 'इसमें राणा रतनसिंह का वीरतापूर्वक युद्ध में काम आना और पद्मिनी का अन्य स्त्रियों के साथ सती होने का वर्णन गद्य तथा पद्य दोनों में है। यह वीररस का सुन्दर काव्य है।' (पृ. 106)। किन्तु यह कथन निराधार है। यह रचना डॉ. टैसीटरी द्वारा सम्पादित 'वचनिका राठौड़ रतनसिंघजी री महेसदासौत री, खिड़िया जगा री कही' से भिन्न नहीं है। दोनों के आदि और अन्त के भागों को मिलाने से यह स्पष्ट है। इसी प्रकार इस रचना का समय भी संवत् 1715 है।" (पृ. 115-116)। क्योंकि इसका रचनाकाल उनके शोधप्रबन्ध की काल-सीमा से बाहर पड़ता है; अतएव डॉ. माहेश्वरी ने और आगे विवरण नहीं दिया है। ध्यान रखने की आवश्यकता है कि स्वयं श्रीभटनागर ने भी डॉ. धीरेन्द्र वर्मा द्वारा सम्पादित 'हिन्दी साहित्य, द्वितीय खण्ड' के अपने हिस्से के लेखन में पृ. 629 पर जग्गो का काल सं. 1715 दिया है और पृ. 529 पर जग्गा कृत 'रतन-रासो वचनिका' का लेखक बताया है, अर्थात् यहाँ उन्होंने भूल-सुधार कर लिया है।

जैसा कि हम पहले कह आये हैं, अबतक के इस विवरण का हमारा उद्देश्य हिन्दी-साहित्य के इतिहास-ग्रंथों में यत्र-तत्र हुई भूलों की ओर पाठकों का ध्यान खींचना है ताकि वे भ्रमित न हों और सही जानकारी से अनवगत न रहें। जिज्ञासा हो सकती है कि प्रस्तुत ग्रंथकर्ता श्रीयुत सिंहल ने यहाँ उल्लिखित ग्रंथों पर विचार किया है कि नहीं। इस सम्बन्ध में तथ्य यह है कि विद्वान् ग्रंथकर्ता की विचारणीय दो कृतियाँ हैं, जिन पर उन्होंने बड़े परिश्रमपूर्वक सर्वांगीण विचार किया है और कोई ऐसा कोना नहीं छोड़ा है जिसकी गहरी और सतर्क छानबीन न की हो। जहाँ प्रसंगतः अन्य कृतियों के विचार की जितनी आवश्यकता हुई उन्होंने यथासंभव उनका उपयोग किया है। पाठ-सम्पादन बड़ा दुष्कर और गंभीर साधना का काम है। श्रीयुत सिंहल ने पाठ-सम्पादन में जितने परिश्रम और ध्यान से पाठभेद को लक्षित किया है उतने, बल्कि उससे भी कहीं अधिक ध्यान से वे इस कथा से सम्बन्धित मूल विवेच्य और इतर काव्यों की सूक्ष्म पड़ताल में गये हैं और साथ

ही अपने विवेचन में उन्होंने ऐतिहासिक तथ्यों के आधार पर घटनाओं तथा पात्रों का पूरे ब्यौरे के साथ विवेचन करते हुए अपने निष्कर्ष प्रस्तुत किये हैं। उस सब विवरण में पुनः जाने की हमें आवश्कता नहीं है। हाँ, आगे हम खुम्माण-रासो वाले कथांश तथा कुछ अन्य बातों को संक्षेप में प्रस्तुत अवश्य करना चाहते हैं।

दलपति विजय कृत 'खुम्माण-रासो' पर श्री (अब स्व.) कृष्णचन्द्र श्रोत्रिय का पीएच.डी. उपाधि हेतु स्वीकृत शोधप्रबन्ध इसी नाम से महाराणा प्रताप-स्मारक-समिति, मोतीमगरी, उदयपुर के तत्वावधान और डॉ. ब्रजमोहन जावलियाजी के सम्पादकत्व में राजस्थानी-ग्रंथागार, सोजतीगेट, जोधपुर से तीन भागों में सन् 1999-2000 ई. में छप चुका है। इसके तीसरे भाग में उक्त रासो का मूल पाठ हिन्दी गद्यानुवाद सहित सम्मिलित है। उसी का षष्ठ खण्ड है—'पद्मिनी-प्रसंग'। दलपति ने उक्त प्रसंग को बड़े मन और विस्तार से कलात्मक रूप में रचा है। शोधकर्ता ने इसके पहले भाग में क्रमशः पंचम तथा अष्टम अध्याय में इसके कथासार तथा प्रबन्ध-कौशल का विस्तृत विवेचन कर दिया है और इसके सम्पादक डॉ. श्रीजावलियाजी ने भी अपने विस्तृत सम्पादकीय में सम्बन्धित बातों पर विचार व्यक्त किया है। खुम्माण-रासो के पद्मिनी-प्रसंग के उपरान्त परिशिष्ट संख्या 2 में खुम्माण-रासो के पद्मिनी-प्रसंग तथा हेमरतन सूरी कृत पद्मिनी-चउपई में समान मिलने वाले पदों की सम्पूर्ण सूची भी दे दी गई है और दोनों में जो थोड़ा-बहुत भी अन्तर है, उसे पादटिप्पणी में दर्शा दिया गया है। अतएव यदि उन बातों की पुनरावृति श्रीसिंहल ने नहीं की है तो ठीक ही किया है। विस्तृत जानकारी के लिए पाठक स्वयं उक्त ग्रंथ को देखें। हम भी यहाँ केवल इस कथा के पात्रों तथा सिंहलद्वीप की स्थिति को लेकर दो शब्द कहना अलम् मानते हैं।

प्रस्तुत कथा के नायक चित्तौड़ के राणा रत्नसेन हैं, यह सभी को मान्य है। खुम्माण-रासो में भी सर्वत्र उनका या तो यही नाम दिया गया है या उनके लिए राव, राय, राण (राणा), रतन नरेश, हिन्दूपति शब्दों का प्रयोग किया गया है। केवल छंद सं.2865 में उन्हें रतनसी कहा गया है, जो उनके नाम के रत्नसिंह होने की ओर संकेत करता है। यों प्रचलित नाम रत्नसेन ही है। दलपति उन्हें कई स्थलों पर हिन्दूपति कहता है और उन्हें हिन्दूधर्म के रक्षक के रूप में देखता है। रत्नसेन, गोरा तथा बादल में वह बार-बार श्रीराम तथा हनुमान आदि की छवि आरोपित करता है और स्वाभाविक है कि पद्मिनी उसे सीता एवं खलनायक अलाउद्दीन उसके लिए एक स्थान पर रावण बन जाता है। अन्ततः वह छंद

सं. 2868 में सत्य और सत्व पर अधिष्ठित हिन्दूधर्म की विजय का बखान करते हुए काव्य का समापन करता है। कहीं-कहीं वह द्रौपदी और श्रीकृष्ण तथा धर्मयुद्ध महाभारत को भी याद कर लेता है। हमारी दृष्टि में धार्मिकता का यह रंग उसने स्वयं जैन-धर्मी होने के कारण तो दिया ही है, जायसी के पद्मावती-गोरा-बादल-संवाद खण्ड में आए इसी प्रकार के रामकथा, श्रीकृष्ण-कथा और महाभारत-कथा के पात्रों के उल्लेख से भी उसे प्रेरणा मिली है।

नायिका पद्मिनी का, जायसी के अनुसार, नाम पद्मावती और बड़ी रानी का नाम नागमती भले ही था, किन्तु अन्य कवियों के लिए जैसे इन दोनों नामों की कोई उपयोगिता नहीं रही, वे केवल पद्मिनी को जानते हैं। पद्मिनी नाम भी स्त्री-विशेष के नाम का सूचक नहीं है। वह शास्त्रोक्त चार प्रकार की स्त्री-जाति में से एक है। यही कारण है कि बड़ी रानी राजा रत्नसेन से अपने बनाए भोजन के स्वादिष्ट न होने की बात सुनकर उससे पद्मिनी ले आने को कहती है। वह किसी पद्मिनी नामधारिणी स्त्री-विशेष को लाने के लिए नहीं कह रही है। स्वयं कवि-वर्ग ने भी उसके नाम पर शास्त्रोक्त जाति-विशेष की नारी के लक्षणों का ही बखान किया है। दलपति तो रत्नसेन और अलाउद्दीन दोनों के समक्ष उसके दीर्घ लक्षण-वर्णन का अवसर निकाल लेता है। उन लक्षणों में उसके स्वकथित लक्षण भी समाहित हैं। यह पद्मिनी किसी कथाकार के लिए सिंहलद्वीप के राजा की पुत्री है और किसी के लिए राजा की बहिन। दलपति की पद्मिनी राजा की बहिन ही है और वह स्वयं रत्नसेन से चौपड़-पासे के खेल में पराजित होती है और अपने अभिग्रह के अनुसार रत्नसेन से उसका विवाह होता है।

टेढ़े प्रश्न दो हैं—पहला यह कि सिंहलद्वीप कहाँ है, और दूसरा यह कि सुलतान से जा मिलने वाला और उसे उकसाने वाला दुष्टकर्मा यह राघव कौन है? इन दोनों प्रश्नों पर श्रीसिंहल ने भी विचार किया है। सिंहलद्वीप की स्थिति के विषय में विद्वानों के विभिन्न मत हैं और लगता है कि किसी एक मत पर सहमति होना कदाचित् संभव नहीं है। सबके पास कुछ-न-कुछ अपने आधार हैं। 'जायसी-ग्रंथावली' की भूमिका में 'ऐतिहासिक आधार' उपशीर्षक के अन्तर्गत आचार्य पं. रामचन्द्र शुक्ल ने सबसे पहले इस बात की संभावना व्यक्त की थी कि "यदि सिंहल नाम ठीक मानें तो वह राजपूताने या गुजरात का कोई स्थान होगा।" (पृ.24)। उन्होंने सिंहलद्वीप में पद्मिनी स्त्रियों के पाये जाने को 'गोरखपंथी-साधुओं की कल्पना' कहकर संतोष कर लिया था।

कालान्तर में उनकी सिंहलद्वीप के राजस्थान में होने के भिन्न-भिन्न स्थानों के प्रमाण भी जुटाए जाने लगे। डॉ. श्रोत्रिय ने अपने शोधप्रबन्ध में सरदार ए.ए.के.सालू पाटिल तथा पं. गौरीशंकर हीराचंद ओझा के मतों का उल्लेख तो किया है (देखें खुम्माण-रासो, भाग 1, पृ.285-286), किन्तु अपना कोई स्पष्ट मत नहीं दिया। उक्त प्रबन्ध के सम्पादक डॉ. जावलिया ने अपने सम्पादकीय में केवल इतना कहा है कि "विद्वान् अन्वेषकों ने अपने-अपने मत दिये है—वे कल्पना पर आधारित हैं। पर सभी स्रोत काव्यों में जब उसको सिंहलद्वीप की राजकुमारी बताते हैं तो उसमें कुछ तो सत्य का अंश होगा ही। सिंहल नाम के और भी स्थान हो सकते हैं। कविराजा श्यामलदास ने डोडिया राजपूतों की एक प्राचीन राजधानी के रूप में स्वरचित काव्य 'दीपंग-कुल-प्रकाश' में समुद्रतटवर्ती प्रदेश सिंहल का उल्लेख किया है, जिसके अतर्गत 1444 गाँव थे। गोरा और बादल नाम के वीरों का भी 'मुंहता नैणसी की ख्यात' में उसी काल में होने का उल्लेख हुआ है।" (वही, पृ. XXI)।

प्रस्तुत ग्रंथ के कर्ता श्रीसिंहल का विचार है कि पद्मिनी रणथम्भौर से सम्बन्धित है और रणथम्भौर के किले में कुछ स्थलों के नाम इसके प्रमाण हैं। उनके विचार से पद्मिनी महाराज हम्मीर की पुत्री थी। सत्य क्या है इसका निर्णय तो इतिहासकार ही कर सकते हैं, परन्तु राणा रत्नसेन और महाराज हम्मीर का समकालीन होना तो इतिहास-सिद्ध है ही और यह भी कि दोनों का युद्ध अलाउद्दीन खिलजी से हुआ था। जोधराज कृत 'हम्मीर-रासो' से इस बात की भी पुष्टि होती है कि अलाउद्दीन पर विजय प्राप्त करके महाराज हम्मीर शत्रुओं से छीनी हुई विजय की ध्वजाओं को आगे किये गढ़ लौटे तो उनकी सेना को शत्रु की विजयी सेना समझकर तब तक रानी परिवार की वीर महिलाओं के साथ अग्नि में प्रवेश कर चुकी थीं। यह देखकर दुखी हम्मीर ने अपने सैनिकों को आज्ञा दी कि चित्तौड़ जाकर कुँवर रत्नसेन की रक्षा करें। 'कुँवर' शब्द का प्रयोग जहाँ सिंहासनासीन होने से पूर्व 'राजकुमार' होने की अवस्था के लिए होता है, वहीं 'जामाता' के लिए भी होता है। यदि यह वर्णन सही है तो रत्नसेन हम्मीर के जामाता हो सकते हैं और यदि सचमुच ऐसा है तो श्रीसिंहल की 'सिंहल' और 'पद्मिनी' विषयक धारणा में भी बल हो सकता है। विद्वानों को इस पर गंभीरतापूर्वक विचार करना चाहिए और जब तक इसका सप्रमाण खण्डन न हो जाय, इसे स्वीकार किया जाना चाहिए।

रहा प्रश्न राघवचेतन का। यह महाशय राजा रत्नसेन के दरबारी बताये गये

हैं। जायसी इन्हें राघवचेतन कहते हैं, किन्तु दलपति की कथा में ये राघव व्यास हैं। यह बात दूसरी है कि शोधकर्ता-अनुवादक ने व्यास के स्थान पर इनका नाम, शायद जायसी के प्रभाववश, सर्वत्र राघव चेतन ही दिया है। दूसरे, डॉ. जावलिया ने भी राघव चेतन नाम का उल्लेख करते हुए शार्ङ्गधर को इनका पौत्र बताया है और उसकी रचना 'शार्ङ्गधर-पद्धति' के आधार पर इन्हें रणथम्भौर के राजा हम्मीर की राज्यसभा का सम्मानित सदस्य बताया है। जावलियाजी का कथन है "राघव के द्वारा रचित अनेक ग्रंथ जैन-ग्रंथ-भंडारों में प्राप्त हैं। अलाउद्दीन के द्वारा चित्तौड़ पर आक्रमण की घटना भी इतिहास-सम्मत है तो इन पात्रों को अनैतिहासिक और काल्पनिक कैसे माना जा सकता है?" (वही, पृ. xxi)। उलझन यह है कि क्या राघव और राघव चेतन दोनों एक ही व्यक्ति हैं। जावलियाजी ने राघव के किसी ग्रंथ का नाम भी नहीं बताया है। तीसरे, हम समझते हैं कि घटना के ऐतिहासिक होने से सभी पात्रों का ऐतिहासिक होना अनिवार्य नहीं है। जैसे, जायसी का हीरामन तोता। स्वयं मूल ऐतिहासिक घटना के साथ कल्पित घटनाओं का होना भी कवि-परम्परा में प्रचलित है ही। अतः जावलियाजी का कथन तथ्यपूर्ण हो तो भी तर्कशिथिल है। आचार्य पं. रामचन्द्र शुक्ल ने शार्ङ्गधर के पितामह का नाम राघवदेव बताया है, यक्षिणी-सिद्ध राघवचेतन से उसकी एकता सिद्ध नहीं की है। श्रीसिंहल भी हम्मीर के सभासद राघव या राघवदेव को ही राघवचेतन मानते हैं। हो सकता है कि हम्मीर ने अपनी पुत्री के साथ राघवदेव को भी चित्तौड़ भेज दिया हो और वह वहाँ भी सम्मानित सभासद रहा हो किन्तु एक प्रबल शंका यह है कि यदि राघवदेव इतना कुटिल और नीचकर्मा था तो अपने नीच कर्म के कारण वह दोनों राज्यों में कुख्यात रहा होगा। राजा की नजरों में गिरा हुआ व्यक्ति कितना भी विद्वान क्यों न हो, प्रजाजन उसका नाम भी नहीं लेना चाहते। शार्ङ्गधर भी हम्मीर की प्रजा ही हैं। वंश-परम्परा में जो कलंक लगने का कारण बना, क्या उसका सहज ही कोई वंशज सादर नाम लेने का साहस करेगा? या जो साहस करेगा क्या वह राजा की प्रशंसा में काव्य लिखेगा? शार्ङ्गधर ने तो, कहते हैं, हम्मीर-काव्य की रचना भी की। जो हो, अभी तो इतने से ही संतोष करना पड़ेगा।

हमें प्रसन्नता है कि श्रीसिंहल ने दीर्घकाल से लोक और काव्य में प्रचलित इस ऐतिहासिक कथा से सम्बन्धित दो महत्त्वपूर्ण काव्यों का अत्यन्त सुघड़ रीति से सानुवाद सम्पादन किया है और सत्य के शोधकर्ता के रूप में तुलनात्मक दृष्टि अपनाते हुए सविवेक सतर्क विवेचन करके साहित्य और इतिहास के क्षेत्र में नए

तथ्यों को प्रकाश में लाने का महनीय कार्य किया है। हमें विश्वास है कि गहन अध्ययन और साधना के परिणामस्वरूप उपस्थित श्रीसिंहल की इस कृति का प्रबुद्ध पाठक तथा विद्वद्वर्ग में योग्य समादर होगा। हमारी शुभकामनाएँ।

(डॉ.) आनन्दप्रकाश दीक्षित
अवकाशप्राप्त आचार्य तथा
अध्यक्ष, हिन्दी-विभाग,
पुणे विश्वविद्यालय, पुणे (महाराष्ट्र)

कलापी, 162/5ब–1स,
डी.पी.रोड, औंध, पुणे-411067 (महाराष्ट्र)
दिनांक : 22 दिसम्बर, 2016

विचार-1

डॉ॰ हुकमसिंह भाटी

हमारा देश धर्म और संस्कृति प्रधान रहा है और इसमें निहित आत्मबल एवं स्वाधीनता की भावना ने यहाँ के शासकों तथा योद्धाओं को आतताइयों का प्रतिरोध करने के लिये प्रेरित किया है। इन्होंने अपने धर्म और धरा के रक्षार्थ केवल राज्यों को ही नहीं, धन-दौलत, कुटुम्ब-परिवार आदि को भी गँवाया किन्तु कभी भी अपने क्षात्र-धर्म से विमुख नहीं हुए। रणथम्भौर, चित्तौड़, जालौर, जैसलमेर आदि के जौहर और शाके इसके साक्षी हैं।

एक दृष्ट्या ऐसा लगता है कि उक्त प्रसिद्ध गढ़ाधिपति युद्धों में हारे किन्तु उनका या उनके उत्तराधिकारियों का आत्मबल कभी भी पराभूत नहीं हुआ। अधिकांशतः कुछ कालोपरान्त उनके वंशज अपना खोया हुआ पैतृक राज्य पुनः हस्तगत करने में सफल रहे।

यों देखा जाये तो अलाउद्दीन खिलज़ी के समय में सर्वाधिक विनाश हुआ। उसके चित्तौड़ पर हुए आक्रमण के समय गोरा व बादल तथा पद्मिनी ने जो आदर्श मूल्यों का इतिहास रचा, उसने जनमानस में ऐसी अमिट छाप छोड़ी जिसको लेकर राजस्थान प्रान्त में अनेक काव्यकृतियों का सृजन हुआ जिनमें जटमल नाहर कृत 'गोरा-बादल-कथा' तथा अज्ञात् कृत 'पद्मिणीजी रो समिओ' का अन्यतम स्थान है।

सर्वप्रथम जटमल नाहर की काव्यकृति 'गोरा-बादल-कथा' का प्रकाशन कई स्थानों से हुआ। तत्पश्चात् 'गोरा-बादल-पद्मिणी-चउपई' जो हेमरतन वाचक की कृति है, का श्रेष्ठ सम्पादित रूप डॉ॰ उदयसिंह भटनागर के सम्पादन में राजस्थान-प्राच्यविद्या-प्रतिष्ठान से हुआ। इसी ग्रंथ का इसी संस्थान से पुनर्प्रकाशन पद्मश्री मुनि जिनविजयजी की ऐतिहासिक पर्यालोचना समन्वित भूमिका के साथ हुआ जिसमें रानी पद्मिनी की समस्या का काफी दूर तक ऐतिहासिक समाधान

प्रस्तुत किया गया है। मुनिजी ने इस ग्रंथ के कुछ तथ्यों का अन्यान्य स्थानीय व फारसी ग्रंथों से तुलनात्मक अध्ययन भी प्रस्तुत किया है।

अज्ञात कवि कृत 'पद्मिनी-समिओ' एक ऐसी रचना है जो सर्वप्रथम इस पुस्तक में प्रकाशित हो रही है। इस पुस्तक के सम्पादक साहित्यविद् श्रीमान् ब्रजेन्द्रकुमारजी सिंहल हैं जो संत-भक्त-साहित्य जगत् में ही नहीं, इतिहास-जगत् में भी अपना विशिष्ट स्थान रखते हैं। श्रीसिंहल ने प्रस्तुत पुस्तक में अज्ञात् कवि कृत 'पद्मिनी-समिओ' तथा जटमल नाहर कृत 'गोरा-बादल-कथा' का सानुवाद तथा प्राचीनतम प्रतियों के आधार पर मान्य पाठालोचन-विधियों के आधार पर पाठान्तरों सहित सम्पादित रूप प्रस्तुत किये हैं।

'पद्मिनी-समिओ' ग्रंथ अभी तक एक ही हस्तलिखित ग्रंथ में प्राप्त हुआ है। अतः इसका सम्पादन एक ही प्रति पर आधारित है। विद्वान् सम्पादक महोदय ने मूल में उपलब्ध पाठ को यथारूप प्रस्तुत किया है तथा जहाँ-जहाँ लेखक को लगा है कि यहाँ-यहाँ प्रति-कारीय पाठ-विकार हो सकते हैं, वहाँ-वहाँ पादटिप्पणियों में संभावित पाठ भी प्रस्तुत किया है। जो महानुभाव राजस्थानी-भाषा से अभिज्ञ नहीं हैं, उनके लिये पूरा ग्रंथ अनुवाद सहित प्रस्तुत किया है जिसको पढ़कर सामान्य पाठक ही नहीं, इतिहासविद् भी लाभान्वित होंगे, ऐसी मुझे पूर्ण आशा है।

जटमल नाहर कृत 'गोरा-बादल-कथा' जो कुल 146 छन्दों की रचना है, के साथ 445 पाठान्तर प्रस्तुत किये गये हैं। इसको भी सानुवाद उपस्थित किया गया है। 146 छन्दों की रचना में 445 पाठान्तरों को ढूँढना, पाठ मिलाना व मूल रचनाकार का सर्वाधिक संभावित मूलपाठ खोजकर उसका अनुवाद प्रस्तुत करना कितना लगन, जीवट व परिश्रम का फल है, इसको वे ही जान सकते हैं, जो इस-प्रकार के समय व श्रम-साध्य कार्य करते हैं।

श्रीसिंहल इस-प्रकार के सम्पादन करने में कुशल ही नहीं, निष्णात् भी हैं और इनकी प्रत्येक पुस्तक में इस-प्रकार के कुशल व जीवटभरे कारनामें भरे रहते हैं।

श्रीसिंहल ने उक्त दोनों ग्रंथों का सपाठान्तर व सानुवाद पाठ ही प्रस्तुत नहीं किया है, पुस्तकारंभ में लगभग 100 पृष्ठों की विशाल भूमिका भी लिखी है जिसमें 'पद्मिनी-समिओ' के तथ्यों का 'गोरा-बादल-कथा', 'गोरा-बादल- पद्मिनी-चउपई', गोरा-बादल-कवित्त, पद्मावत आदि के साथ तुलनात्मक अध्ययन प्रस्तुत करते हुए अनेक प्रामाणिक ऐतिहासिक तथ्यों का उल्लेख कर अपनी समीक्षात्मक टिप्पणियाँ भी प्रस्तुत की हैं। भूमिका को पढ़कर ध्यान में आता है कि लेखक ने गोरा-बादल-पद्मिनी के संबंध में गंभीर अध्ययन प्रस्तुत किया है और कुछ

इतिहासकारों द्वारा उलझाई हुई गुत्थी 'पद्मिनी काल्पनिक रानी है' का काफी दूर तक सम्यक्-प्रमाणाधारित ऐतिहासिक समाधान प्रस्तुत किया है।

चित्तौड़ की रानी पद्मिनी ने जौहर किया तथा इसके पति रत्नसिंह गुहिलोत ने शाका किया था। अतः जौहर और शाका शब्द विस्तृत अध्ययन की अपेक्षा रखते हैं। लेखक के जौहर और शाका पर ही नहीं, सहगमन, अनुगमन, पूर्वगमन आदि-आदि पर गवेषणापूर्ण एक आलेख जिसमें 91 संदर्भों का उपयोग किया गया है, पुस्तकांत में जोड़ा है। जौहर और शाका शब्दों पर इतना विस्तृत और प्रमाणपुष्ट आलेखन पहले पढ़ने में नहीं आया।

मैं ऐसे श्रमसाध्य अकादमिक महत्त्व के कार्य को निपुणतापूर्वक सम्पन्न करने के लिये विद्वान् लेखक, सम्पादक श्रीब्रजेन्द्रकुमारजी सिंहल को साधुवाद देता हूँ तथा इनकी कृति 'रानी पद्मिनी : चित्तौड़ का प्रथम जौहर' की सफलता की कामना करता हूँ।

हेमरतन, जटमल व अन्य अनेक राजस्थानी कवियों का मुख्य उद्देश्य पद्मिनी के सौंदर्य, पातिव्रतधर्म व अन्यान्य चारित्रिक गुणों को प्रकाश में लाने के साथ-साथ गोरा और बादल की अखंड-अनुपम स्वामी-भक्ति और शूरवीरता को प्रकट करना रहा है। जिस-समय में उक्त कवियों ने अपने ग्रंथ लिखे, उस-समय में ग्रंथ बनाने का मुख्य उद्देश्य समाज को आदर्श चरितनायकों के चरित्रों के द्वारा आदर्श नागरिक बनाना हुआ करता था। इस उद्देश्य को प्राप्त करने में ये ग्रंथकार प्रायः सफल रहे हैं। इनका उद्देश्य वर्तमानकालीन जैसी शोध करना नहीं था। फिर भी ये रचनाकार सत्य तथ्यों के वर्णन के प्रति आग्रहशील बिल्कुल नहीं होते थे, ऐसा कहना इनके प्रति अन्याय करना है।

इन रचनाकारों के समय में जनश्रुतियाँ ही जानकारियों के प्रमुख स्रोत हुआ करते थे, फिर भी ये चारणों के छंद-गीतादि तथा भाटों, बडवों आदि की विरुदावलियों, बहियों, पीढ़ियों आदि को काम में अवश्य लेते थे। प्रस्तुत ग्रंथ में उपलब्ध करवाया जा रहा 'पद्मिनी-समिओ' इसका जीता जागता उदाहरण है जिसमें अनेक क्षत्रियों के नाम, गाँव, पहचान के लिंग आदि उल्लिखित हैं। जितनी ऐतिहासिक जानकारियाँ इस ग्रंथ में मिलती हैं, उतनी अन्य किसी भी समकालीन ग्रंथों में नहीं मिलती। इस ग्रंथ की कुछ जानकारियाँ आधुनिक शोधों से प्रमाणीकृत होती हैं जिनकी चर्चा लेखक ने अपनी भूमिका में की है। फिर भी मेरा मानना है कि इन ग्रंथों के आधार पर ही ऐतिहासिक तथ्यों को सत्य मान लेना उचित नहीं है।

राजस्थानी काव्यकारों ने ही नहीं, जायसी ने भी पद्मिनी को सिंघलद्वीप की बताई है किन्तु यह तथ्य आज तक प्रमाणित नहीं हो सका है कि वर्तमानकाल का सीलोन ही सिंघलद्वीप है। चित्तौड़ के रत्नसिंह का राजत्वकाल लगभग एक वर्ष का रहा; इतने छोटे समय में न तो रत्नसिंह का सीलोन जाना संभव है, न वहाँ वर्षों तक रुकना संभव है। सीलोन में कभी भी चौहान क्षत्रियों का राज्य नहीं रहा जबकि ये ग्रंथकार पद्मिनी के पिता को प्रत्यक्ष-अप्रत्यक्ष रूप में चौहान बताते हैं।

इस संबंध में सर्वाधिक प्राचीन एवं सर्वमान्य इतिहास ग्रंथ 'नैणसी री ख्यात' है जिसमें सिंघलद्वीप का उल्लेख नहीं है–

'रतनसी [1]अजैसीरो, भड़ लखमसी रो भाई। पदमणी रै मामलै लखमसी नै रतनसी अलावदी सूं लड़ काम आया। ...बारै दिन एक-एक बेटौ लखमसी रौ गढ़ सूं उतर लड़ियो तेरमें दिन जुहर कर राणो लखमसी, रतनसी काम आया।'

–भाग-एक, पृष्ठ-14, सं॰ बदरीप्रसाद साकरिया, 1959 ई॰

इसके अतिरिक्त 'मेवाड़ रावळ राणाजी री बात' में भी सिंघलद्वीप का उल्लेख नहीं है–

'राणा रतनसिंघजी रे घरे पदमणी थी जणी वासते पातस्याह अलावदीन गोरी पठाण दिली रो चित्रकोट ऊपरे चढे आयो ब्रहम्चवदा सुदी लड्यो ने राणाजी रा बेटा बारा, भाई पांच, काका बाबा ओर ही प्रगेह रजपूत कामदार, वेपारी, ब्राह्मण कस ओर के ही जात तरवार्‍यां ऊतर्‍या। लुगायाँ झमर चढी। गढ भागो, पछे पातसाह तो दिली गयो...।'

–पृष्ठ-10, सं॰ डॉ॰ हुकमसिंह भाटी,

प्रकाशक : प्रताप शोध प्रतिष्ठान, उदयपुर, 1994 ई॰

अमर काव्य में पद्मिनी को सिंघलद्वीप की बताया गया है। (पृष्ठ-126)

दलपत विजय कृत खुमाणरासो में पद्मिनी को सिंघल के राजा की बहिन बताया गया है।[2] (पृष्ठ-84) दलपत विजय ने गोरा-बादल-पद्मिनी कथा को 94 पृष्ठों में

---

1. मुनि जिनविजयजी ने यहाँ प्रतिकारीय भूल मानकर शुद्ध पाठ 'जैसी रो' माना है जिसकी पुष्टि अन्यत्र भी होती है। साथ ही पद्मिनी-समिओकार भी रतनसी को 'जैसी' का पुत्र ही लिखता है। जैसी=-जयसिंह।–ब्रजेन्द्रकुमार सिंहल

2. फरिश्ता ने 'तारीखे फरिश्ता', अनुवादक डॉ॰ नरेन्द्रबहादुर श्रीवास्तव, प्रकाशक उत्तरप्रदेश हिन्दी संस्थान, पृष्ठ-242-243 में पद्मिनी को रत्नसिंह की पत्नी ही लिखा है, बेटी नहीं; किन्तु फरिश्ता ने रत्नसिंह को खिलज़ी की कैद से मुक्त कराने में गोरा-बादल के स्थान पर रत्नसिंह की बेटी को ही योजना बनाने और क्रियान्वित करने वाली बताया है। –ब्रजेन्द्रकुमार सिंहल

लिखा है। देखे डॉ॰ ब्रजमोहन जावलिया द्वारा अनूदित संस्करण, पृष्ठ-83 से 177

दयालदास कृत राणारासो में यह वृतांत 30 पृष्ठों में गुम्फित है जिनके क्रमांक है 184 से 214 तक। देखें डॉ॰ ब्रजमोहन जावलिया द्वारा अनूदित संस्करण। राणारासौ का वर्णन कमोवेश खुमाणरासो के तथ्यों का अनुगमन करता है।

'सीसोद-वंशावली' का अवलोकन करने पर ज्ञान होता है कि–

'रतनसी रावळ पदमणी सींघलदीप री राजा हमीरसेन री बेटी चहुवाण, मंडलीक लखमसिंह राणो पदमणी हे बोल लखै नै आणी की सु बोल रै अरथ चित्तौड़ आया। 12 बेटा सूं काम आया।'

–पृष्ठ-41, प्रताप शोध संस्थान, उदयपुर, 1995 ई॰

सम्पादक : डॉ. हुकमसिंह भाटी

उक्त उद्धरण में सिंघलद्वीप का उल्लेख तो भ्रामक है किन्तु हमीर चौहान का नाम महत्त्वपूर्ण है। यह हंमीर और कोई नहीं, रणथम्भौर का हंमीर चौहान ही था। डॉ. देव कोठारी ने अपने एक आलेख में रणथंभौर के ही हंमीर चौहान के पक्ष में अपना मन्तव्य प्रकाशित कराया है।

पद्मिनी-समिओकार ने बार-बार पद्मिनी के पिता का नाम हम्मीर व उसकी जाति चाइल लिखी है। 'चाइल' चौहान क्षत्रियों की ही चौबीस में से एक शाखा है। लेखक श्रीब्रजेन्द्रकुमार सिंहल ने 'पद्मिनी-समिओ', डॉ॰ देव कोठारी व डॉक्टर शक्तिकुमार 'शाकुन्त' आदि विद्वानों के मन्तव्यों को आधार बनाकर यह सिद्ध करने का सफल प्रयत्न किया है कि पद्मिनी के पिता का नाम हम्मीर चौहान था जो रणथम्भौर का शासक था और जिसका विनाश भी अलाउद्दीन खिलज़ी के आक्रमण के कारण ही हुआ। खिलज़ी ने सन् 1301 में रणथम्भौर हस्तगत किया तो सन् 1303 में चित्तौड़ को। अतः इसका समकालीनत्व भी सहजता से संस्थापित होता है।

श्रीसिंहल ने रणथम्भौर के निकटस्थ 'सिंहपुरी' को ही 'सिंघल' बताया है किन्तु सिंहपुरी के निकट समुद्रादि के न होने से यह साम्य और अधिक प्रमाणों की अपेक्षा रखता है। मुझे ऐसा लगता है, जायसी आदि रचनाकार पद्मिनी के पिता व उसके राज्य-स्थान के बारे में सुनिश्चित् नहीं थे; इसकारण उनके उल्लेख निर्भरता योग्य नहीं हैं।

रणथम्भौर का शासक हम्मीर चौहान रावळ रतनसी का समकालीन प्रतिष्ठित चौहान क्षत्रिय राजा था जिसके पुत्री का विवाह खुम्माण रतनसिंह गुहिलोत से होना तर्कसंगत लगता है।

वैसे, यह भी ध्यान में रखा जाना आवश्यक है कि रतनसी और पद्मिनी के

विवाह का जिस-प्रकार का ताना-बाना इन रचनाकारों ने बुना है, वैसा न होकर पूर्णरूपेण परम्परागत रहा होगा क्योंकि रणथम्भौर और चित्तौड़ सुदूर नहीं थे और गुहिलोतों तथा चौहानों के पारस्परिक संबंध पहले से ही होते आ रहे थे।

इस अभियान में गोरा और बादल की भूमिका भी अत्यन्त महत्त्वपूर्ण रही है। राजस्थानी कुछ रचनाकारों ने इन्हें चौहान बताया है। हाँ, यह अवश्य सच है कि इन रचनाकारों को इनकी शाखा और इनके मूल वतन के बारे में कोई पुख्ता जानकारी नहीं थी।

सोनगरा चौहानों का इतिहास (पृष्ठ-245-246, सन् 1997 ई॰) तथा सोनगरा चौहानों का वृहत् इतिहास (पृष्ठ-631-32, सन् 2013 ई॰) में मैंने यह प्रकट किया है कि गोरा व बादल (काका-भतीजा) जालौर के सोनगरा कीर्तिपाल के वंशज थे जो महाराज चाचिगदेव के समय गुजरात (पाटण) के शासक बीसलदेव सोलंकी के यहाँ जा रहे। वहाँ के प्रधान राठौड़ संगमराव को पदच्युत कर गोरा व बादल को प्रधान नियुक्त किया। बाद में राठौड़ों व इन चौहानों में आपसी मनमुटाव, वैर-भाव बढ़ता ही चला गया। अंततः गोरा व बादल ने पाटण छोड़कर गुहिलोतों के यहाँ चित्तौड़ में रहना सुनिश्चित् कर चित्तौड़गढ़ में आ रहे।

उक्त विवरणों से भी संज्ञान में आता है कि रावळ रतनसी के समय गोरा व बादल दोनों रतनसी के सामंत थे जिसकी पुष्टि आलोच्य राजस्थानी काव्यों से भी होती है।

आलोच्य काव्य ग्रंथ 'पद्मिनी-समिओ' में कुछ योद्धाओं के नाम लिखे मिलते हैं किन्तु उन सभी के बारे में हमारे पास समग्रतः मुकम्मल जानकारी नहीं है।

युद्ध के समय रामपोल[3] पर बदनोराधीश को नियुक्त करना लिखा है। उल्लेखनीय है कि उस समय बदनोर पँवारों के अधीन था।

मांडल के मेदनीराय को बाँई बुर्ज पर तैनात करने का उल्लेख है। मांडल उस समय हाड़ौती के हाड़ा चौहानों के अधिकार में था।

---

3. रावळ रत्नसिंह के समय चित्तौड़गढ़ का एक ही द्वार था जो मानपोल कहलाता था। रामपोल आदिक सातों द्वार महाराणा कुंभा ने बनवाये और इसके नाम क्रमशः रामपोल, हनुमानपोल, भैरवपोल, लक्ष्मीपोल, चामुण्डापोल, तारापोल तथा राजपोल रखे। कालांतर में अंतिम चार पोलों के नाम परिवर्तित होकर क्रमशः लक्ष्मणपोल, गणेशपोल, पाडलपोल व जोड़लापोल हो गये व हैं। देखें चित्तौड़गढ़ : एक अध्ययन, ले॰ खलील तनवीर, प्रकाशक : राजस्थानी रत्नाकर, डूंगरपुर, सन् 1990।

—ब्रजेन्द्रकुमार सिंहल

दाईं ओर की बुर्ज पर राजा मानसिंह को सुरक्षा का भार सौंपा गया; इसके बारे में हमको कोई जानकारी नहीं मिलती।

इसी प्रकार बावन क्षेत्र के चंदेल माधव, बागड़ के स्वामी, चन्द्रनायक चावड़ा, आहाड़ा पन्ना के भी उल्लेख हैं। ये नाम कहाँ तक सही हैं, कहना मुश्किल है।

भटनेर के भाटियों का उल्लेख हुआ है किन्तु उस समय भाटियों का अधिकार जैसलमेर पर था।

झाला और डोडियों का उल्लेख भी समिओकार ने किया है लेकिन मेवाड़ में इनका आना काफी बाद में हुआ है तथापि यह संभव लगता है कि ये अपने-अपने वतन से रावळ रतनसी के बुलावे पर चित्तौड़ आये हों और युद्ध में सम्मिलित हुए हों। सेना की संख्या बढ़ा-चढ़ाकर 80 हजार बताई गई है जबकि अमीर खुसरो ने जो इस युद्ध का प्रत्यक्षदर्शी व अलाउद्दीन के साथ दिल्ली से चित्तौड़ आया था खजाइनुल फुतुह में एक दिन में मरने वाले हिन्दुओं की संख्या 30 हजार बताई है। इन ग्रंथों में युद्ध का जारी रहना 12 वर्ष तक बताया है जबकि खुसरो इस युद्ध को लगभग 7 माह चलना लिखता है जो सत्य के निकट लगता है।

अलाउद्दीन द्वारा रावळ रत्नसेन को बंदी बनाया गया था, इसका उल्लेख राजस्थानी काव्यों के साथ-साथ फारसी ग्रंथों में भी है। अमीर खुसरो आगे की घटनाओं के लिए मौन साध लेता है जबकि समिओ व अन्यान्य स्थानीय ग्रंथ रावळ रत्नसिंह को अलाउद्दीन खिलज़ी के बंदी गृह से छूटकर चित्तौड़ के किले में पहुँचता हुआ बताते हैं।

हाँ! 'मुँहता नैणसी री ख्यात' व 'रावळ राणाजी री बात' में रावळ रतनसिंह का भाई-भतीजों सहित लड़कर प्राणोत्सर्ग करने का उल्लेख है। शाके में क्षत्रिय योद्धा ही रणखेत नहीं हुए, बल्कि अन्यान्य जातियों के योद्धा भी लड़कर मरे, ऐसा उल्लेख रावळ राणाजी री बात में हुआ है।

वस्तुतः समिओ व इस जैसी काव्यकृतियों का मूल्यांकन ऐतिहासिक दृष्टि से कम जबकि राष्ट्रीय भावना जागृत करने की दृष्टि से अधिक करना चाहिये। कवि लोग, क्षत्रियों को ऐसे काव्य सुना-सुनाकर घोर से घोर विपत्ति में भी धीरज रखने, होंसला बनाये रखने का साहस देते थे और वतन छूट जाने पर भी उनको अपने सांस्कृतिक मूल्यों पर अडिग रहने का संदेश देते थे। इतिहास में ऐसे अनेक उदाहरण भरे पड़े हैं जब क्षत्रिय हारे अवश्य किन्तु उन्होंने कुछ ही समय में अपने राज्यों को पुनः हस्तगत कर लिया। अगर गोरा और बादल जैसे अनेक योद्धा अपनी आन-बान और स्त्री सम्मान के लिये इस-प्रकार की श्लाघनीय मृत्यु

का वरण नहीं करते और कवियों ने उन्हें अपनी कविता के माध्यम से अमर न किया होता तो भारतीय संस्कृति का स्वरूप कुछ और ही होता, भारत राष्ट्रीय पहचान खो चुका होता।

सच पूछा जाये तो प्रेरणास्पद ऐसे काव्य हमारे राष्ट्र की अमूल्य धरोहर हैं। श्रीब्रजेन्द्रकुमारजी सिंहल ने अपनी गहरी विद्वता और कठोर परिश्रम से 'समिओ' का सम्पादन कर राष्ट्रहित का कार्य किया है इससे राजस्थानी और हिन्दी-भाषा की भी सेवा होगी, शोधार्थी लाभान्वित होंगे, ऐसी मुझको पूर्ण आशा है। मैं इस कृति की सफलता की कामना करता हूँ।

–डॉ॰ हुकमसिंह भाटी

पूर्वनिदेशक : राजस्थानी-शोध-संस्थान, चौपासनी, जोधपुर

प्रताप-शोध-प्रतिष्ठान, उदयपुर

卐 卐 卐